住房和城乡建设部"十四五"规划教材
教育部高等学校工程管理和工程造价专业教学指导分委员会规划推荐教材

# 城市房地产经济学

李德智　唐代中　胡伟艳　主　编
崔　鹏　赵可闯　敏　张程程　副主编
刘贵文　主　审

中国建筑工业出版社

图书在版编目（CIP）数据

城市房地产经济学 / 李德智，唐代中，胡伟艳主编；崔鹏等副主编. -- 北京：中国建筑工业出版社，2024.8. --（住房和城乡建设部"十四五"规划教材）（教育部高等学校工程管理和工程造价专业教学指导分委员会规划推荐教材）. -- ISBN 978-7-112-29938-6

Ⅰ．F293.30

中国国家版本馆CIP数据核字第2024AN2463号

房地产作为国民经济的支柱产业，在国家经济发展中扮演着重要角色。掌握城市房地产经济学相关知识有助于理解政府部门制定调控房价、土地使用规划、税收等政策的初衷，了解房地产开发商、投资者以及消费者在投资项目、风险评估和预期收益等方面的综合考量，从而更好地认识到房地产业对于经济增长、就业、财政收入等方面的贡献。

本教材注重解析城市经济学理论在城市及房地产开发领域的运用，探讨城市与房地产经济学的基本问题并分析两者间的互动关系，揭示城市房地产投资决策过程与市场周期规律，解读智慧城市、海绵城市、韧性城市等新兴城市与房地产开发模式的特征，可作为高校工程管理、房地产开发与管理等相关专业课程的教学用书。

为了更好地支持相应课程教学，我们向采用本书作为教材的教师提供教学课件，有需要者可与出版社联系，邮箱：jckj@cabp.com.cn，电话：（010）58337285，建工书院http://edu.cabplink.com。

责任编辑：张　晶　冯之倩
责任校对：赵　力

住房和城乡建设部"十四五"规划教材
教育部高等学校工程管理和工程造价专业教学指导分委员会规划推荐教材
城市房地产经济学
李德智　唐代中　胡伟艳　主　编
崔　鹏　赵　可　闫　敏　张程程　副主编
刘贵文　主　审

\*

中国建筑工业出版社出版、发行（北京海淀三里河路9号）
各地新华书店、建筑书店经销
北京鸿文瀚海文化传媒有限公司制版
北京市密东印刷有限公司印刷

\*

开本：787毫米×1092毫米　1/16　印张：19¼　字数：410千字
2024年8月第一版　2024年8月第一次印刷
定价：**58.00元**（赠教师课件）
ISBN 978-7-112-29938-6
（43006）

**版权所有　翻印必究**
如有内容及印装质量问题，请与本社读者服务中心联系
电话：（010）58337283　QQ：2885381756
（地址：北京海淀三里河路9号中国建筑工业出版社604室　邮政编码：100037）

# 出版说明

党和国家高度重视教材建设。2016年，中办国办印发了《关于加强和改进新形势下大中小学教材建设的意见》，提出要健全国家教材制度。2019年12月，教育部牵头制定了《普通高等学校教材管理办法》和《职业院校教材管理办法》，旨在全面加强党的领导，切实提高教材建设的科学化水平，打造精品教材。住房和城乡建设部历来重视土建类学科专业教材建设，从"九五"开始组织部级规划教材立项工作，经过近30年的不断建设，规划教材提升了住房和城乡建设行业教材质量和认可度，出版了一系列精品教材，有效促进了行业部门引导专业教育，推动了行业高质量发展。

为进一步加强高等教育、职业教育住房和城乡建设领域学科专业教材建设工作，提高住房和城乡建设行业人才培养质量，2020年12月，住房和城乡建设部办公厅印发《关于申报高等教育职业教育住房和城乡建设领域学科专业"十四五"规划教材的通知》（建办人函〔2020〕656号），开展了住房和城乡建设部"十四五"规划教材选题的申报工作。经过专家评审和部人事司审核，512项选题列入住房和城乡建设领域学科专业"十四五"规划教材（简称规划教材）。2021年9月，住房和城乡建设部印发了《高等教育职业教育住房和城乡建设领域学科专业"十四五"规划教材选题的通知》（建人函〔2021〕36号）。为做好"十四五"规划教材的编写、审核、出版等工作，《通知》要求：（1）规划教材的编著者应依据《住房和城乡建设领域学科专业"十四五"规划教材申请书》（简称《申请书》）中的立项目标、申报依据、工作安排及进度，按时编写出高质量的教材；（2）规划教材编著者所在单位应履行《申请书》中的学校保证计划实施的主要条件，支持编著者按计划完成书稿编写工作；（3）高等学校土建类专业课程教材与教学资源专家委员会、全国住房和城乡建设职业教育教学指导委员会、住房和城乡建设部中等职业教育专业指导委员会应做好规划教材的指导、协调和审稿等工作，保证编写质量；（4）规划教材出版单位应积极配合，做好编辑、出版、发行等工作；（5）规划教材封面和书脊应标注"住房和城乡建设部'十四五'规划教材"字样和统一标识；（6）规划教材应在"十四五"期间完成出版，逾期不能完成的，不再作为《住房和城乡建设领域学科专业"十四五"规划教材》。

住房和城乡建设领域学科专业"十四五"规划教材的特点，一是重点以修订教育部、住房和城乡建设部"十二五""十三五"规划教材为主；二是严格按照专业标准规范要求编写，体现新发展理念；三是系列教材具有明显特点，满足不同层次和类型的学校专业教学要求；四是配备了数字资源，适应现代化教学的要求。规划教材的出版凝聚了作者、主审及编辑的心血，得到了有关院校、出版单位的大力支持，教材建设管理过程有严格保障。希望广大院校及各专业师生在选用、使用过程中，对规划教材的编写、出版质量进行反馈，以促进规划教材建设质量不断提高。

住房和城乡建设部"十四五"规划教材办公室
2021年11月

# 序　言

教育部高等学校工程管理和工程造价专业教学指导分委员会（以下简称教指委），是由教育部组建和管理的专家组织。其主要职责是在教育部的领导下，对高等学校工程管理和工程造价专业的教学工作进行研究、咨询、指导、评估和服务。同时，指导好全国工程管理和工程造价专业人才培养，即培养创新型、复合型、应用型人才；开发高水平工程管理和工程造价通识性课程。在教育部的领导下，教指委根据新时代背景下新工科建设和人才培养的目标要求，从工程管理和工程造价专业建设的顶层设计入手，分阶段制定工作目标、进行工作部署，在工程管理和工程造价专业课程建设、人才培养方案及模式、教师能力培训等方面取得显著成效。

《教育部办公厅关于推荐2018—2022年教育部高等学校教学指导委员会委员的通知》（教高厅函〔2018〕13号）提出，教指委应就高等学校的专业建设、教材建设、课程建设和教学改革等工作向教育部提出咨询意见和建议。为贯彻落实相关指导精神，中国建筑出版传媒有限公司（中国建筑工业出版社）将住房和城乡建设部"十二五""十三五""十四五"规划教材以及原"高等学校工程管理专业教学指导委员会规划推荐教材"进行梳理、遴选，将其整理为67项，118种申请纳入"教育部高等学校工程管理和工程造价专业教学指导分委员会规划推荐教材"，以便教指委统一管理，更好地为广大高校相关专业师生提供服务。这些教材选题涵盖了工程管理、工程造价、房地产开发与管理和物业管理专业主要的基础和核心课程。

这批遴选的规划教材具有较强的专业性、系统性和权威性，教材编写密切结合建设领域发展实际，创新性、实践性和应用性强。教材的内容、结构和编排满足高等学校工程管理和工程造价专业相关课程要求，部分教材已经多次修订再版，得到了全国各地高校师生的好评。我们希望这批教材的出版，有助于进一步提高高等学校工程管理和工程造价本科专业的教学质量和人才培养成效，促进教学改革与创新。

教育部高等学校工程管理和工程造价专业教学指导分委员会

2023年7月

# 前　言

世界百年未有之大变局加速演进，我国城市化进程亦随之加快，城市与房地产业的互动效应愈发明显且复杂。从城市化、城市经济学等角度研究房地产经济学，并将城市经济学与房地产市场、城市与房地产经济学等结合起来形成交叉研究尤为重要与必要。国内已有《房地产经济学》《房地产经济学通论》《房地产经济学教程》《现代房地产经济学导论》等相关主题教材，但尚缺乏面向研究生（尤其是非房地产相关本科专业研究生），且能够完整反映我国近年来新型城市发展模式中房地产经济学问题的教材。

《城市房地产经济学》是东南大学李德智教授及本教材撰写团队近10年在课堂教学及科学研究过程中积累的成果，是一本系统全面介绍城市与房地产经济学的理论与方法、实践与探索的教材，适用于工程管理、房地产开发与管理等相关专业课程教学。本教材注重于解析城市经济学理论在城市及房地产开发领域的运用，探讨城市与房地产经济学的基本问题并分析两者间的互动关系，揭示城市房地产投资决策过程与市场周期规律，解读智慧城市、海绵城市、韧性城市等新兴城市与房地产开发模式的特征。通过文字教材和数字化资源有机结合的形式，建立城市房地产经济学的立体化教学资源库，以培养城市房地产领域德才兼备型复合人才。

教材分为理论与方法篇和实践与探索篇，共包含10章，每个章节涵盖本章重点难点、本章导读、正文、本章小结、思考题五部分内容，语言通畅、条理清晰、结构严谨、例证丰富，既适用于教师教学，也方便学生自学。本教材入选住房和城乡建设部"十四五"规划教材和2023东南大学研究生优秀教材。全书编写人员来自多个高等院校，由李德智、唐代中、胡伟艳担任主编，崔鹏、赵可、闵敏、张程程担任副主编。各章节编写分工如下：第1、2章由徐州工程学院张程程编写；第3、5、6章由华中农业大学胡伟艳、赵可、闵敏编写；第4、7、10章由同济大学唐代中编写；第8章由东南大学李德智编写；第9章由南京林业大学崔鹏、山东省交通规划设计院集团有限公司王晶晶编写。此外，协助进行本教材资料收集与整理的学生包括：东南大学于路港、李玲丽、孙雨倩、王宇、刘雪凡；华中农业大学刘帆、李洁琪、李晓阳、舒思琪、陈一凡、徐晟修、刘楠楠、王曼、吴思宇、史智聪；同济大学孟士博、邓橦、李沁怡；南京林业大学邹萍、鞠璇、董祉余、赵海峰、曹赛亚、游正敏、施沁含、何雨欣。

本教材的出版得到了中国建筑工业出版社的大力支持。在编写过程中，作者引用和参考了很多专家、学者教材、论著中的有关资料，在此表示衷心的感谢。限于编者水平，书中难免有缺点和不足之处，敬请广大读者及同行批评指正。

# 目 录

# 第 1 篇　理论与方法篇

## 1　概论 /003

本章重点难点 ································· 003
本章导读 ········································ 004
1.1　城市和城市化 ························· 004
1.2　国内外城市化的演进规律 ········· 010
1.3　城市经济学与房地产经济学 ····· 012
1.4　城市房地产经济学的内涵 ········· 021
本章小结 ········································ 023
思考题 ············································ 024

## 2　城市与房地产经济的互动关系 /025

本章重点难点 ································· 025
本章导读 ········································ 026
2.1　房地产业与城市经济增长的关系 ············ 026
2.2　城市规划与房地产开发的关系 ················ 030
2.3　城市土地供应与房地产市场的关系 ········ 031
2.4　城市人口与房地产市场的关系 ················ 033
2.5　城市竞争力与房地产业的关系 ················ 037
本章小结 ········································ 038
思考题 ············································ 038

## 3　城市土地经济与管理方法 /041

本章重点难点 ································· 041
本章导读 ········································ 042
3.1　城市土地经济 ························· 042
3.2　城市土地经济制度 ················· 050

　　　　3.3　城市土地管理方法 …………………… 054
　　　　本章小结 ……………………………………… 063
　　　　思考题 ………………………………………… 063

**4** 城市房地产投资决策过程与方法 /065

　　　　本章重点难点 ………………………………… 065
　　　　本章导读 ……………………………………… 066
　　　　4.1　区域市场现状及趋势判断 ……………… 066
　　　　4.2　项目投入产出分析 ……………………… 075
　　　　4.3　房地产项目的实物期权 ………………… 084
　　　　4.4　房地产价格与房地产税 ………………… 091
　　　　4.5　投资风险分析 …………………………… 099
　　　　本章小结 ……………………………………… 106
　　　　思考题 ………………………………………… 107

**5** 城市房地产周期和政府干预 /109

　　　　本章重点难点 ………………………………… 109
　　　　本章导读 ……………………………………… 110
　　　　5.1　房地产周期概述 ………………………… 110
　　　　5.2　房地产周期的影响因素及形成机制 …… 119
　　　　5.3　房地产市场的政府干预 ………………… 126
　　　　本章小结 ……………………………………… 130
　　　　思考题 ………………………………………… 130

# 第 2 篇　实践与探索篇

**6** 住房保障蕴含的房地产投资机会 /133

　　　　本章重点难点 ………………………………… 133
　　　　本章导读 ……………………………………… 134
　　　　6.1　住房保障的相关概念 …………………… 134
　　　　6.2　典型国家住房保障制度发展历程 ……… 135
　　　　6.3　我国住房保障制度的发展历程与特点 … 141

| | | |
|---|---|---|
| | 6.4 保障性住房供应中的投资机会 …………… | 147 |
| | 6.5 保障性住房对房地产市场的影响 | |
| | ——以武汉市为例 ……………………… | 152 |
| | 本章小结 ……………………………………… | 160 |
| | 思考题 ………………………………………… | 160 |

## 7 智慧城市蕴含的房地产投资机会 /161

| | |
|---|---|
| 本章重点难点 ……………………………………… | 161 |
| 本章导读 …………………………………………… | 162 |
| 7.1 智慧城市的相关概念 ……………………… | 162 |
| 7.2 智慧城市的内容形态 ……………………… | 168 |
| 7.3 国内外智慧城市的建设情况 ……………… | 173 |
| 7.4 智慧社区的建设情况 ……………………… | 182 |
| 本章小结 …………………………………………… | 193 |
| 思考题 ……………………………………………… | 193 |

## 8 海绵城市蕴含的房地产投资机会 /195

| | |
|---|---|
| 本章重点难点 ……………………………………… | 195 |
| 本章导读 …………………………………………… | 196 |
| 8.1 海绵城市的概念和内涵 …………………… | 196 |
| 8.2 典型发达国家海绵城市的发展历程 ……… | 200 |
| 8.3 我国海绵城市建设的历史经验与现行政策 … | 208 |
| 8.4 我国房地产项目中海绵城市技术的应用案例 … | 217 |
| 本章小结 …………………………………………… | 223 |
| 思考题 ……………………………………………… | 223 |

## 9 韧性城市蕴含的房地产投资机会 /225

| | |
|---|---|
| 本章重点难点 ……………………………………… | 225 |
| 本章导读 …………………………………………… | 226 |
| 9.1 韧性城市的概念和内涵 …………………… | 226 |
| 9.2 韧性城市的影响因素和评价指标 ………… | 232 |
| 9.3 房地产受韧性城市水平影响的机理 ……… | 250 |
| 本章小结 …………………………………………… | 257 |
| 思考题 ……………………………………………… | 257 |

**10 城市更新蕴含的房地产投资机会 /259**

本章重点难点……………………………………………259
本章导读…………………………………………………260
10.1 城市更新概念及其发展状况…………………260
10.2 城市更新中的政府职能及政策体系………268
10.3 城市更新中的投资机会………………………277
本章小结…………………………………………………283
思考题……………………………………………………284

**参考文献 /285**

# 第 1 篇
# 理论与方法篇

# 1

概 论

**【本章重点难点】**

掌握城市和城市化的概念、特征；熟悉城市化的动力机制和测度方法；熟悉发达国家和我国城市化的演进历程和规律；了解城市经济学和房地产经济学两门传统学科的产生和发展历程；了解本书框架逻辑与章节内容。

【本章导读】

城市在不同时期拥有着不同的发展状态，在每个时期，城市都有其特定的发展特色。国内外对城市化进行了积极探索，积累了丰富的经验。然而，我国城市化发展新阶段衍生出了新的城市房地产经济问题，缺乏完整和成熟的理论框架指导。鉴于此，本章首先阐述城市和城市化的相关概念、特征；其次，选取美国、英国、日本和我国进行国内外城市化演进规律总结；再次，梳理了城市经济学和房地产经济学两门传统学科的产生和发展历程；最后，阐述城市房地产经济学的概念、特征和内容，明晰了本书的内容框架。本章逻辑框架图，如图1-1所示。

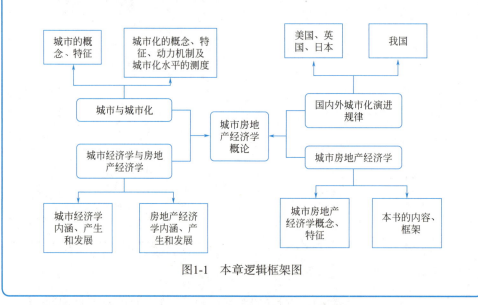

图1-1 本章逻辑框架图

## 1.1 城市和城市化

### 1.1.1 城市的内涵

（1）城市的概念

词源：国外的"城市"一词源于拉丁文urbs，意为城市的生活。在我国，"城市"一词源于"城"和"市"的基本内涵，古代的"城"和"市"属于两个不同的概念。城最早起源于4000多年前的夏朝，《古今注》有"筑城以卫君，造郭以卫民"之说，可见，城最早指的是一种大规模永久性的防御设施。早时的城不具有宗庙、宫室、商业市场、手工业工场等物质要素，其可以理解为城市的雏形，直至市的出现。市指的是集中起来进行产品交换、物资交流的场所，《说文解字》注："市，买卖所之也"，随着商品经济的发展，市逐渐被吸引到人口比较集中的城中，城市由此产生，并逐渐融合为一体，演变为当今的城市概念。如今，城市的概念多与乡村相对，城市与乡村的区别主要表现在产业、职能、人才、物质和财富等的集聚上，以及文化、经济、政治的带动作用和空间形态上等。

学术层面对城市的理解较为宽泛。马克思认为城市本身表明了人口、生产工具、资本、享乐和需求的集中，而在乡村里所看到的却是完全相反的情况：孤立和分散。列宁认为城市是经济、政治和人民精神生活的中心，是前进的主要动力。钱学森从系统的观点把城市概括为以人为主体，以空间和自然环境的合理利用为前提，以集聚经济效益和社会效益为目的，集约人口、经济、科技、文化的空间地域大系统。而不同学科都从自身的角度对城市进行概念阐述。如经济学家巴顿从经济角度对城市进行了描述，他认为城市是一个坐落在有空间地区的各种经济市场、住房、土地、运输等相互交织在一起的网状系统。地理学将城市界定为人类聚落体系的一种类型。社会学将城市描述为由不同的异质个体组成的居住共同体。公共管理学将城市界定为优质的公共服务资源的集聚地。

政府层面中的城市概念与学术上的城市概念并不完全匹配。联合国统计处对城市的划分曾提出五条原则：行政区、人口规模、建制、城市特色和占优势的经济活动。世界各国根据本国的实际情况提出了形式多样的城市划分标准，美国人口普查局的城市概念使用了多种定义，如城市化地区、大城市地区和城市地区，其划分主要以总人口和是否拥有人口密度较大的周边区域为标准。韩国《地方自治法实施令》规定，城市的标准要求有以下三个方面：一是区域人口超过5万人；二是市区（建成区）内居住的人口超过区域总人口的60%；三是从事商业、工业以及其他城市性产业的户数超过60%。我国对于设市、设镇均有明确的规定，基本上都是将市、镇的设置与人口及其集聚程度和非农化水平、经济发展水平及特征、城镇区建设及环保等方面的指标紧密联系在一起。如《城市规划基本术语标准》GB/T 50280—98中城市的概念是：以非农产业和非农业人口聚焦为主要特征的居民点，包括按国家行政建制设立的市和镇。城市的法律含义，是指直辖市、建制市和建制镇。2014年国务院印发《关于调整城市规模划分标准的通知》（国发〔2014〕51号），明确了新的城市规模划分标准，新的城市规模划分标准以城区常住人口为统计口径，将城市划分为5类7档，详见表1-1。

我国城市规模分类表　　　　　　　　表1-1

| 分类 | 档次 | 城区常驻人口规模（人） | 城区人口密度（万人/km²） |
| --- | --- | --- | --- |
| 超大城市 | 1 | 1000万以上 | 1.8 |
| 特大城市 | 2 | 500万以上1000万以下 | 1.6 |
| 大城市 | 3（Ⅰ型） | 300万以上500万以下 | 1.4 |
| | 4（Ⅱ型） | 100万以上300万以下 | 1.2 |
| 中等城市 | 5 | 50万以上100万以下 | 1 |
| 小城市 | 6（Ⅰ型） | 20万以上50万以下 | 0.8 |
| | 7（Ⅱ型） | 5万以上20万以下 | 0.6 |

来源：《关于调整城市规模划分标准的通知》（2014）。

（2）城市的特征

1）集聚性。与农村相比，城市拥有配套更为齐全的公共服务体系。公共服务的集聚性能够吸引工商业，形成人口集聚效应，从而集中大量建筑、物资、商品、资金、经济资源等经济要素。同时，城市也是知识技术和信息的生存基地，是教育、科学和文化发达的地方。

2）高效性。城市集聚了完善的基础设施、便携的通信手段、发达的交通工具和高智力的人口，故具有很高的运转效率。高效率同时会带来高效益，城市是国家经济，特别是第二和第三产业发展的主要载体，在国民经济发展中扮演着重要的角色。

3）多元开放性。城市人口的种族或民族构成、习俗、饮食、文化以及信仰等具有多元性，城市社会更具有理性、包容、时尚等特征。城市发展需要从外界源源不断地输入物质、能量、资金、技术、劳动力和文化等，又会输出资金、技术、商品、信息和管理服务等。

### 1.1.2 城市化的内涵

（1）城市化的概念

词源：城市化是外来语，英文为"urbanization"，字面意思是"使……具有城市属性"。有学者将其译为"都市化"或"城镇化"。城市化一词最早出现于1867年西班牙工程师塞达（A.Seula）发表的《城市化基本理论》中。有观点认为，城市化是一个自然的历史进程，可以一直追溯到城市诞生的远古时代；还有观点认为，城市化是近代以来由工业革命促成的历史现象。

不同学科从不同的角度对城市化进行解读，其概念有所不同，如人口学强调乡村人口向城市的转移和集中，及其带来的城市人口比例不断上升的过程。人口学家威尔逊（Wilson）在其主编的《人口学辞典》中认为人口城市化即指居住在城市地区的人口比例上升的现象。经济学强调农村经济向城市经济转化的过程和机制，特别是产业结构由第一产业向第二产业、第三产业转化的过程。沃纳·赫希认为城市化是指从以分散为特征的农村经济转变为具有独立特征的城市经济的变化过程。社会学强调城市社会生活方式的产生、发展和扩散的过程。索罗金认为城市化是转变农村意识、行动方式和生活方式为城市意识、行动方式和生活方式的全过程。地理学强调的是人口、产业等要素由乡村地域景观向城市地域景观的转化和集中过程。山鹿城次认为城市化包括原有市街的再组织、再开发，城市地域的扩大，城市关系的形成和变化及大城市地域的形成。随着学科间的渗透，城市化的概念日趋综合化和层次化，如罗西（R.H.Rossi）在《社会科学词典》中采用了一种综合化的城市化定义，认为城市化有四个方面的含义，即市中心对农村腹地影响的传播过程；全社会人口逐渐接收城市文化的过程；人口集中的过程；城市人口占全社会人口比例提高的过程。美国学者弗里德曼将城市化过程划分为两个阶段，第一个阶段包括人口和非农活动在规模不同的城市环境中的地域集中过程及非城市景观转化为城市景观的地域推进过程；第二个阶段包括城市文化、生活方式、价值观念在乡村的地域扩散过程，前者是可见的、物化了的或实体性的过程，后者则是抽象的、精神上的过程。

综合各学科的解释，可以定义城市化为一种社会经济变化的地域空间过程，它有四层基本含义：①人口向城市集中的过程，包括集中点的增加和每个集中点的扩大；②城市人口占全社会人口比例提高的过程；③第二、第三产业向城市集中和发展的过程；④城市对农村影响的传播过程以及全社会人口接受城市文化的过程。

（2）城市化的特征

1) 城市化发展遵循阶段性规律

城市化进程具有明显的阶段性特征，整体趋势呈现"S"形曲线。在初始阶段，农业经济占主导地位，城市化进程缓慢；当城市化率超过10%时，城市化水平开始逐步加快；当城市化率在30%~70%之间时，城市化进入加速阶段，工业和服务业规模迅速扩大，农业生产率大幅提高，农业人口迅速向城市转移；当城市化率超过70%时，城市化进入成熟阶段，经济增长速度明显放缓，城乡差距日益缩小，城乡之间人口迁移出现动态平衡。英国的城市化用了大约200年时间；美国的城市化用了大约100年时间；拉美和其他发展中国家的城市化用了40~50年时间。

2) 城市化与工业化有密切的联系

从整体来看，一方面，工业化是城市化的基本动力，城市化的发展要靠工业化的推动；另一方面，城市化是工业化的载体，对工业化也有反作用。但从局部来看，发达国家也出现了一些依靠非工业产业支撑的城市，如剑桥大学城、好莱坞影城等。

3) 城市化与逆城市化的发展接替进行

从国外城市化发展历程上看，许多发达国家都注重优先发展大城市，起初确实极大地促进了经济的发展，但发展到一定阶段就会出现城区人口过于密集、居住环境恶化、生活质量下降等一系列"城市病"问题。在此背景下，人们逐渐开始倾向于远离城市，迁移到房价相对便宜、环境优美、空气清新的小城市及城市郊区，出现了所谓的"逆城市化"现象。而近年来，部分国家再城市化现象又有所显现。

4) 城市化进程中政府调控与市场引导相协调

在城市化进程中，英国采取了政府调控的政策，引导城市化健康、有序发展；而美国走的是一条自由开放的城市化道路，带来的问题较多，负面影响较大。因此，城市化发展既要遵循市场经济规律，充分发挥市场在资源配置中的决定性作用，又要加强政府调控，通过法律法规、规划引导等措施，在产业结构调整、社会结构变迁、城市合理布局、区域协调发展等重大领域发挥积极作用。

（3）城市化的动力机制

城市化发展中的动力机制是城市化发展过程中推动城市化进程所必需的动力作用机理，包括维持和改善这种作用机理的多种经济关系、组织制度等所构成的综合系统。

1）产业演进推动的城市化

产业发展与城市化之间的关系不仅体现在产业化发展为城市化提供了坚实的经济基础，更重要的是产业发展本身就是城市化进程的一个重要方面。

工业化是城市化的根本动力，一方面，工业化的不同发展阶段和规模直接决定了城市化中产业结构的升级转化；另一方面，城市化的发展为工业化提供了前景良好的市场和优渥的发展环境。城市化和工业化是一个相互推动的关系：工业化是城市化的经济基础，城市化是工业化的空间依托。随着工业化水平的提高，产业结构在逐步升级，伴随着轻工业到重工业再到第三产业的转变，与工业相比，第三产业是城市化发展并提升城市化质量的加速器，而城市化又是第三产业发展并实现产业结构升级的推进器。如果说工业发展对城市发展是量的影响，那么第三产业对城市发展的影响就可以说是质的影响，即强化了城市功能、提升了城市形象。在目前的快速城市化阶段，传统工业已经不再是主要推动力，第三产业成了城市化的主要推动力量。

2）多元主体推动的城市化

城市化的动力机制从最初的"自上而下"或"自下而上"二元化转变为现如今动力机制主体的多元化。

"自上而下"的城市化模式强调城市化进程中政府的主导作用，包含政府的行政决策和制度实施，例如政府主导的城镇规划、城市结构体系规划、工业基地建设、户籍制度等相关制度的完善等。"自下而上"的城市化模式强调以乡村集体或个人自身在城市化进程中的作用，通过农村工业化达到农村城市化，突出表现为家庭承包责任制和乡镇企业，通过高速发展的农村工业化，由先进的乡镇企业带动周边城镇的发展，形成农村城市化。随着城市化进程的逐步发展，政府、企业、农村人口、城市人口等多种经济主体都成为城市化动力机制的主体，共同推动城市化进程和现代经济发展。政府在城市化进程中的作用逐渐由直接作用转换为间接作用，中央政府的决策权不断下放，更多地将资金运用在基础设施和开发区建设上，以优越的投资环境吸引国内外投资；同时在市场经济的背景下，企业自主权不断增大，国有企业、乡镇企业、外资企业的高速发展大力推动了城市现代化和农村城市化进程；个人作为市场经济中投资的主体，对城市化也起着重要的推动作用，随着土地制度改革和房地产市场的兴起，城镇人口集聚不断加大，同时回流效应带动了农村城市化。

3）制度变迁推动的城市化

政府的制度安排一方面会影响城市化的交易成本，另一方面又影响着产业化的进程。制度的变迁包含新的户籍制度、就业制度、社会保障制度、土地和住房制度等，这些制度变迁促进了农村剩余劳动力向城市转移，提高了社会福利水平。同时，制度变迁中对工业化、资本积累和投资的鼓励也拉动了工业化的发展，从而间接地促进了城市化的前进。

如户籍制度被认为是影响我国城市化发展的最核心制度安排之一，我国户籍制度的设计从一开始就与城市化的进程紧密联系在一起，它与社会身份、社会秩序、国家财政收入高度整合，集中反映了我国社会结构的一些特性，虽然在市场经济体制转型中其力量有所减弱，但作为一项长久的社会制度，其还将继续影响城市化的发展。再如土地制度在城市化发展中也具有重要的作用，我国从实行国家建设征用土地制度到土地有偿使用制度的改革中，房地产市场的兴起促进了城市化的快速发展，而城乡二元土地双轨制的存在也导致了快速城市化时期城镇建设用地紧缺和乡村建设用地低效的矛盾，影响了城市化进程。除此之外，就业制度、社会保障制度、住房制度、城市发展方针、行政区划等制度也对城市化进程的推进具有重要意义，这些制度变迁乃至创新通过降低城市化交易成本、提高产业化水平的方式促进城市化水平的提升。

（4）城市化水平的测度

1）单一指标法

单一指标法简单明了，通用性强，容易进行城市化的比较研究，是目前测度城市化水平的主要方法。该方法主要是选择对城市化表征意义最强又便于统计的个别指标来测度城市化水平。

最常用的单一指标法是利用人口比重指标来测度，主要是利用城市人口占总人口的比重、大城市人口占总人口的比重、城镇的平均人口数和平均增长率、城镇密度和人口密度、人口的就业结构等来衡量。其中，城市人口占总人口的比重是最常用的指标，通常被称为城市化水平。

$$城市化水平 = \frac{城市人口}{总人口} \times 100\% \qquad (1-1)$$

除此之外，较为常用的单一指标还有土地利用指标和产业结构指标。土地利用指标主要是利用城市用地占可用地的比重、一定时间内非城市用地转变为城市用地的比率等来衡量，这类指标在统计上存在一定的困难，所以使用并不广泛。产业结构指标则主要是利用GDP的产业结构、劳动力的就业结构等来衡量。

2）复合指标法

复合指标法旨在对城市的内涵进行概括和评价，独特性较强，指标计算更具专业性，主要侧重于对城市化发展某一方面的测度。该方法选用多种指标对城市化水平进行综合测度，在学术研究领域的应用更为广泛，比如部分学者提出的城市成长力系数、城市度、城市魅力度、民力度等。

如城市成长力系数，具体包括：地区总人口、制造业从业人数、地方财政年度支出额、商业从业人数、工业生产总值、住宅建筑总面积、商业批发总额、储蓄率和电话普及率等。具体计算方法为：选取不同时期，将上述多项指标的变化量除以全部指标的国内均值，再进行标准算术平均，得到成长力系数。

再如城市度测量法，由5类16个复合指标组成，主要包括：地域规模指标、位置指标、经济活动指标、静态人口结构指标、动态人口结构指标等。其测算较为复杂，在此不过多赘述。

## 1.2 国内外城市化的演进规律

### 1.2.1 典型发达国家的城市化

（1）英国城市化的历程

英国的大规模城市化始于18世纪中叶的工业革命，在此之前，英国进行了长达几个世纪的农业革命、商业革命。农业革命实现了农业商品化和圈地运动，商业革命形成了殖民地及国际市场的巨大贸易往来，带来了人口向城市的大规模迁徙和流动。长达几个世纪的农业革命和商业革命为工业革命打下了坚实的基础，后来的工业革命又使产业结构发生重大变化，就业人口分布变化使城市就业机会增加，工业革命使城市的地位和作用大为增强，把大批农村人口吸引到城镇和工矿区，一大批工业城市如雨后春笋般建立起来，英国成为世界上第一个实现城市化的国家。英国城市化的特征是政府调控的作用明显，主要推进因素有工业化与政府的干预和调节。

（2）美国城市化的历程

美国从纯粹的农业和农村国家发展为城市国家只用了约一个世纪的时间，其城市化经历了五个阶段：①帆船、马车时代（1830年以前）；②蒸汽机和铁路时代（1830—1870年）；③蒸汽机和钢铁时代（1870—1920年）；④汽车和飞机时代（1920—1970年）；⑤疏散时代（20世纪70年代至今）。其中，前四个阶段可以说是产业演进形成了城市化的推进，城市人口和城市化率节节攀升，到了第五个阶段，大城市人口增长放缓甚至下降，人口密度降低，同时许多小城镇人口增长，形成了去城市化的疏散时代。美国城市化的特征是以市场为主，培育主导产业，主要推进因素有：①欧洲的经济入侵与商业贸易发展；②工业化；③大规模移民以及人口的快速增长；④交通发展。

（3）日本城市化的历程

日本城市化可以以第二次世界大战（以下简称"二战"）作为界限，经历了以下三个阶段：①二战前的初步发展期（1945年前）；②二战后的快速发展期（1945—1977年）；③再集中与分散型城市化并存（1977年以后）。其中，第一个时期主要是明治维新的工业化发展期，让大量人口向城市迁徙；而二战时期日本城市化进程有所中断，大量居民为躲避战争的侵袭迁回农村；直至二战后，日本实施了一系列政治、经济、文化改革，经过数十年恢复，城市人口再次增长，城市数量大幅增加。经过此阶段的发展，日本的城市化率已基本饱和，直至20世纪90年代开始出现逆城市化现象，进入了分散型城市化阶段，但进入21世纪后，以信息产业集聚为带动，人口又有向城市集中的趋势，进入再城市化。日本城市化的特征是政府调节、健全法律法规、重视离土农民的培养和使用，主要推进因素有：①工业化；②战后恢复；③信息产业集聚。

### 1.2.2 我国的城市化演进

（1）中华人民共和国成立之前的畸形发展阶段

鸦片战争后，由于民族资本主义和帝国主义的入侵，在中国的沿海、沿江、铁路和公路沿线催生了最早的资本主义工商业城市，如上海、广州、南京、天津、宁波、青岛、烟台、大连等。在半殖民地半封建社会状态下，中国城市发展出现了二元畸形的社会结构，一方面租界工商业经济发达，另一方面普通城市工业基础薄弱、大多为消费型城市。民国时期的社会动荡让我国的城市化进程举步维艰。直至1949年中华人民共和国成立时，全国的城镇人口仅为5765万，城市化率仅有10.6%，远远落后于西方发达国家和一些发展中国家。

（2）中华人民共和国成立—改革开放间的起落阶段

中华人民共和国成立后，我国开始恢复和重建被战争破坏的国民经济，随之带来了新一轮的城市发展。"一五"期间，从农村到城市的人口达到1500万，加上城镇人口的自然增长，到1957年，我国城镇人口已经达到9949万，城市化率提升至15.4%，全国城市数量从1949年的135个增长到178个。此后的"大跃进"运动让城市发展出现冒进问题，到1960年，全国城镇人口达到了13073万，城市化率突升到19.8%，这一时期的城市化严重脱离了城市的实际承受能力，导致城市建设过度膨胀。三年经济困难时期让国家通过行政手段压缩城镇人口规模，动员大批职工及其家属上山下乡，截至1964年，全国城镇人口减少了2600万，城市化率下降到14.6%，城市数量下降到167个。后来的"文化大革命"时期我国的城市化进程缓慢甚至停滞，这一阶段的城市化率维持在17.5%左右。

（3）改革开放以来的持续发展阶段

1978年，我国进入了改革开放的新时期，经济体制改革加快了城市经济发展的步伐。1979年后，千万"上山下乡"青年陆续返回城市，后又随着城市经济的发展，城镇人口快速增长，到1980年，全国城市化率上升到19.4%，1984年达到23%。1992年党的十四大确立了建立社会主义市场经济体制的改革目标，农村富余劳动力大量进城就业，中国城市人口增长迅速，城市化呈现快速发展之势。21世纪后中国城市化率节节攀升，截至2023年达到66.16%，预计到2030年将超过70%。1949年至今城市化发展趋势如图1-2所示。

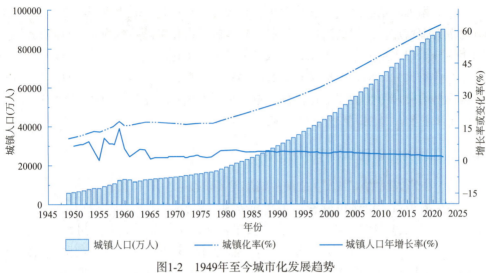

图1-2　1949年至今城市化发展趋势

## 1.3 城市经济学与房地产经济学

### 1.3.1 城市经济学的产生和发展

（1）城市经济学的内涵

城市经济学以城市的产生、成长，最后达到城乡融合的整个历史过程及其规律，以及体现在城市内外经济活动中的各种生产关系作为研究对象，是研究城市在产生、成长、城乡融合整个发展过程中的经济关系及其规律的经济学科。城市经济学的研究重点为探讨城市重要经济活动的状况、彼此间的互动关系，以及城市与其他地区和国家的经济关系等。其研究内容主要有：

1）宏观城市经济部分

宏观城市经济学，主要将城市的产生和发展、城市与区域的联系等作为重要研究对象，由此对城市化的普遍规律、城市的性质、城市的规模、城市经济增长等问题进行研究，分为城市化的普遍规律和城市与区域关系两方面。

在城市化的普遍规律方面，通过研究城市成长的机制、城市化的发展过程、影响城市化的经济规律等，从总体上把握城市化运动的普遍规律。

在城市与区域关系方面，将城市与区域、城市与城市间的关系视为经济活动的整体，研究它们的互动关系与分工，涉及区域经济与区域的空间组织等。

2）微观城市经济部分

微观城市经济学主要研究城市内部的经济问题与经济现象，强调运用经济理论与经济分析方法研究城市的经济社会问题，为有效解决城市问题提供经济分析方法和对策方案。微观城市经济学以城市特定现象和特定问题为研究重点，对城市空间结构、城市部门现象展开研究。

在城市空间结构方面，主要使用经济学方法研究城市区位与布局、城市功能分区、城市空间布局对城市发展的影响等，分析影响城市空间布局的经济机制，并对城市空间结构演化的趋势提出经济学的解释，进而为有关的选址等行为提供重要的理论支持及方案建议。

在城市部门现象方面，几乎所有的相对独立和具有一定完整性的城市现象都可以运用城市经济学的方法来加以研究，目前较为成熟的有：

① 城市经济战略研究。制定正确的经济战略，是城市经济良性发展的首要基础，也是城市经济学研究的重大任务。

② 城市经济结构。合理的经济结构对有效地利用各类资源，促进城市经济的协调发展起着重要的保障作用。

③ 城市土地经济。土地是城市的载体，通过研究城市土地的地租、地价理论，土地经济特征和城市土地开发问题，可以为城市相关部门提供决策依据。

④ 城市人口经济。人是城市的主体，城市经济发展与城市人口休戚相关。因此，要研究经济增长与人口构成变化的规律、人口增长的途径、流动人口问题与劳动就业问题。

⑤ 城市住宅经济。住宅是人们不可缺少的生活必需品。因此，要研究住宅的经济属性、住宅商品化和我国住房制度改革的基本途径。

⑥ 城市基础设施。基础设施是城市的骨骼和血脉，对于城市正常运行起决定性作用，基础设施的构成与特性、基础设施与社会经济发展的相关性、基础设施的投资与管理，都是城市经济学研究的课题。

⑦ 城市环境经济。环境问题是人类面临的基本问题之一，必须研究城市在发展经济的同时如何保护和治理环境，使城市在取得较高经济效益的情况下也取得良好的环境效益。

⑧ 城市财政与金融。国家财政的绝大多数取之于城市又用之于城市，因此，需要研究城市财政如何广开财源，在增加国家财政收入的同时使城市财政充裕起来，能自力更生建设好城市；金融业是第三产业的重要组成部分，对城市经济的发展有举足轻重的影响，因此，需要研究如何促进城市金融市场的发育，并充分发挥其作用。

（2）城市经济学的产生

城市经济学的命名，意味着它作为一门学科与经济学有着重要的渊源关系。实际上，早在经济学创始标志的亚当·斯密（Adam Smith）的《国富论》中就已经对城镇及其功能等作出了详细论述，这也就意味着城市经济学有着深厚的经济学的学科渊源。

从萌芽的早期来看，城市曾是古典经济学的重要研究内容之一。冯·杜能（Von Thunnen）于1826年著述的《孤立国同农业和国民经济的关系》（简称《孤立国》）被视为城市经济学的最早发源，其中就对城市与农村之间的融通、城市增长对耕地的影响、城市及商业活动对地租及农产品价格的影响、土地类型划分等作出了较为详尽的研究论述,提出了后来被城市经济学家所经常引用的理论概念。而另一位德国学者阿尔弗雷德·韦伯(A.Weber)则真正将经济学理论应用于城市空间方面的研究,他的工业区位理论强调了空间因素在生产领域中的作用,围绕着区位的研究也由此成为城市经济学最为悠久的核心内容。20世纪20年代兴起的土地经济学进一步为西方经济学的发展提供了重要理论支撑,而直至二战前的不同理论学派关于城市空间结构的解析研究更是大大推进了有关城市空间的研究进展。其中有美国土地学家理查德·赫德(R. M. Hurd)对于美国城市功能分区的核心放射性结构特性的分析及提出的"楔形理论"(扇形地带理论),芝加哥学派及其以后的城市空间模式研究等。可以说,这一时期的学术研究进展已经为城市经济学的诞生奠定了必要基础。

二战后经过快速复兴,到20世纪50年代后,有关城市的研究已经进入热潮阶段,而分析技术与方法的快速发展和经济学科的新进展则为更深入的研究提供了必要条件。城市研究逐步进入了系统化阶段,研究领域也扩展到了城市空间结构、级差地租、土地利用价格、工业布局、城市交通、城市住宅、城市财政等方面,陆续出现了一系列重要理论专著,如科林·克拉克(Clark)的《城市人口密度》(1951)、诺麦·温格(Wingo)的《交通与城市土地》(1961)、迈耶·凯因(Meyer Kain)及马丁·沃尔(M. Wohl)的《城市交通问题》(1965)、瓦尔斯(Walters)的《公路拥挤的私人和社会成本的度量与理论》(1961)、维克利(Vickrey)的《城市和郊区公共交通的定价》(1963)、蒂博特(Tiebout)的《地方公共支出的纯粹理论》(1956)等。

正是由于这一系列的努力和理论贡献,促使了围绕着城市的有关经济学的研究进展,进而形成一套较为专门化的概念及理论方法,城市经济学也就应运而生了。

(3)城市经济学的发展

城市经济学在诞生之后经历了一个飞速发展时期,也曾经有过相当长一段时期的近乎停滞,直至空间分析的突破性技术进展为学科的再次快速发展带来了可能。进入21世纪以来,包括我国在内的发展中国家掀起了快速城市化的国际性浪潮,为城市经济学的发展提供了难得的机遇。

1)早期发展

城市经济学在诞生之后即迎来了快速发展,米尔斯(Mills)在其《城市经济学》分册中进行了概述。

首先,理论研究对于城市经济学发展具有至关重要的影响,这是因为理论模型为研究实际问题提供了统一框架,并为运用数据进行模型估计与检验提供了具体假设。同时,这些理论研究还为那些研究城市问题的著名经济学家提供了相关概念和大量工具,而这也是城市经济学有别于其他经济学分支学科的重要方面。

其次,微观经济学工具在空间分析框架内的应用推动了城市经济学的快速发展。空间分析的概念和视角是基于微观经济学与空间分析方法的嫁接,它们为城市经济学的快速发展提供了有力武器。如威廉·阿朗索(William Alonso)的著作被很多人视为城市经济学的诞生标志一样，很重要的原因就在于其开创了至今都被视为城市经济学重要核心的有关城市空间结构的经济学分析方法和工具。空间分析也因此成为城市经济学最为核心的研究领域之一。

再次，则是城市经济学发展早期的实证分析与规范分析的关系与发展。这实际上也与城市经济学的诞生有着重要关系，因为这一时期的贫困和种族歧视等都构成了城市问题的重要方面，使得对城市问题展开研究并提出解决方案成为学科发展的强大动力。这也势必决定了城市经济学从其诞生伊始，在注重科学的实证分析的同时，还特别注重在规范性研究方面的进展，城市经济学的发展因此具有重要的实践价值。

此外，则是来自区域经济学发展的影响，特别是其运用微观理论工具处理空间问题的方法。实际上，当今的区域经济学和城市经济学有着相当部分的共同研究兴趣，在理论工具上也有部分重叠。因此，当空间经济学开始崛起时，有不少人认为可以用统一的空间经济学来涵盖区域经济学和城市经济学。

2）中期发展

20世纪70年代至20世纪80年代，大致可以被视为是城市经济学的发展中期。这是在空间研究继续推进的同时，部门经济和政策分析得到快速发展，并由此形成城市经济学完整学科领域范畴的发展时期。

首先是空间分析的继续发展，依然主要是来自微观经济学的理论工具应用，主要通过对选址行为及选址过程中相互作用的分析研究，丰富了城市经济学的核心内容。对于家庭选址的研究，是在效用最大化（或者说最令家庭满意的选址）的框架内展开的住宅需求与通勤成本间的相互作用分析；而关于厂商选址，尽管早已有研究，但是纳入城市经济学范畴的有关研究显然要复杂得多，因为必须将城市空间特征的复杂性纳入分析框架中去；而将家庭和厂商纳入统一的框架中来考虑选址的相互影响，则为单个城市区域一般空间均衡模型的建构发展奠定了基础。其后，数学及计算机的引入更是为复杂的定量和模拟研究找到了新的路径。

另外的重要研究进展主要集中在部门经济和政策研究方面，诸如城市土地和住房、城市交通和环境、城市开发与管理、城市公共管理与公共政策、城市金融与财政等，几乎在所有的城市问题上都取得了明显进展。需要申明的是，这些部门经济和政策方面的有关研究当然得益于很多学科的共同推进，但就城市经济学领域而言，其经济学的关注视角和贡献则是明确的。这些研究进展使得经济学的方法和观念得以深入城市的大多数领域，实际上也为经济学地位的确立作出了重要贡献。

3）近期发展

自20世纪80年代后期以来，在相当长的时期内，城市经济学基本变成了一门"成熟"的交叉学科，这不仅与西方城市化进程基本进入稳定时期以及城市问题终于不再继续成为最为核心的问题有关，更与经济学在此期间在有关城市的研究方面缺少显著贡献有关。直至20世纪90年代中后期，新的里程碑式的进展才再次出现。

大体上，城市经济学新发展的公认领军人物主要包括日本的藤田昌久

(MasahisaFujita)、美国的保罗·克鲁格曼（Paul Krugman）和英国的安东尼·J·维纳布尔斯（Anthony J. Venables），代表作就是他们于1999年合作发表的《空间经济》*The Spatial Economy*一书。他们所开创的新经济地理学（New Economic Geography）的研究核心是经济活动的空间集聚现象。诚然，仅对于空间集聚现象展开研究还算不上什么新的理论视野，他们真正的突破性贡献在于开创了一个讲述经济活动在空间上集聚和离散机制的严谨模型。其数学表达极为复杂，但在逻辑上却是非常简洁清晰，本质上是对微观经济主体行为在总量上形成空间集聚的均衡分析，也由此将众多的严谨经济学概念及方法整合到一起，使得空间的集聚、城市的形成与演变通过经济学理念基础上的数学化严谨演绎来表达。而以华裔经济学家杨小凯为代表的新兴古典经济学派（New Classical Economics）回归到了古典经济学。从分工开始，运用经济学概念建模，为城市的形成和发展提供了同样严谨的数学化演绎，提供了不同于新经济地理学的解析思路。

总体上，这一时期的突出贡献不仅在于重新为城市经济学核心的空间分析提供了新的理论工具，更为重要的是为城市的形成和发展的解释作出了突出贡献，可以说是大大推进了城市经济学的内涵发展，使得城市经济学的活力在此展现。

### 1.3.2 房地产经济学的产生和发展

（1）房地产的相关概念

1）房地产

房地产是房产和地产的统称，即房屋和土地两种财产的总称，包括建筑在土地上的各种房屋及一切未经人类劳动投入开发的土地和经过开发利用的土地，以及与房屋、土地有关的权益。所谓房地产，是指房产和地产的结合体及其衍生的权利关系的总和，这一概念包括以下三层含义：

① 从实物形态上说，房地产是房产和地产相结合的统一物。具体而言，房产是建筑在土地上的各种房屋，包括住宅、厂房、仓库以及商业、服务、文化、教育、卫生、体育等各行各业的用房等；地产是指用于房屋建筑的土地及地上地下一定范围的立体空间，包括地面、地上一定的空间和地下相关的设施等。从自然意义上来说，土地的范围很广，只有当土地作为建筑地块及相关设施使用的时候，才构成房地产的组成部分；而房屋也是建筑在一定的地基之上的，必然离不开土地。所以实物形态的房地产包括建筑地块和地基上以房屋建筑为主要形式的定着物，是房产、地产的结合体和统一物。

② 从价值形态上说，房地产作为商品是使用价值和价值的统一体。在市场经济条件下，房地产也是商品。房地产商品的使用价值是指可以用来满足人们生产和生活等各种需要；房地产商品的价值是指开发生产该房地产所消耗的人类一般劳动的凝结。在房地产经营活动中，它必须通过生产、交换、分配、消费诸多环节纳入社会再生产过程，包括房地产开发建设、销售、分配、使用，最终进入消费，当使用消耗完以后，又会重新进入新一轮循环。这种房地产社会生产和再生

产过程构成一定的经济关系。

③ 从产权关系来说，房地产作为社会财富的一部分，又是一种资产，反映一定的经济权利关系。由于房地产具有空间位置不可移动性的特点，从而与动产有所区别，一般又被称为"不动产"。在房地产商品交易中，它的空间位置并不移动，而是通过房地产权利关系（包括所有权、占有权、支配权和使用权）的转移和改变来实现。此外，所有者还可以通过房屋租赁只转移其使用权。相关权利关系的转移比较复杂。

2）房地产业

房地产业是指以土地和建筑物为经营对象，从事房地产开发、建设、经营、管理以及维修、装饰和服务的集多种经济活动为一体的综合性产业，是具有先导性、基础性、带动性和风险性的产业。房地产业属于第三产业。

房地产业不仅包括生产环节，也包括流通和服务环节，其主要经济活动贯穿于房地产生产、流通、分配、消费诸多环节之中，是一个相互依存、相互联系、相互提供服务的有机整体。具体来说，在生产过程中，主要是房地产投资开发，包括土地开发和再开发、房屋开发和供应等。在流通过程中，主要是房地产市场交易，包括地产和房产的买卖、租赁、抵押、典当等经营活动。在分配过程中，主要是通过房地产市场交换，使其产品进入消费领域的中间环节，是国民收入分配和再分配实现的重要途径。在消费过程中，主要是房屋使用过程中的物业管理，包括房屋的养护、维修、绿化等服务性管理。此外，由于房地产生产经营活动的特殊性，必然广泛存在与此紧密相关的各类中介服务，包括房地产咨询、房地产经纪、房地产评估等。同时，其开发经营活动更需金融业的支持，如开发贷款、购房抵押贷款和住房公积金制度等，所以房地产金融业成为房地产业的有机组成部分。因此，房地产业应包括土地开发经营业、房产开发经营业、房地产中介服务业、房地产金融业和物业管理服务业等。21世纪以来我国房地产业发展趋势如图1-3所示。

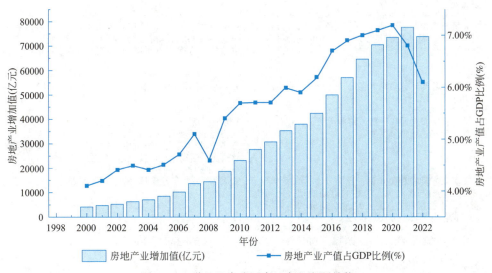

图1-3 21世纪以来我国房地产业发展趋势

### 3)房地产市场

房地产市场是指房地产商品交换的领域和场所。房地产作为商品生产出来以后,必须通过流通领域进行市场交换,才能进入消费领域。从房地产再生产过程来看,房地产市场属于房地产流通领域。同时,房地产商品的交换又必须在一定的场所内进行,例如在售楼处或房地产交易中心,买卖双方签订成交协议,办理相关手续。从这个意义上说,房地产市场也是房地产商品交易的场所。

简单来说,房地产市场是使房地产的买卖双方走到一起,并就某宗房地产的交易价格达成一致的任何安排,它同样包括一般市场的四重含义。与一般市场相同,房地产市场也是由买卖双方、房地产商品以及价格等市场要素按一定的交易方式构成的。更进一层说,房地产市场是指房地产商品一切交换和流通关系的总和。其内涵既包括土地、房产及相关劳务的交易行为,又包括土地所有权和使用权的有偿转让、房地产买卖交易以及租赁、典当、抵押等各类经济活动。从经济关系分析,房地产市场是所有这些交换和流通关系的总和,体现了市场中当事人之间错综复杂的经济利益关系。

房地产市场是房地产经济运行的载体,是整个国民经济市场体系中的重要组成部分,也是一个活跃的、具有显著特性的专门市场。在市场分类中,它在产品市场和要素市场都占有重要地位。房地产又是一种十分特殊的商品,房地产市场也是一种特殊性的市场,房地产和房地产市场的这些特殊性往往具有重要的经济含义。因此,房地产和房地产市场的特殊性贯穿于房地产经济学研究和市场分析的绝大多数内容中。房地产市场与普通商品市场的区别见表1-2。

房地产市场与普通商品市场的区别　　　　　　　　表1-2

| 普通商品市场 | 房地产市场 |
| --- | --- |
| 1.商品和服务的质量趋向一致,因此价格相对较低且稳定 | 1.商品存在显著的异质性,价格高且波动较大 |
| 2.大量市场参与者创造了一个竞争性的自由市场,任何参与者都不拥有足以对价格产生直接可观的影响的份额 | 2.某一时间、某一价位和某一区位上,通常只有有限的买方和卖方对特定类型的物业感兴趣。一个单独的买方或卖方可以通过控制供给或需求影响价格 |
| 3.有效市场具有自动调节能力,公开的和自由的竞争几乎不受限制 | 3.房地产市场受到许多私营和公共实体的管制 |
| 4.供给和需求永远都不会远离平衡状态,在竞争的影响下市场迅速恢复平衡 | 4.房地产市场中,供给和需求被认为是决定因素,价格是其相互作用的结果。价格变化通常领先于市场活动的变化。经常由于短时间内没有交易活动或交易活动增加而使供求发生急剧变化 |
| 5.买卖双方具有相关知识,且充分掌握市场状况、其他市场参与者行为、过去的市场活动、产品质量和产品替代性的信息。定价、竞价和销售所需的任何信息都可以方便地获得 | 5.房地产买卖双方掌握的信息都不完整 |
| 6.买卖双方通过有组织的市场机制(如纽约证券交易所以及各类集市)集合到一起。卖方可以根据需求情况自由地进出市场 | 6.买卖双方不会正式地集合在一起 |

来源:《城市与房地产经济学》(2007),刘洪玉,中国建筑工业出版社。

（2）房地产经济的内涵与特点

房地产经济是经济学术语，指以房地产为对象，即围绕房地产的生产、分配、交换和消费所发生的人与人之间的经济关系，其是房地产生产力与房地产经济关系的有机结合，旨在揭示房地产运行规律，探讨房地产资源配置。

学术层面对于房地产经济有专门的学科，称为房地产经济学，其研究内容主要为房地产经济学的基本概念和基本理论、房地产市场运作和房地产经济运行的机制、房地产经济运行的制度保障和政策环境等。

房地产的自身特性决定了其与普通商品相比有较为独特的经济特点，主要有：

1）房地产建设周期长、投资大

一般工业产品从消耗原材料、燃料、动力以及劳动到生产出产品，可以在几天、几个小时乃至几分钟之内完成。而房地产开发建设的周期比一般商品要长得多，没有施工工期限制的小项目也要几个月，较大的项目或有施工工期限制的项目动辄一年，有时会更长，一些重要建筑甚至要花费数年。中国有些大的住宅项目常常要分期开发，建设周期更长。同时，房地产开发需要投入巨额资金，与一般物品相比，房地产不仅单价高，而且总价大。从单价来看，每平方米土地或每平方米建筑面积房屋的价格少则千元，多则数千元甚至数万元，繁华商业地段经常有"寸土寸金"之说。一栋几千至上万平方米的楼房，仅建筑安装工程造价就高达几百万元甚至上千万元，上亿元的也屡见不鲜。在中国，一些城市综合体的投资规模常常高达几十亿元甚至上百亿元。

2）房地产投资的流动性较差

投资的流动性是指在必要的时候投资可以迅速兑换成现金的能力。房地产投资的流动性相对较差，造成这种状况的原因有四点：其一，房地产有相当大的比例是出于生产或经营自用目的而建造的，这样该笔投资只能通过折旧的方式逐渐回收。其二，当房地产被当作商品进行买卖时，由于多种原因，该房地产可能想卖而卖不掉，或由于卖掉损失太大而导致所有者不愿意卖，这样房地产滞留在投资者手中，投资就沉淀于该房地产上。其三，当房地产被当作资产进行经营时，其投资只能通过租金的形式逐渐回收。其四，当房地产处于居住自用和办公自用时，一般不涉及投资回收问题，该笔价值逐渐被使用者消耗掉。

3）地产价值常要借助房产价值表现出来

尽管房价是由供求关系决定的，但从价值构成上分析，一般商品的价值除了由剩余劳动转化而来的剩余价值外，不变成本和可变成本是由生产该产品所消耗的人工费、管理费、材料费、固定资产折旧费等要素组成。而房产作为商品，其价值除了利润和建造房屋而消耗和支出的建筑及设备安装工程费用（含人工费、材料费、施工机械使用费、施工管理费等）、设备及工具、器具购置费用以及勘察设计费、施工机构迁移费等其他费用项目外，还包括并非转化和凝固到房屋商品中但要借助房屋价值表现出来的土地价值（包括土地征用费、土地使用权出让金、青苗补偿费等)。因此，房产的价值具有复合性，既包括建造房屋的人工、材料、固定资产消耗，又包括土地使用的代价。在中国，除了土地使用权的直接出让和转让不涉及开发活动外，一般情况下都是如此。

4) 房地产具有保值和增值性

房地产是相对稀缺的产品，其供应受到严格限制。随着社会的发展、人口的增加和经济的繁荣，人们对房地产的需求日益增长。房地产长期供不应求导致其价格水平总的趋势是不断上涨的，而且其上涨幅度通常大于或等于一般物价上涨幅度。另外，房地产拥有者自己对房地产进行投资改良，例如更新或添加设施设备、重新进行装饰装修、改进物业管理等，以及政府进行道路、地铁等交通建设，修建广场、公园、公共绿地，调整城市发展方向，改变城市格局等产生的正外部性也往往会带来房地产价值的提升。因而，在一般情况下，拥有房地产不仅可以实现保值，而且能够获得增值。从这一角度来看，房地产具有资本品的明显属性，在其使用过程中能有效减小通货膨胀的影响，甚至使所有者获得巨额增值收益。

(3) 房地产经济学的产生

房地产经济学作为一门新兴的经济学科，是随着房地产业的深入发展，适应房地产经济运行的客观需要而逐步形成的。

在近代，由于帝国主义的侵略，中国逐渐由封建社会变成了半殖民地半封建社会。随着以市场经济为基础的资本主义经济的产生和发展，我国沿海地区出现了房地产经济，这些地方市场经济的发展让房地产经济也有了一定程度的发展。中华人民共和国成立后，顺应国民经济恢复和发展的要求，房地产经济也得到了相应的发展。但是，随着计划经济管理体制的形成，房地产业和房地产经济失去了经济体制（制度）的基础。在计划经济体制下，我国虽然进行了大规模的房地产开发建设，形成了相当规模的房地产物质产品，但是没有房地产经济与房地产业。以建立社会主义市场经济体制为目标的经济体制改革，特别是城市土地使用制度改革和住房制度改革，使城市土地使用权和住房成为商品，纳入了市场经济运行的轨道，为房地产业与房地产经济发展提供了体制基础。我国工业化的进行有力地促进了城市的发展和城市化水平的提高。城市的发展、城市化进程的加速进行以及城市现代化建设对房地产业和房地产经济的发展提出了巨大的需求，也为房地产经济的发展提供了深厚的经济基础。20世纪80年代以来，在经济体制改革特别是土地使用制度改革和住房制度改革的推动下，社会主义现代化建设蓬勃展开，促使中国的房地产业复苏并初步发展；20世纪90年代在确立了社会主义市场经济体制以后，更是活力显现、迅猛发展；进入21世纪我国房地产业已达到相当大的规模，其地位和作用迅速上升，已成长为国民经济的支柱产业。

为适应房地产业发展的要求，房地产经济理论研究也逐步深入，在总结丰富实践经验的基础上，经过理论概括初步形成了一定的理论体系，成为一门相对独立的经济学科。

(4)房地产经济学的发展

1)基本假设的发展演变

从房地产经济学研究所依据的基本假设来看,其发展可以划分为两个阶段:第一阶段在强调房地产的位置固定性、耐久性、政策敏感性等方面特点的同时,仍然保留无摩擦完全竞争市场的假设。这一阶段的研究成果极大地加深了人们对于城市空间结构、住房供给和需求的决定因素、住房价格度量等问题的理解,并在20世纪80年代达到顶峰。但是,其局限仍然是十分明显的,由于假设市场无摩擦完全竞争,其成果难以对房地产市场(尤其是住房市场)进行福利分析,难以对房地产市场中存在的种种非理性、低效率的情况给出合理的解释。

因此,自20世纪80年代开始,房地产经济学研究逐步进入第二阶段。这一阶段中放松了对房地产市场的假设,研究更加关注于不完全竞争和由搜寻成本、迁徙成本和契约不完善所带来的市场摩擦,探讨真实市场条件下市场如何达到均衡和匹配状态,研究成果更加贴近现实。许多新的研究方向也在此时出现,例如房地产市场福利分析、房地产经纪的作用、契约条款优化、房地产市场中的空置、买卖双方的搜寻行为和交易策略(例如定价策略)等。同时,许多成果对于指导政府针对房地产市场的干预活动也起到了重要的作用。

2)研究内容和研究方法的发展演变

除了基本假设的放松和逐步接近现实外,研究范畴的扩展和丰富也是房地产经济学研究的另一个发展趋势。传统上,学者主要着眼于房地产市场自身的偏均衡分析,但这种局限正在被逐渐打破。一方面,房地产市场和城市经济之间的联系和互动关系日益受到重视。另一方面,随着房地产金融工具的不断创新和投资活动的活跃,房地产市场和金融市场的联系日趋紧密,特别是通过日本房地产泡沫、亚洲金融风暴等事件,这种联系的重要性得到了人们的充分重视。因此,房地产研究已经逐步由着眼于房地产市场自身的偏均衡分析向着眼于多个交互作用市场乃至整个经济体系的全均衡分析发展。

当然,除了研究思路的拓展外,研究工具的持续改进也是房地产经济学发展的重要体现。经济主体行为最优化的许多理论模型得到了迅速的发展,同时计量经济学方法、数据处理和计算技术的进步使得学者们能够对这些理论模型中的参数作出越来越准确的估计。实际上,这两个方面的进步在各类应用经济学领域都有体现,它们也使这些应用经济学领域在研究范式,甚至研究问题上逐渐交融,许多经济学者往往横跨多个领域作出贡献。

## 1.4 城市房地产经济学的内涵

### 1.4.1 城市房地产经济学的概念

如前所述,城市是与乡村相对的概念,城市房地产和乡村房地产有着不同的内涵和特征。一方面，城市的积聚性、高效性、多元开放性等特征决定了城市的形态和性质不同于乡村，传统城市的土地制度、规划制度、户籍制度、金融制度等都赋予了城市房地产特有的形态和属性，故其房地产所包含的内涵与乡村大相径庭。另一方面，随着城市化的快速推进，现代城市愈发拥有了一些新的特点和属性，来满足日益增长的人民需求和社会发展需要，城市化新阶段催生了新时期特定的住房制度和土地制度，城市更新带来了新的发展机遇，新型城市建设如火如荼，"智慧城市""韧性城市""海绵城市"等概念赋能现代城市建设，城市经济循环与房地产市场周期性持续变化，这些现代城市的新特征都为城市房地产赋予了新的内涵。

城市房地产经济学是在传统城市特征的基础上，结合现代城市的新特征应运而生的房地产经济学科，其与房地产经济学的区别在于更注重城市发展特征，探讨新时期新阶段现代城市中房地产建设领域的各种经济现象、关系和运行规律，既从微观经济视角探讨新型城市建设中的房地产投资决策问题，又从宏观经济视角揭示城市房地产经济运行的规律，研究房地产周期波动现象和制度基础，以现代城市建设的实践探索来验证城市房地产经济问题，是一门解释现代城市房地产经济运行现象及其资源配置活动的新兴学科。

### 1.4.2 城市房地产经济学的特征

随着新时期城市和房地产业的发展，城市房地产经济学具有自身鲜明的特征：

（1）与传统房地产经济学相比，更加关注与乡村相对的城市房地产经济的运行现象及其资源配置活动。

（2）在新时期新阶段更加注重对现代城市建设中房地产领域的各种经济现象、关系和运行规律的总结。

（3）在房地产市场起伏周期的背景下，更加注重城市各主体的建设与经济行为，如城市企业房地产投资的策划与决策、城市政府干预、城市住房保障制度的建设等。

### 1.4.3 城市房地产经济学的内容

在界定清楚城市房地产经济学的研究对象、概念和特征的基础上，本书以两篇：理论与方法篇、实践与探索篇，共计10章来阐述城市房地产经济学的研究内容。

第1篇：理论与方法篇

（1）概论（第1章），主要讲述城市与城市化的有关概念、特征，国内外城市化演进规律，城市经济学和房地产经济学两个学科的产生和发展，城市房地产经济学的内涵等，是城市房地产经济学的基本知识和基本概念。

（2）城市与房地产经济的互动关系（第2章），主要探讨房地产业与城市经济增长的关系、城市规划与房地产开发的关系、城市土地供应与房地产市场的关系、城市人口与房地产市场的关系及城市竞争力与房地产业的关系。

（3）城市土地经济与管理方法（第3章），主要讲述城市土地经济的概念、城市土地经济制度、城市土地管理方法等。

（4）城市房地产投资决策过程与方法（第4章），主要讲述区域市场现状及趋势、项目投入产出分析、房地产项目实物期权、房地产价格与房地产税、投资风险分析等。

（5）城市房地产周期和政府干预（第5章），主要讲述房地产周期及其影响因素、形成机制、房地产市场的政府干预等。

第2篇：实践与探索篇

（6）住房保障、智慧城市、海绵城市、韧性城市、城市更新蕴含的房地产投资机会（第6章～第10章），主要介绍住房保障、智慧城市、海绵城市、韧性城市、城市更新五项城市建设工程的概念、特征，国内外发展、实践、政策演变，列举典型案例进行案例分析等。城市房地产经济学内容逻辑框架图如图1-4所示。

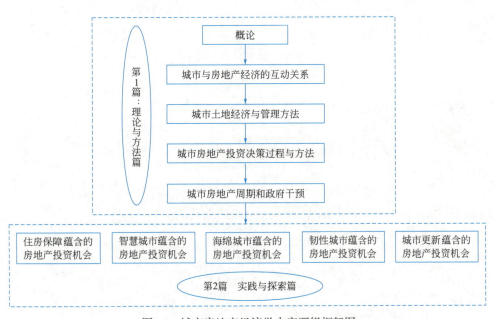

图1-4 城市房地产经济学内容逻辑框架图

## 【本章小结】

本章阐述了城市和城市化的相关概念、特征，重点介绍了城市化的特征、动力机制和测度水平。对英国、美国、日本和我国的城市化演进规律进行了总结，梳理了城市经济学和房地产经济学两门传统学科的内涵、产生和发展历程。最后，通过阐述城市房地产经济学的概念、特征和内容，明晰了本书的内容框架。

**思考题**

1. 城市和城市化的概念分别是什么？
2. 国外城市化经验对我国有哪些启示？简述我国城市化的发展历程。
3. 随着新时期城市和房地产业的发展，城市房地产经济学有哪些新特征？

# 2

## 城市与房地产经济的互动关系

【本章重点难点】

了解城市与房地产经济的复杂互动关系，能够从宏观区域维度、中观行业维度、微观项目维度剖析城市与房地产经济的耦合影响。具体来说，应掌握房地产业与城市经济增长的互动关系、城市规划与房地产开发的协同关系、城市土地供应与房地产市场的互促关系、城市人口与房地产市场的牵制关系、城市竞争力与房地产市场的因果关系。

### 【本章导读】

城市与房地产经济之间的互动关系是当代社会中备受瞩目的复杂议题。在全球范围内，城市化进程正在快速推进，这不仅改变了我们的生活方式，也对房地产市场产生了深远的影响。房地产不仅是居住的场所，它也承载着城市经济的繁荣和社会结构的演变。城市作为创新和文化的中心，吸引了人们的眼球，同时也吸引了投资者的关注。而房地产市场作为经济的一个关键组成部分，直接受到城市发展的影响。城市的扩张和繁荣通常会导致房地产需求的增加，这又进一步推动了建设项目、土木开发和住房市场的活跃。然而，这种互动关系并非单向的。房地产市场的波动也会对城市发展产生重大影响，从房地产市场的崩溃到租金价格的上涨，都可能在城市层面引发连锁反应。鉴于此，本章将深入探讨城市与房地产经济之间错综复杂的关系。从房地产业与城市经济增长、城市规划与房地产开发、城市土地供应与房地产市场、城市人口与房地产市场、城市竞争力与房地产业五个方面出发，揭示它们如何相互作用，如何塑造出我们所居住的城市和所投资的房地产市场。本章逻辑框架图如图2-1所示。

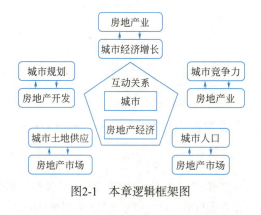

图2-1 本章逻辑框架图

## 2.1 房地产业与城市经济增长的关系

城市经济增长与房地产业相互促进、相互影响。城市经济增长可以推动城市空间扩张、刺激房地产开发投资增长、拉动房地产消费增长及改善房地产供给结构。房地产业的发展为城市经济发展提供空间、影响城市财政收入和改善城市投资环境，房地产投资可以拉动城市经济持续增长，房地产消费也可以推动城市经济增长，房地产财富效应则会对城市居民消费产生影响。

### 2.1.1 城市经济增长对房地产业的影响

（1）城市经济增长会带来城市空间扩张

城市经济最大的特征是它的聚集性，其主要表现为人口、产业、经济、科学技术向一定的空间集中、城市土地面积扩大。随着城市工业化水平的提高，城市用地面积与城市规模都会逐渐增加，必然伴随着城市人口数量逐渐增多、人口质量的提高、整个城市产业结构的优化以及城市整体经济水平的提高。经济发展水平提高使得居民收入水平提高，更高的收入人群倾向于低密度住宅区和宽松的居住环境，因而经济增长带来的更多用地需求驱动了城市空间增长。城市的空间扩展、城市规划用地面积的扩大意味着土地用途的改变，这种改变是通过房地产业的经济活动而逐步实现的。由于城市土地资源有限，在城市经济增长的作用下，城市的空间利用形式会横向和纵向双向发展。横向发展主要是城市用地规模的不断扩张，如北京、天津和重庆等城市近十年内GDP平均增长率分别为16.3%、13.5%和11.8%，而其建成区面积均产生了较大变化，如北京和重庆建成区面积分别扩大2.64倍和2.31倍之多；天津市建成区面积增长比较均匀，平均每年扩大建成区面积近5%。纵向发展主要是城市空间利用效率的提高，如高层建筑可以在相当程度上解决城市用地紧张问题。近年来，高层建筑正迅速由沿海特大城市向全国大中城市发展，各大城市百米建筑比比皆是，300m、400m甚至更高层的建筑成为各个城市的地标。然而随着城市经济的发展，城市建筑形式会转移到对城市地下空间的利用上来。城市地下空间拥有巨大而丰富的空间资源，如果得到合理开发，其节约土地的效果十分明显。城市经济增长带来的城市空间开发的迫切需求都将通过城市房地产开发得以实现。如今北京、上海、南京、武汉等许多大城市修建地下商业街、地铁等就充分说明了这一点。

（2）城市经济增长会带来房地产需求提升

城市经济增长将会使城市经济总量不断增加，城市所积累的有形资产和无形资产不断增多。房地产作为重要的生产和生活要素，为城市经济提供了必要的空间基础和物质载体。城市经济总量的增长会使城市各个经济部门和企业对工业厂房、仓库和写字楼等房地产产品的需求不断增加，城市商业经济的较快发展也会带来商业地产的巨大需求。城市人口增长是城市住宅需求量上升的重要原因。除了城市人口增长会增加对城市住宅类产品的需求外，还会带来城市办公楼、商业营业用房、工业厂房和仓储等房地产产品的巨大需求。城市人口增长不是简单的人口增加，而是城市劳动力和消费群体的增加。另外，从消费的角度看，城市经济增长必然带来较高的消费水平，同时也会改善居民的消费结构。房地产消费是居民的主要消费之一，是居民必需的消费需求。居民消费投入的增加必然会引起房地产消费的增长，也就促进了房地产需求量的上升。随着城市经济的增长，城市居民人均住房面积也会增加。目前，我国的城市化水平不高，农村剩余劳动力较多。从我国城市经济的长远发展来看，农村劳动力向城市转移是一个必然结果，但是就目前的情况来看，城市户籍的开放性影响了城市人口的增长，所以就出现了城市流动人口增加的现象。经济发达的长三角、珠三角和京津冀地区的城市流动人口是城市人口的重要组成部分。流动人口对城市租房市场的影响是显著的，而且随着经济的发展流动人口在城市购房的情况也会不断增长，这也是未来城市房地产一个重要的需求源。

（3）城市经济增长会带来房地产投资提升

城市经济增长率和房地产业投资增长率二者之间相互影响，且城市经济增长率的变化对房地产业投资增长率的变化有决定性影响。伴随着城市经济增长较快且呈现平稳增长态势，国民经济将持续健康发展，这就将带动房地产投资和房地产业的快速发展。相反地，如果城市经济增长缓慢甚至停滞，总体经济处于萧条期，各类投资与消费需求势必会受其影响呈现不景气，这时房地产投资就会受到限制。一方面，城市经济平稳快速增长可以增加社会投资资金积累的规模，为房地产投资提供稳定和足额的资金来源。有学者通过研究发现，无论是从总量角度还是从区域视角，抑或是选择具有代表性的大中城市进行分析，房地产业发展对于我国宏观经济发展具有重要的推动作用，且房地产业发展对于宏观经济的促进作用随着区域经济发展程度不同而有差异。从整体上看，我国国民经济每增长1个百分点将使房地产投资增长率相应增长13.3%，这说明我国国民经济增长率的变动对房地产投资波动具有决定性作用，国民经济周期性波动是导致房地产投资波动的重要因素。另一方面，城市经济增长还可以通过改变城市消费水平来影响房地产业的投资。城市经济增长能够增加国民收入，提高城镇居民收入水平，其消费水平也就同时增加。房地产消费是城市居民消费中重要的一部分，当居民消费水平提高时，房地产消费也随之增长，这样就会刺激房地产投资的持续增长。

（4）城市经济增长可以影响房地产供给结构

城市经济的发展水平与城市产业结构发展和高度化是有密切关系的。产业结构高度化也称产业结构高级化，是指一国经济发展重点或产业结构重心由第一产业向第二产业和第三产业逐次转移的过程，标志着一国经济发展水平的高低和发展阶段、方向。城市经济增长必然会带动产业结构升级。从世界城市经济发展的历程来看，随着经济的发展，城市工业产值会逐步上升至最高点，然后处于下降趋势，第三产业会随着经济增长成为城市的主导产业。在城市产业结构升级过程中，房地产供给结构也会随之升级。在城市经济发展初期，城市房地产的供给主要是工业厂房、仓储等基础工业所需的房地产产品，住宅供给主要是低档的多层住宅。城市工业化发展在城市聚集经济作用下，第二产业成为城市经济主要动力。集中的工业区不断出现，这就需要开发建设新的工业化厂房、研发用房、仓储物业以及办公用房等。在城市经济增长过程中，城市工业化带动商业经济发展，改善城市空间结构。商业经济发展需要大量的酒店、商场、娱乐场所等商业物业和写字楼、公寓式住宅等。在这一经济发展阶段，住宅产品主要是成片开发的中高档小区，建筑形式也呈现多样化。当第三产业成为城市经济的主导产业时，房地产供给就会呈现多样化，像住宅区、旅游地产、区域房地产综合开发、历史文化遗址地产开发等房地产开发形式都会出现。

### 2.1.2 房地产业对城市经济的影响

（1）房地产业的投资效应大

房地产投资作为国民经济投资的有机组成部分，将有效拉动城市经济增长。房地产投资对城市经济增长的影响主要有以下三个方面：

1）房地产投资本身对城市经济增长有促进作用。目前关于房地产投资对城市经济增长影响的研究较多，结论也基本一致。张琳、陈美亚的研究表明，房地产投资对国民经济的拉动作用是很积极的，拉动率达到1.864，远大于1。当房地产开发投资增长1%时，将带动国内生产总值增长0.082%。学者王先柱通过对我国2000年第1季度到2006年第3季度的房地产投资数据进行分析发现，房地产开发投资与产出具有双向因果关系，房地产投资对产出具有较大、持久的正影响，住宅投资对产出具有强劲的冲击力，时滞更短。梁云芳、高铁梅、贺书平等人的研究也得到了基本一致的结论。这些研究结果都表明房地产投资对经济增长有积极的拉动作用。

2）房地产投资的关联效应。房地产业属于高关联产业，无论从开发建设过程所需的上游产品来看，还是从其建成后的服务对象和依托来看，都是关联度很高、产业链很长的产业。因此，房地产投资能够带动相关产业的发展，带动城市经济增长。此外，随着房地产投资的增加，还能够带动诸如建材、化工、家电、装饰等生产生活资料行业的消费增长。由此可见，房地产投资能够直接或间接地启动或带动相关产业的投资与收益、生产与消费，并增加社会就业机会，提升产业结构，从而引起整个社会的经济增长。

3）房地产投资的挤出效应。房地产投资具有资金占用规模大，发展周期长的特点。当房地产业处于发展上升期时，各种类型的资金如来自银行、基金、股市、投资机构以及其他实业团体，出于获取超额利润的考虑都加入到这种大规模的投资中，一些对经济长期与持续增长起关键作用的行业或产业所需要的投资将被占用，这也称为投资的"挤出效应"。当其他对国民经济有关键作用的产业或行业发展受到限制时，将对城市经济产生长期的、根深蒂固的负面影响。房地产投资的"挤出效应"还会引起消费"挤出效应"。当居民收入一定时，房地产投资增多，居民用于房地产消费的比例也会增加，这样就影响到了其他方面的消费，从而影响其他产业的发展。

（2）房地产业会带来消费效应

有研究表明，一般居住消费占消费性支出的比例维持在10.76%左右，这里的居住性消费主要包括住房消费、水、电、燃料及其他居住服务性消费等。如果把住房消费和购房、建房支出相加，则二者占年人均家庭支出的平均比例将达到15.02%，最高时达到将近五分之一。可以说明，和房地产相关的消费是城市居民消费的重要部分。随着我国国民经济的增长和房地产业的发展，房地产业消费成为我国城镇居民的主要消费之一，房地产业消费将带动城市房地产业的投资增加，进而带动房地产业以及相关产业的发展，实现城市产业结构全面升级，促进城市经济增长。

（3）房地产业会带来财富效应

房地产市场的财富效应是指由于房地产价格变化导致房地产所有者财富变化，影响短期边际消费倾向，促进或抑制经济增长的效应。一般说来，房地产价格兑现的财富效应表现在两个层面：首先，房地产价格上涨直接使房地产市场投资者获得资本利得，它事实上构成居民可支配收入的一部分，进而对居民的消费需求产生影响。其次，房地产价格上涨能够改善企业经营状况、扩大就业规模，从而间接地增加居民收入、刺激居民消费。房地产价格未兑现的财富效应是指房地产价格上升导致人们对未来经济发展看好，消费者的信心增加，从而使消费支出出现增加的效应。但对于绝大部分人而言，特别是刚有房的年轻人，房地产价格上涨带来的仅是心理上的虚拟财富而不是真实的财富，所以对其消费的影响并不大。

## 2.2 城市规划与房地产开发的关系

城市规划与房地产开发之间同样互相影响。房地产开发过程存在各种矛盾，其法律体系并不完善、房地产公司盲目投资开发、政府规划调控力度缺乏等问题造成土地资源浪费。所以，积极运用城市规划对房地产开发进行引导、规范，管制开发内容、协调开发活动等可以促进城市的和谐稳定发展。同时，房地产开发对城市规划发展也起到促进作用。

### 2.2.1 城市规划对房地产开发的影响

（1）城市规划对房地产开发有引导作用

城市规划和房地产开发的实质皆是对土地资源的开发与利用，但城市规划由政府作为主导，通过对城市土地资源、经济资源、历史文化等进行合理分配与利用，构建促进城市发展建设的美好蓝图，而房地产开发实质上是企业进行经济活动获取利益的商业行为。由于城市规划具有前瞻性，其可以为企业的房地产开发事业提供更为科学的指导，因此，房地产开发主体可以利用城市规划所提供的信息进行开发地段的合理选择，制定适宜的价格方案。城市规划不仅可以促进房地产开发的理性投资，也为城市的可持续发展提供了理论支持。

（2）城市规划规范和管制房地产开发的内容

房地产开发作为商业行为，更多地注重目前的短期经济利益。城市住宅区的大量建设不仅使得房价过高，而且挤压了周围教育、娱乐、医疗等需求的功能规划，给政府的财政计划造成了较大的影响。城市规划作为建设城市和管理城市的基本依据，可利用其对房地产开发主体进行行为管制，通过对城市土地、空间布局以及各项建设进行宏观的统一部署，规范和管理房地产开发行为，以达到资源的有效配置和土地的合理利用。城市规划不仅可以对房地产开发地段、价格评估等进行限制，还可以对建筑物的具体高度、占地面积、容积率、环境设计等进行规范，限制房地产开发主体的过度行为。但这种作用的实现需要政府不断完善关于城市建筑建设、城市发展规划的相关法律法规，针对房地产的开发与管理设置严格的审批手段，对城市土地用途进行合理规划约束，并严格规范土地出让管理工作。

（3）城市规划可以协调房地产开发活动

城市规划作为城市资源的分配依据，其在协调经济、环境、社会等关系上具有重要作用。政府通过城市规划对房地产开发中的资源利用进行合理调整，不仅能够协调各方利益，使经济效益与社会效益得以共同实现，还能够保障居民权益，促进人民生活稳定和谐，实现社会的可持续发展。

### 2.2.2 房地产开发对城市规划的影响

房地产开发对城市规划同样发挥作用，房地产开发活动不仅会影响城市建筑风貌，改变城市空间结构安排，而且房地产开发主体追求经济效益的行为也会对城市的经济发展起促进作用，影响诸多相关产业的发展，进而促进城市规划更加合理化、长远化。房地产开发对城市的土地资源进行了重新分配，促使住宅用地、道路交通用地、功能娱乐用地、公共生态环境用地的结构规划更加合理，使得城市空间更加宜居，并对城市景观设计进行了改造与美化。总之，房地产开发作为城市规划建设的主要手段之一，对于促进城市稳定协调、达成建设美丽城市和美丽国家目标的重要性不言而喻。

## 2.3 城市土地供应与房地产市场的关系

城市土地供应与房地产市场唇齿相依、互相牵动。城市土地供应价格和土地市场关系共同作用于房地产价格，土地供应量、土地供应方式也会影响房地产价格，并且土地供应结构还会影响房地产市场。同时，房地产市场也会对城市土地供应产生影响。

### 2.3.1 城市土地供应对房地产市场的影响

（1）土地供应价格和土地市场关系共同作用于房地产价格

房地产价格既是需求价格也是供给价格。在土地市场中，如果市场出现疲软现象，那么首先减少的是数量而不是价格。因为从房价的形成过程来看，是先形成地价，然后经过一个建设周期才最终形成房价。在房地产开发过程中，土地的开发与经营是整个房地产经济活动的基础，只有先获得土地使用权才能进行房地产的开发和经营，然后产生房屋建设成本，最后才形成房地产的成本价格。这个成本价格需要通过当时的供求关系，最后才能形成真正的房地产交易价格，交易价格一般都高于成本价格。所以，这时的价格从房地产的建设上看，是由于地价高导致了房地产的价格高。

（2）土地供应量影响房地产价格

土地市场是房地产市场的重要组成部分，房地产业的开发与发展离不开持续和有效的土地供应。地价既影响房地产供给又影响房地产需求，地价的变化最终影响房地产价格，然而房价又反作用于地价，因此，地价与房价的相互作用又表现在土地市场与房地产市场的相互作用中。房价表现出房地产市场对房地产的需求，地价也随之在土地市场的供求关系中形成，最后在供求关系的基础上形成了新一轮的房地产价格。通过分析土地供应市场与房地产市场的关系可知：

1）土地供应量与房地产价格呈正相关关系；

2）可以用较少的土地供应量调控房价的涨幅；

3）容积率指标是影响土地供应量和房地产价格的因素之一，可以用容积率来调节土地供应量和房地产价格的变化。

（3）土地供应方式影响房地产价格

土地供应方式是土地供应市场化程度的表现。我国土地一级市场通过有偿和无偿两种方式，也就是土地供应的双轨制方式供应土地。房地产用地主要是通过有偿方式取得。有偿取得方式主要有协议、招标、拍卖和挂牌，不同出让方式下的土地市场结构对房价产生的影响是不同的。

目前，我国城市土地出让方式主要有四种：协议、招标、拍卖和挂牌。协议出让方式缺乏有效的竞争机制，不能公开、公平地提供市场交易。因此，一般协议出让的土地，其价格相对较低。最终当开发商拿到土地后，土地的市场价格可能跟当初的协议出让价格差距巨大。相比土地协议出让方式，实行土地招标、拍卖和挂牌最大的进步在于引入了市场竞争机制。不同的土地需求者通过政府相关部门提供的平台参与公平竞争，从而形成合理的土地价格。这三种土地出让方式很好地体现了目前市场竞争的优点。不管是哪一种土地出让方式，都不会从根本上影响土地的供求规律。因此，土地供应方式只是现在土地市场中的土地交易形式，不是决定地价或房价的因素。

（4）土地供应结构影响房地产市场

在房地产市场中，土地供应结构可以分为两类：一是不同类型的土地对应不同的房地产产品。城市经营性用地结构按照不同的用地类型可以分为：住宅型用地、综合型用地、商业服务用地、工矿业用地和其他用地等。二是供应土地的位置分布。房地产开发主体之间的竞争很大程度上是对房地产区位优势的竞争。近几年我国的住房价格已经超出了居民的可支付水平。2010年以来，为实现保障性住房、棚户区改造和中小套型普通商品住房用地不低于住房建设用地供应总量的70%，建设保障房的力度相比过往大大提升，但有经济能力的人因自住或投资购房支撑着房价，致使房地产结构依然失衡。近年来，国家为了促进房地产行业的健康发展先后颁布了多项调控政策，增加了普通商品房的土地供应量。一方面，政府不断出台政策，增加中、小户型的保障性住房供给。另一方面，国家加大力度调整房地产供给结构，平衡房地产市场结构分布，平衡开发商建设高档住宅所赚取的利润，从而达到政策调控效果。房地产具有固定性，这是房地产的基本属性。这个固有属性体现在固定位置的空间竞争，也是房地产开发商竞争的焦点。另外，不同的地理位置周围的配套设施和生活成本也不相同。

### 2.3.2 房地产市场对城市土地供应的影响

由于房屋是市场需求的最终产品，而土地只是其中的一个生产要素，因此市场对房屋的需求提高了房屋的价格，刺激了房地产开发，从而增加了土地需求量；又由于土地的不可再生性限制了土地的有效供给，需求大于供给导致土地价格上涨，所以决定土地市场的地价更倾向于需求价格。需求上升，地价上涨；需求下降，地价也随之下降。房价与地价的互动关系见表2-1。

房价与地价互动关系表　　　　　表2-1

| 房价与地价 | | | | 地价与房价 | | | |
|---|---|---|---|---|---|---|---|
| | 房价 | 地价 | 类别 | | 地价 | 房价 | 类别 |
| 住房需求↑（↓） | ↑（↓） | ↑（↓） | 住房需求拉动型 | 土地需求↑（↓） | ↑（↓） | ↑（↓） | 土地需求拉动型 |
| 住房供给↓（↑） | ↑（↓） | ↓（↑） | 住房供给推动型 | 土地供给↓（↑） | ↑（↓） | ↑（↓） | 土地供给推动型 |

来源：钱忠好，邹文娟.中国高房价与高地价关系之谜：一个经济学解释[J].江苏社会科学，2008（5）：55-62.

房价与地价上涨的循环体系如图2-2所示。

图2-2　房价与地价上涨的循环体系

图片来源：邓念.政策与房地产市场[M].天津：天津大学出版社，2011.

## 2.4 城市人口与房地产市场的关系

城市人口是城市房地产的需求者，其特征显著影响城市房地产市场。人口年龄、年龄结构、抚养比等城市人口结构对房地产需求、价格等有突出影响，城市流动人口在数量、质量和性别比例方面也影响城市的房地产价格，而房地产市场的繁荣可以促进城市人口集聚和就业。

### 2.4.1 城市人口结构对房地产市场的影响

（1）人口年龄对房地产需求的影响

城市人口年龄与住房需求之间呈现"倒U形"关系。个体在青少年时期住房需求比较低；进入婚育年龄之后，住房需求会快速增加；进入中年时期，住房需求稳定在较高水平；到了老年时期，住房需求开始下降，如图2-3所示。然而，我国老龄化却会推动房价上涨，这是因为代际转移力量的存在，老年人会帮助子女买房。随着时间的推移，代际转移的力量正在减弱，可以预见未来老龄化对房价的影响将会逆转，生命周期所代表的负向力量将占据主导。同时，在老龄化初期，老年人口离世情况比较少，离世人口释放出的住房量并不明显，这也是我国老龄化不断提高但对房地产负向冲击尚未显露的另一原因。但是我国老龄化速度很快，在进入老龄化进程中后期时，老年人口数量较大，每年都有大量的老年人离世，这会产生源源不断的住房供给。由于少子化问题同样十分严重，未来青年人口乃至总人口绝对数量减少，住房有效需求不足，房价支撑力量薄弱，房地产市场将会面临巨大的负向冲击。

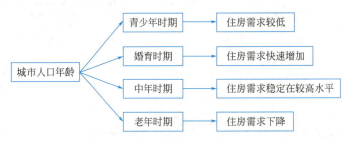

图2-3　人口年龄与房地产需求的关系

（2）人口年龄结构对房地产价格的影响

从宏观层面来说，不同年龄段占比与住房价格之间呈现出不同的关系。适婚青年是住房需求的主力军，其占比增加会推动房价上涨，中年人口占比对房价变动的影响比较模糊，人口老龄化程度会加深对住房需求的抑制作用。研究显示：0~19岁人口占比与住房价格之间呈现负相关，19岁以下人群占比降低，意味着家庭抚育负担降低，居民更有经济能力投资于房地产市场，进而推高房价。20~34岁人口占比与住房价格之间呈现正相关，这部分群体正处于婚育期，购置住房可以在婚姻市场占据优势并为家庭提供安居之所，因此是推动住房价格的坚实力量。但这部分人群对房价的推动作用在大中城市并不显著，这可能是因为大中城市青年婚育年龄较大，另外大中城市房价较高，而青年人刚进入劳动力市场工资收入较少，购买住房比较困难。50~64岁人口占比与住房价格之间的关系比较模糊，这部分群体的财富积累以及住房持有量达到顶峰，并逐渐开始进入转折点。65岁及以上老年人口占比对未来房价的积极作用正在消失。

（3）人口抚养比对房地产价格的影响

在我国人口总抚养比中，少儿抚养比和老年抚养比对房价的影响存在差异。具体来讲，少儿抚养比上升意味着居民抚养子女的负担加重，家庭将更多的资源用于孩子的人力资本积累而非住房上。而且，少儿一般与父母同住，在当期难以产生新的住房需求，因此少儿比例提高意味着独立居住人口相对下降，导致房价缺乏支撑动力。我国老年人口占比对房价的影响更体现为两种力量的博弈。根据生命周期理论，老年人口住房需求相对成年人口会有所降低，老年抚养比上升会抑制房价上涨，但是这种力量在当前并不明显。根据我国学者的有关研究，人口总抚养比、少儿抚养比与住房价格之间呈现负相关关系，而老年抚养比与住房价格之间呈现正相关关系。国外研究结论大都支持老龄化对房价存在抑制作用，但我国的情况与之相反，这一结果可能与我国住房制度改革、中国传统家庭的"利他文化"、计划生育政策、社会养老制度和金融市场发展阶段等因素有关。然而，随着住房制度改革之前积累的财富逐渐消耗殆尽、社会养老制度不断完善、金融养老服务产品日益丰富、房价上升空间压缩、老年群体自身收入下降和医疗费用支出上涨等因素的综合作用，老年群体住房需求减少的作用将占据主导地位，老龄化对房价的推动作用将会逐渐减弱甚至发生逆转。之后，老龄化对房价的影响更趋同于发达国家的经验事实，届时老龄化对房价的抑制作用将会显现。

### 2.4.2 流动人口对房地产市场的影响

（1）流动人口总量对房地产价格的影响

流动人口的增加会扩大房地产的需求量，由于流动人口增加带来的人口总量增加不同于人口的自然增长，不存在滞后性，同时住宅建设周期较长，所以流动人口的增加主要是产生短期影响。同时，短期房地产市场上住房供给缺乏弹性，即房地产供给量不随价格的变化而变化。如图2-4所示，在横坐标为产量（$Q$）、纵坐标为价格（$P$）的坐标系中，供给曲线（$S$）为竖直线，而流动人口数量的上升会导致需求曲线（$D$）右移，房地产均衡价格提高，可知流动人口的增加会使房地产价格上升。

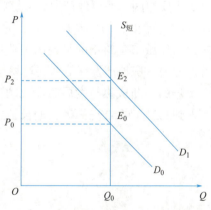

图2-4 流动人口总量对房地产价格的影响
图片来源：朱艳艳.人口流动对城市房价分化的影响研究[D].合肥：安徽建筑大学，2022.

（2）流动人口的受教育程度对房地产价格的影响

流动人口的受教育程度是我国人口素质高低的重要衡量指标。受教育程度对房地产价格的影响可以分为两个方面：一方面，由于个人收入水平与其受教育程度呈正相关关系，受教育程度越高的人收入水平也相对较高，并且流动人口的受教育程度越高更容易接受在流入地定居，从而增加了房地产需求量。另一方面，受教育程度高的人对住宅的要求同样会高，购房时会考虑环境、交通和配套设施等各种条件，无形中会影响房地产的需求结构，从而促进房价的上涨。根据2014

年流动人口动态监测数据，全国流动人口中初中以上学历占比76.2%，高中以上学历占比28.1%，同期全国总人口中初中以上学历和高中以上学历占比分别为68.4%和28.2%。可见，流动人口的文化程度较高，人口迁入会促使人均受教育程度提升。高素质人群带来的房地产需求量的增加和需求结构的改变都属于影响房地产需求量的非价格因素，会引起需求曲线的变动。流动人口受教育程度的提高使需求曲线右移，均衡价格和均衡产量均上升，即受教育程度对房价的影响是正向的。

（3）流动人口的性别比例对房地产价格的影响

流动人口的性别一般用男女性别比例表示。我国男性人口数量大于女性人口数量，男女比例失衡，缩小了婚配概率，进而不会对住房需求产生较大影响。如果流动人口与流入地的人口性别结构形成互补，则会增加流入地的婚配概率。新增婚配率对住房需求更为迫切，进而住房需求高涨，促进房价上涨。另外，流动人口也可能加剧流入地人口性别失衡问题，使得流入地婚恋市场的竞争更为激烈。

### 2.4.3 房地产市场繁荣促进城市人口集聚和就业

一方面，房地产发展能够促进城市人口集聚。工业化提升是促使人口流向城市的主要原因，而房地产发展能够将科技手段与工业建设联系在一起，在房屋建设的材料购买、构件制造、施工拆除、售后服务等各个环节实现一体化经营模式，以使城市建筑不断显现出工业化态势，使农村人口越来越多的迁移到城市。另一方面，房地产发展能够促进城市人口就业。从我国具体国情来看，我国房地产市场的不断成熟与发展确实拉动了大量就业，从2000年房地产业就业人数100万人到2021年的529.3万人，增长了近53倍，如图2-5所示。

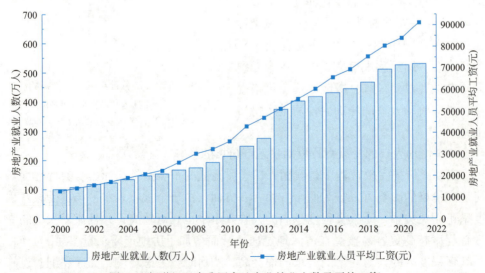

图2-5 新世纪以来我国房地产业就业人数及平均工资

## 2.5 城市竞争力与房地产业的关系

城市竞争力是城市的重要指标之一，其与房地产业相互促进。城市竞争力提升可以加速人口聚集，扩大住房需求，并能促进居民收入水平提高，助推房价上涨，从而影响房地产市场需求结构，引领房地产业转型升级。同时，房地产业带动城市升级发展，为城市发展提供大量建设资金，带动城市相关上下游产业链。

### 2.5.1 城市竞争力对房地产业的影响

（1）城市竞争力提升加速人口聚集，扩大住房需求

房地产虽有一定的投资属性，但"房子是用来住的，不是用来炒的"，故从长远来看，房地产的价值应首先体现于其居住属性而非投资获利属性。房地产市场发展"短期看政策，中期看土地，长期看人口"是业内皆认同的真理。人口数量是支持城市房地产业持续发展的长远基础，怎么样的城市才能够吸纳人口聚集呢？发达的经济水平、充分的就业机会、完善的基础设施和社会保障体系可以吸纳人口聚集，而这些因素终将被归纳为高水平的城市竞争力。没有长期的人口基数支撑，房地产业也许会出现暂时的繁荣，例如我国部分城市出现房地产畸形繁荣时期，难以持久，更甚者会导致市场崩塌萧条。

（2）城市竞争力提升促进居民收入水平提高，助推房价上涨

城市竞争力不同，意味着城市的产业结构和居民收入水平均存在差异。不同的产业结构产生了不同的收入群体，有的城市以劳动密集型的制造业为主，有的城市以高新技术产业为主，居民的收入水平不一样。一方面，城市拥有优秀的产业结构往往意味着拥有高水平的城市竞争力，而优秀的产业结构意味着高端产业更多地集聚，从而促使从业者的收入水平提高，进而使得城市拥有房价上涨的空间。另一方面，即使居民收入水平提高而不用于购房，但也会吸引租房群体聚集导致租金上涨、投资置业需求增加，这又促进了当地房地产市场的繁荣。

（3）城市竞争力提升影响房地产市场需求结构，引领房地产转型升级

城市竞争力水平低的城市，其产业往往以第一产业和第二产业为主，这类产业的附加值低，市民收入和消费水平不高，城市对房地产产品的需求单一，多以纯居住型的住宅为主，对商铺、公寓、写字楼等商业地产的需求较低，去化也困难。这些城市对产业基地、物流园区、工业园区等工业地产需求量增长较快，但多为低端的工业厂房、仓储用房，房地产市场需求结构低端化。城市竞争力水平高的城市，由于其具备先进的工业基础设施、强大的科技研发实力和科技创新能力，产业结构优异，特别是附加值较大的生产性服务业态势良好，就业机会多且整体收入水平较高；吸引了大量支付能力强的年轻群体，城市有效需求旺盛，这些城市往往处于工业化后期，社会财富积累到达一定高度。该类城市住宅地产首次置业的刚性需求较多，同时改善性需求不断提升，价格水平较高；商铺、写字楼市场需求量大，商业繁荣，中央商务区等商务办公聚集，创业孵化器、联合办

公等新型商业地产发达。可见，城市竞争力的提升将引领房地产业"腾笼换鸟"、转型升级。

### 2.5.2 房地产业对城市竞争力的影响

（1）房地产业带动城市升级发展

房地产开发一方面通过新城建设扩大城市规模，提升城市能级，同时在"三旧改造"和"城市更新"方面对城市的升级发展起到不可估量的作用。通过城市更新，改善了居民居住条件及商业氛围，提升了城市档次，带动城市升级发展。房地产业通过为城市提供高水平的生活服务设施、高效的生产设施以及完备的商业设施，有效强化了城市为人服务的功能，改善了城市人居体验及投资环境，促进城市经济良性循环发展，不断提升城市整体竞争力水平。

（2）房地产业为城市发展提供大量建设资金

土地财政是全社会和学界公认的地方政府财政收入的重要来源。通过土地拍卖所取得的地价款将为城市发展提供大量的建设资金。另外，政府对房地产开发环节所征收的税费，如基础设施附加税、教育费附加税等，也为城市发展提供了建设资金。这些资金用以建设城市，将带动城市竞争力的提升。

（3）房地产业发展带动相关上下游产业链

房地产业的发展可带动大批相关产业发展，促进衍生消费，拉动当地经济发展。房地产业发展可以向上带动建筑业、装修、钢铁、施工机械、建材等产业发展，向下带动大型家用电器、智能家居、住房租赁、金融、证券等行业发展。把房地产业链伸长一是有利于增加产出附加值，二是有利于增加就业岗位，这对城市竞争力的提升有明显作用。

## 【本章小结】

本章深入探讨了城市与房地产经济之间错综复杂的双向关系。从房地产业与城市经济增长、城市规划与房地产开发、城市土地供应与房地产市场、城市人口与房地产市场、城市竞争力与房地产业五个方面出发，揭示它们如何相互作用，如何塑造了我们所居住的城市和所投资的房地产市场。

> **思考题**
>
> 1．房地产业与城市经济增长的关系具体有哪些体现？
> 2．城市规划与房地产开发的关系具体有哪些体现？
> 3．城市土地供应与房地产市场的关系具体有哪些体现？
> 4．城市人口与房地产市场的关系具体有哪些体现？

5．城市竞争力与房地产业的关系具体有哪些体现？

6．土地供应方式是什么？土地供应结构是什么？

7．城市土地供应对房地产市场有何影响？

8．政府如何通过土地利用政策来调控房地产市场？这些政策能否平衡土地供应与房地产市场需求？

9．如何平衡人口增长与房地产市场需求？

10．城市竞争力如何影响房地产业？竞争力强的城市对房地产市场有何影响？

# 3

## 城市土地经济与管理方法

**【本章重点难点】**

通过课外阅读了解我国城市土地市场的发展历程，掌握城市土地市场的内涵、特征；了解城市土地供求的影响因素，掌握城市土地供求的基本概念；熟悉马克思主义的地租理论，了解地租与地价的关系，掌握城市土地价格的内涵与特征、城市地价与房价的关系；了解城市土地均衡理论，会用该理论分析城市土地市场中的现象和问题；掌握城市土地所有制、城市土地使用制的内涵，熟悉我国城市土地所有制、使用制的内容；掌握城市土地管理的主要方法。

【本章导读】

城市土地经济是城市房地产经济学的重要组成部分，土地市场、土地所有制、使用制等对城市住房市场、城市经济发展具有重要影响。城市土地利用的外部性、公共利益用地配置、土地市场易产生泡沫决定了政府必须采取各种科学方法对城市土地市场进行管理。本章首先介绍了城市土地经济理论，包括城市土地市场的内涵、分类、主客体及特征；城市土地供求；城市土地价格；城市土地市场供求均衡；其次介绍了城市土地经济制度，包括城市土地所有制和城市土地使用制；最后介绍了城市土地管理方法，包括行政手段、法律手段、经济手段、技术手段和规划手段。本章逻辑框架如图3-1所示。

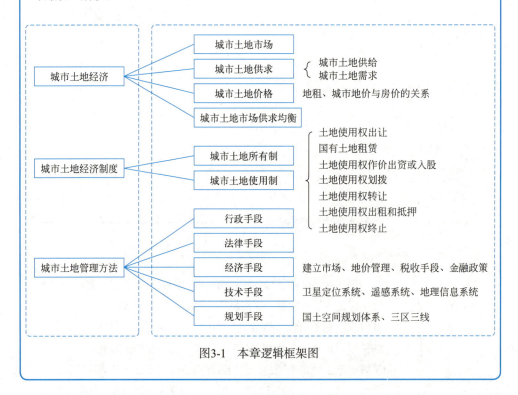

图3-1 本章逻辑框架图

## 3.1 城市土地经济

### 3.1.1 城市土地市场

（1）城市土地市场的内涵

城市土地市场的内涵有狭义和广义之分。

狭义的城市土地市场是指国有建设用地使用权交易的场所，既包括有形的土地交易中心、不动产交易中心等，也包括以互联网为依托的土地市场交易网络。

广义的城市土地市场则指因国有建设用地使用权交易产生的商品交换关系的总和，不仅包括城市建设用地交易场所（即狭义的城市土地市场），还包括：

1）市场机制。城市土地市场是市场的重要组成部分，自然也受到价格、供求与竞争三大机制的作用，其中价格机制是核心机制。

2）交易规则。国有建设用地使用权的交易除遵守一般的市场交易规则外，如公平交易规则，还要受到土地领域相关法律法规的限制，如土地使用权的出让方式、出让最高年限等，必须遵守《中华人民共和国城镇国有土地使用权出让和转让暂行条例》；进入市场交易的土地应当符合城市规划和土地利用规划（国土空间规划）确定的土地用途管制和空间管制要求。

3）市场主体。城市土地市场的主体类型众多，既包括土地供给方——各级人民政府，获取土地使用权并将土地使用权转让的企业、个人、团体，也包括企业、个人、团体等土地需求方。无论是哪种类型的市场主体，参与交易的各方享有平等的法律地位。

4）交易对象。与一般商品交易不同，城市土地市场的交易对象是土地权利，具体包括土地使用权、土地租赁权、土地抵押权、地役权等。

5）交换关系。城市土地市场中的供给方与需求方产生实际的交换关系，这种关系包括买卖、租赁、抵押、作价出资或入股等。

（2）城市土地市场的分类

根据不同的标准，城市土地市场可以分为多种类型。

1）按交易的土地用途，可分为住宅用地市场、商服用地市场、工业用地市场等类型。中国土地市场网提供分地类的土地供应及土地交易结果；自然资源部重点监测主要城市的住宅用地、商服用地、工业用地地价，并定期发布地价监测报告。

2）按土地流转层次的不同，可分为一级土地市场和二级土地市场。一级土地市场指国家以出让等有偿使用方式将城市建设用地使用权在一定期限内让渡给土地使用权人，并由土地使用权人支付土地使用权出让金的市场。一级土地市场以政府供应为主。二级土地市场是土地使用权转让市场。《国务院办公厅关于完善建设用地使用权转让、出租、抵押二级市场的指导意见》将各类导致建设用地使用权转移的行为都视为建设用地使用权转让，包括买卖、交换、赠与、出资以及司法处置、资产处置、法人或其他组织合并或分立等形式涉及的建设用地使用权转移。二级市场以市场主体之间的转让、出租、抵押为主。

（3）城市土地市场的主体与客体

1）土地市场主体

土地市场主体即土地市场的参与者，主要包括供给者、需求者、中介者和管理者。供给者是向土地市场提供交易对象的经济行为主体，主要包括土地所有者、土地使用权人、土地租赁权人和地役权人等。需求者是通过土地交易取得土地所有权、使用权、租赁权、地役权等土地权利的单位和个人。中介者是为促进土地权利正常公平交易向买卖双方提供咨询、价格评估等服务的企业或个人。管理者是指各级人民政府及自然资源管理部门，其基本任务在于维持市场交易秩序，保障交易质量和效率，协调土地交易关系。

2）土地市场客体

城市土地市场运行中的客体，即城市土地市场交易的对象，为各项土地权利，主要有土地所有权、土地使用权、土地抵押权、土地租赁权、地役权等。我国实行的是社会主义公有制，根据相关法律规定，土地所有权不能参与市场交易。

（4）城市土地市场的特征

1）区域性

土地位置的固定性以及不同城市或同一城市内部不同区域经济发展状况、政府对土地市场的干预程度、土地供应数量与结构、人口状况、自然地理环境等方面存在差异，决定了城市土地市场具有显著的区域性。不同区域的土地价格差异明显，但一般而言，地价与城市的经济发展和人口规模之间呈高度正相关，经济越发达、人口规模越大的城市，地价通常也越高。

2）垄断竞争性

城市土地出让市场是具有垄断特征的市场，市县人民政府是建设用地的供应主体，境内外的公司、企业、其他组织和个人都可以参与竞买，是需求主体。在特定区域内，土地的供给主体唯一，需求主体众多，市场具有垄断特征。城市土地转让市场是具有竞争性的市场，土地使用权人只要依照土地出让合同规定的期限和条件投资开发、利用土地，就可以将土地使用权通过出售、交换和赠与等方式再转移给土地需求方。

3）政府管控力度强

城市土地市场中的信息不对称性、土地利用具有的较强外部性以及土地市场易产生泡沫，这些特征决定了政府必须对土地市场进行强有力地管控。管控措施主要包括地价监测、实施最高与高低限价、定期公布基准地价与标定地价等。管控目的在于提高土地市场运行效率，确保市场有序运行，保障地价相对稳定，实现建设用地高效配置，提高城市土地利用的经济效益、社会效益和生态效益，满足经济社会发展需求。

4）供给缺乏弹性

城市土地供给的来源主要有：一是通过向外扩张增加建设用地总量；二是实施城市更新，向上、向下寻找空间，推进建设用地的多功能立体开发和提高复合利用程度，进而增加建设用地供给。前者导致大量的农村土地流转为城市建设用地，其中绝大部分为耕地，为保障粮食安全，我国实行了严格的土地用途管制与农用地转用审批制度，此外国土空间规划中三区三线的划定也限制了城镇向外扩张的边界，因此通过外延式扩张增加城市建设用地供给的空间越来越小。后者通过城市更新提高土地利用效率，进而增加建设用地，技术上虽可行，但经济成本相对较高。因此，城市土地供给相对缺乏弹性。

### 3.1.2 城市土地供求

（1）城市土地供给

城市土地供给通常分为自然供给和经济供给。土地自然供给是指大自然提供给人类可供利用的各类土地资源，包括已利用的土地资源和未来一段时间可供利用的土地资源。在一个城市区域内，土地的自然供给相对稳定，基本上无弹性，在行政区划不变的条件下，最大可能供给范围为整个行政区的所有土地资源。

城市土地经济供给是指在土地自然供给的基础上，适宜于生产、生活等各种用途土地的有效供给。对于工业、商业、居住、娱乐等经营性用途的土地，随着价格水平的不断上涨，经济供给也会相应增加，但供给通常缺乏弹性。城市土地经济供给增加具有两方面的含义：一是供给量的绝对增加，某一用途的土地随着价格的提高在供给数量上的增加，即广度上的城市土地供给量的增加。二是通过提高土地利用强度，比如提高建筑容积率或者充分利用地下空间，增加土地经济供给量，即深度上的城市土地供给量的增加。

城市土地的自然供给取决于城市所在区位的自然地理条件，主要包括：是否具备适宜人类居住以及动植物生长的土壤、气候、温度、淡水资源等条件；是否具备对外交通条件，以方便商品和劳务的流通；城市行政区划边界。城市土地经济供给的影响因素主要有：各种用途的土地价格及其变化趋势、建筑材料与建筑技术、国土空间规划、城市政府的土地供给行为等。

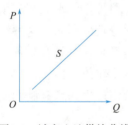

图3-2 城市土地供给曲线

图3-2为一般情况下的城市土地供给曲线，横轴表示数量$Q$，纵轴表示价格$P$，$S$表示供给曲线，随着价格水平上升，供给量也不断增加。

（2）城市土地需求

人类为了生存和发展，除了吃饭、穿衣等基本的需求之外，还有发展工业、商业、交通、科学教育、文化娱乐及住宅等多项需求。前者主要是对农业用地的需求；后者主要是对建设用地的需求，这些土地主要包括商业用地、居住用地、工业用地、休闲娱乐用地及公共设施用地等。

城市土地需求是指在一定时期内，某个价格水平下，消费者愿意而且能够购买的土地数量，消费者既有支付愿意，也有支付能力，两者兼具才构成对某种用途土地的需求。城市土地作为一种生产要素，其需求是一种引致需求。一般而言，城市土地需求$Q$与地价$P$呈反方向变化，二者的关系如图3-3所示，$D$表示需求曲线。

城市土地需求的影响因素主要包括：①价格及市场预期。正常市场环境下，土地价格高，则土地需求下降，但当经济发展与土地增值预期乐观，市场存在大量投机性需求时，会出现地价越高需求越大的现象。②经济发展。经

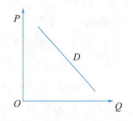

图3-3 城市土地需求曲线

济发展会促使产业、生活等各种活动增强，导致各种用地的需求量呈现增加趋势，同时还将引起土地需求总量和土地需求结构的变化。国民收入的增长则直接导致消费需求总量增加和消费结构调整，促使各类基础设施与公共设施需求增加。③社会发展。首先是城镇化水平和速度，这是影响我国土地需求的最直接因素，大量的农村人口向城镇转移直接带来城市用地总量扩张，人口的增加不仅直接导致居住用地的增加，同时引致对交通、文化教育和休闲娱乐等各种用地的需求增加。人口老龄化、家庭核心化和生活闲暇化等社会演化趋势也会对土地需求产生影响。④环境保护政策的影响。城市发展以及由此引起的建设用地规模扩张可能造成生态破坏、环境污染等负面影响，环境保护政策则会反过来限制建设用地的扩张和城市的发展。

### 3.1.3 城市土地价格

（1）马克思主义地租理论

1）地租的分类

马克思主义地租理论把资本主义地租按其形成条件和原因的不同，分为级差地租、绝对地租和垄断地租。级差地租和绝对地租是资本主义地租的普遍形式，垄断地租仅是个别条件下产生的资本主义地租的特殊形式。

级差地租是指租种较优土地所获得的归土地所有者所占有的超额利润。土地肥沃程度的差别、土地位置的不同、在同一地块上连续投资产生的劳动生产率的差异都会形成级差地租，前两者产生的级差地租称为级差地租Ⅰ，后者产生的级差地租称为级差地租Ⅱ。绝对地租是由于土地私有权的存在，租种任何土地都必须缴纳的租金，其实质是农产品价值超过社会生产价格的那部分超额利润。这种源于土地私有权垄断的地租，马克思称之为绝对地租。垄断地租是指在具有某种独特自然条件的土地上，生产的产品的垄断价格带来的超额利润而转化成的地租。如果经营的土地是从土地所有者那里租来的，这种由垄断价格产生的超额利润便会转化为垄断地租。

2）地租与地价的关系

马克思认为土地不是劳动产品，没有价值，但土地有使用价值并存在价格。土地价格是为购买获取土地预期收益的权利而支付的价格，即地租的资本化。

$$P = \frac{Rent}{r} \quad (3-1)$$

式中　$P$——土地价格；

　　　$Rent$——地租；

　　　$r$——资本化率。

（2）城市土地价格的内涵与特征

1）城市土地价格的内涵

城市土地价格是指土地权益的购买价格，是土地未来年期纯收益的资本化。根据马克思的劳动价值理论，价格是商品价值的货币表现，而商品价值是凝结在商品中的无差别人类抽象劳动。自然土地不是人类劳动产品，不包含人类的抽象劳动，但土地能向人类永续地提供产品和服务，即在一定的劳动条件下土地能产生收益，随着土地权利的转移，这种收益的归宿也发生转移，因此土地市场的交易对象实际上是各项土地权益，土地纯收益现值的总和就表现为土地价格。

2) 城市土地价格的特征

① 城市土地价格的本质是土地的权益价格

土地能给人们提供恒久的产品和服务，而这种产品和服务的获得都以土地权利的限定为基础。因此，土地买卖实质上是一种财产权利的买卖，人们购买土地是购买获得土地收益的权利。土地权利是一个权利束，包括土地所有权、土地使用权、土地租赁权、土地抵押权、地役权等。购买土地，获得某项土地权利，就可获得某种程度的土地收益，因而也就必须为获得这项权利支付地价。

② 城市土地价格不是土地价值的货币表现，一般不依生产成本定价

一般商品都是人类劳动的产品，具有价值，其交换价格是价值的货币表现；人们可以根据其生产成本确定价格，因而比较客观。土地是一种自然物，不是人类劳动的产品，没有价值，所以土地价格的确定一般不以土地价值或生产成本为依据。

③ 城市土地价格主要由需求决定

一般商品的市场供给和需求共同决定该商品的市场价格，然而土地却不同。在宏观上，土地的自然供给固定不变，土地的经济供给在短期内也缺乏弹性。相对于土地需求，土地供给的变动总是很小，因此城市土地市场价格主要由需求决定。当城市人口增长、经济发展对土地的需求日益增大时，土地价格就不断上涨；反之，当一个城市经济发展前景不好，人口大量流出时，土地需求就会下降，土地价格就会下跌。

④ 城市土地价格总体趋势上涨

随着社会经济发展、人口增加，社会对土地的需求日益扩大，而城市土地的供给缺乏弹性，因此城市土地价格总体趋势上涨，但在经济下行周期或者政策管控力度过强时，城市土地价格可能会出现短期下降的现象。在城市化后期或成熟阶段，不同城市的土地市场价格的增长趋势可能呈现出强烈的地域分异特征，城市群或经济发展前景好的城市，地价增长压力仍然可能较大，而人口流出的城市，地价可能保持相对稳定。

⑤ 城市土地价格具有强烈的地域性

由于位置的固定性，土地无法像其他商品那样可以到处流动，因而土地市场具有强烈的地域性。不同城市经济发展水平差异明显、城市化与工业化进程不一，土地资源禀赋各异，土地供应计划不同，使不同城市土地价格差异明显。各地域性市场之间土地价格很难相互影响，不能形成统一的市场均衡价格。

(3) 城市地价与房价的关系

1) 地价决定房价

土地为建筑物、构筑物提供承载空间，地价是房价的构成部分，因此地价

上涨，必然推动房价上涨，此种观点为"成本驱动论"。徐艳研究发现土地费用过高是北京市房价高的主要原因，北京市房地产成本构成中土地费用约占30%～40%[1]。中国房地产及住宅研究会常务副会长认为房价的迅速上涨是由地价的大幅上涨引起的，降低地价才能抑制房价[2]。Wang等利用中国2014年2872个县级行政区的数据，实证研究发现土地价格是房价上涨的主要驱动力，其对房价的影响在不同行政级别区域各不相同，在省会城市的影响最为强烈[3]。

2）房价决定地价

当房地产市场火爆时，房价快速上涨，在买涨不买跌的市场预期下，需求增加，房地产开发有利可图，引致开发商对土地需求增长，短期内城市土地供给相对不足，推动地价不断上涨。反之，在市场不景气阶段，房价下跌，人们持币观望，需求下降，引致土地需求也减少，土地可能会流拍，地价下跌。此种观点为"引致需求论"。周京奎利用1999—2005年的数据对我国地价与房价的关系进行了实证研究，结果表明房价对地价有显著影响，地价对房价的影响度较小[4]。胥玲认为我国房地产价格的持续上涨根本上源于旺盛的房地产需求，居民可支配收入的提高和城市化进程的加快增加了对房地产的需求，继而推动土地价格上涨[5]。

3）地价与房价互相影响

地价与房价相互影响为上述两种观点的综合。地价是房价的构成部分，因而地价上涨必然推动房价上涨，投资者大量进入房地产市场，短期内住房供给缺乏弹性，房价进一步上涨，开发商预期利润增加，引致对土地需求增长，在供不应求的情况下，地价上涨，从而形成地价上涨—房价上涨—开发商预期利润增加—土地需求增长—地价上涨的循环逻辑。刘琳，刘洪玉认为从需求角度看，房价的上升刺激对土地的需求从而推高地价；从供给角度看，作为房地产生产中成本的重要组成部分，地价的升高同也会对房价带来正向的影响[6]。

### 3.1.4 城市土地市场供求均衡

（1）市场供求均衡

均衡是指经济事物中有关变量在一定条件的相互作用下所达到的一种相对静止的状态。在供求均衡状态下，市场的供给方与需求方都实现了最大化的目标，供给方实现了最大化的利润，需求方实现了最大化的效用，都无动力改变现状。

---

1 徐艳. 北京市房价过高的原因和房价控制 [J]. 城市问题，2002（1）：42-44.
2 包宗华. 怎样看待我国的住房价格 [J]. 中国房地产，2004（1）：53-54.
3 Wang S, Wang J, Wang Y. Effect of land prices on the spatial differentiation of housing prices: Evidence from cross-county analyses in China[J]. Journal of Geographical Sciences，2018，28：725-740.
4 周京奎. 城市土地价格波动对房地产业的影响——1999—2005年中国20城市的实证分析 [J]. 当代经济科学，2006（4）：1-7, 124.
5 胥玲. 中国城市房价和地价的决定因素及相互关系 [J]. 财政研究，2009（11）：10-13.
6 刘琳，刘洪玉. 地价与房价关系的经济学分析 [J]. 数量经济技术经济研究，2003（7）：27-30.

土地价格由供给与需求二者共同决定，当土地供给等于土地需求时，市场处于均衡状态$E$，此时的价格为均衡价格$P_0$，数量为均衡数量$Q_0$，如图3-4所示。当市场中的土地供给超过需求时，需求方处于有利地位，有较大的议价能力，价格有下行趋势；当土地价格持续下降，土地需求量就会增加，但土地供给量会减少，市场逐渐恢复到均衡状态。反之，土地需求超过土地供给时，供给方在市场中有较大的价格控制能力，价格呈上涨趋势；当土地的价格持续上升，土地的供给量增加，但土地的需求量减少，市场逐渐恢复到均衡状态。

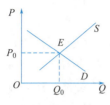

图3-4　城市土地市场均衡状态

如图3-4所示，土地供求均衡时，土地需求曲线与土地供给曲线相交$E$点，此时的均衡数量为$Q_0$，均衡价格为$P_0$。土地需求者获得了在价格$P_0$上符合购买能力的土地资源数量$Q_0$，土地供给者售出或租出了在价格$P_0$上且愿意出售或者出租的土地资源数量$Q_0$。因此，此时不论是土地供给者还是需求者都没有改变土地交易数量和价格的动机。反之，在任何其他价格上都存在改变土地交易数量和价格的动机。

（2）供求变化对城市土地市场均衡状态的影响

1）供给变化对城市土地市场均衡状态的影响

土地的供给增加（减少），在需求保持不变的情况下，会造成市场均衡价格的下降（上升），均衡数量的增加（减少）。如图3-5所示，若土地市场宏观调控导致土地供应量减少，土地供给曲线由$S_0$变为$S_1$，土地市场的均衡数量将减少至$Q_1$，均衡价格上升到$P_1$。

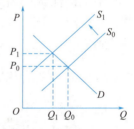

图3-5　供给变化对城市土地市场均衡状态的影响

2）需求变化对城市土地市场均衡状态的影响

在供给没有发生变动的情况下，土地需求的增加（减少）将导致土地市场的均衡价格上升（下降）与均衡数量的增加（减少）。在短期内土地供给保持不变，由于城市放松了户籍限制或购房限制，需求增加，需求曲线向右发生平移，市场均衡价格由$P_0$提高至$P_1$，均衡数量由$Q_0$增加到$Q_1$，如图3-6所示。

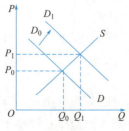

图3-6　需求变化对城市土地市场均衡状态的影响

3）供求都发生变化对城市土地市场均衡状态的影响

供求都发生变化有四种组合：即需求增加，供给减少；需求减少，供给减少；需求增加，供给增加；需求减少，供给增加。供给与需求的变化幅度不同，导致土地市场供求均衡状态的变化更为复杂，与原有的均衡价格与数量相比，新的均衡状态下，价格既有可能上升，也有可能下降，还有可能保持不变；均衡数量也保持着同样的可能性。

## 3.2 城市土地经济制度

### 3.2.1 城市土地所有制

土地所有制是指一个国家或地区在一定社会制度下占有和控制土地的形式，是关于所有权的经济制度。它是整个土地制度的核心，是土地关系的基础。《中华人民共和国宪法》（以下简称《宪法》）和《中华人民共和国土地管理法》（以下简称《土地管理法》）规定，我国实行土地的社会主义公有制，即全民所有制（国有土地）和劳动群众集体所有制（集体土地）。土地所有权是土地所有者拥有的、得到国家法律保护的排他性的专有权利，包含土地的占有权、使用权、收益权及处分权等权能，是全部土地经济关系的基础，决定了土地经济关系的社会经济性质。

中国现行的城市土地所有制是全民所有制，采用国家所有制的形式。这种所有制的土地简称国有土地，由国务院代表国家行使土地所有权。关于中国城市土地所有制的性质，《宪法》和《土地管理法》都有明确规定。《宪法》第十条规定"城市的土地属于国家所有"；《土地管理法》第九条规定"城市市区的土地属于国家所有"。

### 3.2.2 城市土地使用制

（1）概念

土地使用制是对土地使用条件、形式和程序的制度规定，是土地财产制度的另一个重要组成部分。土地使用权是依法对一定土地进行占有、使用并取得部分土地收益的权利，是土地使用制的法律体现。

任何一个社会，只要存在土地所有权，对土地的使用从来都不是自由和任意的。在土地所有权与土地使用权分离的情况下，土地所有者和土地使用者都要按照一定的规范、条件等来确定双方的权利和义务，而这些规范都必须由国家来确认与保护，同时又受到国家政权的某些调节和必要的限制。

（2）分类

由于土地使用制的相对独立性和灵活性，每一种土地所有制下都可能有多种土地使用制，即使土地所有制基本相同的国家也会存在多种不同形式的土地使用制。

按照土地所有权与使用权相互关系的不同，土地使用制可以分为"两权"合一（土地所有权和土地使用权归属一个主体）与"两权"分离（土地所有权和土地使用权分属两个或多个主体）两大类。

（3）法律保障

土地使用制与土地所有制一样，也要由国家以一定的法律形式加以确认和保护才能得以实施。在实行各类土地租赁制的情况下，双方都要签订土地租赁契约。目前，城市实行的国有土地使用权有限期、有偿出让与转让制度，要签订国有土地使用权出让合同与转让合同。出让合同中，除了载明土地面积、位置、四至等基本特征之外，还包括建筑要求（容积率、建筑高度、建筑密度和配套设施）及土地转让条件等。通过划拨方式获取土地使用权不需要签订出让合同，只需要相关行政机关的用地批准文件即可办理划拨土地使用权证。

（4）中国城市土地使用制内容

城市土地使用制的基本形式是：在土地国家所有的前提下，城市土地使用权与所有权相分离，采取拍卖、招标、挂牌、协议等方式将土地使用权有偿、有限期地出让给土地使用权人；土地使用权在出让合同约定的年限内可以转让、出租、抵押或者用于其他经济活动，土地使用权人的合法权益受到国家保护；土地使用权期满，土地连同地上建筑物由政府无偿收回，需要继续使用的，经过批准期限可以延长，同时根据届时的市场情况补缴土地价款，通过这一过程，国家城市土地的所有权在经济上得到了实现。城市土地使用制度包括以下几项具体内容：

1）土地使用权出让

土地使用权出让是指国家以土地所有者的身份将土地使用权在一定年限内让与土地使用者，并由土地使用者向国家支付土地使用权出让金的行为。

《中华人民共和国城镇国有土地使用权出让和转让暂行条例》规定，城市土地使用权出让最高年限按用途有所差别，具体出让年限在最高年限内由出让方决定，或由出让方与受让方共同协商确定。各类用途的土地使用权出让最高年限如下：居住用地70年；工业用地50年；教育、科技、文化、卫生、体育用地50年；商业、旅游、娱乐用地40年；综合或者其他用地50年。

城镇国有土地使用权的出让方式主要有四种：协议出让、招标出让、拍卖出让和挂牌出让。协议出让是指国家以协议方式将国有土地使用权在一定年限内出让给土地使用者，由土地使用者向国家支付土地使用权出让金的行为。招标出让是指市、县自然资源管理部门发布招标公告或者发出投标邀请书，邀请特定或者不特定的法人、自然人和其他组织参加国有土地使用权投标，根据投标结果确定土地使用者的行为。拍卖出让是指市、县自然资源管理部门发布拍卖公告，由竞买人在指定时间、地点进行公开竞价，根据出价结果确定土地使用者的行为。挂牌出让是指市、县自然资源管理部门发布挂牌公告，按公告规定的期限将拟出让宗地的交易条件在指定的土地交易场所挂牌公布，接受竞买人的报价申请并更新挂牌价格，根据挂牌期限截止时的出价结果或现场竞价结果确定土地使用者的行为。

供应商业、旅游、娱乐和商品住宅等各类经营性用地以及有竞争要求的工业用地，其他土地供地计划公布后同一宗地有两个或者两个以上意向用地者的土地都必须实行招标、拍卖、挂牌（以下简称"招拍挂"）出让方式。供应商业、旅游、娱乐和商品住宅等各类经营性用地以外用途的土地，其供地计划公布后同一宗地只有一个意向用地者的可以采用协议出让方式。相比较而言，招拍挂出让方式比协议出让方式竞争性更强，市场化水平更高，更有利于实现土地资源的优化配置。

土地使用者需要改变土地使用权出让合同规定的土地用途的，应当征得出让方同意并经土地管理部门和城市规划部门批准，依照本章的有关规定重新签订土地使用权出让合同，调整土地使用权出让金并办理登记。

2）国有土地租赁

国有土地租赁是指国家将国有土地出租给使用者使用，由使用者与县级以上人民政府土地行政主管部门（自然资源管理部门）签订一定年期的土地租赁合同，并支付租金的行为。国有土地租赁是国有土地有偿使用的一种形式，是出让方式的补充。

国有土地租赁可以采用招标、拍卖或者双方协议的方式，有条件的必须采取招标、拍卖方式。采用双方协议方式出租国有土地的租金不得低于出租底价和按国家规定的最低地价折算的最低租金标准，协议出租结果要报上级土地行政主管部门备案，并向社会公开披露，接受上级土地行政主管部门和社会监督。

国有土地租赁的租金标准应与地价标准均衡。承租人取得土地使用权时未支付其他土地费用的，租金标准应按全额地价折算；承租人取得土地使用权时支付了征地、拆迁等土地费用的，租金标准应按扣除有关费用后的地价余额折算。

国有土地租赁可以根据具体情况实行短期租赁和长期租赁。对短期使用或用于修建临时建筑物的土地，应实行短期租赁，短期租赁年限一般不超过5年；对需要进行地上建筑物、构筑物建设后长期使用的土地，应实行长期租赁，具体租赁期限由租赁合同约定，但最长租赁期限不得超过法律规定的同类用途土地出让最高年期。租赁期限6个月以上的国有土地租赁，应当由市、县土地行政主管部门与土地使用者签订租赁合同。

国有土地租赁，承租人取得承租土地使用权。承租人在按规定支付土地租金并完成开发建设后，经土地行政主管部门同意或根据租赁合同约定可将承租土地使用权转租、转让或抵押。承租土地使用权转租、转让或抵押，必须依法登记。

承租人将承租土地转租或分租给第三人的，承租土地使用权仍由原承租人持有，承租人与第三人建立了附加租赁关系，第三人取得土地的他项权利。承租人转让土地租赁合同的，租赁合同约定的权利义务随之转给第三人，承租土地使用权由第三人取得，租赁合同经更名后继续有效。地上房屋等建筑物、构筑物依法抵押的，承租土地使用权可随之抵押，但承租土地使用权只能按合同租金与市场租金的差值及租期估价，抵押权实现时土地租赁合同同时转让。在使用年期内，承租人有优先受让权，租赁土地在办理出让手续后终止租赁关系。

3）土地使用权作价出资或入股

土地使用权作价出资（入股）是指国家根据需要，以一定年限的国有土地使用权作价，作为出资人投入改组后的新设企业，该土地使用权由新设企业持有，可以依法转让、出租、抵押。

依据《关于扩大国有土地有偿使用范围的意见》(国土资规〔2016〕20号),对可以使用划拨土地的能源、环境保护、保障性安居工程、养老、教育、文化、体育及供水、燃气供应、供热设施等项目,除可按划拨方式供应土地外,鼓励以出让、租赁方式供应土地,支持市、县政府以国有建设用地使用权作价出资或者入股的方式提供土地,与社会资本共同投资建设。支持各地以土地使用权作价出资或者入股方式供应标准厂房、科技孵化器用地,为小型、微型企业提供经营场所,促进大众创业、万众创新。

作价出资或者入股土地使用权实行与出让土地使用权同权同价管理制度,依据不动产登记确认权属,可以转让、出租、抵押。国有企事业单位改制以作价出资或者入股、授权经营方式处置的国有建设用地,依据法律法规改变用途、容积率等规划条件的,应按相关规定调整补交出让金[1]。

4) 土地使用权划拨

土地使用权划拨是指县级以上人民政府依法批准,在土地使用者缴纳补偿、安置等费用后将该幅土地交付其使用或者将土地使用权无偿交付给土地使用者使用的行为。以划拨方式取得土地使用权的,除法律、行政法规另有规定外,没有使用期限的限制。划拨土地使用权,一般情况下不得转让、出租、抵押。符合下列条件的,经市、县人民政府土地管理部门和房产管理部门批准,其划拨土地使用权和地上建筑物、其他附着物所有权可以转让、出租、抵押:一是土地使用者为公司、企业、其他经济组织和个人;二是领有国有土地使用证;三是具有地上建筑物、其他附着物合法的产权证明;四是依照相关规定签订土地使用权出让合同,向当地市、县人民政府补缴土地使用权出让金或者以转让、出租、抵押所获收益抵缴土地使用权出让金。

根据《土地管理法》的规定,国家机关用地和军事用地、城市基础设施用地和公益事业用地、国家重点扶持的能源、交通、水利等基础设施用地,法律、行政法规规定的其他用地,经县级以上人民政府依法批准,可以以划拨方式取得。

5) 土地使用权转让

土地使用权转让是指土地使用者将土地使用权再转移的行为,包括出售、交换、赠与;未按土地使用权出让合同规定的期限条件投资开发、利用土地的,土地使用权不得转让。土地使用权转让应当签订转让合同,土地使用权转让时,土地使用权出让合同和登记文件中所载明的权利、义务随之转移。土地使用者通过转让方式取得的土地使用权,其使用期限为土地使用权出让合同规定的使用年限减去原土地使用者已使用年限后的剩余年限。

土地使用权转让时,其地上建筑物、其他附着物所有权随之转让。土地使用者转让地上建筑物、其他附着物所有权时,其使用范围内的土地使用权随之转

---

[1] 国土资源部、国家发展和改革委员会、财政部、住房和城乡建设部、农业部、中国人民银行、国家林业局、中国银行业监督管理委员会,《关于扩大国有土地有偿使用范围的意见》,2016。

让，但地上建筑物、其他附着物作为动产转让的除外。土地使用权和地上建筑物、其他附着物所有权转让，应当按照规定办理过户登记。土地使用权和地上建筑物、其他附着物所有权分割转让的，应当经市、县人民政府土地管理部门和房地产管理部门批准，并依照规定办理过户登记。

6）土地使用权出租和抵押

土地使用权出租是指土地使用者作为出租人将土地使用权随同地上建筑物、其他附着物租赁给承租人使用，由承租人向出租人支付租金的行为。未按土地使用权出让合同规定的期限和条件投资开发、利用土地的，土地使用权不得出租。

土地使用权出租后，出租人必须继续履行土地使用权出让合同。土地使用权和地上建筑物、其他附着物出租，出租人应当依照规定办理登记。

土地使用权抵押是指土地使用权人在法律许可的范围内以不转移土地占有而将土地使用权作为债权担保的行为，在债务人不履行债务时，债权人有权对土地使用权及其上建筑物、其他附着物依法进行处分，并从处分所得的价款中优先受偿。土地使用权抵押，抵押人与抵押权人应当签订抵押合同。土地使用权和地上建筑物、其他附着物抵押，应当依照规定办理抵押登记。因处分抵押财产而取得土地使用权和地上建筑物、其他附着物所有权的，应当依照规定办理过户登记。抵押权因债务清偿或者其他原因而消灭的，应当依照规定办理注销抵押登记。

7）土地使用权终止

土地使用权终止是指因土地使用权出让合同规定的使用年限届满、提前收回及土地灭失等原因而终止。

《土地管理法》第五十八条规定：有下列情形之一的，由有关人民政府自然资源主管部门报经原批准用地的人民政府或者有批准权的人民政府批准，可以收回国有土地使用权：一是为实施城市规划进行旧城区改建以及其他公共利益需要，确需使用土地的；二是土地出让等有偿使用合同约定的使用期限届满，土地使用者未申请续期或者申请续期未获批准的；三是因单位撤销、迁移等原因，停止使用原划拨的国有土地的；四是公路、铁路、机场、矿场等经核准报废的。

土地灭失是指由于自然力量或人为造成原土地性质的彻底改变或原土地面貌的彻底改变，如因地震或战争而使原有土地变成湖泊或河流等，导致土地使用权客体丧失，因此土地使用权终止。

## 3.3 城市土地管理方法

城市土地管理是指国家政权以社会代表的身份，采用行政手段、法律手段、经济手段、技术手段、规划手段等对城市范围内的各类用地在宏观上进行管理、监督和调控的活动。

### 3.3.1 行政手段

城市土地管理的行政手段是指国家凭借行政权力，通过颁布行政命令、制定政策、措施等形式，对土地进行宏观调控或管理的方式或方法。行政手段主要包括：不动产统一登记、土地统计、土地督察、指标管理、行政处罚、土地政策、宣传教育、约谈问责等。

（1）不动产统一登记

不动产统一登记是指不动产登记机构依法将不动产权利归属和其他法定事项记载于不动产登记簿的行为。不动产是指土地、海域以及房屋、林木等定着物。与城市建设用地相关的不动产权利主要包括：建设用地使用权、地役权、抵押权、房屋等建筑物、构筑物所有权，它们都应该依照《不动产登记暂行条例》规定办理登记。我国已全面建立和实施不动产统一登记制度。目前，全国约3000个大厅、4万个窗口、10万人的登记队伍，每天为40万群众和企业提供各类登记服务，10年来累计颁发不动产权证书7.9亿多本、不动产登记证明3.6亿多份，电子证书证明3.3亿多本[1]。不动产统一登记制度是产权保护的重要制度，是自然资源管理不可或缺的重要基础性工作。实行不动产登记有利于保护产权人的利益，保障市场公平交易。

（2）土地统计

土地统计是利用数字、图表及文字资料，对土地的数量、质量、分布、权属和利用状况及其动态变化进行全面、系统的记载、整理和分析的一项管理措施。土地统计是地籍管理、土地管理的重要基础。《土地管理法》第二十八条规定："国家建立土地统计制度；县级以上人民政府统计机构和自然资源主管部门依法进行土地统计调查，定期发布土地统计资料。"土地统计的基本内容包括土地调查总面积、质量、分布、权属和利用状况。土地调查总面积是指统计范围内全部土地的总量；土地质量是指不同等级土地的数量及分布；土地分布是指土地的位置及范围界线，如行政界线、各权属单位及各种用地的界线，除用文字和数据外，还需要用图件表达；土地权属状况是指不同权属性质的土地面积及分布；土地利用状况是指各种土地利用类型的面积。自然资源部每年公布自然资源统计公报。

（3）土地督察

2006年，经国务院批准，建立国家土地督察制度，在国土资源部（现自然资源部）设立国家土地总督察及其办公室，并向地方派驻9个国家土地督察局，分别是国家土地督察北京局、沈阳局、上海局、南京局、济南局、广州局、武汉局、成都局和西安局。《土地管理法实施条例》以法律的形式确定了土地督察的范围，主要包括以下几种类型：耕地保护情况、土地节约集约利用情况、国土空间规划编制和实施情况、国家有关土地管理重大决策落实情况、土地管理法律、行政法规执行情况、其他土地利用和土地管理情况。

---

1 我国不动产统一登记制度成效显著——改善登记服务软环境 提升促进发展硬实力，人民日报，2023。

**（4）指标管理**

从宏观层面说，国家需根据土地特点、社会经济条件和产业用地需求的长期预测，确定土地利用的方向、结构和布局，对各用地部门、各城市的用地规模提出控制性指标。建设用地指标是在特定期限内国家对特定区域建设用地总规模进行数量控制的指标，如人均城镇工矿建设用地、建设用地规模、新增建设用地指标、城乡建设用地增减挂钩等都属于城市土地管理的相关指标。从微观地块角度看，政府在出让土地使用权时会根据详细规划确定地块的用途以及开发强度，规定地块的容积率等，以保障土地得到高效合理利用。

**（5）行政处罚**

行政处罚指县级以上自然资源主管部门依照法定职权和程序，对自然人、法人或者其他组织违反自然资源管理法律法规的行为实施的处罚行为。在《自然资源违法行为立案查处工作规程（试行）》（自然资发〔2022〕165号）中明确列举了主要土地违法行为、法律依据与法律责任，主要违法行为包括违法批地类、违法占地类、违法转让类、破坏农用地类、其他类，如依法收回国有土地使用权、当事人拒不交出土地；临时使用土地期满，拒不归还；不按照批准用途使用国有土地；在国土空间规划确定的禁止开垦的范围内从事土地开发活动等。《自然资源行政处罚办法》是土地行政处罚的依据，自然资源行政处罚包括：警告、罚款、没收违法所得、没收非法财物、限期拆除、吊销勘查许可证和采矿许可证、法律法规规定的其他行政处罚。

**（6）土地政策**

土地政策指的是国家根据一定时期内的政治和经济任务，在土地资源开发、利用、治理、保护和管理方面规定的行动准则。土地政策包括土地宏观调控政策、土地集约利用政策、节约用地政策、土地有偿使用政策等。土地政策目标明确，是为了解决一定时期的特定问题，具有鲜明的公共利益属性和可行性。通常所讲的土地政策是指土地参与宏观调控政策，主要手段包括调控土地供应规模、土地供应结构等，以及实行土地政策与产业政策相结合的政策组合拳，调整产业结构，进而影响宏观经济。2021年为稳定房价，落实房住不炒的定位，自然资源部要求22个试点城市实行"两集中"供地制度，以稳地价、稳房价、稳预期。

**（7）宣传教育**

自然资源管理部门利用线上、线下各种渠道向社会大众宣传"十分珍惜、合理利用土地和切实保护耕地"基本国策、土地管理与利用的相关法律法规，以提高人民群众的国土观念与土地情怀。自然资源管理部门同时对从事土地管理与服务的公务人员开展土地法律法规、国土空间规划、国土调查、土地统计等专业技能方面的教育与培训活动。

**（8）约谈问责**

约谈也是一种很重要的土地管理手段。《现代汉语词典》将"约谈"界定为"约定会谈"，即"约好之后再谈"，是指相关主体出于了解情况、调查取证、警示告诫的目的，与当事人约定会谈。约谈大致可归纳为三类：一是机关单位内部开展工作的具体方式；二是机关单位之间、上下级之间带有调查、警示、告诫性质的执纪措施或者监督措施；三是行政执法机关对当事人实施的带有调查、提醒、警告性质的非强制性执法措施。

### 3.3.2 法律手段

城市土地管理的法律手段是指通过制定完备的土地法律、法规以及高效的司法，对土地所有者和使用者及其他相关人员的行为进行强制规范。完备的土地管理法律、法规是国家管理土地意志的具体体现，也是国家有关部门管理土地的法律依据，对土地所有者和使用者及其他相关人员具有法律强制性质。

（1）宪法

《中华人民共和国宪法》是我国的根本大法，立法机关为全国人民代表大会，规定了我国城市土地属于国家所有，农村和城市郊区的土地，除由法律规定属于国家所有的以外，属于集体所有；宅基地和自留地、自留山，也属于集体所有。土地的使用权可以依照法律的规定转让。

（2）法律

法律的立法机关为全国人民代表大会和全国人民代表大会常务委员会。城市土地管理领域的相关法律包括《中华人民共和国土地管理法》《中华人民共和国民法典》《中华人民共和国城市房地产管理法》《中华人民共和国城乡规划法》等。

（3）行政法规

行政法规的制定主体是国务院。城市土地管理领域的相关行政法规主要包括《土地管理法实施条例》《城镇国有土地使用权出让和转让暂行条例》《土地调查条例》《土地复垦条例》《不动产登记暂行条例》《土地增值税暂行条例》《城镇土地使用税暂行条例》等。

（4）部门规章

部门规章的制定者是国务院各部、委员会、具有行政管理职能的直属机构，这些规章仅在本部门的权限范围内有效。城市土地管理领域的部门规章主要由自然资源管理部门制定。相关规章主要有《节约集约利用土地规定》《闲置土地处置办法》《自然资源行政处罚办法》《划拨用地目录》《不动产登记暂行条例实施细则》等。

（5）部门规范性文件

自然资源部制定的《招标拍卖挂牌出让国有土地使用权规范（试行）》《协议出让国有土地使用权规范（试行）》《关于加强建设用地动态监督管理的通知》《自然资源部关于深化规划用地"多审合一、多证合一"改革的通知》《自然资源部关于做好城镇开发边界管理的通知（试行）》等均为城市土地管理提供依据。

（6）其他

上述宪法、法律、行政法规、部门规章、部门规范性文件，与相关司法解释、地方性法规、自治法规、地方政府规章等一起构成了我国完善的城市土地管理与利用法律体系，是城市土地管理的依据。司法又称法的适用，通常是指国家司法机关及其司法人员依照法定职权和法定程序，具体运用法律处理案件的专门活动。我国的司法机关一般是指人民法院和人民检察院。完善的法律体系保证了有法可依，司法的目的在于保证有法必依、执法必严和违法必究。

### 3.3.3 经济手段

城市土地管理的经济手段是指国家通过建立与完善土地市场，采用价格政策、税收政策、金融政策等经济手段对城市土地实施管理。

（1）建立土地市场

土地市场是土地交易关系的总和，有了土地市场土地价值才可能实现。土地市场最基本、最主要的功能就是促进土地资源优化配置和节约集约利用，但采用招拍挂方式出让的主要是商服用地、居住用地和工业用地等经营性用途的土地。土地市场运行对经济增长的影响主要通过经济要素投入与配置的改变体现，包括土地一级市场运行对经济要素投入的规模扩张效应、土地二级市场运行对经济要素配置的结构优化效应、土地市场化程度发展对经济要素利用的经济激励效应等[1]。

（2）地价管理

价格机制是市场机制中最核心的因素，合理的价格机制能够反映出真实的供求关系，满足各方利益诉求，也能够实现土地资源高效利用。地价管理主要包括：一是建立完善的地价体系，如基准地价、标定地价、抵押权价格、课税价格、交易价格等；二是制定地价管理制度，如基准地价、标定地价定期公布制度、城镇地价监测公布制度、土地估价制度、估价机构和估价师资格认证制度等；三是实施最高限价与最低限价。工业用地出让执行《全国工业用地出让最低价标准》（国土资发〔2006〕307号），该标准规定：市、县人民政府出让工业用地，确定土地使用权出让价格时必须执行最低控制标准；各地国土资源管理部门不得以土地取得来源不同、土地开发程度不同等各种理由对规定的最低价标准进行减价修正。《城镇国有土地使用权出让和转让暂行条例》中规定"土地使用权转让价格明显低于市场价格的，市、县人民政府有优先购买权"。最高限价政策一般只在地价、房价快速上涨的时期或区域实施，如在22个试点城市实施的"两集中"供地政策中，各城市基本都实施了限地价、限房价的双限政策。

（3）税收手段

土地税收是指国家以土地为征税对象，凭借政治权力从土地所有者或土地使用者手中无偿地、强制地、固定地取得部分土地收益的一种税收。我国现行的土地相关税种主要包括：①土地增值税：实行超率累进税率，针对转让国有土地使

---

1 王青，陈志刚，陈逸，等. 土地市场运行对经济增长的影响：作用机理与实证评价[J]. 资源科学，2008（10）：1497-1502.

用权、地上的建筑物及其附着物并取得收入的单位和个人进行征收。②城镇土地使用税：以纳税人实际占用的土地面积为计税依据，实行定额税率或有幅度的差别税率，纳税人为在城市、县城、建制镇、工矿区范围内使用土地的单位和个人。③耕地占用税：实行地区差别幅度定额税率，以纳税人实际占用的耕地面积为计税依据，向占用耕地建设建筑物、构筑物或者从事非农业建设的单位和个人征收。占用园地、林地、草地、农田水利用地、养殖水面、渔业水域滩涂以及其他农用地建设建筑物、构筑物或者从事非农业建设的，也应缴纳耕地占用税。④房产税：以房屋为征税对象，以房屋的计税余值或租金收入为计税依据，向房屋产权所有人征收的一种财产税。房产税在城市、县城、建制镇和工矿区征收，依照房产原值一次减除10%～30%后的余值计算缴纳或以房产租金收入为房产税的计税依据，税率为比例税率。⑤契税：向在中华人民共和国境内转移土地、房屋权属承受的单位和个人征收的一种税，为比例税率。土地使用权出让；土地使用权转让，包括出售、赠与、互换；房屋买卖、赠与、互换；以作价投资（入股）、偿还债务、划转、奖励等方式转移土地、房屋权属的，都应当征收契税。土地税收不仅是地方财政收入的重要来源，也是市场调控的重要工具。

（4）金融政策

从狭义角度看，金融政策指中央银行为实现其特定的经济目标而采用的各种控制和调节货币供应量或信用量的方针和措施的总称，包括信贷政策、利率政策和外汇政策。土地投资大，对金融借贷的需求旺盛，政府可以通过限制贷款规模、限制资金流入地产行业等措施直接影响土地需求。利率也关系到土地需求者的资金使用成本或投资成本，利率高，市场借贷需求会下降，进而减少对土地或房地产的需求；反之，则会增加对土地或房地产的需求。外汇政策，如汇率的高低、资本流动的限制程度、是否允许境外企业或公民投资本国土地及房地产等，都会对城市土地市场需求产生影响。

### 3.3.4 技术手段

土地管理离不开先进的技术手段，采用一系列先进的技术措施，如卫星定位系统、遥感（RS）、地理信息系统（GIS）等，为土地管理提供土地面积、位置、利用类型、分布等方面的基础信息，以提高土地管理的效率。

（1）卫星定位系统

卫星定位是用卫星对某物进行准确定位的技术。目前全球卫星定位系统有我国的北斗卫星导航系统（Beidou）、美国的全球定位系统（GPS）、俄罗斯的格洛纳斯卫星导航系统（GLONASS）和欧盟的伽利略卫星定位系统（Galileo）。北斗系统由空间段、地面段和用户段三部分组成。空间段由若干地球静止轨道卫星、倾斜地球同步轨道卫星和中圆地球轨道卫星等组成；地面段包括主控站、时间同步/注入站和监测站等若干地面站，以及星间链路运行管理设施；用户段包括北斗兼容其他卫星导航系统的芯片、模块、天线等基础产品，以及终端产品、应用系统与应用服务等。北斗系统提供服务以来,已在交通运输、农林渔业、水文监测、气象测报、通信授时、电力调度、救灾减灾、公共安全等领域得到广泛应用,服务国家重要基础设施,产生了显著的经济效益和社会效益。

(2)遥感技术

遥感技术是从人造卫星、飞机或其他飞行器上收集地物目标的电磁辐射信息,判认地球环境和资源的技术。任何物体都有不同的电磁波反射或辐射特征。航空航天遥感就是利用安装在飞行器上的遥感器感测地物目标的电磁辐射特征,并将特征记录下来,供识别和判断。遥感系统由遥感器、遥感平台、信息传输设备、接收装置以及图像处理设备等组成。遥感技术被广泛用于土地利用变化监测及土地违法检查等领域。

(3)地理信息系统

地理信息系统是指在软件系统支持下,对整个或部分地球表层(包括大气层)空间中的有关地理分布数据进行采集、储存、管理、运算、分析、显示和描述的技术系统。地理信息系统由以下五部分组成:人员,是系统中最重要的组成部分;数据,精确可用的数据影响查询和分析的结果,总体可分为矢量数据和栅格数据两大类;硬件,硬件的性能会影响软件对数据的处理速度;软件,不仅包含GIS软件,还包括各种数据库、绘图、统计、影像处理及其他程序;过程。

上述技术广泛应用于国土调查、土地违法案件查处、建设用地动态监测、地籍测量、空间规划编制、耕地保护、地理信息公共服务等领域。学者们也将这些技术应用于分析和研究城市扩张、土地利用变化、城镇开发边界划定、生态风险评估等方面。

### 3.3.5 规划手段

为了解决区域内土地利用规划、城乡规划、生态环境规划、主体功能区规划等规划之间不衔接、不协调、不统一的问题,2014年8月,国家发展改革委、国土资源部(现自然资源部)、环境保护部(现生态环境部)、住房和城乡建设部四部委联合下发《关于开展市县"多规合一"试点工作的通知》,明确了开展试点的主要任务及措施,并提出在全国28个市县开展"多规合一"试点。2019年5月《中共中央国务院关于建立国土空间规划体系并监督实施的若干意见》发布,自然资源部正式发布《关于全面开展国土空间规划工作的通知》,标志着国土空间规划正式全面启动编制。将主体功能区规划、土地利用规划、城乡规划等空间规划融合为统一的国土空间规划,实现"多规合一",强化国土空间规划对各专项规划的指导约束作用,是党中央、国务院作出的重大部署。

(1)国土空间规划体系

国土空间规划是对一定区域国土空间开发保护在空间和时间上作出的安排,是国家空间发展的指南、可持续发展的空间蓝图,是各类开发保护建设活动的基本依据。国土空间规划体系具有"五级三类四体系"的特点,如图3-7所示。五级指依规划层级分为"五级":国家、省、市、县和乡镇级;三类指依规划内容分为"三类":总体规划、详细规划和相关专项规划;四体系指依规划管理运行体系,分为编制审批、实施监督、法规政策、技术标准四个子体系。

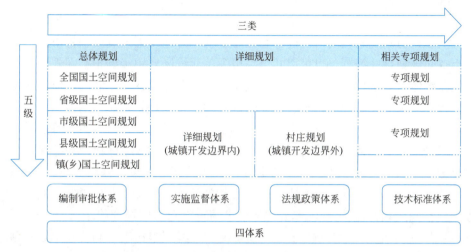

图3-7 国土空间规划体系

五级规划。国家、省、市县编制国土空间总体规划,各地结合实际编制乡镇国土空间规划。全国国土空间规划是对全国国土空间作出的全局安排,是全国国土空间保护、开发、利用、修复的政策和总体纲领,侧重战略性。省级国土空间规划是对全国国土空间规划的落实,指导市县国土空间规划编制,侧重协调性。市县和乡镇国土空间规划是本级政府对上级国土空间规划要求的细化落实,是对本行政区域开发保护作出的具体安排,侧重实施性。

三类规划。国土空间总体规划是指在各级行政区域内,根据资源环境承载能力和国土空间开发适宜性评价结果及社会经济发展要求,对今后一段时期内整个国土空间的保护、开发、利用、修复的总安排。详细规划是对具体地块用途和开发建设强度等作出的实施性安排,是开展国土空间开发保护活动、实施国土空间用途管制、核发城乡建设项目规划许可、进行各项建设等的法定依据。在城镇开发边界内的详细规划,由市县自然资源主管部门组织编制,报同级政府审批;在城镇开发边界外的乡村地区,以一个或几个行政村为单元,由乡镇政府组织编制"多规合一"的实用性村庄规划,作为详细规划。相关专项规划是指在特定区域(流域)、特定领域,为体现特定功能,对空间开发保护利用作出的专门安排,是涉及空间利用的专项规划。如国土空间生态修复规划、高标准农田建设规划等。国土空间总体规划是详细规划的依据,是相关专项规划的基础;相关专项规划要相互协同,并与详细规划做好衔接[1]。

---

1 中共中央 国务院关于建立国土空间规划体系并监督实施的若干意见。

四个体系。一是编制审批体系。全国国土空间规划由自然资源部会同相关部门组织编制，由党中央、国务院审定后印发。省级国土空间规划由省级政府组织编制，经同级人大常委会审议后报国务院审批。市县和乡镇国土空间规划，需报国务院审批的城市国土空间总体规划，由市政府组织编制，经同级人大常委会审议后，由省级政府报国务院审批；其他市县及乡镇国土空间规划由省级政府根据当地实际，明确规划编制审批内容和程序要求，各地可因地制宜，将市县与乡镇国土空间规划合并编制，也可以几个乡镇为单元编制乡镇级国土空间规划。二是实施监督体系。强化规划权威、改进规划审批、健全用途管制制度、监督规划实施，依托国土空间基础信息平台，建立健全国土空间规划动态监测评估预警和实施监管机制；推进"放管服"改革[1]。三是法规政策体系。法规政策体系是对国土空间规划体系的法规政策支撑。国土空间规划立法，做好过渡时期的法律衔接；建立健全人口、资源、生态环境、财政、金融等配套政策，保障规划有效实施。四是技术标准体系。技术标准体系是对国土空间规划体系的技术支撑[2]，制定《省级国土空间规划编制指南（试行）》《市级国土空间总体规划编制指南（试行）》《城镇开发边界划定指南（试行）》《生态保护红线划定指南》和《基本农田划定技术规程》等。

（2）三区三线

三区指城镇空间、农业空间和生态空间；三线指生态保护红线、永久基本农田和城镇开发边界。三区三线的划定是国土空间规划的核心内容，构成了各级各类国土空间规划的基础底版，是保障和维护国家粮食安全、生态安全和城镇化健康发展的空间底线[3]。

生态空间是指具有自然属性、以提供生态服务或生态产品为主的功能空间，包括森林、草原、湿地、河流、湖泊、滩涂、岸线、海洋、荒地、荒漠、戈壁、冰川、高山冻原、无居民海岛等[4]。生态保护红线是指在生态空间范围内具有特殊重要生态功能、必须强制性严格保护的区域。优先将具有重要水源涵养、生物多样性维护、水土保持、防风固沙、海岸防护等功能的生态功能极重要区域，以及生态极敏感脆弱的水土流失、沙漠化、石漠化、海岸侵蚀等区域划入生态保护红线。生态保护红线的划定应严格遵守《生态保护红线划定指南》。

永久基本农田是按照一定时期人口和经济社会发展对农产品的需求，依据国土空间规划确定的不得擅自占用或改变用途的耕地。依据耕地现状分布，根据耕地质量、粮食作物种植情况、土壤污染状况，在严守耕地红线基础上，按照一定比例，将达到质量要求的耕地依法划入。已经划定的永久基本农田中存在划定不实、违法

---

[1] 中共中央 国务院关于建立国土空间规划体系并监督实施的若干意见。
[2] 《中共中央 国务院关于建立国土空间规划体系并监督实施的若干意见》解读（上）：构建"多规合一"的国土空间规划体系。
[3] 深化"多规合一"改革 构建国土空间开发保护新格局。
[4] 空间规划术语——三区三线。

占用、严重污染等问题的要全面梳理整改，确保永久基本农田面积不减、质量提升、布局稳定。永久基本农田范围的划定应严格遵守《基本农田划定技术规程》。

城镇空间是指以承载城镇经济、社会、政治、文化、生态等要素为主的功能空间。城镇开发边界是在一定时期内因城镇发展需要，可以集中进行城镇开发建设、以城镇功能为主的区域边界，涉及城市、建制镇以及各类开发区等。城镇开发边界划定以城镇开发建设现状为基础，综合考虑资源承载能力、人口分布、经济布局、城乡统筹、城镇发展阶段和发展潜力，框定总量，限定容量，防止城镇无序蔓延。科学预留一定比例的留白区，为未来发展留有开发空间。城镇建设和发展不得违法违规侵占河道、湖面、滩地[1]。城镇开发边界的划定应严格遵守《城镇开发边界划定指南（试行）》。

## 【本章小结】

城市土地经济与管理方法关系到城市房地产市场的运行效率，本章重点分析了城市土地经济、城市土地经济制度和城市土地管理方法等内容。首先，本章介绍了城市土地市场、城市土地供求、城市土地价格的基本理论，探讨供求变化对城市土地市场均衡状态的影响。其次，本章介绍了土地所有制和土地使用制，重点分析了城市土地使用制的内容，包括土地使用权的出让、划拨、作价出资/入股、国有土地租赁，以及土地使用权的转让、出租、抵押、终止等。最后，本章从行政手段、法律手段、经济手段、技术手段和规划手段等方面分析了我国现行的城市土地管理方法。

> **思考题**
>
> 1. 什么是城市土地市场？城市土地市场如何分类？其包括哪些主体与客体？
> 2. 城市土地市场的特征有哪些？
> 3. 什么是城市土地的经济供给？什么是城市土地的需求？
> 4. 城市土地需求与城市化、经济快速发展之间是什么关系？
> 5. 什么是城市土地价格？有哪些特征？
> 6. 供给或需求变化如何影响城市土地价格？
> 7. 我国实行的城市土地所有制及使用制的内容是什么？二者之间是什么关系？

---

[1] 中共中央办公厅 国务院办公厅印发《关于在国土空间规划中统筹划定落实三条控制线的指导意见》。

8．什么是国有建设用地使用权出让？其与国有土地出租之间的关系是什么？

9．城市土地有哪些管理方法？

10．什么是国土空间规划？国土空间规划体系包括哪些内容？

11．什么是三区三线？

# 4

# 城市房地产投资决策过程与方法

【本章重点难点】

了解城市市场环境和发展趋势,能对房地产项目进行科学的投入产出分析、评估投资的可行性和预期收益;理解实物期权的概念,并在不确定条件下运用其进行决策;认识房地产价格以及房地产税及其对投资决策的影响;掌握房地产投资中常见的风险及其应对策略。

【本章导读】

城市房地产投资能够推动城市经济发展、创造就业、塑造城市规划并提供税收收入。然而，城市房地产投资是一个复杂且充满不确定性的过程。本章旨在全面、深入地阐述房地产投资决策的过程与方法，为在实际操作中作出科学的决策提供有力的支持。首先，介绍综合评估区域市场现状及趋势、项目投入产出分析的方法，为投资决策提供全面的市场认知和科学的预期；然后，提出期权与实物期权的理论、方法与模型，以作出不确定性条件下适应市场波动的决策；接着，阐述了房地产价格的影响因素、评估方法和对投资的影响，并且系统地阐述了房地产税的发展和现状，为定价策略提供基础知识；最后，介绍了房地产投资过程中的潜在风险，提高对市场风险、财务风险等的识别和应对能力。本章逻辑框架如图4-1所示。

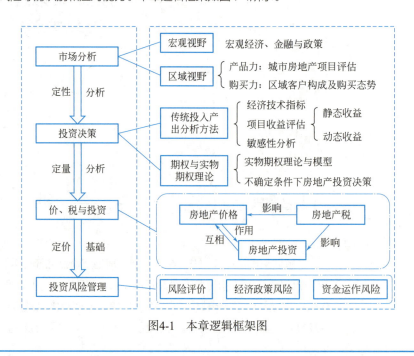

图4-1 本章逻辑框架图

## 4.1 区域市场现状及趋势判断

### 4.1.1 宏观经济运行状况

宏观经济包括国民经济总量、国民经济构成（主要分为GDP部门与非GDP部门）、产业发展阶段与产业结构、经济发展程度（人类发展指数、社会发展指数、社会福利指数、幸福指数）。宏观经济的主要目标是维持高水平和快速增长的产出率、低失业率和稳定的价格水平。宏观经济指标则是体现宏观经济运行状况的指标，常用的有国内生产总值（GDP）、物价稳定程度、就业规模以及区域财政收支状况。

（1）GDP

GDP是指按市场价格计算的一个国家（或地区）所有常住单位在一定时期内生产活动的最终成果。它是描述经济规模最重要的宏观经济指标，可以反映一个国家或地区的经济发展规模，判断其经济总体实力和经济发展的快慢；可以用来进行经济结构分析，是宏观经济决策的重要依据。

（2）物价稳定程度

反映物价稳定程度离不开以下两个指标：一是居民消费价格指数（CPI），主要用来衡量与生活领域密切相关的商品和服务的价格走势，如食品烟酒、交通通信、教育文化和娱乐项目等；二是工业品出厂价格指数（PPI），其反映的是全部工业产品出厂价格的变化趋势，包括生产资料和生活资料两大类。这二者的集成分析有助于得出基础价格稳定与否的结论。

（3）就业规模

总体就业规模通常由新增就业人口、失业率、失业人口等数据反映，旨在衡量闲置中的劳动产能，是反映一个国家或地区失业状况的主要指标。根据失业率、市场求人倍率也就是空闲岗位和求职人数比可以反映出市场的整体就业环境。

（4）区域财政收支状况

贸易顺差或贸易出超，即国家或地区在一定时期内的出口额大于进口额的情况，一般表明一国的对外贸易处于较为有利的地位。此外，还可以根据当前资本的流入流出是否合理有序、人民币汇率和外汇储备是否总体稳定，为宏观经济运行状态提供依据。

### 4.1.2　国家宏观金融政策

金融政策是政府为实现经济调控目标而采取的调节货币、国家金融政策利率和汇率水平的各种方针与措施的总和。一般国家的宏观金融政策主要包括货币政策、利率政策和汇率政策。

（1）货币政策

货币政策是中央银行调整货币总需求的方针策略，中央银行传统的货币政策工具包括法定准备金、贴现率、公开市场业务等，其政策一般是稳定货币供应和金融秩序，进而实现经济增长、物价稳定、充分就业和国际收支平衡。

（2）利率政策

利率政策是中央银行调整社会资本流通的手段。合理的存款利率政策有利于经营存贷业务的银行吸收储蓄存款，集聚社会资本；可以在一定程度上调节社会资本的流量和流向，从而导致产品结构、产业结构和整个经济结构的变化；可以用于刺激和约束企业的筹资行为，促进企业合理筹资，提高资本的使用效益。

（3）汇率政策

国家的汇率政策对于国际贸易和国际资本的流动具有重要影响。跨国公司、外商投资企业和经营进出口业务的其他企业在国际金融流通活动中必须掌握汇率政策并有效地加以利用。目前，我国坚持以市场供求为基础、参考一篮子货币进行调节、有管理的浮动汇率制度，综合施策、稳定预期，保持人民币汇率在合理均衡水平上的基本稳定，坚决防范汇率超调风险。

### 4.1.3 项目所在房地产市场概况

房地产市场分析对于理性的房地产投资者来说是必不可少的一项工作。投资房地产的根本目的是获取预期利润，而能否获利及获利程度如何取决于房地产未来的实际收益。影响房地产未来收益的因素有很多，比如市场竞争情况、市场氛围、投资者的经营管理水平以及消费者的需求偏好等。因此，即使运用最先进的定量分析方法也未必能作出可靠的估算。了解这一点，并不是让房地产投资者因此不再进行市场分析，而是要做好市场分析，使投资者的预期尽可能靠近实际结果，从而减少偏差或损失。在房地产投资分析过程中，市场分析是其中最为困难而又最为重要的一环。准确的房地产市场分析是房地产开发项目成功运作的基础和保障，也为房地产经营者预测其未来发展并为其制定正确的决策提供可靠依据。

首先，市场分析有助于房地产企业确定正确的投资方向。通过市场分析可以了解房地产市场的现状和未来发展趋势；了解市场需求、资源供求情况、竞争对手的活动状况，从而确定今后的经营方向，于错综复杂的房地产市场状况中寻找企业生存和发展的立足点。并且，市场分析还可以帮助投资者根据消费需求和承受能力、成本和竞争情况制定合理可行的市场价格。重视市场需求也有助于改善经营管理、提高经济效益。

房地产市场分析的内容可以总结为以下几个要点：

（1）各类业态的供求关系、空置率、成交批、需求量、市场吸纳能力和速度。

（2）土地批租数量和用途分布、已批租和待批租土地面积、用途和可建建筑面积、单宗土地出让转让信息（包括土地使用权的受让方、坐落位置、用途、四至范围、土地面积、建筑面积、土地价格、土地使用年限、开发建设总投资、土地利用要求、土地使用费标准、项目投资情况和成交日期等）。

（3）房地产商品的销售价格、租金和经营收入、地价、拆迁安置补偿成本、建造成本和其他成本费用、房地产开发经营过程中的税费等。

（4）竞争性项目发展状况，包括：政府规划中房地产开发项目用地的用途、所处区县、位置、占地面积、容积率、建筑面积和预计开工建设日期等；规划建设中主要房地产开发项目的用途、投资者、所在区县名称、位置、占地面积、容积率、建筑面积和项目当前状态等；正在开发建设中的房地产项目的用途、项目名称、位置、预计投入市场的时间、建筑面积、售价和开发商名称等；已建成投入使用的主要竞争性项目，包括用途、项目名称、位置、投入使用日期、建筑面积、入住率、月租金、售价和大型商场的营业面积和营业额等。

（5）关注项目投资收益率、投资回收期等财务评价指标。完整的财务评价分析需要收集、整理有关财务基础数据资料、编制基本财务报表、进行财务评价指标的计算与评价和不确定性分析。在市场分析方面则需重点关注与项目盈利能力有关的指标。

（6）项目用地周边土地利用现状，包括市政设施发展规划（道路、电力、供热、供气、供水、雨污水排放、电信等）、公共配套设施（学校、幼儿园、医院、文体设施等）规划、大型公共建筑（商场、办公楼等）发展规划、重点商业区或工业开发区发展规划、土地利用规划等方面的情况。

在实践中，并非每个项目都必须把所有信息都调查得面面俱到。由于房地产项目所处的阶段、用途和经营方式不同，其分析的内容也会有所选择、各有侧重。

### 4.1.4　区域房地产相关政策

通过增加、稳定或缩减区域政策来影响区域产业发展已逐渐成为地方政府宏观调控的一项重要措施。区域政策的改变会对本区域的经济发展产生重大影响，既可能引发地区败落，也可能促进地区成为发展中心。稳定的区域房地产政策有助于项目所在地的行业稳定发展。如果政策发生突发变化，房地产开发商需要敏锐地捕捉到潜在的机遇与挑战。2023年房地产最新政策汇总见表4-1。

2023年房地产最新政策汇总　　　　表4-1

| 时间/部门 | 政策内容 |
| --- | --- |
| 1.28<br>国家发展改革委 | 鼓励支持有条件有意愿的搬迁群众进城落户。积极稳妥推广新市民居住证制度，推动城镇基本公共服务逐步覆盖未落户搬迁人口 |
| 2.15<br>中国人民银行 | 落实"两个毫不动摇"，拓展民企债券融资支持工具支持范围，推动金融机构增加对民营企业信贷投放。因城施策实施差别化住房信贷政策。积极做好保交楼金融服务 |
| 2.15<br>国务院 | 用好普查数据，大力发展数字化应用场景，提升房屋全生命周期安全管理水平 |
| 2.20<br>中国证监会 | 2月20日启动不动产私募投资基金试点工作 |
| 2.20<br>中国证券投资基金业协会 | 发布《不动产私募投资基金试点备案指引（试行）》，自2023年3月1日起施行 |
| 2.22<br>财政部 | 积极稳妥防范化解风险隐患，牢牢守住不发生系统性风险底线。继续抓实化解地方政府隐性债务风险。要加强地方政府融资平台公司治理。从解决基础性问题入手，对融资平台公司进行有效治理，防范地方国有企事业单位"平台化" |
| 3.1<br>财政部 | 加快建立多主体供给、多渠道保障、租购并举的住房制度，支持刚性和改善性住房需求，积极促进居民消费 |

续表

| 时间/部门 | 政策内容 |
|---|---|
| 3.1<br>中国银保监会 | 近日,银保监会办公厅下发《关于开展不法贷款中介专项治理行动的通知》(以下简称《通知》)要求,各银保监局、各银行业金融机构成立由主要负责同志亲自牵头的专项治理行动领导小组,制定具体工作方案,部署开展为期6个月的不法贷款中介专项治理行动。《通知》强调,各银行业金融机构要不断提升贷款质效,避免"唯指标论"和粗放式发展 |
| 3.5<br>国务院 | 加强住房保障体系建设,支持刚性和改善性住房需求,解决好新市民、青年人等住房问题;有效防范化解优质头部房企风险,改善资产负债状况,防止无序扩张,促进房地产业平稳发展。今年拟安排地方政府专项债券3.8万亿元,加快实施"十四五"重大工程,实施城市更新行动 |
| 3.24<br>国家发展改革委 | 国家发展改革委发布《规范高效做好基础设施领域不动产投资信托基金(REITs)项目申报推荐工作的通知》,其中明确,优先支持百货商场、购物中心、农贸市场等城乡商业网点项目,保障基本民生的社区商业项目发行基础设施REITs。项目用地性质应符合土地管理相关规定 |
| 3.30<br>自然资源部、中国银保监会 | 3月30日,自然资源部、中国银行保险监督管理委员会联合印发《关于协同做好不动产"带押过户"便民利企服务的通知》,决定深化不动产登记和金融便民利企合作,协同做好不动产"带押过户" |
| 4.1<br>住房和城乡建设部 | 住房和城乡建设事业高质量发展必须科技赋能,持续巩固提升世界领先技术,以让人民群众住上更好的房子为目标,为全社会提供高品质的建筑产品 |
| 4.1<br>住房和城乡建设部等六部门 | 近日,住房和城乡建设部等六部门联合印发《关于开展2023年绿色建材下乡活动的通知》,决定在2022年试点工作基础上,进一步深入推进,联合开展2023年绿色建材下乡活动。通过组织不同形式的线上线下活动,加快节能低碳、安全性好、性价比高的绿色建材推广应用 |
| 4.1<br>自然资源部 | 自然资源部通过持续探索改进土地利用计划管理方式,特别是今年在原有基础之上探索了基础指标分配制度、耕地保护激励制度,来实现对国家重大项目的保障,赋予省级政府更大的用地自主权 |
| 4.19<br>国家发展改革委 | 4月19日,国家发展改革委表示将会同有关方面,促进更多民间资本参与到国家重大项目建设中来。鼓励民间资本通过产权交易、并购重组、不良资产收购处置等方式盘活自身资产,支持符合条件的民间投资项目发行基础设施领域不动产投资信托基金(REITs) |
| 4.21<br>最高人民法院 | 商品房消费者以居住为目的购买房屋并已支付全部价款,主张其房屋交付请求权优先于建设工程价款优先受偿权、抵押权以及其他债权的,人民法院应当予以支持 |
| 5.8<br>住房和城乡建设部等 | 5月8日,住房和城乡建设部、国家市场监督管理总局对外发布意见,从十方面明确监管措施,加强房地产经纪行业管理,保护交易当事人合法权益 |
| 5.16<br>国家统计局 | 尽管房地产市场需求出现恢复迹象,但房地产投资和开发建设仍在下降,房地产市场整体处于调整期,稳定房地产市场,保障和改善民生,仍需要继续努力 |
| 6.3<br>中国人民银行 | 央行货币政策委员会召开2023年第二季度例会。会议指出,因城施策支持刚性和改善性住房需求,扎实做好保交楼、保民生、保稳定各项工作,促进房地产市场平稳健康发展,加快完善住房租赁金融政策体系,推动建立房地产业发展新模式 |
| 6.29<br>国务院 | 打好政策组合拳,促进家居消费的政策要与老旧小区改造、住宅适老化改造、便民生活圈建设、完善废旧物资回收网络等政策衔接配合、协同发力,形成促消费的合力 |
| 7.1<br>中国人民银行、国家金融监督管理总局 | 保证债权安全的前提下,鼓励金融机构与房地产企业基于商业性原则自主协商,积极通过存量贷款展期、调整还款安排等方式予以支持,促进项目完工交付 |
| 7.24<br>中央政治局会议 | 积极推动城中村改造和"平急两用"公共基础设施建设,盘活改造各类闲置房产 |

续表

| 时间/部门 | 政策内容 |
| --- | --- |
| 8.1<br>中国人民银行 | 延长保交楼贷款支持计划实施期限。加大对住房租赁、城中村改造、保障性住房建设等金融支持力度。因城施策精准实施差别化住房信贷政策。继续引导个人住房贷款利率和首付比例下行。指导商业银行依法有序调整存量个人住房贷款利率 |
| 8.25<br>住房和城乡建设部、中国人民银行等 | 推动落实购买首套房贷款"认房不用认贷"政策措施。此项政策作为政策工具,纳入"一城一策"工具箱,供城市自主选用 |
| 8.25<br>财政部、国家税务总局等 | 自2024年1月1日至2025年12月31日,对出售自有住房并在现住房出售后1年内在市场重新购买住房的纳税人,对其出售现住房已缴纳的个人所得税予以退税优惠 |
| 8.31<br>中国人民银行、国家金融监督管理总局 | 自2023年9月25日起,存量首套住房商业性个人住房贷款的借款人可向承贷金融机构提出申请,由该金融机构新发放贷款置换存量首套住房商业性个人住房贷款。利率水平由金融机构与借款人自主协商确定,但不得低于原贷款发放时所在城市首套住房商业性个人住房贷款利率政策下限 |
| 9.28<br>财政部、国家税务总局、住房和城乡建设部 | 一、对保障性住房项目建设用地免征城镇土地使用税。二、企事业单位、社会团体以及其他组织转让旧房作为保障性住房房源且增值额未超过扣除项目金额20%的,免征土地增值税。三、对保障性住房经营管理单位回购保障性住房继续作为保障性住房房源的,免征契税。四、个人购买保障性住房,减按1%的税率征收契税。五、保障性住房项目免收各项行政事业性收费和政府性基金,包括防空地下室易地建设费、城市基础设施配套费、教育费附加和地方教育附加等。六、享受税费优惠政策的保障性住房项目,按照城市人民政府认定的范围确定 |
| 10.12<br>住房和城乡建设部 | 据住房和城乡建设部消息,超大特大城市正积极稳步推进城中村改造,分三类推进实施。第一类是符合条件的实施拆除新建,第二类是开展经常性整治提升,第三类是介于两者之间的实施拆整结合 |

区域房地产政策对房地产投资的重要性不可忽视。这些政策可以为投资者提供清晰的投资方向和机会,以及促进市场的稳定和可持续发展。通过政策调控,政府可以引导资源配置、控制市场波动,降低投资风险,同时促进经济增长和社会稳定。合理的区域房地产政策能够提供稳定的投资环境和可预测的市场规则,激发投资者的信心,推动房地产行业的健康发展,最终实现共赢。

### 4.1.5 区域房地产客户构成及购买态势

(1) 区域房地产客户构成

客户构成分析即客户基本情况分析,如客户的年龄、身份、职业等基本情况;资产状况分析,包括家庭固定资产状况、家庭存款状况、家庭年收入、其他支出和投资情况;投资风险收益特征分析等。

房地产企业会依据不同分类对客户进行细分与管理。万科和龙湖都参考了按支付能力和家庭结构划分的客户细分经典模型。其中,支付能力决定购买面积,家庭结构决定户型切割。

1) 万科

万科企业团队借鉴了PULET Homes,以家庭生命周期+支付能力+房屋价值三个指标为基础,细分了11个维度、6种家庭(单身、丁克家庭、小太阳家庭、成熟家庭、三代家庭、老年家庭)。进一步调整后,形成五大客户类型:经济务实家庭、社会新锐家庭、望子成龙家庭、富贵之家和健康养老之家。万科房地产客户细分见表4-2。

万科房地产客户细分  表4-2

| 客户类型 | 家庭结构 | 家庭特征 | 特定需求 | 产品要求 |
| --- | --- | --- | --- | --- |
| 经济务实家庭 | 经济务实 | 对价格比较敏感,购房是一项重要投资,为了给后辈留下一份家产 | 质量好,物业费便宜 | 低价格+生活便利 |
| 社会新锐家庭 | 青年之家 | 25~34岁青年,尝试独立生活,享受生活和个人空间,喜欢体育旅游等休闲活动 | 小户型,方便出游和进行娱乐互动 | 交通+休闲配套 |
| | 青年持家 | 无子女的夫妻,有一定积蓄和经济基础,注重社交享乐 | 户型好,品质高 | 产品品质+休闲配套 |
| 望子成龙家庭 | 小太阳 | 家里有幼儿园或读小学的孩子,家庭收入较丰 | 对教育配套和交通有较高要求 | 生活便利性+教育 |
| | 后小太阳 | 已经读中学的孩子,家庭收入颇丰,更为注重生活环境和生活舒适 | 希望孩子有更好的生活、学习条件,对教育配套和交通有较高要求 | 生活便利性+教育 |
| | 三代孩子 | 家里同时有老人和小孩,注重家庭生活氛围,享受天伦之乐,经济基础殷实 | 注重教育和医疗、社区环境,喜欢举家出游 | 教育+医疗+环境+生活便利性 |
| 富贵之家 | 富贵之家 | 高收入、社会认同的成功人士,要体现社会地位 | 与社会地位相当的人住在一起,物业管理良好 | 产品品质+社会标签+私车交通 |
| 健康养老之家 | 活跃长者 | 空巢家庭,或者有老人同住的家庭,关心老年人生活的幸福晚年家庭 | 生活有规律,注重饮食、生活环境和安全问题 | 医疗+环境+生活便利 |

2）龙湖

龙湖则是结合收入、家庭结构、购房次数、配套需求等不同要素,将目标客群切为包括扎根、安居、功改等8个大类、若干个子类。在集团框架指导之下每个城市单独操作,大框架下会有小差异。龙湖客户细分类型如图4-2所示。

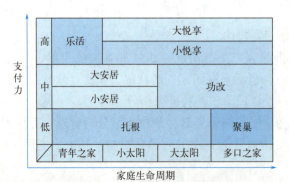

图4-2 龙湖客户细分类型

扎根者：工薪阶层,收入不高,未来发展预期低。购房压力大,价格敏感。预算范围内尽可能选择生活便利的房子。户型要求上三房最好,部分愿意舍弃三房而选择离城区更近的两房。

聚巢者：工薪阶层，家庭人口多，经济负担重。购房压力大，价格敏感。家庭人口多，必须选择三房户型，对区域无要求，有公共交通即可。

安居者：职场新贵，事业起步，生活节奏快。地缘依赖，首选城区，便利配套不可或缺。房子只是暂时过渡，够用即可，有一定品质更好，未来必定换房。其中，"小安居"为了留在市区，愿意牺牲舒适度和朝向；客户已经有了改善的意愿和项目，在产品设计上需求更高。

功改者：城市中产，注重家庭，期望为家人提供最好的生活环境。对区位、环境、学校、交通和生活配套各方面尽可能考虑周全。注重居住体验，房屋舒适最重要，园区环境和活动空间不能少。

乐活者：年轻新贵，关注自我，社交丰富。偏好城市中心，要求有优质的商业配套。注重房屋产品格调，房间够用即可，但尺度不能小。

悦享者：中年富贵之家，收入颇丰，关注身份和地位。期望占据城市独特资源，关注区域圈层，同时考虑家人生活便利，配套最好都有。注重房屋产品档次，偏好大型景观。其中，"大悦享"和"小悦享"的区别主要体现在对产品需求层次的高低上。

（2）房地产购买态势

房地产购买态势是指房地产市场中购房者的行为和趋势。它涵盖了购买力、购买意愿、购买方式等方面的情况。房地产购买态势反映了购房者对房地产市场的需求和反应，对于房地产行业和市场参与者具有重要的参考价值。对此可以通过以下几个方面进行分析：

1）购买力

购买力研究指分析购房者的收入水平、财务状况、债务负担等因素，了解购房者的实际购房能力。不同客户资产水平、总价承受能力不同，根据客户结构及特征分析，确定何种收入层次的客户将成为本项目的主要购买群体是非常有价值的，而客户财富及置业能力在不同城市、不同区域间存在明显差异。

客户购买力受到家庭收入、住房价格、社会预期和住房偏好、金融与房地产政策等因素影响。其中，房价收入比是综合衡量一个城市客户购买力的重要因素，尤其与改善型需求空间息息相关。定性来看，热点城市人口持续流入，住房需求增加，市场对房地产增值预期上升，推动房价上涨，当房价上涨高于收入上涨时，房价收入比提高，住房支付能力承压较高。相对应的，如果一个高能级城市、热点城市房价收入比较低，说明其居民收入支撑的住房购买潜力大，房价处于同能级城市的洼地。

我国2022年平均房价收入比约为11.9，一二线城市房价收入比普遍处于高位，高房价带来的置业难度较高；三四线城市房价收入比相对较低，购房能力相对充足。从具体城市来看，北京、上海、杭州、深圳、厦门平均住房价值较高，因此房价收入比居样本城市前列，住房购买负担较大；成都、苏州、大连、无锡房价收入比在二线城市中处于低位，更容易负担房屋购买，改善性需求空间较高；莆田、扬州作为三四线城市，房价收入比不仅高于同能级样本城市，更是高于全国11.9的平均水平，住房潜在购买力较弱。部分城市2022年住房购买力如图4-3所示。

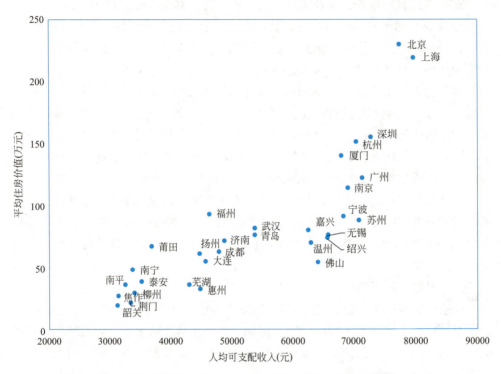

图4-3 部分城市2022年住房购买力：平均住房价值、人均可支配收入双维度

2）购买意愿

了解购房者对房地产市场的整体态度和意愿，具体可以细分拓展到购房的动机、时间计划、地点偏好等方面。例如，《2022年中国家庭财富变动趋势》显示，我国购房意愿整体不高，但四季度大幅上升，"未来三个月有计划购房"的家庭从三季度的7.0%上升至四季度的16.6%，"还在观望"的家庭从20.1%上升到27.2%，远超去年同期。无论是从收入维度、资产维度还是住房拥有数量来看，四季度中等收入（年收入5万~30万元）、中等资产（金融资产5万~100万元）及一二套房家庭的购房意愿增幅都远高于其他组，表明家庭的改善型住房需求释放明显。如中等收入家庭在未来三个月计划购房的比例约为16.5%，中等资产家庭在未来三个月计划购房的比例约为19.9%，一二套房家庭在未来三个月计划购房的比例约为14.7%，均是2020年以来的最高水平。

3）购买方式

分析购房者的购买方式，如一次性付款、分期付款等，以了解购房者对购买方式的偏好。分期付款是住房赊销业务的一种价款结算方式，采用这种做法，购房人交的总房款通常会比一次性付款交的多，但同时可以减少期房可能发生的损失，比如房子"烂尾",再如房价下跌幅度超过首付及购房人自己的经济状况发生变化等;而一次性付款适用于购房者资金充足、开发商信誉良好且是现房的情况下。

4)市场趋势

观察房地产市场中的供需关系、价格趋势、成交量等指标,以了解购房者对市场变化的反应和购买决策的调整。例如,根据国家统计局发布的70个大中城市新建商品住宅销售价格指数,2023年房地产下行趋势明显。截至2023年10月,本年住宅销售规模1000亿以上的城市中,只有上海、杭州、成都、西安新建商品住宅房价指数仍能保持稳定,其余城市如北京、广州、南京、武汉、深圳、天津则都呈下降或波动趋势。

5)政策影响

考虑政府的房地产调控政策对购买态势的影响,包括利率政策、购房限制政策、税收政策等。例如,《2015年国务院政府工作报告》中就出现了"支持居民自住和改善性住房需求"的表述。2023年初,住房和城乡建设部表示,对于购买第一套住房的要大力支持;购买第二套住房的要合理支持;购买三套以上住房的,原则上不支持。2024年全国"两会"继续强调加大保障性住房建设和供给,完善商品房相关基础性制度,满足居民刚性住房需求和多样化改善性住房需求。政策多次表明了"房住不炒"的态度,刚需型住房仍是未来的扶持重点,而住房改善需求也得到一定保障。

通过对房地产购买态势的分析,可以帮助房地产开发商、投资者等各方了解市场需求、调整策略,从而更好地满足购房者的需求并促进房地产市场的稳定发展。

## 4.2 项目投入产出分析

### 4.2.1 项目经济技术指标模拟

经济技术指标是指国民经济各部门、企业、生产经营组织对各种设备、物资、资源利用状况及其结果的度量标准。它是技术方案、技术措施、技术政策经济效果的数量反映,还可反映各种技术经济现象与过程相互依存的关系,反映生产经营活动的技术水平、管理水平和经济成果。

房地产涉及的经济技术指标见表4-3。

房地产经济技术指标汇总表　　表4-3

| 指标 | 含义 |
| --- | --- |
| 居住区用地 | 住宅用地、公建用地、道路用地和公共绿地四项用地的总称 |
| 住宅用地 | 住宅建筑基底占地及四周合理间距内用地(含宅间绿地和宅间小路等)的总称 |
| 公共服务设施用地 | 一般称公建用地,是与居住人口规模相对应配建的、为居民服务和使用的各类设施的用地,应包括建筑基底及其所属场院、绿地和配建停车场等 |

续表

| 指标 | 含义 |
| --- | --- |
| 道路用地 | 居住区道路、小区路、组团路及非公建配建的居民汽车、单位通勤车等停放地 |
| 公共绿地 | 满足规定的日照要求，适于安排游憩活动设施的、供居民共享的游憩绿地，应包括居住区公园、游园和组团绿地及其他块状带状绿地等 |
| 配建设施 | 与住宅或人口规模相对应配套建设的公共服务设施、道路和公共绿地的总称 |
| 其他用地 | 规划范围内除居住区用地以外的各种用地，应包括非直接为本区居民配建的道路用地、其他单位用地、保留的自然村或不可建设用地等 |
| 道路红线 | 城市道路（含居住区级道路）用地的规划控制线 |
| 建筑线 | 一般称建筑控制线，是建筑物基底位置的控制线 |
| 日照间距系数 | 根据日照标准确定的房屋间距与遮挡房屋檐高的比值 |
| 容积率 | 每公顷居住区用地上拥有的各类建筑的建筑面积（$m^2/hm^2$）或以总建筑面积（$万m^2$）与居住用地的比值表示 |
| 建筑密度 | 居住区用地内，各类建筑的基底总面积与居住区用地的比率（%） |
| 绿地率 | 居住区用地范围内各类绿地的总和占居住区用地的比率（%）。绿地应包括：公共绿地、宅旁绿地、公共服务设施所属绿地和道路绿地（即道路红线内的绿地），不应包括屋顶、晒台的人工绿地 |
| 拆建比 | 新建的建筑总面积与拆除的原有建筑总面积的比值 |
| 土地开发费 | 每公顷居住区用地开发所需的前期工程的测算投资，包括征地、拆迁、各种补偿、平整土地、敷设外部市政管线设施和道路工程等各项费用（$万元/hm^2$） |
| 住宅单方综合造价 | 每平方米住宅建筑面积所需工程建设的测算综合投资，应包括土地开发费用和居住区用地内的建筑、道路、市政管线、绿化等各项工程建设投资及必要的管理费用（$元/m^2$） |

### 4.2.2 项目收益模拟

项目收益可以通过财务指标进行分析，主要包括静态收益指标和动态收益指标。静态收益指标是指不考虑资金的时间价值而计算的反映项目在生产期内某个代表年份或平均年份的盈利能力的技术经济指标。动态收益指标是指考虑了资金的时间价值，将项目不同时点的现金流量统一到计算期初期计算评估的指标。

（1）静态收益指标

静态收益指标是主要的利润指标。根据利润的来源不同，可分为投资利润率、投资收益率、资本金净利润率和静态投资回收期等。

1）投资利润率

投资利润率是指出售的房地产开发投资项目的利润总额和项目总投资的比率，主要用来评价开发投资项目的获利水平，其计算公式为：

$$投资利润率=\frac{利润总额}{项目总投资}\times100\% \qquad (4-1)$$

式中，利润总额通常为多次开发项目的净销售收入和总成本（总投资=总成本之差，也即税前利润。

计算出的投资利润率应与行业的标准投资利润率（也可选取行业的平均投资利润率）进行比较，若大于（或等于）标准投资利润率（或平均投资利润率），则认为项目是可以考虑接受的：若小于标准投资利润率（或平均投资利润率），则认为项目不可以接受。

2）投资收益率

投资收益率是指投资项目开始运营后的年收益额与项目总投资的比率。其计算公式为：

$$投资收益率 = \frac{年收益额}{项目总投资} \times 100\% \quad (4-2)$$

当然，这里的计算口径也由于收益额的内涵不同而不同。

根据可能获得的资料情况，收益额可以用净经营收益、税前净现金流量、税后净现金流量或者年平均净收益额表示。在用该指标对不同项目进行比较以判断项目的投资价值时，要注意比较口径的一致性。

一般来说，如果年收益额是某一具体年份的净收益，则投资收益率就是该年的投资收益率；如果年收益额是项目达到正常出租率后的净收益额，则投资收益率是正常出租年份的投资收益率；如果年收益额是指项目开发完成后出租的每年平均净收益额，则投资收益率是平均投资收益率。

3）资本金净利润率

资本金净利润率（ROE）表示项目资本金的盈利水平：

$$ROE = \frac{NP}{EC} \times 100\% \quad (4-3)$$

另外，会计期间若资本金发生变动，则公式中的资本金总额要用平均数，其计算公式为：

$$资本金平均余额 = （期初资本金余额 + 期末资本金余额）\div 2 \quad (4-4)$$

式中　$NP$——项目达到设计生产能力后正常年份的税后净利润或运营期内税后年平均净利润，净利润=利润总额−所得税；

　　　$EC$——项目资本金。

项目资本金净利润率高于同行业的净利润率参考值，表明用项目资本金净利润率表示的收益能力满足要求。应该说，资本金净利润率是投资者最关心的一个指标，因为它反映了投资者自己出资所带来的净利润。

4）静态投资回收期

静态投资回收期是指以项目的净收益回收项目投资所需要的时间，有时也叫还本期。一般以年为单位，并以房地产投资起始年算起。其表达式为：

$$项目投资额 = \sum_{t=1}^{n}(CI-CO)_t \quad (4-5)$$

或者：

$$\sum_{t=0}^{n}(CI-CO)_t = 0 \qquad (4-6)$$

式中　$n$——投资回收期；

$CI$——第$t$年的项目现金流入量；

$CO$——第$t$年的项目现金流出量；

$t$——项目计算期（$t=0,1,\cdots,n$）。

注意式（4-5）和式（4-6）两个公式中$t$的区别：前者为$1\sim n$，后者为$0\sim n$。

因为项目的净现金流量（或净收益），有时每年相同，有时每年不同，所以静态投资回收期有两种计算方法：

① 当项目投入经营后，每年的收益额大致持平、比较均匀时：

$$静态投资回收期 = \frac{项目总投资}{项目年平均收益额} \text{（即投资收益率的倒数）} \qquad (4-7)$$

一般来说，直接用式（4-7）计算静态投资回收期应具备三个条件：一是项目投资额均发生在第1年年初；二是投资当年即有净收益；三是每年的净收益相等。但由于一般情况下这三点难以同时具备，所以直接用此公式不易准确计算出静态投资回收期。实践中遇到这种情况时，一般采用下面的计算方法。

② 当项目投入经营后，每年的收益额不太均衡、相差较大时：

$$静态投资回收期 = \left(\begin{array}{c}累计净现金流量\\开始出现正值年数\end{array} - 1\right) + \frac{上年累计净现金流量绝对值}{本年净现金流量} \qquad (4-8)$$

其中，净现金流量和累计净现金流量可直接利用项目投资现金流量表中的计算求得。当表中累计净现金流量由负变为零的时点，即为项目的静态投资回收期。静态投资回收期短，表明项目投资回收快，抗风险能力强。

用回收期法来分析或决策项目，简单明了，适应性强，但也有很多缺点。它忽略了回收期之后的所有现金流量，这将使得那些几乎没有增值潜力的项目反而被选中，而那些在持有期之后由于不断增值几乎肯定能实现很大回报的项目却被拒绝，甚至在回收期内也没能区分现金流量的时间差异。因此，该指标比较适用于对出租和自营的房地产项目投资回收的粗略评价。要全面对项目的资金回收情况进行评价的话，需要与其他投资效果指标一起进行评估。

（2）动态收益指标

动态收益指标是指考虑了资金时间价值的影响而计算的收益指标。也就是说，在动态分析方法中，不仅要考虑投资、收入、成本这些现金流量绝对值的大小，还要综合考虑它们的发生时间。因此，动态分析法更客观、科学地反映了项目投资效益的真实情况，有广泛的应用价值。常用的动态分析指标有财务净现值、财务内部收益率和动态投资回收期。

1）财务净现值

现值是指未来预期收益的现在价值。根据一个合适的贴现率对预期未来收益进行贴现之后，就得到这些收益的现值，然后减去初始投资，余额就是财务净现值。换句话说，财务净现值是指按照投资者最低可接受的收益率或设定的基准收益率$i_c$（合适的贴现率），将房地产投资项目在计算期内的各年净现金流量折现到投资期初的现值之和。用财务净现值指标评价投资项目效益好坏的方法称为财务净现值法。以$i_c$为例，其表达式为：

$$FNPV = \sum_{t=0}^{n}(CI-CO)_t(1+i_c)^{-t} \qquad (4-9)$$

式中　　$FNPV$——财务净现值；

$i_c$——行业或部门基准收益率或设定的目标收益率；

其他同前。财务净现值可以通过财务现金流量表计算求得。

财务净现值指标可用来判别投资项目可行与否。财务净现值评价标准的临界值是零。

当$FNPV>0$时，表明投资项目的收益率不仅可以达到基准收益率或贴现率所预定的投资收益水平，而且尚有盈余（即大于贴现率）；当$FNPV=0$时，表明投资项目收益率恰好等于基准收益率或贴现率所预定的投资收益水平；当$FNPV<0$时，表明投资项目收益率达不到基准收益率或贴现率所预定的投资收益水平（即小于贴现率）或最低可接受的回报率，甚至可能出现亏损。此时项目不可行，应拒绝。因此，只有当$FNPV \geqslant 0$时，投资项目在财务上才是可行的，才值得进一步考虑。

不过，财务净现值指标是一个绝对数指标，只能反映拟投资项目是否盈利以及盈利的"值"是多少，却无法反映拟投资项目的相对盈利水平。也就是说，当财务净现值大于或等于零时，项目的预期收益率肯定会大于或等于所选定的贴现率，但这个"率"究竟大多少并不确定，而内部收益率可以帮助解决这个问题。

2）财务内部收益率

① 财务内部收益率的含义

从前面财务净现值的公式可以看出，如果现金流量不变，财务净现值将随折现率的变化而变化，而且两者变动的方向相反，即折现率与现值呈反向变动关系。

在图4-4中，当$i$值小于$FIRR$时（如$i_1$），对于所有的$i$值，$FNPV$都是正的；当$i$值大于$FIRR$时（如$i_2$），对于所有的$i$值，$FNPV$都是负的。在折现率由小向大的取值过程中，必有一个点使得财务净现值为0，这一点就是财务内部收益率$FIRR$。其表达式为：

$$\sum_{t=0}^{n}(CI-CO)_t(1+FIRR)^{-t} = 0 \qquad (4-10)$$

式中 $(CI-CO)_t$——第$t$期的净现金流量；
　　　　$FIRR$——财务内部收益率；
其他同前。

财务内部收益率的经济含义是指投资项目在这样的折现率下，到项目计算期结束时，当初的所有投资可以完全被收回。

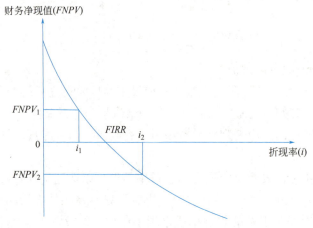

图4-4　财务净现值与折现率的关系

② 财务内部收益率的作用

财务内部收益率是项目折现率的临界值，在进行独立方案的分析评价时，一般是在求得投资项目的内部收益率后，与同期贷款利率$i$、同期行业基准收益率$i_c$相比较，以判断在财务上是否可行，详见表4-4。

$FIRR$ 财务分析表　　　　　　　　　　　　　　　表4-4

| $FIRR$与同期贷款利率$i$比较，反映项目盈亏状况 | $FIRR$与同期行业基准收益率$i_c$比较，反映项目与同行业平均收益水平相比的盈利状况 |
| --- | --- |
| $FIRR>i$，项目盈利 | $FIRR>i_c$，项目盈利超出行业平均收益水平 |
| $FIRR<i$，项目亏损 | $FIRR<i_c$，项目盈利低于行业平均收益水平 |
| $FIRR=i$，项目盈亏平衡 | $FIRR=i_c$，项目盈利等于行业平均收益水平 |

如果没有规定的基准收益率，内部收益率应大于长期贷款的实际利率或银行贷款利率$i$。内部收益率表明了项目投资所能支付的最高贷款利率，如果后者大于前者，投资就会亏损。因此，所求出的内部收益率是可以接受贷款的最高利率。

③ 财务内部收益率的计算

从财务净现值公式和财务内部收益率公式不难看出，这两个指标其实用的是同一个公式，只不过前者是求财务净现值的具体数值，后者是求使得净现值恰好等于零时的那个折现率$FIRR$。二者的区别是，前者需要在一开始分析时就预先确定一个折现率，后者却需要通过寻找确定这个折现率，这种寻找是通过求解式（4-10）来实现的。这无疑是一个相当麻烦的过程，又涉及多重根，所以求解 FIRR 的一般方法是插入法。严格地说，插入法也不能直接算出这个折现率（内部收益率），而只是一个寻找过程，所以它有时也叫试算法、试差法。其公式为：

$$FIRR = i_1 + \frac{|FNPV_1|}{|FNPV_1| + |FNPV_2|}(i_2 - i_1) \qquad (4-11)$$

式中　FIRR——内部收益率；
　　　$FNPV_1$——采用低折现率时财务净现值的正值；
　　　$FNPV_2$——采用高折现率时财务净现值的负值；
　　　$i_1$——财务净现值为接近于零时的正值的折现率；
　　　$i_2$——财务净现值为接近于零时的负值的折现率。

其计算步骤为：先按基准收益率 $i_c$（或目标收益率、最低可接受的收益率等）来求得项目的财务净现值（其中的净现金流量可根据财务现金流量表得到），如为正，则采用更高的折现率使财务净现值为接近于零时的正值和负值各一个，最后用上述插入法公式求出。

需要注意的是，式中 $i_1$ 与 $i_2$ 之差不应超过2%，否则，折现率 $i_1$、$i_2$ 和财务净现值之间不一定呈线性关系，从而使所求得的内部收益率失真。

3）动态投资回收期

① 动态投资回收期的含义

动态投资回收期是考虑资金时间价值的因素，在基准收益率（或投资者的目标收益率）$i_c$ 的条件下，项目从投资开始到以净收益补偿投资额为止所经历的时间。

换句话说，动态投资回收期是指自开发投资起始点算起，累计净现值等于零或出现正值的年份即为投资回收终止年份，即满足下式的 $n$ 值。

$$\sum_{t=0}^{n}(CI-CO)_t(1+i_c)^{-t} = 0 \qquad (4-12)$$

式中　$n$——动态投资回收期；
　　　其他同前。

② 动态投资回收期的计算

动态投资回收期的推算方法是把项目各年的净现金流量按基准收益率或贴现率贴现为现值后，再按推算静态投资回收期的办法求出。一般计算公式如下：

$$动态投资回收期 = \left(\begin{array}{c}累计净现金流量\\的折现值开始\\出现正值的期数\end{array} - 1\right) + \frac{上年累计净现金流量折现值绝对值}{本年净现金流量折现值} \qquad (4-13)$$

动态投资期一般以年表示，其他时间单位可以折算成年数，小数部分可以折算为月数。

③ 动态投资回收期的特殊公式

如果投资项目的现金流量同时具备以下三个条件：全部投资额（$P$）均发生在第一年年初；投资当年即有净收益；每年的净收益相等（都为$A$）。则此时，动态投资回收期为满足下式的$n$值：

$$P = A \times \frac{(1+i)^n - 1}{i(1+i)^n} \quad (4-14)$$

两边取对数，由此可以推导出：

$$n = -\frac{\lg\left(1 - \frac{P \cdot i}{A}\right)}{\lg(1+i)} \quad (4-15)$$

④ 动态投资回收期指标的作用和意义

在项目财务评价中，计算出的动态投资回收期可以与行业规定的平均投资回收期或基准回收期相比较，如果前者小于或等于后者，则投资项目在财务上就是可以考虑接受的。动态投资回收期指标一般用于分析评价开发完成后用来出租或经营的房地产项目。

### 4.2.3 敏感性分析

（1）敏感性分析的含义

敏感性分析是投资项目经济评估中常用的分析不确定性的方法之一。从多个不确定性因素中逐一找出对投资项目经济效益指标有重要影响的敏感性因素，并分析、测算其对项目经济效益指标的影响程度和敏感性程度，进而判断项目承受风险的能力。若某参数的小幅度变化能导致经济效益指标的较大变化，则称此参数为敏感性因素，反之则称其为非敏感性因素。

（2）敏感性分析的目的和作用

1）寻找敏感性因素，观察其变动范围，了解项目可能出现的风险程度，以便集中注意力重点研究敏感性因素产生的可能性，并制定出应对措施，最终使投资风险减少，提高决策的可靠性。

2）计算出允许这些敏感性因素变化的最大幅度（或极限值），或者预测出项目经济效益变化的最乐观和最悲观的临界条件或临界数值，以此判断项目是否可行。

3）对不同的投资项目（或某一项目的不同方案）进行选择，一般应选择敏感程度小、承受风险能力强、可靠性大的项目或方案。

（3）敏感性分析的种类

根据不确定性因素每次变动数目的多少，敏感性分析可以分为单因素敏感性分析和多因素敏感性分析。单因素敏感性分析是指逐一变化模型中的一个输入因素，观察输出结果对该因素变化的敏感程度。单因素敏感性分析主要关注单个因素的影响,可能无法反映多个因素之间的复杂相互作用。多因素敏感性分析是指同时考虑多个输入因素,评估它们对模型输出的综合影响。多因素敏感性分析可以更全面地考虑多个变量的影响,有助于捕捉模型在复杂条件下的行为。由于敏感性分析侧重于对最敏感的关键性因素进行分析,因此通常是进行单因素敏感性分析,必要时也可以进行多因素敏感性分析。

在选择敏感性分析的方法上,可以依据项目的复杂性、问题性质和可用数据进行考量。单因素敏感性分析适用于简单模型或初步评估,而多因素敏感性分析适用于更复杂的系统,其中多个因素存在相互作用。单因素敏感性分析适用于查明某个关键因素对模型的主要影响,而多因素敏感性分析适用于了解多个因素共同作用的情况。如果数据有限,而且对多个参数进行敏感性分析可能造成数据不足的问题,此时更倾向于使用单因素敏感性分析。

(4)敏感性分析的步骤

1)确定敏感性分析指标

敏感性分析的对象是具体的技术方案及其反映的经济效益。因此,技术方案的某些经济效益评价指标,例如息税前利润、投资回收期、投资收益率、净现值、内部收益率等,都可以作为敏感性分析指标。计算该技术方案的目标值,一般将在正常状态下的经济效益评价指标数值作为目标值。

2)选取主要不确定性因素

在进行敏感性分析时,并不需要对所有的不确定性因素都进行考虑和计算,而应视方案的具体情况选取几个变化可能性较大并对经济效益目标值影响作用较大的因素。例如,产品售价变动、产量规模变动、投资额变化等;或是建设期缩短、达产期延长等,这些都会对方案的经济效益产生影响。

3)计算影响程度,确定敏感性因素

进行单因素敏感性分析时,要在固定其他因素的条件下,变动其中一个不确定性因素;然后,再变动另一个因素(仍然保持其他因素不变),以此求出某个不确定性因素本身对方案效益指标目标值的影响程度。

4)综合评价

综合评价是指分析不同参数值对投资回报、净现值、内部收益率等指标的影响,并观察不同情景下项目的经济性如何变化。将不同参数值下的投资回报等指标制成敏感性曲线,可以直观地看到参数变化对项目经济性的影响程度;确定哪些参数对项目的经济性影响最大,这些参数可能是项目的关键风险因素;检查敏感性分析的结果是否合理,并与房地产领域的专业人士或团队进行讨论,确保结果在实际情境中是可解释和可信的。根据敏感性分析的结果,考虑调整房地产项目的决策或策略,包括重新评估投资组合、调整项目规模或制订更灵活的执行计划。

## 4.3 房地产项目的实物期权

### 4.3.1 期权与实物期权概述

（1）期权及相关概念

期权（Options）的最早诞生形式为股票期权，自1973年在交易所首次交易以来，期权市场发展十分迅速。期权是约定双方在某一限定的时期内按某一事先约定的价格买进或卖出某一特定商品的权利，期权对于期权买方而言是一种权利，而对于期权卖方而言是一种义务。也就是说，期权赋予了期权持有者的是一种权利，而该持有者并不一定要行使这种权利，这也是期权合约与期货合约、远期合约的不同之处。相应地，想要获得这种权利就需要支付一定的价格，而签订期货或远期合约往往不需要太大的成本。

期权最基本的两种形式为看涨期权（Call Option）和看跌期权（Puts Option），看涨期权赋予期权持有者在某一特定时间以某一特定价格买入一种资产的权利，看跌期权赋予期权持有者在某一特定时间以某一特定价格卖出一种资产的权利，这一时间称为期权到期日（Maturity），这一价格也相应地称为行权价格（Strike Price）。根据这一行权时间的确定与否又可以将期权划分为欧式期权（European Options）和美式期权（American Options），欧式期权的持有者只有在期权到期日才能行权，而美式期权的持有者可以在到期日之前的任意时间行权。此外，期权合约中还可以添加诸多条款以约定行权条件，也因此衍生出了障碍期权（Barrier Option）、亚式期权（Asian Option）、回溯期权（Lookback Option）等。

任何期权都必须具有以下三个主要组成部分：①标的资产，通常以$S$来表示，标的资产即期权合约中买卖双方约定的资产，这一资产包括股票、股票指数、外国货币、债券、期货合约和实物商品等；②行权价格，通常以$K$来表示，是期权持有者行使权利时标的资产的买卖价格，这一价格一旦约定，则不论标的资产的价格如何波动，期权持有者都可以这一价格买卖标的资产；③期权到期日，通常以$T$来表示，由于欧式期权和美式期权的存在，期权的到期日实际上是指期权持有者能够行使期权权利的最后一天。

（2）实物期权

在期权的定价理论提出之后，1977年，美国金融经济学家斯图尔特·迈尔斯首先在企业投资领域提出了实物期权（Real Option）理论，并指出一项投资方案所创造的利润由两部分组成：一部分来自当前对资产的使用；另一部分是未来对投资机会的选择权，这一权利就是实物期权。他认为未来实物资源的投资与金融市场一样，具有高度不确定性，所以金融期权的定价方法同样可以用到实物投资领域上来，随后诸多学者证明了该方法的可行性。实物期权的概念一经提出就在国内外的各个领域得到了广泛的应用。

实物期权的基本思想就是将期权的相关理论运用到实物投资决策中去。对于企业来说，企业投资就相当于购买了一个期权，这个期权使公司有权选择是否在不确定条件下以执行价格购买特定标的资产。比如当市场表现良好时，公司有权利继续投资并扩大生产规模；当市场表现不良时，公司有权利停止继续投资，将项目变现。由于市场存在不确定性，实物期权便是解决企业在这种不确定性环境下实现有效发展的有效手段。

### 4.3.2 实物期权的基本定价模型

目前，实物期权的定价方法有很多，包括Black-Scholes定价模型（也称B-S定价模型）、二叉树定价模型、有限差分法和点阵模型等。此处主要介绍B-S定价模型和二叉树定价模型这两个最基本的模型，其中B-S定价模型属于连续时间模型，而二叉树定价模型属于离散时间模型。

（1）B-S定价模型

1）模型假设

B-S定价模型的假设包括标的资产的价格服从几何布朗运动、标的资产不产生现金流、无交易成本以及恒定的波动率等，为使该模型可以应用到二手房交易市场上，也应当对二手房交易市场的一些特性进行假设：

① 房屋的价格服从几何布朗运动；
② 房屋本身不产生现金流；
③ 忽略房屋交易中的手续费等成本；
④ 房屋价格的波动率为恒定的值；
⑤ 房屋交易市场的无风险利率为常数，且不存在无风险套利的机会。

B-S定价模型与二叉树定价模型最大的不同就在于该模型选择了一种较为复杂的连续数学随机过程来刻画标的资产价格的波动。布朗运动最早被爱因斯坦用来描述使用显微镜观察水中花粉微粒运动时微粒的无规则运动，因布朗首次发现这种运动而得名，随后维纳在数学上严谨地定义并描述了布朗运动。布朗运动就是一个数学随机过程，而一个随机过程就是在一定时间下发生的一系列随机变量集合。由于二手房交易市场的蓬勃发展，二手房的房屋价格在自然状态下可以认为是随机变化的。布朗运动的过程十分不规则，同样也是不可微分的，找不到在给定时间下的斜率，无法预测，所以恰好符合房地产价格波动中不可预测的部分。

股票等证券的股利发放由公司决定，而公司一般会选择趋于稳定的股利政策，所以可以认为是产生稳定现金流的，因而可以适用改进的B-S定价模型。与证券不同，房屋作为有形的实用性商品，其现金流可能来自或有的房租孳息，是不确定的，房屋所有者可以选择是否出租房屋以获取租金。这种不稳定的现金流并不利于B-S定价模型的分析，因而在此假设市场上房屋的所有者均不出租其所有的房屋。

房地产交易的有形成本主要是手续费。在我国的二手房交易中，手续费是指交易机构为房屋买卖双方办理过户登记所收取的费用。除此之外，还可能包括契税、房产税、印花税等税金。这部分交易成本通常通过合同规定在房屋价格之外，且多以房屋价格的一定比例支付，由交易双方约定各自承担的比例，所以在仅讨论定价时可以不纳入考虑。

2）模型建立

根据实物期权的理论，一处房产的价格可以由两部分组成，一部分是房屋的内在价格（也是常规估计价格），另一部分是未来对于房屋的使用所创造的价值，即实物期权部分。则有：

$$S = S_0 + f \quad (4-16)$$

式中　$S$——房屋总价值；

　　　$S_0$——房屋的内在价格；

　　　$f$——实物期权部分。

这个期权是锚定在价格$S_0$上的，由于真实价格的波动率不易观察，就用市场价格的波动率来反映。期权的行权价是$S_0$，期限是房屋产权的剩余期限，无风险利率取当前市场的无风险利率。对于期权的解释是，在产权到期后有一个将房屋卖出的权利，当房屋价格上涨时房主可以按市价卖出，当房屋价格下跌时可以按行权价卖出（这时存在一个假设，即根据当前房地产市场的情况，房价将维持稳定，至少不会低于机构估计的当前价格）。通常定价方法往往局限于对$S_0$部分的估计而忽略了房屋的未来价值，因而会相对地低估房屋的价值；而当前的市场价格$S_M$由于泡沫和市场情绪的影响，往往会高估房屋的价值。由于$S_0$、$f$均为大于0的实数，则会存在关系$S_0<S<S_M$。

根据假设①，可知$S_0$服从下列随机分布：

$$\frac{dS_0}{S_0} = \mu dt + \sigma dWS \quad (4-17)$$

式中　$\mu$——预期报酬，与房地产交易市场的风险、利率水平和购房者的风险厌恶程度有关，一般取无风险利率$r$；

　　　$\sigma$——房屋价格的波动率，$\sigma$越大表明市场的风险越大；

　　　$W$——布朗运动。

将$\mu$取无风险利率$r$，则上式可以写成：

$$\frac{dS_0}{S_0} = rdt + \sigma dW \quad (4-18)$$

设$f$为房地产实物期权的价格，由于$f$是$S_0$的衍生品，则$f$可以写成$S_0(t)$的函数$f[S_0(t)]$，该函数的泰勒展开为：

$$\begin{aligned} df &= f_t dt + f_{S_0} dS_0 + f_{S_0} dS_0 dt + \frac{1}{2} f_{S_0 S_0} dS_0^2 + \frac{1}{2} f_{tt} dt^2 + o(S_0, t) \\ &= f_t dt + f_{S_0} dS_0 + \frac{1}{2} f_{S_0 S_0} dS_0^2 \end{aligned} \quad (4-19)$$

在一般的泰勒展开式中，二次项$dS_0^2$可以被当作高阶无穷小省略。

$$dS_0^2 = S_0^2(rdt + \sigma dW)^2 = \sigma^2 S_0^2 dW^2 = \sigma^2 S_0^2 dt^2 \qquad (4-20)$$

然后依据布朗运动的一个重要性质$dS_0^2 = dt$，可得：

$$df = \frac{\partial f}{\partial t}dt + \frac{\partial f}{\partial S_0}dS_0 + \frac{1}{2}\frac{\partial^2 f}{\partial S_0^2}dt \qquad (4-21)$$

代入式（4-19）可得：

$$\begin{aligned} df &= \frac{\partial f}{\partial t}dt + \frac{\partial f}{\partial S_0}rS_0 dS_0 + \frac{\partial f}{\partial S_0}\sigma S_0 dW + \frac{1}{2}\frac{\partial^2 f}{\partial S_0^2}dt \\ &= \left(\frac{\partial f}{\partial t} + \frac{\partial f}{\partial S_0}rS_0 + \frac{1}{2}\frac{\partial^2 f}{\partial S_0^2}\right)dt + \frac{\partial f}{\partial S_0}\sigma S_0 dW \end{aligned} \qquad (4-22)$$

式（4-22）中仍然有随机项$dW$存在，并且该随机项与$S_0$中的随机项来源于同一个布朗运动，即房地产实物期权的价格与房屋价格的变化中的随机部分来源于同一个布朗运动，这也印证了衍生品与标的资产的相关性。

由式（4-17）和式（4-22）可知，当时间每变化$\Delta t$时，房屋价格$S_0$和实物期权的价格$f$将会分别变化$dS_0$和$df$，其中：

$$\begin{cases} \Delta S_0 = rS_0 \Delta t + \sigma S_0 \Delta W \\ \Delta f = \left(\frac{\partial f}{\partial t} + \frac{\partial f}{\partial S_0}rS_0 + \frac{1}{2}\frac{\partial^2 f}{\partial S_0^2}\right)\Delta t + \frac{\partial f}{\partial S_0}\sigma S_0 \Delta W \end{cases} \qquad (4-23)$$

可以使用表4-5所示的Delta对冲构建投资组合$P_{Sf}$来消除上式中的布朗随机性$W$。

Delta 对冲组合1　　　　　　　　　　表 4-5

| 资产 | 时间变化 | 份数 | $\Delta W$ | 组合价值 |
|---|---|---|---|---|
| 实物期权 | $\Delta t$ | $-1$ | $-\frac{\partial f}{\partial S_0}\sigma S_0$ | $\Delta P_{S_0 f} = -\frac{\partial f}{\partial t}\Delta t - \frac{1}{2}\frac{\partial^2 f}{\partial S_0^2}\sigma^2 S_0^2 \Delta t$ |
| 房地产 | $\Delta t$ | $\frac{\partial f}{\partial S_0}$ | $\frac{\partial f}{\partial S_0}\sigma S_0$ | |

根据假设⑤，市场不存在无风险套利，因而该无风险Delta对冲组合应当也是无套利的，即$\Delta P_{Sf} = rP\Delta t$。把该式代入组合价值变化公式，消去$\Delta t$即可得到Black-Scholes-Merton微分定价方程，如下：

$$rP_{S_0 f}\Delta t = -\frac{\partial f}{\partial t}\Delta t - \frac{1}{2}\frac{\partial^2 f}{\partial S_0^2}\Delta t$$

$$r\left(-f + \frac{\partial f}{\partial S_0}\sigma S_0\right) = -\frac{\partial f}{\partial t} - \frac{1}{2}\frac{\partial^2 f}{\partial S_0^2}\sigma^2 S_0^2 \qquad (4-24)$$

$$rf = \frac{\partial f}{\partial t} + \frac{\partial f}{\partial S_0}\sigma S_0 + \frac{1}{2}\frac{\partial^2 f}{\partial S_0^2}\sigma^2 S_0^2$$

（2）二叉树定价模型

1）模型假设

二叉树定价模型在应用时同样具有一系列假设，如标的资产的价格运动是离散的、市场上不存在套利机会、标的资产的价格在未来只有上升和下降两种可能等。与上述模型一样，也应当对房地产市场进行如下假设：

① 房屋的价格变化可被视作是离散的；

② 房屋的价格在未来只有上升和下降两种可能；

③ 房屋交易市场的无风险利率为常数，且不存在无风险套利的机会。

B-S定价模型假设房屋价格的波动服从几何布朗运动，由于假设前提不同，在此需要假设房地产的价格变化是离散的。实际上，商品市场的价格波动本就是以离散的形式存在的，绝对的连续是理想化的假设，但是为了理论研究的方便常视作一种近似的连续进行分析。假设②实际上是一个二项分布的假设，这也是二叉树定价模型的重要前提。房屋的价格在未来只有两种可能是指，对于$t_0$时间的房屋价格$S_0$，在$t_1$时间只有$S_u$和$S_d$两种可能，且有$S_{1u}<S_0<S_{1d}$。同样地，在$t_2$时间便有$S_{uu}$、$S_{ud}$、$S_{du}$和$S_{dd}$四种可能。在实际市场中，对于$t_0$时刻，在未来的$t_1$时刻可能有不止两种可能，且概率难以估计，为简化计算，部分学者简化了这种可能，并认为二项分布的假设是可行的。

二叉树定价模型同样对市场的无风险套利进行了限制，认为房地产市场是不存在无风险套利的，这也为风险中性定价的应用创造了条件。

2）模型建立

二叉树定价模型同样建立在实物期权理论的基础上，因而同样适用于式（4-16）。根据假设②，对于$t_0$时间的房屋价格$S_0$，在$t_1$时间只有$S_u$和$S_d$两种可能，可画出如图4-5所示的单步二叉树。

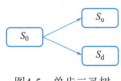

图4-5 单步二叉树

设房屋价格在$t_0$至$t_1$时间段内上升或下降的幅度分别为$u$和$d$，则$t_1$时刻其价格相应地分别为$S_u$和$S_d$，实物期权的价格为$f_u$和$f_d$（对于欧式看涨期权，$f_{t1}=\max(S_{t1}-K,0)$，$K$为行权价）；设价格上升的概率为$p$，则价格下降的概率为$1-p$，则在$t_1$时刻期权价格为：

$$f_{t1}=E(f_{t1})=pf_u+(1-p)f_d \quad (4-25)$$

由于该房地产市场不存在无风险套利，则实物期权在$t_0$时刻的价格为：

$$f=e^{-r(t_1-t_0)}\left[pf_u+(1-p)f_d\right] \quad (4-26)$$

Delta对冲组合2见表4-6。

使用Delta对冲投资组合$P_{Sf}$，设需要购买Delta份房地产商品和$-1$份房地产实物期权，在价格上涨或下降时有：

$$\begin{cases} P_u = \text{Delta}\cdot S_0 u - f_u \\ P_d = \text{Delta}\cdot S_0 d - f_d \end{cases} \quad (4-27)$$

Delta 对冲组合 2　　　　　　　　　　　　　　表 4-6

| 资产 | 时间变化 | 份数 | 组合价值 |
|---|---|---|---|
| 实物期权 | $\Delta t$ | $-1$ | $P_{S_0 f} = \text{Delta} \cdot S_0 - f$ |
| 房地产 | $\Delta t$ | $\dfrac{f_u - f_d}{S_0 u - S_0 d}$ | $P_{S_0 f} = (\text{Delta} \cdot u S_0 - f_u)e^{-rT}$ |

由于组合是无风险的，则组合在此时的价值应当相等，即 $P_u = P_d$，可得

$$\text{Delta} = \frac{f_u - f_d}{S_0 u - S_0 d} \qquad (4-28)$$

令两种 $P_{Sf}$ 表现形式相等，代入式（4-28）可得：

$$\begin{aligned} f &= \text{Delta} \cdot S_0 - e^{-r(t_1 - t_0)}(\text{Delta} \cdot S_0 u - f_u) \\ &= \frac{f_u - f_d}{u - d} - e^{-r(t_1 - t_0)}\left(\frac{f_u - f_d}{u - d} u - f_u\right) \\ &= e^{-r(t_1 - t_0)}\left(\frac{e^{r(t_1 - t_0)} - d}{u - d} f_u + \frac{u - e^{r(t_1 - t_0)}}{u - d} f_d\right) \end{aligned} \qquad (4-29)$$

对比式（4-26）可知：

$$p = \frac{e^{r(t_1 - t_0)} - d}{u - d} \qquad (4-30)$$

（3）模型评价

B-S 定价模型简单易用，在参数确定的前提下可以较为方便地计算出期权的价值，但是其前提假设也使得它的运用存在一定局限。B-S 定价模型只能计算期权到期日执行的欧式期权价值，并且标的资产在期限内不分红，而对于分红的美式期权价值的计算存在问题。在现实生活中，很多投资都存在可能会被提前执行的情况，这时候 B-S 定价模型的缺点就显现出来了。因此，投资者更偏向于使用能够计算美式期权价值的二叉树定价模型。

实际上，尽管二叉树定价模型诞生的时间相比较晚，但它却是 B-S 定价模型的逻辑基础，两者在假设前提上有很大的相似之处。例如，两者都假设标的资产的价值服从几何布朗运动并且都假设风险中性。当二叉树定价模型用于计算欧式期权的价值时，其结果会随着二叉树计算步数的增加而与 B-S 定价模型计算出来的结果逐渐趋近，当计算步数无穷大时，其结果与 B-S 定价模型计算的结果相差无几。因此，可以说二叉树定价模型是对服从连续分布的 B-S 定价模型的离散模拟。但是，相比于 B-S 定价模型只能用于计量欧式期权的价值并且要求标的资产无分红的情况而言，二叉树定价模型还有很多不同之处。二叉树可以体现出未来价值的不同变化，还引入了诸如标的资产分红等其他变量，能够计量分红情况的标的资产以及期权为美式期权的情况。同时，它还可以罗列出在期权有效期内的各个节点上标的资产与期权价值的变化情况，有助于投资者依据情况作出对应的调整。

### 4.3.3 实物期权在房地产投资中的作用

（1）实物期权理论在房地产投资中的优越性

由于房地产投资具有较高的不确定性，运用传统的投资项目决策方法通常不能很好地解决房地产投资决策中面临的较高不确定性问题；而实物期权理论克服了净现值法等传统方法的理论缺陷，真实地反映了项目投资的内在灵活性和不确定性。因此，实物期权理论是一种更为理想的评价不确定性问题的投资决策方法。实物期权理论与传统财务净现值法的对比见表4-7。

实物期权理论与传统财务净现值法的对比　　　　表4-7

| 比较项目 | 净现值法 | 实物期权理论 |
| --- | --- | --- |
| 不确定性价值 | 认为不确定性降低投资价值 | 认为不确定性可能增加投资价值 |
| 对待风险的策略 | 降低或规避风险 | 利用风险开拓机会 |
| 未来信息价值 | 认为未来产生的信息价值有限 | 认为未来产生的信息价值很高 |
| 管理者作用 | 只承认有形的利润和成本，忽视管理者柔性经营策略的价值 | 既承认有形的利润和成本，也重视管理者柔性经营策略的价值 |
| 决策的性质 | 刚性决策，一旦实施，不能修改或更新 | 柔性决策，决策受未来产生的信息和管理者自主决策能力的影响 |
| 决策的次数 | 当期决策，一次性决策 | 动态决策，多次性决策 |

（2）房地产投资项目决策中隐含的实物期权类型

一般地，当投资者选择投资项目时，投资者所具有的实物期权来自三个方面：投资项目本身的特性、投资者所具有的可变柔性经营策略、投资者所创造的合约。根据实物期权的特点和房地产开发的自身特性，可以把房地产投资项目决策中隐含的实物期权分为以下六种基本类型（表4-8），并且不同的房地产投资项目包含不同的实物期权，有的房地产投资项目同时包含多种实物期权。

房地产投资项目决策中隐含的实物期权类型　　　　表4-8

| 期权名称 | 定义 | 在房地产投资中的应用 |
| --- | --- | --- |
| 推迟投资期权（the Option to Defer） | 项目投资者有权推迟对项目的投资，以解决当前时刻投资项目所面临的不确定性因素 | 房地产开发商在面临不确定性很大的项目投资决策时，可以等到项目面临的大量不确定性明朗时，再进行投资 |
| 扩张投资期权（the Option to Expand） | 未来时间内，如果项目投资效果好，则投资者有权增加项目的投资规模 | 当房地产市场价格上涨或开发成本降低时，开发商通过扩张投资项目的规模，获得比预期更好的投资收益 |
| 收缩投资期权（the Option to Contract） | 未来时间内，如果项目投资效果不好，则投资者有权收缩项目的投资规模 | 当房地产市场价格下降或开发成本上升时，开发商通过收缩投资项目的规模，降低投资风险 |
| 放弃投资期权（the Option to Abandon） | 如果项目的收益不足以弥补投入的成本或市场条件变坏，则投资者有权放弃对项目的继续投资 | 当房地产项目未来收益不足以弥补投入的建设成本时，开发商通过将已开发的土地转让出去或停止投资来控制损失 |

续表

| 期权名称 | 定义 | 在房地产投资中的应用 |
|---|---|---|
| 转换投资期权<br>（the Option to Switch） | 在未来时间内，项目的投资者有权在多种决策之间进行转换 | 开发商通过将房地产项目策划成居住和商用两种用途的房屋，再根据未来住宅市场和商用房市场价格走势，择一进行建设 |
| 增长投资期权<br>（the Option to Grow） | 项目投资者获得初始的投资成功后，在未来能够获得一些新的投资机会 | 开发商可以收购土地进行储备性投资，为房地产市场价格上涨进行大规模开发提供条件 |

## 4.4 房地产价格与房地产税

### 4.4.1 房地产价格的影响因素及评估方法

（1）房地产价格的含义

房地产价格是建筑物连同其占用土地的价格，是房地产经济运行和资源配置最重要的调节机制。另一个从现象和本质出发的定义为，和平地获得他人的房地产所必须付出的代价——货币或实物、无形资产和其他经济利益。在当前社会，房地产价格通常用货币表示，但也可用实物等非货币偿付，如房地产作价入股换取技术、设备等。

（2）房地产价格的影响因素

房地产价格受多种因素的影响，这些因素在市场中相互交织，共同决定着房地产市场的供需关系和价格水平。一般可以将房地产价格的影响因素分为宏观影响因素（一般因素）、中观影响因素（区域因素）和微观影响因素（个别因素）。

1）宏观影响因素

影响房地产价格的宏观因素是指对城市或地区土地价格总体水平具有整体性和普遍性影响的因素，这些因素是决定城市或地区土地价格水平高低的基础，主要可以分为社会状况、经济状况和环境状况几方面，详见表4-9。

社会状况主要指人口、制度、政策等相关因素。其中，人口因素包括人口总量、结构（年龄结构、本地与外来户籍结构等）、人口素质（教育水平）、人口密度、人口收入及风俗与心理等一系列因素。制度因素包括土地制度、房地产制度、税收制度、规划制度等一系列稳定和持久性制度。政策因素包括房地产与土地管理行业政策、财政政策、税收政策等一系列国家管理和调控政策。

经济状况主要指国民经济总量、发展速度、产业结构等经济发展要素；汇率、M1/M2（狭义货币量/广义货币量）、利率、储蓄和贷款等金融要素；房地产、土地等宏观市场整体供求与发展趋势；基础与公益设施投入、城市规划、行政隶属变更和城市开发更新等城市建设与规划要素。

环境状况主要指气候、地形、山河湖海等自然景观、环境污染、生态安全等要素。

房地产价格宏观影响因素　　　　　　　表4-9

| 社会状况 | 人口 | 城市化、人口数量、结构；教育水平、风俗习惯、价值观念 |
|---|---|---|
| | 制度政策 | 政策（产业、财政政策、金融政策）、制度（土地制度、房产制度） |
| | 政府治理 | 社会秩序、服务效率与信誉 |
| 经济状况 | 宏观经济 | GDP及增长、收入、产业结构、消费；汇率、利率、M1/M2 |
| | 市场状况 | 供求、价格、市场结构 |
| | 建设规划 | 城市建设、城市规划、基础设施、公益设施 |
| 环境状况 | 景观 | 气候、地质地貌、自然风光 |
| | 生态 | 环境污染、生态安全 |

2）中观影响因素

影响房地产价格的中观因素是指房地产项目所在区域的影响因素，主要包括：区域土地供求状况、商服繁华度、交通通达度、交通便捷度、基础设施完备度、公益设施完备度、生态景观环境质量及城市发展和规划限制等。

土地的供求状况对房地产价格有直接影响，土地供应不足可能推高房价，而土地充足可能降低房价，建设密度也直接关系到房地产项目的规模和竞争。区域内商业活动的繁荣度与零售和服务设施的完善度也直接关系到购房者的生活便利程度，从而吸引购房者。公共交通设施的完备度对房地产价格有显著影响，地铁、公交等公共交通工具的便捷性也会提高房地产的吸引力。水、电、燃气等基础设施的完备度对于购房者的生活质量有至关重要的影响，而通信设施的完备度影响着居民的网络体验和通信便捷性，从而影响房地产的吸引力。中小学、幼儿园、医疗设施的完备度也是购房者考虑的重要因素。医院、诊所等设施完备度高的区域通常更受欢迎。生态环境和景观质量对房地产的吸引力有很大影响，具有良好景观视野的房源通常成交天数更短。规划限制政策与房地产项目的开发密切联系，规划限制的放宽或收紧可能影响项目的可行性和发展潜力。

3）微观影响因素

微观影响因素是指影响房地产价格的具体因素，即房地产实物状况与土地权益状况。房地产实物状况包括：位置、临街状况、临街宽度、临街深度、占地面积、地质状况、地形地势、日照通风、建筑密度、建筑容积率、环境景观、开发程度及利用现状等。土地权益状况包括：土地权益类型、土地权益年期、土地权益限制和土地使用限制等权利规范与契约约束状况。对土地权益状况的详细了解对于房地产投资和开发非常重要。购房者和开发商在进行交易之前应该仔细审查土地权益状况，以确保其符合法规、没有不良限制，并能够满足预期的开发需求。需要注意的主要内容有：①在中国，土地一般为国有，个人或单位可以通过取得国有土地使用权来使用土地。国有土地使用权通常有70年、50年或40年等不同的使用年限。在一些农村地区，土地属于农村集体所有，农民可以取得土地的承包经营权，但不拥有土地所有权。②购房者或开发商需了解土地使用权的剩余年限，因为它会影响土地的长期价值和可开发时间。例如Loft复式公寓，固然有其层高高、设计感强、买入门槛低的优点，但不同于其他住宅类地产，它是属于商业性质的，使用年限只有40年，年限到期还需要补交土地出让金。③土地使用权通常受到城市规划和土地用途规划的限制，例如住宅用地、商业用地、工业用地等。如果土地存在环保问题，还可能受相关法规的约束，限制其用途或开发活动。④土地权益状况中可能存在历史遗留问题，如前期的合同纠纷、拆迁问题等，这些也会对土地的使用和开发产生影响。

（3）房地产价格分析方法

目前，影响较为广泛的房地产价格分析方法体系主要有两种：英国体系和美国体系。英国体系为比较法（Comparison Method）、投资法（Investment Method）、剩余法（Residual Method）和利润法（Profits Method）；美国体系为成本法（Cost Approach）、市场比较法（Market Comparison Approach）和收益法（Income Approach）。其中，市场比较法、成本法和收益法的运用比较成熟。

市场比较法是将价值分析的对象与在分析时点近期有过交易的类似房地产进行比较，对这些类似的已知价格进行一定的修正，以此作为分析对象的价值。由于房地产价格在形成过程中存在替代原理，市场参与者都希望使用更少的货币购买得到更大的效用，因此对于理性人效应相等的房地产其价格应当也趋于一致，这种方法使用了已经被市场验证的价格进行分析，其结果更容易被接受。成本法以房地产的重新开发建设为导向求取了分析对象的价值，在分析时先分别求得对象在分析时点的重新构建价格和折旧，再以两者之差作为分析对象的价值。实际上，这一方法的理论依据是生产费用价值论，认为商品的价格由其生产所必需的费用决定。收益法的分析更类似于公司理财中的现金流折现法，是先预测分析对象的未来收益，再利用报酬率或收益乘数计算未来收益的现值之和，所得即为结果。收益法基于预期原理计算了未来收益的现在价值，认为影响分析对象价格或价值的是未来的因素而非过去的因素。

由于三种方法提出的理论依据不同，在实际应用中也必然会出现差异。从理论依据上来看，成本法没有考虑市场的竞争和供求，因为当市场处于长期均衡时，商品价格等于长期成本，所以成本法只在市场长期均衡时成立。市场比较法放松了成本法市场均衡的假设，但是这一方法没有与房地产一级市场挂钩，较为适合二手房市场的分析。收益法在市场比较法的基础上进一步放松了市场均衡的假定，认为价值反映了分析对象的未来盈利能力，但未来的预期往往难以估计，可能会造成较大的误差。

### 4.4.2 房地产价格对房地产投资的影响

房地产价格是房地产市场的"晴雨表"，其价格波动会对房地产市场中的行为主体产生影响，行为主体的选择也会对房地产投资带来影响。自1998年我国实行住房货币化改革制度以来,房地产市场逐渐成为居民获得住房的主要渠道。

供求关系是影响房地产价格变动的关键因素。除保障性住房外,房地产开发企业是住房的主要供给方,住房需求主要来自个人及家庭。供求均衡决定了房地产价格水平。

当投资(投机)性需求不断增加时,会导致房地产价格不断上涨。因此,房地产价格与投资具有较强的正相关性。房地产价格是影响房地产企业经营活动的重要因素,其原因在于资本具有趋利性。当房地产价格不断上涨时,为了获取更多利润,房地产开发投资加大,增加住房供应量,从交易中获得更多收益。其他非房地产企业也会因行业间的利润差异转而进行房地产投资。而房地产价格与居民投资行为的关系可以从价格效应和挤出效应考虑:

(1)价格效应与居民投资行为

价格效应是消费者在收入不变的条件下,因为商品的价格波动引起的消费者消费量的变化,可以细分为收入效应和替代效应。收入效应是商品价格变动引起消费者收入变动而对需求数量产生的影响,当房地产市场价格上升时,居民收入减少将会导致他们对于房地产的购买减少。替代效应是商品的价格波动使得相对产品价格和产品需求产生变化,即房地产市场价格上涨时,居民会选择放弃投资房地产,转而投资其他商品或者进行储蓄。

我国居民购买房地产的目的具体可分为居住、提高住房条件和投资三种。一般来说,收入水平一般或者较低的居民,他们购买房地产的目的是为了居住,因此他们会为了购买房地产不断储蓄。在这部分群体中,房地产市场价格上升时,价格效应较为明显。为了改善居住条件的居民一般收入水平较高,在房地产价格不断上涨时,他们会通过控制其他支出或者提取存款来购买房地产,因此他们受到的价格效应影响较小。购买房地产进行投资的居民基本不受价格效应的影响,他们是否购买房地产在于房地产价格的未来走势,房地产的现价对他们来讲作用很小。

(2)挤出效应与居民投资行为

当房地产市场活跃,房地产价格不断上升时,房地产市场会对其他投资产生需求的负面影响。因为,当房地产价格不断上涨时,居民会将投资转入房地产市场进行资产增值,于是对其他投资渠道造成了挤出效应,让其他投资需求受到负面影响。

对需要购买房地产用于居住的人来说,房地产价格的上升会让他们削减其他支出,从而为房地产准备更多的储蓄存款,增强了挤出效应。对用房地产进行投资的居民来说,房地产价格的上升会让他们更乐意投资,他们会将更多的资金继续投入房地产市场,减少对于其他方面的投资,会产生明显的挤出效应。

### 4.4.3 房地产税的作用及其发展历程

(1) 房地产税的概念及作用

1) 房地产税与房产税

房地产税是以居住用和非居住用等各类房地产（不包括依法拥有的农村宅基地及其上住宅）为征税对象，按照应税住房的市场交易价格作为计税依据，向土地使用权人、房屋所有权人征收的一种财产税。"房地产税"和"房产税"两个概念有所区别。土地使用权人、房屋所有权人为房地产税的纳税人，而房产税以房屋为征收对象，房屋产权人为纳税人，这是两个税种的主要不同之处。

简单来说，房地产税是同房地产相关的一系列税种，涉及土地使用权的出让、房地产开发、转让、持有、出租等诸多环节；房产税仅针对房屋本身，是房地产税体系中的税种之一。大众关注的焦点在于对个人住房征收房产税的部分。

2) 征收房地产税的主要目的与作用

征收房地产税的目的并非降房价，而是为了完善税制，为地方政府提供稳定财源，建立房地产调控长效机制。1994年实行中央地方分税制后，收入大量收至中央，地方财政紧缩。另外，2016年"营改增"使得地方政府一部分税收直接消失。长此以往，地方政府也会产生金融性风险。而房地产税天然属于地方税种，是地方政府财政收入的重要来源。同时作为直接税，其也更能发挥调节收入分配的作用。

(2) 我国房地产税发展历程

**阶段一：起步阶段（2003—2010年）：物业税模拟空转阶段**

2003年，十六届三中全会提出"条件具备时对不动产开征统一规范的物业税"，首次对个人住房保有环节征税的信号开始。

2004年，在北京、深圳、南京、重庆等6个城市开展物业税模拟评税试点，聚焦税基评估研究。

2007年，试点范围扩大到安徽、河南、福建、天津。相关试点均为"空转"，并未落地征收。"空转"是指虚拟的资金循环，没有实际征收物业税，但一切步骤与真实征收物业税的流程相同，由财政部门、房地产管理部门以及土地管理部门共同参与，统计物业数量，借助计算机软件进行房地产价值的评估、税收统计以及实际征收情况的模拟。

2008年，多个试点省市申请"空转实"，未获批。

2010年，国务院首次明确提出"深化财税体制改革，逐步推进房产税改革"，至此，权威政策文件不再使用"物业税"，转而使用"房产税"这一定义更为明确的说法。

该阶段主要是物业税"模拟空转"时期，试点从6个省市逐步扩大到10个省市，聚焦税基研究。

**阶段二：初步试点阶段（2011—2013年）：沪、渝房产税试点**

2011年，房产税在上海和重庆开展试点工作，两地按照各自的实际情况制定了差异化的征收办法，在房产税的征收对象、征收范围、税率以及税收减免优惠等方面有所不同。

该阶段是沪、渝房产税试点时期，积累了实际征收经验，不仅为房地产税的立法提供了基础，也为房产税试点的进一步扩大提供了参考。

阶段三：预备立法阶段（2013—2021年）：侧重推进房地产税立法工作

2013年，十八届三中全会正式确定为房地产税。整合房产税、城镇土地使用税两大税种。

2015年、2018年，全国人大常委会都将《房地产税法》列为条件比较成熟的法案。

2017年，初步明确"立法先行、充分授权、分步推进"的原则和按照"评估值"征收房地产税的办法。

2020年，各个报告、会议频频提到房地产税，态度更加积极。

该阶段过程漫长且推进阻力较大，中央相关表述多次变更，但要推进立法改革态度明确。中共中央、全国人大、国务院的会议及文件中多次提出要"推进房地产税立法"，官方表态从"加快推进""稳妥推进""稳步推进"再到"稳妥推进"，尽管在推进速度上有所改变，但推进房地产税改革的态度始终不变。

阶段四：波动探索阶段（2021年至今）：房地产税试点暂缓

2021年3月，《中华人民共和国国民经济和社会发展第十四个五年规划和2035年远景目标纲要》提到"推进房地产税立法"；同年5月，财政部、国家税务总局等四个主管部门召开房地产税改革试点座谈会等。同年10月23日，全国人大常委会决定授权国务院在部分地区开展房地产税改革试点工作。可见2021年以来，监管层对房地产税的表态明显变得频繁，相关工作加速落地。

然而，2021年下半年，开发商爆雷事件频发，土地市场明显降温，百城成交量缩水，房地产行业持续下行。在此背景下，2022年3月份，房地产税暂缓扩大试点。财政部对外宣布2022年内不具备扩大房地产税改革试点城市的条件。

当前阶段积极稳妥推进房地产税立法和改革，房地产税立法和扩大试点双轨并行，但外部环境和内部立法条件都尚未充分，房地产税进入波动探索时期。

### 4.4.4 房地产税对房地产价格的影响

（1）国内外房地产税试点经验

1）美国：宽税基，小税种，重视税收的公平与效率

美国的房产税包含在财产税中，征税对象为房地产等不动产，税收归属于地方政府，是地方政府财政收入的主要来源。美国财产税的征收具有"宽税基，小税种"的特点，"宽税基"体现在财产税税基广泛，除了对公共、宗教、慈善等机构的不动产免征外，其他不动产均需征税，反映了税收公平的原则，为地方政府带来了充足稳定的财政收入；"小税种"则体现在税收的种类少，房地产保有

环节只设置财产税,一定程度上可以避免重复征税问题,同时有助于减轻税收成本,提高税收的行政效率。

具体来看,美国财产税的税基评估工作由地方负责,地方拥有独立的财产评估部门,评估机构设在州一级,主要形式包括州政府设立的税基评估部门以及由地方财政部门监管下的第三方评估机构。评估机构综合运用市场法、成本法和收益法等方法来估算房屋评估价值(包括房屋本身价值和土地价值)。房屋评估价值也被称为公开市场价格,房屋评估价值并不等于计税价值,各州依据自身情况采用评估价值的一定比例(州法律一般设为40%)作为最终计税价值,该比例被称为估价折价比率。

2)英国:保有环节税收历史悠久,住宅税分级计量

英国是世界上最早征收房地产税的国家之一,其房地产税的前身为17世纪英荷战争期间为筹集财政收入所征收的"炉灶税",经过长期演变后,英国政府于1992年颁布《地方政府财政法案》,征收住宅性房地产税。

英国住宅性房地产税是典型的地方税种,评估、分级和征管均由地方估价署负责。估价署(VOA)通过运用各种估价方法对应税住宅进行价值评估,然后根据评估价值对其进行价值分级,英格兰、苏格兰按评估价分为A~H共8个等级,威尔士分为A~I共9个等级,其中D级为基准税级。分级计量的征收方式考虑了不同纳税主体承担税负的能力,通过对评估价值分级实现差异化征收,体现税收公平。

3)新加坡:财产税差异化税率,聚焦调节收入分配

新加坡现行的房地产税收体系中主要包括印花税、所得税和财产税三大税种,其中财产税是其保有环节唯一税种,也是新加坡政府重要的税种之一。新加坡财产税的征收方案聚焦调节贫富差距。财产税的计税依据为房屋年值,是由国内税务局按房屋每年可赚取租金的净收入算出的综合评估价值,同时会结合市场租金变化适时对政府组屋等扶持物业调低年值,降低自住物业税负。税率方面,政府将物业类型分为业主自住住宅、业主非自住住宅和非居住类房屋三类,按照物业类型实施差异化税率,对住宅房地产实施累进财产税税率,对其他房地产采用10%税率。对于住宅房地产,自住和非自住的住房也采用不同税阶和累进税率,政府鼓励居民购房自住,对购买自住房者进行税收优惠,对高档私人住宅使用高税率,一定程度上能够调节居民收入分配,抑制房地产投机。

美、英、新三国的征收经验均表明,房地产税对房地产价格的抑制作用有限,不能单独作为调控房地产价格的工具。而由于房地产税的税收规模很大程度上取决于税基、税率和税收优惠政策,因此房地产税是否能够成为地方政府的主体税种取决于政府对房地产税的功能定位。

(2)上海、重庆房地产税试点:温和渐进的改革

从2011年1月28日开始,上海和重庆两地均结合自身实际情况开展了房产税改革试点。从征收对象上看,上海主要针对投资性房屋征收,基本不包括自住房,

并且主要对增量房征收,不针对存量房,政策目标更加侧重抑制投机性需求;重庆主要针对高端住房,绝大多数普通住房不在征收范围内,仅对"三无"人员的新购二套及以上普通投资性住房征税,而对其他人员的多套投资性住房不征税,对于自住和投资需求的税收调节区分不如上海明显,更加注重区分是普通住房还是高档住房,但重庆不仅对增量住房征收,同时也对存量住房征收,政策目标更加侧重对收入分配的调整。

从税率上看,上海的比例税率为0.6%,重庆为0.5%~1.2%的累进税率。从计税依据上看,两地均按住房的市场交易价格作为计税依据,但上海按市场交易价格的70%计纳。从免税面积上看,上海按照人均60$m^2$免税,重庆存量独栋别墅按180$m^2$免税,新增独栋别墅和高档住宅按100$m^2$免税。从税收使用上看,两地均将房产税税收用于保障性住房的建设和维护。总体而言,上海和重庆两地的房产税试点均具有起征点高、税基较窄、免征面积大的特点,都是通过柔性切入的方式实施的相当温和的渐进式改革方案。

两地的征收效果表明,房产税对房价的影响相对有限,房产税短期内难以成为地方财政的主体税种。上海和重庆在2011年初对居民住宅开征房产税后,新建商品房销售价格指数都有轻微的下降,但在2012年以后又呈现上升态势,且涨幅较大。这在一定程度上说明,在房产税开征后的短期内,可能会对房价起到一定的调控作用,但需要注意的是,两地在房产税改革期间还有其他房地产调控政策同步实施,特别是上海在2011年1月31日以后出台了商品房限购限贷政策,因此,住宅价格的下跌不一定完全归功于房产税的征收。2013年以后两地房价的上涨也说明,房价的决定因素始终是供求关系,仅依靠房产税对房价进行抑制较为困难。

上海和重庆两地房产税占地方财政收入的比重都相对较低,其中上海房产税占地方财政收入的比重一直以来都在2%~3.5%之间波动,重庆房产税的比重则相对稍高,且有逐步增加的趋势,但仍不足5%。从两地的试点效果来看,由于两地的试点方案均采用了较低的税率,征收范围相对较小,税基较窄,房产税占比较低也在情理之中。从房产税的使用上看,两地都将其用于保障性住房的支出,但房产税税额较低,对于保障性住房的建设难以起到较强的资金补充作用,政府仍需通过一些传统的手段补充资金。但对比来看,重庆房产税占比高于上海并且比重逐步提高,原因在于重庆在征收范围上纳入了存量独栋别墅等高档住房,而上海仅对新增住房进行征收并且税率也相对较低。因此,要想增强房产税对地方财政收入的支持作用,或许需要考虑将存量住宅纳入房产税的征收范围。

就国内外房地产税发展经验而言,房地产税能够降低房地产投资、投机获利的空间,从而降低投资和投机需求,减少房屋空置率,具有一定的调节房价的功能,但难以成为调节房价的工具。

## 4.5 投资风险分析

### 4.5.1 项目风险性评价

（1）风险

风险是指未来的不确定性对企业实现其经营目标的影响。按产生原因，可以将风险分为自然风险、社会风险、政治风险、经济风险和技术风险；按来源，可以将风险分为内部风险和外部风险；按标的，可以将风险分为财产风险、人身风险、责任风险和信用风险等。

关于降低风险的渠道，投资者既可以考虑采用多样化的行动以降低风险，也可以通过投资许多项目或者持有许多公司的股票而消除风险，这种以多种形式持有资产的方式可以在一定程度上避免因持有单一资产而发生的风险。还有一种常见的降低风险的渠道是风险转移，通常人们会通过购买保险的方式将保险标的风险转移到保险人身上。

（2）风险识别

风险识别是指在风险事故发生之前，人们运用各种方法系统地、连续地认识所面临的各种风险以及分析风险事故发生的潜在原因。房地产投资在各个环节中会涉及不同的风险类型，对该项活动进行风险管理是非常必要的，而风险识别就是风险管理的第一步。房地产项目中的常见风险见表4-10。

房地产项目中的常见风险　　　　表4-10

| | |
|---|---|
| 政治风险 | 被落马官员牵连 |
| | 宏观调控 |
| | 业主国家社会管理、社会风气不当 |
| 经济风险 | 拿地价格过高 |
| | 税收处理不当 |
| | 成本失控 |
| | 市场营销失败 |
| 技术风险 | 地质地基条件差 |
| | 水文气候条件差 |
| | 材料设备供应不及时 |
| | 提供设计图纸不及时 |
| | 工程变更 |
| | 运输问题 |

续表

| 技术风险 | 外文条款翻译引起的问题 |
|---|---|
| 管理风险 | 项目班子不团结、项目经理不称职 |
| | 乙方施工效率低或项目所在地劳动保护严格 |
| | 开工时的准备工作不到位 |

（3）风险性评价步骤

项目风险性评价是在风险识别之后，通过对项目所有不确定性和风险要素的充分、系统而又有条理的考虑，确定项目的单个风险。然后，对项目风险进行综合评价。它是在对项目风险进行规划、识别和估计的基础上，通过建立风险的系统模型，从而找到该项目的关键风险，确定项目的整体风险水平，为如何应对这些风险提供科学依据，以保障项目的顺利进行。

通常风险评估过程包括以下六个基本步骤：

1）评估所有的方法。各种风险评估方法都应该考虑，所有影响风险的因素也需考虑。主要的风险评估方法包括风险矩阵、蒙特卡洛模拟、事件树分析、贝叶斯网络、情景分析、趋势分析、灵敏度分析等。

2）考虑风险态度。决策者的风险态度是需要重点考虑的。决策者或多或少是厌恶风险的，并且会根据给定的数据对风险的发生和影响作出不同的主观评估。

3）考虑风险的特征。风险是否已经识别、它们是否可控和它们的影响将会怎样，这些都是需要考虑的。控制已经识别（例如内部可控的）的风险，这是可能的。所有可能的风险特征都需要识别。

4）建立测量系统。风险需要用定量或定性（或综合）的方法测量和评估。通过使用已经建立的模型，并在模型中输入风险的特征和风险面临的情况，就可以作出预测。

5）解释结果。测量中产生的数据需要解释，这种解释同样也有定性的或定量的。

6）作决策。整个过程的最后阶段需要决定哪些风险要保留，哪些风险要转移出去。风险是否保留取决于组织的实际情况和决策者的态度。

## 4.5.2 资金运作风险性

房地产开发项目的规模一般比较大，资金的需求量大，使用周期长，与其他建设项目和企业的资金管理项目相比，其成本和风险都比较高。因此，房地产企业在开发项目时多采用自有资金，同时从银行等金融机构进行贷款，此外还有预收居民购房款、外资投入、施工单位保证金等筹款形式。负债经营是房地产企业的一大特征，但负债比例过高也会增加财务风险，影响企业的偿债和应变能力。

房地产企业的资金运作是影响企业经济效益的重要因素,它通常包括资金筹措、资金运用、营销策略、销售和资金回收几个环节。在不同阶段,对应不同的潜在风险。

(1)资金筹措风险

资金筹措工作是项目前期决策必不可少的环节,也是资金运作的起始。融资方式和融资方案的选择会在很大程度上影响项目开发阶段的风险承受能力。

房地产企业的筹资途径,首选的是"银行贷款",因为金融机构是唯一能稳定且长期提供大量融资的渠道。房地产企业筹资的另一大途径是通过"预售价款"利用客户资金,这是资本组合中风险最小的资金来源,只要按时按质交付使用,资金就会定期流入。房地产企业融资渠道见表4-11。

房地产企业融资渠道　　　　　　表4-11

| 融资方式 | 含义 | 优点 | 缺点 |
| --- | --- | --- | --- |
| 内源融资 | 企业自有资金的积累,以企业留存收益、累计折旧和初始投资产生的资本公积来作为企业的再投资资金 | 不需要支付利息或股息作为融资代价 | 资金量有限 |
| 银行贷款 | 企业通过支付利息作为回报向银行申请资金使用权,并在约定期限内归还的融资方式 | 手续简单、融资效率高 | 对企业信用、担保价值、经营状况要求高,融资主动权在对方,资金使用范围限制较多 |
| 信用债券 | 企业按照法定程序,向债券持有人或者债权人发行债务凭证 | 还款期长,发债成本低 | 对发债主体要求高,限制条件多,发行过程比较困难 |
| 股权融资 | 股权融资涉及企业所有权变化,通常需要原股东放弃部分企业所有权,引进新股东以增加资本,并分享股利 | 没有期限的约束,资金量大 | 对经济实力、信息披露程度要求高,监督严格,股权分散,控制度下降 |
| 非标融资 | 未在银行间市场及证券交易所市场交易的债权性资产,各类受(收)益权、带回购条款的股权性融资 | 规避常规贷款的政策限制 | 一个项目出现兑付问题,影响后续资金流入 |
| 资产证券化 | 发行人将应收款等资产未来现金流打包给SPV,由其进行资产包装、评估分层、信用增级等,对投资者进行公募或者私募发行 | 有效盘活存量资产,实现破产隔离 | 缺乏可支撑的优质资产和规范化的市场合作,并面临金融、政治和经营风险 |
| 房地产投资信托基金(REITs) | 通过发行收益凭证从零散投资人中募集资金,委托专门机构进行经营和管理针对房地产的投资,并按一定比例将投资综合收益分配给投资者 | 流动性强、准入门槛低 | 投资资产单一、变卖受限制 |

筹资风险主要在于利用负债使企业收益更大化的同时,企业的财务风险也在逼近企业的承受上限,可以简要划分为无力偿还风险、筹资困难风险和利率变动风险。根据国家宏观调控政策,目前房地产项目融资难度不断加大,针对商业地产项目的融资渠道及融资规模亦在不断缩小,一旦融资出现问题,将导致项目资金周转困难,未来资金风险导致项目进展困难的可能性同时增大。

筹资风险的应对措施可总结为以下几点:

第一,企业资金需求量大,合理融资是根本。

目前国内部分企业融资成本过高，遇到最极端的案例是利用其他非房地产类高风险信托基金注入国内房地产市场，从而供开发商进行前端土地融资开发，但这一监管渠道已被严控。又如国内部分开发商利用融资获取首笔土地价款后迅速进行开发，并利用已获取的土地进行抵押贷款，获取的贷款同时用于项目开发，迅速开盘后利用销售资金偿还土地贷款，该模式杠杆系数高，一旦销售受限，会立刻造成资金链断裂。因此，具备快速开发能力又能快速回流资金的企业才能采用杠杆更高的融资方式。

第二，积极拓宽融资渠道。

在目前的局势下，单一地依靠某种资金来源渠道的风险是很大的，只有提高项目自身的资本运作能力、内外部融资相结合，才有可能减少风险。

首先，房地产开发项目的特殊性使其在房屋未交付前可以通过预售来获取预售收入，因此如果能通过找准市场准入口或低价入市等方式吸引购买者购买，使得项目的资金尽早回笼，提高变现能力，降低项目的负债率及减少资金成本，就能在一定程度上有效解决资金筹集难的问题。

其次，利用应付账款等自然融资工具也能提供一些资金上的支持。从外部融资来看，拓宽融资渠道，采用房地产信托投资基金、股权投资、委托贷款等一些新的融资方式，可以促进项目的持续性发展。

第三，慎用民间借贷资本，避免选择贷款利率较高的融资方式。

民间借贷的风险主要在于贷款资金的不确定性，存在贷款资金是贷款人从金融机构套取的风险；更有甚者存在贷款人并不具备房贷资格以及非法集资的风险等。

第四，合法融资，避免铤而走险。

在大型项目开发过程中，守住底线，选用合规合法的贷款融资方式是企业开发的基本道德和操守，违背道德和操守将受到法律的惩罚。

（2）资金运用风险

资金运用在资金运作过程中需要受到周密的监督与管理。资金支付时间和额度直接影响企业平均资本金占用量的大小、筹措资金到位时间的迟早及负债资金成本的高低。如果企业的资金运用管理不善，极有可能遭到非法挪用和侵占，或者出现资金周转不畅甚至资金浪费的情况，造成不必要的损失。

从2017年开始，地方政府部门对房地产企业的项目开发贷款、购房者的按揭贷款都进行了严格的约束。随后"三条红线"政策出台并实施，部分房地产企业也由于内部运营管理出现问题存在资金链断裂的风险，甚至部分企业由于资金链断裂而破产。相关数据显示，2019年有超377家房地产企业申请破产，2020年申请破产的房地产企业数量上升到了408家，2021年破产的房地产企业数量下降到343家，而2022年破产的房地产企业数量进一步下降至308家。

资金链的稳定可靠是资金的筹集、使用、回流、分配各环节共同作用的结果。因此，资金运用环节的风险控制和应对也显得格外重要。

首先,房地产企业应该结合我国经济政策审慎购置地产,土地资源的优劣会对项目开发产生直接影响,避免土地资源浪费。其次,要动态管理项目开发合同,调整项目投资额。在实际项目开发中所需资金可能与招标数目存在较大差距,这种状况严重的可能影响整个资金链周转。因此财务部门需要与项目各部门加强沟通,在依据充分且审核无误的条件下可适时调整合同金额。最后,企业还应该加强现金管理,确保整个运作过程中资金链稳定。

(3)营销策略风险

营销策略在房地产行业中是影响企业经济效益的关键环节。有效的营销策略可以促使房地产项目更好地满足市场需求,提高销售效率,但与之相对,不恰当或者未经深思熟虑的营销策略可能带来一系列潜在风险。表4-12是一些常见的营销策略风险。

常见营销策略风险　　　　　　　　表4-12

| 风险 | 风险描述 | 潜在影响 |
| --- | --- | --- |
| 市场定位错误 | 选择错误的目标市场或错误的定位产品可能导致项目未能吸引目标客户群 | 销售周期延长,市场份额不足,可能导致项目未能实现预期的盈利 |
| 价格定位问题 | 错误的定价策略可能使项目在市场中过高或过低定价,影响销售及盈利能力 | 高价可能导致项目难以吸引购房者,低价可能导致利润减少或亏损 |
| 市场推广不足 | 不充分或不精准的市场推广可能导致项目缺乏曝光,难以吸引潜在客户 | 销售速度缓慢,项目未能充分展示其独特卖点,可能导致竞争力下降 |
| 分销渠道不合适 | 错误选择销售渠道,如缺乏线上线下平衡或选择不受欢迎的销售平台 | 销售效率低下,可能使项目错失一些潜在的优质销售机会 |
| 竞争策略不足 | 缺乏明确的竞争策略可能导致在激烈竞争的市场中失去优势 | 销售额下降,市场份额流失,项目可能难以与竞争对手区分开来 |
| 难以适应市场变化 | 未能及时调整营销策略以适应市场变化可能导致项目失去竞争力 | 销售下滑,项目未能充分利用市场机会,可能导致经济效益受损 |

为降低这些潜在风险,房地产企业应该进行深入的市场研究,制定明确的营销策略,并随时调整策略以适应市场变化。此外,与客户建立良好的沟通渠道,及时获取市场反馈也是降低营销策略风险的关键。

(4)销售和资金回收风险

房地产企业资金回收主要是在销售阶段,与普通企业相比,房地产企业产品单价高,产品销售量受金融政策的影响大,产品可变现能力差,导致房地产企业资金回收速度慢,资金缺乏流动性。房地产企业资金一旦缺乏流动性,就不可避免地面临经营风险。

第一,时刻关注市场动向,及时调整销售方案和资金计划。市场瞬息万变,实际销售情况和预计方案往往存在一定出入,只有不断分析市场走势并调整计划,才能在市场竞争中争得一席之地。第二,要加强对项目开发信息的持续关注和及时掌握,不断调整资金筹措计划。房地产项目开发过程受诸多外界因素影响,如若疏忽导致烂尾,就可能因长期挂账而浪费企业资金,影响企业正常运转和征信。第三,要督促财务部门重视对应收账款的管理,增强资金运转速度。应收账款如果不及时加以处理可能转变为坏账,影响项目资金运作。为降低资金回收风险,房地产企业应提升现金流管理能力,定期对库存和应收账款进行处理,及时追讨。

### 4.5.3 经济政策风险

在宏观经济政策频繁变动和房地产业快速发展的背景下,财政政策和货币政策对房地产企业在经营管理中造成的风险也表现得更加复杂。

目前使用的货币政策工具主要包括数量型货币政策与价格型货币政策。数量型货币政策通过调节广义货币供应量($M_2$)来调控宏观经济,法定存款准备金率、公开市场业务、再贴现政策和信贷政策就是常见的数量型货币政策。当货币供应量上升时,房地产企业的股票价格就会上涨,刺激房地产企业继续投资,最后导致楼市行情变好,房地产价格上升。同时,随着货币供应量的上升,整体投资市场环境优化,选择房地产企业进行投资的人数提高,使得房地产企业经济继续拔高。反之,当货币供应量不足时,人们的投资意愿低、楼市行情差,房地产行业也面临下行风险。货币供应量对房价的影响如图4-6所示。

图4-6 货币供应量影响房价流程图

价格型货币政策是指通过调节如利率、汇率等作用于微观主体的行为选择,从而对宏观经济的货币政策进行调控。相比于数字型货币政策,价格型货币政策直接影响微观个体,因此会更具有针对性和有效性。当利率较高时,消费者的储蓄需求高,购房需求低,对房地产的价格敏感性也就相应走高;利率上升,加大了房地产投资的机会成本,因而在存、贷款利率均上升的情况下会对房地产投资起到一定的抑制作用。相反,如果银行利率越低,则表明房地产投资的机会成本越小,进而刺激了对房地产的投资。利率对房价的影响如图4-7所示。

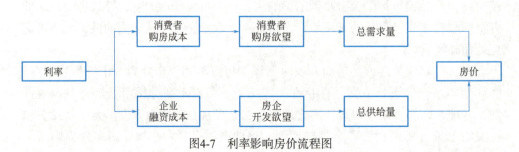

图4-7 利率影响房价流程图

财政政策是指政府通过改变税收以及支出来影响总需求，进一步影响就业与国民收入的一项政策。对于房地产企业而言，提高房地产税会提高市场的门槛，部分企业自动退出市场，供给减少，房地产企业竞争压力减弱，且可以通过提高房价的方式将税收转嫁给消费者。反之，若降低房地产税收，则房产供给增加，竞争加剧，为了获得优势，或将让渡部分利益给消费者。

宏观经济政策的调整与变化对各行各业都会带来巨大的影响，而应对这种未知风险的措施相对其他风险来说是较少的。更关键的在于，加强对宏观经济趋势走向和国家发展实时动向的关注，不断练习预判并根据大局调整公司发展目标，避免被时代的巨浪淹没。

此外，房地产企业还可以在国家各项经济政策和产业政策指导下，加强建设管理、改革、经营、激励等机制，汇集各方资讯，提炼方案，统一指挥调度，提升综合实力，以增强对国家有关政策调整的应变能力。

### 4.5.4 案例介绍

房地产投资是一个充满机遇和风险的领域，为帮助投资者作出科学的决策，本小节通过深入的案例分析，探索如何全面评估潜在风险因素，制定有效的风险管理策略，并最大限度地提高投资回报及保护财产安全。

（1）背景：开发商连续拍卖拿地，多楼盘开发

A能源投资公司、B投资公司主营业务均为钢材销售，某年销售收入分别为24亿元和23亿元，在广西区域钢材经销市场排名前列。南宁某分行分别给予开立银行承兑汇票7140万元、10000万元，保证金比例为30%，期限6个月，银行承兑汇票敞口额度为1.2亿元。由广西C投资有限公司提供足值土地抵押。

上述三家公司的实际控制人具有家族关联关系，且组建了覆盖广西、广东、云南等省的庞大的钢材销售网络。

在国家对房地产进行趋紧的宏观调控背景下，B投资公司以总价约16亿元、楼面地价11033元/m²的价格拿下某一地块，成为当地新地王，在当地房地产行业影响巨大。

（2）风险分析：资金链断裂风险

在第一时间获得该信息后，分行风险主管就多次指示需高度警惕该企业资金断链，要求对上述三家公司的经营情况进行全面调查和风险分析。通过排查，分行发现许多问题：B投资公司在近年连续拍卖拿地，多个楼盘一起进行开发，短款长用，存在资金链异常紧张的现象；还存在开票贴现资金回流到用于房地产开发的嫌疑，分行开票后被他行进行多次查询；原抵押的土地未经分行同意就擅自开发；三家公司关联交易频繁，相互之间资金往来密切；当地各家银行都在压缩或退出该企业的授信业务等。

（3）风险补救过程：程序、法律多管齐下

分行在掌握上述情况后，风险主管立即召开了风险分析会，对上述三家公司

的经营情况进行了全面风险分析和判断，防止因资金链断裂造成分行开票逾期垫款的重大风险隐患，立即制定了详细回收方案并实施，采取的主要措施有：

1）立即追加了3万t库存钢材质押并办理相关手续，质押钢材按当时的市场价格计算，追加的钢材质押基本能覆盖分行授信敞口；同时，指定专人严格监管，出库必须经分行专人签字，销售钢材货款必须回笼到分行指定的还款账户，确保销售货款不被挪用。

2）多管齐下，充分利用法律手段维护银行的合法权益。分行先后多次派专人上门向上述三家公司发送还款提示函和律师函。在函件中明确要求企业于到期前逐步回款，否则将采取多种清收措施，一是向当地银行监管部门、银行业协会通告该企业在分行的授信以及风险情况，建议各家银行联合采取行动，全面清收和暂停其授信业务；二是在当地主流媒体发布公告，告知社会企业销售楼盘的土地已抵押给分行，购买该楼盘的个人将面临产权不清、购房权益无法有效保障的风险；三是如一旦逾期，分行将立即起诉企业，同时刊登公告进入法律程序，全面查封现有资产和银行账户，并向当地人民银行申请列为黑名单客户。

分行清收小组人员在清收过程中，多次上门与该公司的高管人员进行沟通，晓之以理，动之以情，详尽阐述分行的立场和措施，并清楚地告知企业一旦一意孤行将产生的严重后果。该公司的高管人员因此产生了极大的心理压力，担心分行采取措施势必影响其声誉及全部房地产销售，从而加剧其资金链断裂危险，势必造成整个关联公司全面崩盘的危险，多年的苦心经营将全部化为乌有。

（4）风险管理结果：如期清收1.714亿元

由此，该企业积极配合分行办理了钢材质押手续，并根据派驻监管人员驻点监控掌握的情况及时回笼货款，同时从其他关联公司抽调资金补充开票保证金。最后由于分行回收方案详尽、组织得力、实施到位，如期清收1.714亿元。后来不久，当地银监局对该企业违规贴现套取信贷资金风险进行了风险提示，查出其套取资金约14.2亿元，其中违规流入房地产市场约8.37亿元。而该分行通过"早发现、早行动、早化解"成功退出企业授信，避免了重大信贷风险。

## 【本章小结】

本章深入研究了房地产投资决策的关键内容，从评估区域市场、项目投入产出分析、实物期权运作到房地产价税影响和风险分析多个层面展开。在不同的项目所在地，判断市场环境和趋势的方法能够为投资决策提供有力支持。项目投入产出分析能够更科学、定量地评估投资的可行性和预期收益。实物期权的引入则为投资者提供了在不确定性中灵活应对的手段，增强了投资的弹性。对于房地产价格的认识以及税收对投资的影响使投资者更好理解市场机制，为未来定价和税务决策提供指导与参考。最后，通过投资风险分析，投资者得以理性对待潜在风险，制订更可靠的投资计划。

## 思考题

1．各种类型的房地产项目对区位的要求是什么？

2．如果有人要求你对本地的一个房地产项目进行投资分析，你从当地可以获得哪些有用的第二手资料？通过什么途径可以获得第一手资料？

3．如果你所在的市场对公寓类住宅和普通住宅的需求量相同，那么，根据当前的房地产市场情况，你愿意开发公寓还是普通住宅？影响你所作决定的关键因素有哪些？

4．在你生活的城市，寻找一个待出让地块并准备开发的住宅项目，根据本章内容对其进行市场分析。

5．何谓敏感性分析？什么样的因素是敏感性因素？

6．风险有几种解释？你是怎样理解风险的？

7．假设一家房地产公司拟投资一个新项目，相关资料如下：初始投资为100万元，该项目预计每年产生11万元的净现金流量（设永续现金流量），该产品市场不确定性大，因此，永续年净现金流量有13万元和7万元两种情况，设无风险年利率为5%，期望收益率为12%。

要求：

（1）计算不考虑期权的项目净现值；

（2）若一年后实施该项目，计算延迟期权价值。

# 城市房地产周期和政府干预

【本章重点难点】

了解经济周期的定义及相关经济周期理论，了解房地产周期与经济周期间的相互关系，了解房地产市场政府干预的必要性；熟悉房地产周期的影响因素和形成机制；掌握房地产周期的定义、阶段及各阶段特征，掌握房地产市场的政府干预工具。

【本章导读】

城市房地产周期与宏观经济周期相互影响、相互作用，带动或制约着国民经济的协调稳定发展，因此，研究房地产周期对于分析房地产市场运行规律以及政府制定相关宏观调控政策等都具有重要意义。本章首先介绍了经济周期的概念及相关经济周期理论，房地产周期的概念及阶段特征，梳理了房地产周期与宏观经济周期的关系；其次介绍了房地产周期的影响因素及形成机制；最后介绍了政府对房地产市场进行调控的必要性以及主要干预工具。本章逻辑框架图如图5-1所示。

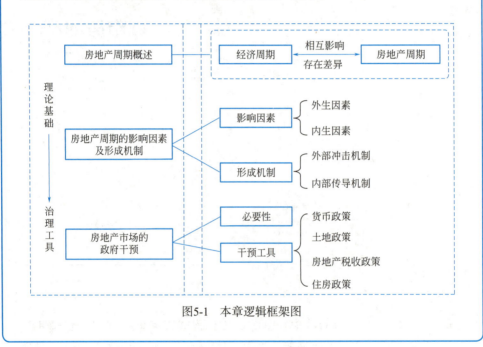

图5-1　本章逻辑框架图

## 5.1　房地产周期概述

### 5.1.1　经济周期的定义及主要经济周期理论

（1）经济周期的定义

不同历史时期不同理论流派的学者对经济周期的定义有所不同。第二次世界大战前，由于经济周期表现为总产量绝对量的变动过程，因此，古典经济学家认为，经济周期是国民经济活动的绝对水平呈现有规律的上升与下降的交替和循环。第二次世界大战后西方各国经济增长率长期保持在较高水平，经济收缩主要表现为经济活动水平的相对下降而不是绝对下降，经济学家开始研究经济总量相对于其增长趋势的偏离所表现出的波动，即增长周期。1946年，米切尔与伯恩斯在《衡量经济周期》中提出，"经济周期是在主要以工商企业形式组织其活动的那些国家的总体经济活动中可以发现的一种波动形态。一个周期包含许多经济领域在差不多相同的时间所发生的扩张，跟随其后的是相似的衰退、收缩和复苏，后者又与下一个周期的扩展阶段相结合；这种变化的序列是反复发生的，但并不是定期的；经济周期的持续时间在一年以上到十年或十二年；它们不能再分为具有类似特征的更短周期"，该定义被西方经济学界广泛接受。

总体而言，当前普遍认为经济周期（Business Cycle）是经济运行中周期性出现的经济扩张与经济紧缩交替更迭、循环往复的现象，一般包括复苏、繁荣、衰退和收缩四个阶段，也可合并为高涨（包括复苏、繁荣）和低落（包括衰退、萧条）两个阶段。经济周期波动中大多数宏观经济变量几乎同时波动，波动程度随经济活动的强度而变动，高涨阶段国民经济活动比较活跃，总产出、总收入和就业量等宏观经济变量均呈上升趋势；低落阶段国民经济活动比较低迷，总产出和总收入下降，失业量增加。经济周期波动中不同变量的波动程度存在较大差异，一般来说经济繁荣时期投资支出的波动最大。此外，经济周期波动形态不规则，持续时间长短存在差异，因而较难预测周期的发生和结束。理论上一般按照"峰—峰"法或"谷—谷"法对经济周期的时间阶段进行设定。

（2）主要经济周期理论简介

自19世纪以来，西方学者对经济周期进行了长期跟踪，并对经济周期性波动的成因进行了不同解读。各种经济周期理论的主要分歧源于研究视角不同，一种认为经济系统本身具有稳定性，经济周期波动源于无法避免的外生冲击；另一种认为经济波动是经济系统内自身形成的确定性动态结果。

传统经济周期理论多基于外生冲击来解释经济周期波动的成因。一些学者依据理论产生的时间顺序将其划分为凯恩斯主义学派的经济周期理论、货币主义学派的经济周期理论、理性预期（Rational Expectation）学派的经济周期理论、实际经济周期（Real Business Cycle）理论以及新凯恩斯主义经济周期理论等。

1）凯恩斯主义学派理论

1936年，凯恩斯在《就业、利息与货币通论》中提出了"三大心理规律"（边际消费倾向递减、资本边际效率递减和流动性偏好），并指出经济衰退和萧条的产生源于对产品和服务的有效需求不足。在此基础上，凯恩斯提出了"乘数理论"来为解释经济周期性波动以及政府采用相关政策措施干预宏观经济提供理论依据。随后，大量凯恩斯主义研究者对凯恩斯的学说进行了补充和完善。汉森和萨缪尔森进一步应用"乘数—加速数模型"说明了在乘数效应和加速原理的相互作用下，外部冲击产生后，总需求是如何出现有规律的周期波动的。

2）货币主义学派理论

货币学派的代表人物有费雪、霍特里、哈耶克和弗里德曼，其理论核心是货币供给量的变化是经济周期波动的主要因素，这一理论解释了货币供给在经济扩张和经济收缩过程中对经济波动推波助澜的作用，但未能阐明经济从扩张向收缩转换的内在机制。

3）理性预期学派理论

理性预期学派以卢卡斯为代表，强调整体价格水平变化与相对价格水平变化的差异，他们认为只有相对价格水平的变化才会引起总供给的变化。理性预期学派对于现实经济周期性波动的解释主要基于信息不完全假说。在宏观经济政策方面，理性预期学派认为由于理性预期的存在，预期到的经济政策将不具有任何实际效应。

4）实际经济周期理论

该理论起源于20世纪70年代到20世纪80年代，代表人物有卢卡斯、古德温、凯兰德和普利斯科特等。这一理论的核心观点是经济周期波动是由技术进步冲击造成的。当技术进步给总量生产函数带来正向冲击时，劳动和资本等经济变量的相对价格将会发生变化，理性预期的经济主体将对消费和劳动供给进行相应调整，由此导致产出和就业等经济变量波动，进而引起宏观经济整体波动。

5）新凯恩斯主义经济周期理论

该理论主要代表人物为曼昆、萨墨斯、布兰查德、罗泰姆伯格等，该学派结合了前述各理论的优点，将产品市场、劳动力市场、金融市场的不完备性引入模型分析的范畴，同时吸收了理性预期假设，进而建立了微观经济基础的新凯恩斯主义宏观经济学。他们认为供给冲击和需求冲击对于经济周期性波动均具有显著的重要性，财政政策与货币政策均对经济周期性波动具有显著影响。该理论因其良好的兼容性成为当前研究经济周期的主流标准范式。

虽然传统经济周期理论就外部冲击对经济周期的影响作出了多方面有说服力的解释，但无法对经济运行中多种有规律的周期性波动现象作出合理解释。近年来，在经济周期的理论研究中出现了另一趋势——将引起经济周期性波动的动力归结为系统内部家庭和企业的信念。在这些研究中，由于经济周期性波动的动力来源于经济系统内部，因而这些研究被称为内生经济周期理论。

内生经济周期理论发现内生的自我实现信念是驱动经济周期的内在重要动力。依据内生信念的来源，内生经济周期理论可以分为第一代内生经济周期理论与第二代内生经济周期理论。前者认为内生信念来源于动态不定性；后者则指出内生信念可以源于动态不定性，也可能源于稳态不定性。第一代内生经济周期理论主要侧重于分析内生信念对于整体宏观经济的影响，缺乏微观基础。基于第一代内生经济周期理论存在的不足，第二代内生经济周期理论不仅关注整体宏观经济周期，还注重构建内生经济周期理论的微观基础，主要体现在其对于股票市场、劳动力市场与信贷市场的分析上。第二代内生经济周期理论对于金融危机具有较好的解释能力，并且可以用于分析财政政策与货币政策在减轻经济周期波动中的作用。由第二代内生经济周期理论发展而来的新凯恩斯内生经济周期理论更加注重微观基础，进而使得对于现实经济的解释能力进一步提升，并且对于宏观经济政策的分析更加符合现实的需要。

### 5.1.2 房地产周期的概念及阶段特征

（1）房地产周期的概念

房地产周期的概念是随着研究的不断深入而发展变化的，目前得到广泛认可的代表性观点主要包括房地产周期说、不动产经济周期说、房地产市场周期说、房地产景气循环说、房地产生命周期说、房地产经济运行周期说等。

以上观点可归结为两类，前四种观点主要是根据经济周期的内涵从房地产业或者市场运行角度来界定的，大致将房地产周期分为两大过程和四个阶段，但侧重点有所不同；后两种观点主要基于房地产业运行过程和各个阶段循环运动。目前，房地产经济学主要以前者为研究对象，认为房地产周期波动是房地产经济水平起伏波动，并表现为一定周期循环的经济现象，具体表现为房地产业在经济运行过程中交替出现的扩张与收缩两大过程，循环往复的复苏—繁荣—衰退—萧条四个阶段。该概念已经成为国内研究者分析房地产周期波动的一个基本结构框架。

（2）房地产周期的阶段及特征

从外在表现形式看，房地产周期经常被分为扩张和收缩两大过程，又可被细分为复苏、繁荣（波峰）、衰退、萧条（波谷）四个阶段，如图5-2所示。各阶段主要特点如下：

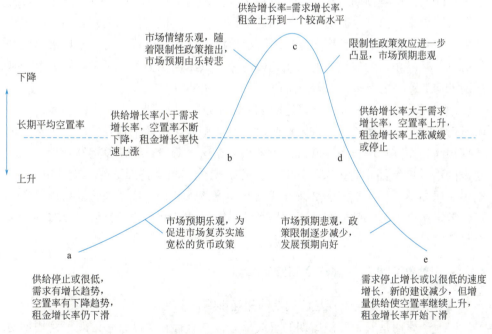

图5-2　房地产周期各阶段示意图

1）复苏阶段（a—b），出现于萧条阶段之后，一般持续时间较长。由于前一阶段的新增建设数量或需求负增长率，导致市场供过于求，空置率达到最高峰。循环最低点过后，此时的供给增长几乎不存在或者相当低，需求开始增加，慢慢吸收现存的过剩供给，但租金增长率仍下滑。随着购房者日益增多，少量投机者入市，过剩供给的吸收使空置率下降，市场的租金增长率开始稳定。随着复苏阶段的继续，市场预期乐观，在宽松的宏观经济政策的支持下，金融机构和房地产投资机构加大对房地产的投资，并带动了相关关联产业的发展，对市场前景看好的市场参与者开始小幅提升租金率，最后地区市场达到其长期的平均空置水平，这时租金增长率和通货膨胀率相等。

2）繁荣阶段（b—c），继复苏阶段之后发生，并达到周期循环的峰顶，这一阶段持续时间相对较短。当空置率下降到长期空置率之下时，房地产投机者和自用者均大幅增加，供给开始紧张，租金开始快速上涨直到使收益足以刺激新的建设。在供给紧张、租金上涨的阶段，开发商投入建设，但由于建设时滞，需求的增长还是比供给快，空置率持续下降。市场投机需求逐步高于住房需求，政府开始出台政策限制投资投机购房，住房需求逐步退出市场，空置率下降速度减慢，市场开始出现悲观情绪。当需求和供给的增长率相同时，循环达到顶峰。在平衡点之前，需求的增长比供给的增长快，在平衡点之后，供给的增长比需求的增长快。

3）衰退阶段（c—d），继繁荣阶段之后发生，当高房价将真正的住房消费需求排斥在房地产市场之外，而仅靠投机资金支撑时，房地产市场开始由盛转衰。此时，由于时滞效应，供给的增长率高于需求的增长率；同时，限制性政策效应进一步凸显，市场预期悲观，需求进一步减少，空置率又开始上升，逐渐接近长期平均空置率。由于这时的供给过剩还不是太严重，租金仍在上升。当新的供给越来越多时，租金的增长率上涨减缓直至停滞。最后，市场参与者发现市场已经下滑，于是停止新的建设。但由于建设时滞，供给仍在上升，于是空置率上升到长期平均空置率之上，进入萧条阶段。

4）萧条阶段（d—e），继衰退阶段之后出现，并达到周期循环的谷底，这一阶段持续时间相对较长。刚进入此阶段时空置率低于长期平均空置率，供给的增长率很高，而需求增长率较低或是负增长。在这个阶段，新建设逐渐减少，当新建设的增量供给停止时，市场达到最低点。房价和租金持续下降，交易量锐减，空置率居高不下，房地产商被兼并或破产。萧条末期，房地产泡沫被挤出，市场正常需求缓慢增长，政府减少限制性干涉，市场波动开始平稳，慢慢过渡到下一个复苏阶段。

### 5.1.3 房地产周期与宏观经济周期的关系

（1）房地产周期与宏观经济周期的相互影响

房地产周期是宏观经济周期的组成部分，二者存在关联性。宏观经济周期对房地产周期波动具有决定性作用；房地产周期波动也会影响到宏观经济系统，影响的程度取决于国家（或地区）房地产业发展的进程及其在国民经济中的地位。

1）宏观经济周期对房地产周期的决定性作用

宏观经济周期对房地产周期波动的影响是多方面的，由多个因素相互交织构成，直接或间接地影响着房地产的供求关系。从宏观角度看，国民生产总值、利率、通货膨胀率、城市居民可支配收入等经济因素对房地产周期波动的效应存在直接影响和关键性的作用。国民经济的迅速发展可以改善社会生活总水平，同时可以刺激房地产的市场需求量，带动房地产业的快速发展，同时可以加大房地产市场的融资来源和市场投资力度。反之，国民经济的衰退萧条也会抑制房地产业发展，影响房地产周期波动及房地产所处发展阶段。从微观角度看，经济周期波动通过影响房地产市场供需关系、房地产市场预期等间接作用于房地产周期波动。房地产供需矛盾会影响市场价格、企业利润，进而影响房地产市场的收缩和扩张，最终影响房地产周期波动。房地产市场预期会影响房地产需求，如果预期房地产形势较为悲观，那么整个市场对房地产业的开发和购房都会减少；反之，则房地产开发规模和购房都会增加。

美国经济学家西蒙·库兹涅茨在对各国经济增长率进行大量数据分析后指出，宏观经济增长率和房地产业发展状况之间存在密切联系（表5-1），即二者高度正相关。宏观经济增长率越高，房地产业发展速度越快；宏观经济增长率低于一定水平时，房地产业会处于停滞甚至萎缩状态。

宏观经济发展与房地产业周期的关系　　表5-1

| 宏观经济增长率 | 房地产业发展状况 |
| --- | --- |
| 小于4% | 萎缩 |
| 4%~5% | 停滞甚至倒退 |
| 5%~8% | 稳定发展 |
| 大于8% | 高速发展 |
| 10%~15% | 飞速发展 |

来源：西蒙·库兹涅茨.各国的经济增长[M].北京：商务印书馆，1990.转引自：罗龙昌.房地产宏观管理[M].北京：经济管理出版社，1999.

2）房地产周期波动对宏观经济波动的影响

房地产周期波动对宏观经济波动的作用主要是通过消费和投资这两个渠道进行。

① 房地产周期波动对消费的影响效应主要是通过财富效应、流动性约束效应、预算约束效应等方面来实现。

房地产周期波动的财富效应是指房地产周期波动引起房地产价值的变化，进而影响消费支出和边际消费倾向，最终影响国民经济发展。房地产财富效应对国民经济发展的影响主要通过实现的财富效应和潜在的财富效应两个途径起作用。实现的财富效应一般体现在以投资为目的的购房者身上，只要房地产价值上升，就能实现直接的财富效应。潜在的财富效应则多体现在以消费为目的的购房者身上，房地产价值的提升虽然不能直接转化为社会财富，但其潜在的财富必然会增加，即使不出售房屋，由于其收入预期的相应增加，在一定程度上坚定了其进行消费的信心，即房地产价格上涨使得居民的收入预期增加，最终坚定了消费信心，使得消费增加。房地产周期波动的财富效应作用机理可以概括为：房地产周期波动—房地产市场供求关系变化—房地产价值波动—社会消费水平变化—影响国民经济的发展。

流动约束效应是指当居民现金存量不足时，又很难从银行或其他金融机构获得贷款，从而影响居民消费水平的效应。而房地产作为固定资产，是进行银行抵押贷款的理想资产。如果房地产周期波动引起房地产价格上升，一方面房地产所有者由于资产的升值而获得更多的消费能力，另一方面房地产资产价值的提升可以扩大消费者的借贷能力，最终影响消费。房地产周期波动的流动约束效应作用机理可以概括为：房地产周期波动—房地产价格变化—影响居民的借贷能力—影响消费能力—影响国民经济发展。

预算约束效应主要是房地产波动对以租房为主的消费者的影响效应。房地产价格的上涨对租房者而言意味着租金和生活成本的增加。如果租房者收入水平没有相应提高的话，那么他不得不削减其他方面的开支以满足住房需求。同时，这种房地产周期波动引起的预算约束效应对企业的影响最为明显。一般情况下，房地产价格上升会引起厂房租金上升，并且企业员工生活成本的上升又会导致他们向企业提出更高的薪水要求，这样的连锁反应会导致企业利润的降低，随之而来的社会消费也会萎缩。因此，与流动约束效应相反，房地产周期波动的预算约束效应对社会消费的影响是负面的，其作用机理可以概括为：房地产周期波动—房地产价格变化—房租变化—影响消费能力—影响国民经济发展。

综上所述，房地产周期波动对消费的影响是多种正向效应和负向效应共同作用的结果。在短期内，房地产市场价格上涨时，如果正向效应大于负向效用，则当期消费将增加；反之，当期消费将减少。从长期来看，在房地产市场处于繁荣的态势下，房地产价格的上涨会增加居民的财富存量、财富的预期增值以及居民的持久收入。

② 房地产周期波动对投资的影响效应主要体现在以下四个方面：托宾效应、信贷扩张效应、挤出效应和产业关联效应。

在房地产市场中，托宾$Q$值是指房产现有价值与房产建造成本之比，即托宾$Q$值=房产现有价值/房地产建造成本。如果房地产的建造成本没有太大的波动，当房地产的价格上升时，就会引起托宾$Q$值的上升，而托宾$Q$值的加大则说明投资房地产市场情况乐观，投资房地产有利可图，在价值规律的导向作用下，将带动房地产投资额的增加，这样社会总投资也会相应增加。另外，当房地产价格上涨时，房地产企业会对未来房地产市场发展趋势充满乐观情绪，因此会增加投资以求获得更大的利益。

房地产周期波动的信贷扩张效应是指房地产周期波动通过不断影响企业的收入预期和企业的融资成本来影响其投资决策，而企业的投资决策又会反过来影响市场经济，加剧经济市场的波动。房地产作为最普遍的担保资产，其价值大小直接影响到个人或企业的贷款权限。房地产周期波动必然引起房地产价值的变化，当房地产价值上升时，企业或个人的贷款权限就会相应增加，融资能力就相应增强，融资成本也相应降低。如果市场行情预期良好，企业有了充实的资金保障就可以扩大生产，增加投资规模，以获取更多的利润。反之，如果房地产周期波动导致房地产市场持续下滑，房地产价值降低，一方面会直接影响居民消费能力，另一方面企业的固定资产也会随着房地产价值的降低而缩水。同时，由于企业对未来经济形势持悲观态度，会使其减少投资、缩减生产规模，而且在信贷领域房地产价格的持续下跌直接导致企业资产价值的减少。而企业固定资产是其进行银行贷款的担保物，银行出于规避风险的目的就会减少其贷款权限，因此就会导致企业融资成本增加。如果这种状况长时间得不到改善，企业的发展将会面临市场萎缩和融资成本居高不下的双重压力，企业不得不减少投资以应对困境。

房地产投资的挤出效应是指房地产业吸引了大量的社会资金，导致其他行业投资减少的现象。如果房地产市场持续繁荣，由于其高额的投资收益率会吸引大量其他行业资金，这样其他行业的投资就会相应减少。企业和社会公众就会把大部分投资都投入房地产领域，在这种大环境下，其他行业的发展必然受损，即出现了房地产市场的投资对其他行业的挤出效应。

房地产行业与国民经济众多行业之间联系紧密，产业链长、产业关联度较高。房地产业的发展可以为其他产业的发展提供市场，进而带动相关行业的发展，房地产投资规模的扩大也会直接促进其他产业的投资。由于房地产业巨大的产业关联效应，使得一方面房地产业的迅速发展可以刺激社会投资的快速增长，另一方面，房地产业的迅速发展也可以创造更多的就业机会。因此，房地产业关联效应的客观存在能够对国民经济的发展产生显著的影响。

（2）房地产周期与宏观经济周期的波动差异

1）周期波动次序的差别

房地产周期与宏观经济周期的复苏、繁荣、衰退、萧条四个阶段的波动次序在时间上存在差异。相较而言，房地产周期的复苏、萧条期相对滞后，繁荣、衰退期则相对超前。

从复苏阶段来看，由于房地产产品价值巨大、投入生产时资金需求量高、生产周期长，还需结合地理位置、产品需求进行单件设计和单件生产，无法进行工业化生产。因此，宏观经济开始复苏时，房地产开发商需要花费较长一段时间进行筹备、计划，以便后续生产经营的有序运行。房地产业的复苏相较于宏观经济稍显滞后。

进入繁荣时期，房地产周期相对提前。原因主要在于，房地产业经过复苏阶段的准备和发展，其先导性、基础性产业的基础作用开始充分凸显。具体来说，首先是市场的作用。由于经济高速发展、居民收入水平的提高，全社会对各种商品用房、工业用房、各类住宅别墅等居住用房等的需求扩张，拉动房地产业迅速发展。其次是有充足的资金。在经济高速发展并且市场状况良好的情况下，银行也愿意将更多的资金投入房地产业，房地产开发商不仅可以加速自有资金的周转，同时可以获得更多的贷款支持，促进房地产业的发展。最后是价格刺激。由于房地产开发周期较长，因而供给弹性较小，需求扩张加剧了房价的进一步上涨，刺激房地产投资增加，进一步加速了房地产业的发展。

从衰退阶段来看，房地产周期比宏观经济周期提前。房地产业以社会经济各部门的发展为基础，若房地产业长期保持一枝独秀，势必会与其他部门脱节，长期的高速发展难以为继，发展速度下降。但是房地产业作为基础性和先导性产业，其"超高涨"或"超前发展"可以满足宏观经济继续高涨的需要。因而，房地产业先于宏观经济进入衰退期，宏观经济的衰退将会进一步加剧房地产业衰退。

从萧条阶段来看，房地产周期滞后于宏观经济周期。因为当宏观经济出现萧条时，各行各业的发展都处于停滞不前的状态，失业率、通货膨胀率较高。由于房地产具有保值增值的特性，在其他行业都出现萧条的情况下，人们会将资金转向房地产开发投资或直接购买房产，维持一定的房地产供给和需求，从而推迟房地产业的萧条。

2）波幅及波长不同

在不同的经济发展阶段，房地产周期也表现出不同的特征，相较而言，房地产周期波动幅度高于宏观经济周期的波动幅度，即波峰要高于宏观经济周期，波谷要低于宏观经济周期。

从繁荣期看（图5-3），当宏观经济复苏带动房地产经济复苏，房地产市场需求上升，需求曲线从$D$右移到$D'$，房地产的需求量也随之从$Q_0$增加到$Q'$。但是，由于房地产短期供给刚性的影响，短期内房地产的供给曲线并不能从$S$移到$S'$，这样市场上实际的房地产价格就由$P_0$急剧增加到$P'$。房地产需求上升后形成的新市场价格$P'$明显高于原来的均衡价格$P_0$，也高于一般商品供给曲线上升后形成的新均衡价格$P''$。这表明，当房地产需求上升时，房地产价格将大幅提升，并推动房地产经济急剧扩张。

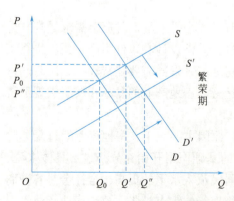
图5-3　房地产价格在繁荣期内急剧上升

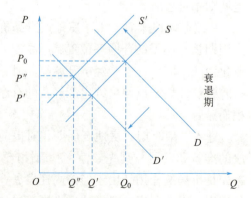
图5-4　房地产价格在衰退期内急剧下降

图片来源：董藩，等.房地产经济学[M].北京：清华大学出版社，2012。

从衰退期看（图5-4），随着宏观经济的衰退，房地产需求在经济收缩阶段进一步下降，导致需求曲线从$D$左移到$D'$。由于房地产供给缺乏弹性，房地产供给曲线仍保持为$S$，实际的房地产价格就由$P_0$急剧下降到$P'$，新市场价格$P'$不但低于原来的均衡价格$P_0$，而且低于一般商品供给曲线左移后形成的新均衡价格$P''$。这表明，当房地产需求下降时，房地产价格会急剧下降，导致房地产经济快速收缩。

从波长来看，房地产周期的波长与宏观经济周期不一定相同。例如，英国宏观经济周期平均波长为20年，而房地产周期的平均波长为9年。通过研究房地产周期和宏观经济周期之间的差异，投资者和国家宏观调控可以依据两者波动的时差采取针对性措施，换言之，可根据房地产的波动来分析预测宏观经济的走势，亦可根据宏观经济的走势预测房地产的发展趋势。

3）房地产周期的长期趋势显著

相较于宏观经济周期，房地产周期长期趋势显著，即由于土地资源的短缺、房地产的不可替代性以及政府反周期政策干预，房地产周期以螺旋式上升的方式形成增长趋势。具体表现为：在一个周期内，尽管波谷低于波峰，但是高于前一周期的波谷，并且有时高于前一周期的波峰。这种增长循环的长期趋势表明，短期内地价或者房价即使有回落，但从长期来看仍然是一波高过一波。

## 5.2 房地产周期的影响因素及形成机制

### 5.2.1 房地产周期的影响因素

房地产周期的影响因素众多，基于不同视角可有不同的分类。基于影响因素的时间维度，可将房地产周期的影响因素分为长期、中期和短期影响因素。长期影响因素包括经济增长、收入水平、城市化进程、人口因素等；中期影响因素包括土地政策、国家用地计划等；短期影响因素主要包括利率、抵押贷首付比、税收等。从房地产供需角度看，人口、金融均属需求侧因素，土地则属于供给侧因素，人口、金融、土地综合决定了房地产周期。此外，基于作用机理可以将房地产周期的影响因素分为内生因素和外生因素。外生因素主要包括社会发展因素、经济因素、制度与政策因素、技术革新及其他因素；内生因素主要包括市场供需矛盾、房地产价格预期、房地产投资和预期收益率等，本书主要从作用机理层面对房地产周期的影响因素进行分析。

（1）外生因素

1）社会发展因素

影响房地产市场发展的社会发展因素主要包括城市化进程、社会文化变迁等。

城市化进程包括城市生活方式的兴起以及城市生活方式的郊区化过程两个方面。城市化进程增加了对城市基础设施和城市住宅的需求，也影响人口增长、人口流动以及交通运输业的发展，而这些因素又进一步对地价上涨和房地产业的发展产生持久性影响；同时也影响到各类房地产市场发展的长期趋势，进而影响各类房地产经济周期波动的特征。

社会文化变迁主要通过传统置业观念及消费心理、人口数量、家庭生命周期、生活方式等方面的发展变化对房地产市场和周期产生影响。我国房地产市场发展初期，传统置业思想对住房消费观念和行为影响较大，同时受人口数量与家庭生命周期变革影响，偏重于住宅的数量需求；随着人民生活水平、收入水平和精神文明素质的提高，居民的住房消费需求开始更偏向于住房的价值需求、功能需求、环境需求等。

2）经济因素

经济因素主要包括国民收入和消费水平、通货膨胀率、货币供给量、产业结构、投资波动、利率等因素。

国民收入是居民购买力的重要决定因素，也是居民住房消费能力的重要影响因素。国民收入变动会影响消费者对房地产物业的支付水平，也会影响消费者对财富积累的预期，进而影响房地产需求水平。随着消费水平和消费结构的变动，房地产市场的发展会相应出现扩张或收缩现象，由此带动房地产市场波动。

通货膨胀率主要通过两个途径对房地产周期产生影响。一方面，通货膨胀因素影响着房地产名义价格与真实价值变化，在价格机制作用下，从而导致房地产经济运行出现扩张或收缩性变化。另一方面，通货膨胀因素影响房地产商品的保值与升值，进而影响房地产经济运行波动。物价上涨引发通货膨胀后，将导致货币价值下降，因此消费者宁愿持有真实资产而放弃货币资产。相反，当物价下降，特别是出现通货紧缩后，不但房地产名义价值有所下降，甚至可能出现房地产真实价值减少，结果将导致房地产投资行为和投资规模受到限制。

货币供给量从供给和需求两个方面影响着房地产经济。供给方面，影响房地产开发投资；需求方面，影响房地产的消费购买能力。在货币供给量大量增加时，就会导致房地产投资大幅增加，居民需求旺盛，交易活跃。从货币因素的角度看，资金供给不可能源源不绝，在资金瓶颈的制约下，未完工工程不得不半途而废，已投入的资本有一部分也将消失，繁荣将走向崩溃。

不同时期的产业结构特征差异会造成人口密度、住房需求的不同，进而造成房地产周期的基本形态特征也不同。从发达国家经济发展历史来看，在工业化初期和中期，受制造业迅速发展影响，工业用地需求剧增，导致工业地价涨幅远超于其他类型用地及平均地价涨幅；而在工业化后期，受第三产业兴起影响，房地产业在国民经济中的比重和地位越来越高，对国民经济周期的影响也越来越大。

投资波动是导致经济波动的主要原因。投资规模及结构在短期内可能通过投资需求总量和结构影响社会供给与需求的总量及结构，在长期内可以通过所形成的供给总量结构对社会供给与需求的总量及结构产生重要的决定作用。投资是促进总供给增加的第一推动力，而投资规模要受到社会需求总量的约束。房地产投资是我国房地产周期波动的主要原因。

利率波动可以通过流动性效应、财富效应和预期效应等途径来影响房地产价格。一般而言，利率下调，房地产市场景气；利率走高，房地产市场萧条。但这种变化趋势并非绝对，在经济热潮中，房地产经济和利率可以同时走高。

房地产短周期还与抵押贷首付比、税收等短期变量密切相关，具体体现在：政策下调抵押贷首付比，居民支付能力提高，房地产销量回升，商品房去库存，供不应求，开发商资金回笼后购置土地，加快开工投资，房价上涨，商品房作为抵押物的价值上涨会放大居民、开发商和银行的贷款行为；当房价出现泡沫化，政策上调抵押贷首付比，居民支付能力下降，房地产销量回落，商品房库存增加，供过于求，开发商资金紧张放缓购置土地和减少开工投资金额，房价回落，商品房作为抵押物的价值缩水会减少居民、开发商和银行的贷款行为。

3）制度与政策因素

制度与政策因素对房地产周期的影响主要包括两个方面：一方面，房地产从规划到开发经营全过程都要按照一定的制度程序进行，城市建设用地的性质、位置、面积以及建设工程的高度、外观、建筑密度等这些特征需要按照一定的制度进行规划与管理；房地产开发商及房地产市场的供给方在开发经营之前也都要经过一段时间的总体规划设计，经相关部门审核许可后才能进行工程设计，全过程的实施往往需要较长的周期才能够完成，从而影响到房地产市场的波动周期。另一方面，制度与政策对消费者和供应商的行为具有外在支持和引导作用，进而影响房地产周期，这一层面主要包括土地供给政策及计划、住房制度和税收制度等政策及制度。

4）技术革新

近年来，新技术革命尤其是信息技术革命对世界各国的经济增长模式产生了巨大的影响，互联网技术改变了人的居住环境和居住模式，甚至对房地产商的投资决策产生了影响。有些新技术如建筑新材料、新工艺等会影响房地产业的发展。技术革新的影响还体现在，一国或地区的主导产业或技术的兴衰可能会影响到该产业的生产用房投资和产业人员的住房需求，进而导致房地产经济波动。

5）其他因素

房地产周期除了以上影响因素外，还受地方政府偿债能力、地方政府官员的任期、国际传导机制、战争等众多其他外生因素的影响。

（2）内生因素

1）市场供需矛盾

房地产市场供需矛盾是影响房地产周期波动的根本性内在原因。如果把房地产周期波动理解为房地产供求关系从非均衡向均衡状态的逼近过程，那么房地产供求关系的变动可以反映出房地产周期波动的运行状态。

从短期看，受生产时滞性影响，增加的房地产需求和基本保持不变的房地产供给之间的矛盾较为明显，因而导致短期内房地产周期性波动。此外，由于前期开发导致的短期内房地产供给增加与宏观经济影响下房地产需求短缺之间的非均衡状态也会导致房地产经济的短期波动。从长期看，不断增加的房地产供给与持续上升的房地产需求在结构上也总存在一些差异，使得相对较长的房地产经济运行过程中也会存在房地产波动，或者说从总体上导致房地产经济的周期波动也相应较长。

2）房地产价格预期

一方面，对以消费为主要目的的房地产消费者而言，房地产价格涨跌的预期会左右消费者的购买行为。另一方面，从房地产投资需求来看，未来房地产经济形势的预期走弱会减少市场对土地的需求量和对投资物业的需求量，从而导致房地产市场波动；反之，则市场对土地的需求量和物业的需求量都将增加，也会影响房地产市场波动。

3）房地产投资

房地产投资是影响房地产业发展的重要因素。房地产投资波动常被视为是影响房地产经济波动的引擎。总体而言，房地产投资增加会引起房地产业的扩张，市场进入繁荣阶段；而投资减少则会导致房地产市场进入萧条阶段。即，房地产投资的变动与房地产周期变动基本一致，二者几乎是同向共振，但是从波幅看，房地产投资波动往往比房地产周期波动更为活跃。

4）预期收益率

房地产预期收益率是影响房地产周期的重要内生因素。一般而言，当房地产开发商的预期收益率不断提高时，开发商会增加投资和扩大开发规模；反之，开发商会减少投资行为。由于市场竞争的存在，任何一个房地产开发商不可能长久地获得高出社会平均投资收益水平的超额利润。只要房地产开发投资存在超额利润，就会不断有新投资者加入房地产开发的行列。新投资者的加入会导致房地产供应增加和市场竞争加剧，促使房地产开发的收益水平逐渐回落到社会平均水平。此时，不再有新的投资者进入，原有部分投资者还可能退出，房地产市场上的新增供应量减少。而随着房地产消费和投资需求的增加，超量供应被市场吸纳，房地产市场的开发利润又会回升，当回升到一定水平时，又会引起新一轮的新投资者进入房地产市场。

事实上，房地产市场波动并不是受单一因素、单一维度驱动，而是各种因素相互联系、共同作用的结果，使得房地产市场波动呈现出周期性特征。

### 5.2.2 房地产周期的形成机制

房地产周期形成受到房地产经济系统内部传导机制和外部冲击机制的综合作用。谭刚借鉴经济周期有关研究方法，提出房地产周期的冲击—传导模型，该模型广泛应用于房地产周期波动因素分析。

（1）房地产周期的外部冲击机制

经济周期理论中的外部冲击机制是指经济系统以外的冲击通过系统内部传导

而发生的经济运动。借鉴至房地产周期理论中，可以将房地产周期的外部冲击机制理解为：来自房地产经济系统以外的干扰或外部冲击，通过房地产经济系统内部传导机制的作用，导致房地产经济系统运行趋势改变，或者使原来的运行趋势在运行水平或程度上发生变化。

外部冲击可以分为随机性因素和周期性因素两种冲击类型。当外部冲击为随机性因素时，若即时响应，则会出现周期性运动；若滞后响应，则可能出现单调向上或向下或者振荡衰减或震荡发散。当外部冲击为周期性因素时，无论是否滞后响应，均会出现周期性运动。

房地产周期本质上是宏观经济周期在房地产行业的具体表现，不但面临着经济周期性波动可能出现的外部冲击，而且宏观经济周期运行本身实际上也可能成为房地产经济系统的外部干扰或冲击。

（2）房地产周期的内部传导机制

在经济周期理论中，内部传导机制是指由经济系统内部结构特征所决定的经济运动，它反映的是经济系统内部信号或变量以滞后方式进行传递、扩散的过程。由于内部传导机制假定经济周期波动的产生与出现是由经济系统内部结构所决定的，不会由外部冲击或外部干扰引起，因此它侧重于经济系统的内部结构效应，主要通过与内生变量相联系的结构参数来体现经济周期波动现象。作为经济周期组成部分的房地产周期同样也存在内部传导机制。房地产周期波动的内部传导机制是指由房地产经济系统内部结构所决定，并且以滞后方式传递或扩散从而引发房地产经济出现周期波动的运行过程。房地产周期的内部传导机制可以概括为以下几项：

1）供求机制

供求机制作为市场经济运行的自我调节机制亦适用于房地产商品。房地产供给和需求变动导致价格变动，反之，供给和需求又受到包括价格在内的多种因素的影响。由于房地产商品的特殊性，造成房地产市场供求机制的特殊性：①短期刚性，即由于房地产开发建设周期长，无法根据市场状况及时进行产量调整；②区域性，即由于房地产位置不可移动，因而不可进行跨区域流通；③可变性，即由于房地产产品类型多样，包括住宅、公寓、写字楼等多种不同的类型，可以根据市场需求进行物业类型转换。

2）价格机制

对于房地产企业而言，可以根据价格水平调整产品和服务供给。当房地产价格高于平均成本时，企业不断进入市场；随着竞争者不断增加，价格下跌，利润逐渐消失，企业停止进入；当价格跌至平均成本以下时，企业开始逐渐自动退出。同时，价格机制也左右着消费者的行为。当价格升高时，消费者就会降低房地产消费；在价格下降时，就会适当增加消费量。此外，房地产市场中的价格机制还可以调节房地产买卖市场和租赁市场的结构。购房和租房两者之间具有替代性，如果房价过高，消费者就会选择租房；如果租金过高，消费者就会选择买房。价格机制起着调节租价比的作用，将租金和房价维持在一个合理的范围内。

3）乘数—加速数机制

经济增长过程中，乘数—加速数机制反映构成总需求的投资和消费之间的作用和反作用过程，以及对总产出的影响。投资支出是总需求的构成部分。为响应产出变化而增加投资，将会通过乘数来增加生产，这又回过头来在加速数的作用下引发进一步的投资，如此反复循环。同理，投资或产出的突然下跌会以类似的方式产生反面效应。在乘数与加速数的相互作用下会立即产生爆发性的产出反应，但是由于投资水平受到经济实力的限制，经济膨胀不会无限制地扩张下去，达到一定程度后，投资与产出增长率减缓，最终导致收缩。同样，收缩也不会无限进行下去，而是在到达一定程度后开始回升。

4）产业关联机制

产业关联机制反映了国民经济各产业之间前向、后向以及侧向的关联效应。有的产业（如农业和基础产业）主要具有前向关联效应，需要超前发展，否则就会对经济发展产生阻碍。有的产业（如加工工业）则主要具有后向关联效应，需要与具有前向关联效应的产业协调发展。国民经济系统中各产业之间的关联成为一种重要的内在传导机制。对于房地产经济系统来说，投资部门、建筑部门、中介部门相互间的利益关系、结构关系等关联机制称为房地产系统的内部传导机制。

5）上限—下限缓冲机制

上限—下限缓冲机制又名房地产增长制约机制。房地产业扩张上限和收缩下限受到多种约束，房地产扩张受到土地资源、人力资源以及资金的约束而存在上限；同时房地产经济的收缩也存在下限，例如人类生存的基本需求决定了住宅的最低供应量。

6）信贷—利率机制

信用制度的建立极大地促进了生产力发展，但同时也加重了生产过剩的危机和商业投机。信用制度使利率机制加入经济周期波动的传导机制中，影响生产者和消费者的行为，加剧了经济波动。利率对房地产经济的影响首先体现在两个方面：一是对房地产开发投资的影响。银行贷款是大多数开发商主要的资金来源，因而利率的高低影响开发的成本和利润。二是对房地产消费的影响。在普遍实行房地产抵押贷款和消费信贷的地区，利息高低影响消费者的贷款信心、还款压力和支付能力。利率在房地产经济波动中的传导作用还体现在利率的"价格比较"作用。利率实际上是资金的价格表现，体现了资金的使用价值。无论是将地租还原为地价的还原利率、房地产投资的利润率和内部收益率，还是租金和房价的租价比，都体现了投资的收益率，与利率具有可比性。当房地产投资的收益率高于利率时，房地产开发商就会借贷资金去投资房地产；反之，就会退出市场。利率在此时所起的作用就如同价格机制。

房地产经济系统运行过程中内部传导机制往往是同时发挥作用。当房地产企业看到价格信号时，预计可以从中获得收益，在利益驱动下，开始进入市场或者增加投资。增加的投资和消费在乘数和加速数的作用下进一步导致了房地产经济的高涨,并且在产业关联机制下带动了相关部门的发展。随着逐渐出现资源紧缺、成本提高、价格升高、供应量增多而需求下降、空置量增加、利润下降,最终房地产经济扩张会在经济增长的制约机制、价格机制的作用下停止扩张,开始进入衰退阶段。在衰退阶段,上述内部传导机制依旧共同发挥作用。

(3)房地产周期的冲击—传导过程

根据前面对外部冲击机制和内部传导机制的分析,可以把房地产周期波动看成是房地产经济系统对外部冲击的响应曲线,即在来自房地产经济系统以外的随机性或周期性因素的冲击下,通过房地产经济系统内部传导机制的作用,结果相应出现了具有周期波动特征的运行轨迹。这一过程如图5-5所示:

房地产周期波动的冲击—传导过程可以分为以下四个阶段:

第一个阶段:外部冲击阶段。来自房地产经济系统外部的变量,如宏观经济政策变动、经济体制的变迁或者国外政治经济形势变动等对房地产经济系统产生外部冲击。

第二个阶段:初始响应与内部传导阶段。房地产经济系统对外部冲击产生初始响应,并利用内部传导机制把外部冲击转化为房地产经济系统运行的重要动力因素。振幅($Y_0$)越大,说明房地产经济系统对外部冲击越敏感,反之则越不敏感。

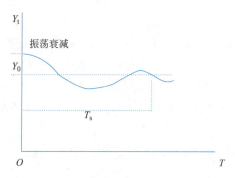

图5-5 房地产周期的冲击—传导模型

图片来源:谭刚.房地产周期冲击——传导模型及其主要因素分析[J].建筑经济,2002(6):46-48.

第三个阶段:振荡衰减阶段。由于房地产经济系统存在内部运行阻力,当外部冲击通过内部传导机制向房地产系统各个领域进行全面传导时,必然会导致初始响应曲线发生衰减,也就是随着内部传导过程的持续,外部冲击对房地产经济系统运行路径的影响程度越来越小。具体表现为房地产经济波动在波动强度、波动振幅与波动长度等指标上逐渐趋于正常或稳定状态。

第四个阶段:进入稳定状态或复原状态阶段。重新进入稳定状态,或重新回到外部冲击前的正常运行轨迹。房地产经济系统重新达到稳定状态所需的时间是衡量房地产经济系统特征的重要指标。时间越短,房地产经济系统受到外部冲击后重新恢复正常运行所需时间就越短,也即房地产系统对外部冲击的抵御能力越好,房地产经济系统的内部特征越好。

总之,当房地产经济系统受到外部冲击后,运行轨迹发生改变,然后房地产经济系统通过内部传导机制对外部冲击进行滞后的反应与调整,在冲击机制与传导机制交互作用下,历经上述四个阶段而重新回到稳定状态,完成一次房地产波动。当外部冲击连续不断甚至重复叠加时,房地产经济系统便在冲击—传导机制作用下进入连续不断的波动循环之中，由此形成房地产周期。

（4）外部冲击与内部传导在房地产周期中的作用

房地产周期波动形成的过程中，外部冲击机制和内部传导机制发挥的影响不同，主要体现在运行机制和对房地产波动的影响效果两个方面。

从运行机制来看，外部冲击来源于外生变量的自发性转移，主要强调时间序列的变化，通过外生变量及与内生变量无关的参数来对房地产波动产生影响；内部传导机制则反映房地产经济系统的结构效应，主要通过与内生变量相联系的结构参数体现出来，强调房地产经济系统对外生的时间序列变量变化的滞后响应，因此内部传导机制主要通过房地产经济系统的内在机制而在系统内部扩散，表现为系统内部对于外部冲击的自我响应与自我调整。

从对房地产波动的影响效果来看，外部冲击是波动的初始推动力量，并不直接决定房地产波动的周期性和持续性，还需要通过内在传导机制才能对周期波动的波幅、波长、波峰、波谷等产生叠加影响，从而改变基本波动形态，并对房地产周期波动转折点的形成产生主导性作用；内部传导机制虽然表现为对外部冲击的滞后响应，但由于房地产经济系统是一个内生运动决定的单一积累过程，因而在本质上决定着房地产波动的周期性和周期的持续性，决定着房地产周期波动过程中包括波峰、波谷、波幅、波长等基本波动形态。

## 5.3　房地产市场的政府干预

房地产业是重要的民生产业，对国家经济发展具有重要影响。房地产市场一方面对房地产业的发展具有重大推动作用，同时也存在诸多缺陷。为维护房地产经济活动的正常秩序，保证其持续、快速、健康地发展，必须加强国家对房地产市场的管理，特别是宏观管理和调控。

### 5.3.1　房地产市场政府干预的必要性

市场可以很好地解决效率问题，却不能很好地解决公平问题，且单纯的市场调节具有盲目性，为维护正常的社会经济秩序，保证经济主体的合法权益，优化资源配置，达到总供给和总需求的动态平衡，国家对国民经济一切部门、产业和行业都必须进行干预管理，而房地产市场则更需要加强管理，这主要是由房地产市场属于非完全有效市场，存在明显的"市场失灵"，主要表现为：

（1）房地产市场信息不对称。房地产商品生产过程复杂，涉及领域繁多，由于社会分工的发展，很难有人对各个领域的知识都很精通，这导致房地产市场交易双方对商品质量、商品本身的价值以及市场的供求状况等都存在较为严重的信息不完全。

（2）房地产市场存在垄断性。土地的有限性必然导致土地供给上存在一定程度的垄断。同时，由于房地产具有不可移动特征，形成了永远固定在某个位置与空间的自然垄断，削弱了市场机制的发挥，也产生了产品差异化导致的不完全竞争。

（3）房地产市场具有较强外部性。房地产在开发和消费过程中都广泛存在正、负外部性，如城市开发中土地增值收益的分配、相邻不动产利用时的干扰、居住区的环境污染等，从而使当事人的私人成本（收益）与社会成本（收益）不一致，使具有负外部性的产品或服务供给过多、具有正外部性的产品或服务供给过少。

（4）不能提供房地产业中的公共物品。公共物品具有消费的非排他性，从而使人产生"搭便车"的动机与行为，私人缺乏积极性来提供这些物品。房地产业中的公共物品（包括准公共物品），如防洪工程、抗震工程、公共卫生设施、廉租房等，这些项目由于投资额大、投资回收期长、很难排除不付费者的利用，由市场来供给并不具有效率或导致供给不足，因而只能由政府来提供。

### 5.3.2 房地产市场的政府干预工具

政府对房地产市场的常用干预工具包括货币政策、土地政策、房地产税收政策和住房政策等。

（1）货币政策

房地产业是资金密集型产业，国家的货币政策和金融政策会对房地产市场产生较大影响。货币政策是国家调控房地产市场价格波动最主要的工具之一，可分为价格型货币政策和数量型货币政策。价格型货币政策多借用汇率、利率等调控工具间接调控宏观经济，并通过影响微观主体的预期来调整其经济行为。数量型货币政策通过公开市场操作、改变法定存款准备金率等方式直接调控进入市场流动的货币数量。从各国的房地产发展规律看，房地产业的发展速度与货币政策的松紧程度密切相关。适度宽松的货币政策，如调低房贷利率、扩大货币供应量、放松信贷控制等，能刺激房地产市场的投资和消费，带动房价上涨，促进市场繁荣。但是过度持续的放松货币政策会出现金融支持过度现象，导致房地产业投资过快，出现房地产投机现象，房价脱离基本面的过快增长导致泡沫经济，出现金融危机。20世纪70年代的日本泡沫经济、20世纪80年代的美国萧条经济及20世纪90年代的东南亚经济危机就是典型的实例。

中国在房地产市场化改革后长期执行利率双轨制和以数量型为主的货币政策，直到2012年，《金融业发展和改革"十二五"规划》明确提出"推进货币政策从以数量型调控为主向以价格型调控为主转型"。价格型货币政策和数量型货币政策对房地产市场调控的效果也是学者们关注和研究的重点，现有研究认为数量型货币政策对管控银行信贷杠杆起到最为直接的政策效果，可以在短期内显著调控房价，而价格型货币政策的效果更具有长期性。

（2）土地政策

土地政策调控的本质是对土地供应量和土地价格的调控。土地供应量是指建设用地供应总量，是影响房地产供给最直接的因素之一。土地价格是房地产商获得土地使用权必须一次性交清的土地批租费用，在土地公有制国家，政府垄断土地价格，土地价格取决于政府对于土地的整体规划。具体来说，当房地产市场存在泡沫时，政府倾向于提高土地价格，限制建设用地供给数量，通过对土地的利用进行严格管理来调节房地产市场，降低房地产价格；反之，当房地产市场萧条，政府倾向于降低地价，增加土地供给以鼓励更多的房地产开发商进入市场。土地政策主要包括限制土地供给和规定土地利用等相关政策。

我国政府对土地及其市场具有直接的决定权和支配权，针对房地产市场不同阶段的不同特征，通过发布土地政策来调节土地供应总量、安排不同的土地用途来抑制或鼓励市场需求，有效引导房地产投资方向与强度，促进房地产市场的平稳，延长房地产周期。2004年，我国所有经营性用地出让全部实行"招拍挂"制度后，土地出让政策成为房地产市场宏观调控的重要组成部分。2021年2月，自然资源部发布住宅用地分类调控文件，要求22个重点城市实施"两集中"供地。"两集中"新政并未改变土地"招拍挂"制度，而是在其基础上对土地竞价方式和竞买规则进行调整，加强了行政对土地市场的干预力度。2021年4月21日，我国修订通过《中华人民共和国土地管理法实施条例》（以下简称《条例》），《条例》明确我国实行土地有偿使用，严格控制非农用地，并保证行政区划内耕地占补平衡、实行用途管制。这一政策限制了建设用地供应，在一定程度上也限制了房地产市场无序扩张。

土地政策实施后必须经过一段时间才能传导到房地产市场，最终实现土地调控的目标，这就是土地政策传导的"时滞效应"（图5-6），所以政府不能单靠土地政策来宏观调控房地产周期。

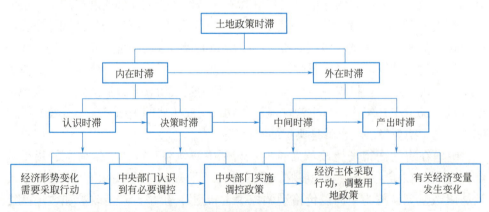

图5-6 土地政策传导的"时滞效应"

图片来源：卢为民.土地政策与宏观调控[M].北京：经济科学出版社，2008。

（3）房地产税收政策

房地产税收政策的有效落实对房地产市场经济的稳定发展和维护房价稳定具有积极影响。税收政策主要是通过改变相关税率，对房地产企业征收房地产税，以此来调控房地产经济波动。在房地产市场出现房价虚高现象时,增加房地产税收相关税率能够有效抑制房地产投机,缓解房地产泡沫。

在应对1986—1991年的房地产泡沫时,日本政府通过调整土地收益税进行调整:1987年10月调整税制前,拥有土地10年以内的被视为"短期持有",而10年以上的则被认为是"长期持有";调整税制后,持有不超过2年被视为"超短期持有",并受到重点监管,有利于对过于活跃的地块进行重点监控,减少投机行为,同时细化税制可影响房地产商的投资方向和强度,能有效控制房价涨势,缓解房地产泡沫。

在国内,现行房地产税的征收管理主要依据《中华人民共和国税收征收管理法》的规定,结合《中华人民共和国房产税暂行条例》(以下简称《条例》)收纳,房地产相关税种包括城镇土地使用税、房产税和土地增值税(表5-2)。《条例》规定,房产税在城市、县城、建制镇和工矿区征收,房产税依照房产原值一次减除10%~30%后的余值计算缴纳,房产出租的,以房产租金收入为房产税的计税依据,两种计算方式相应的税率分别为1.2%和12%。征收房产税有利于减少土地投机、稳定房地产周期。

中国现行房地产税种　　　　　　表5-2

| 税种名称 | 内容 |
| --- | --- |
| 城镇土地使用税 | 以在城市、县城、建制镇和工矿范围内的土地为征税对象,以实际占用的土地面积为计税依据,按规定税额对使用土地的单位或个人征收 |
| 房产税 | 以城市、县城、建制镇和工矿范围内的房屋为征税对象,以房产余值或租金收入为计税依据,向产权所有人征收的一种税(该税不适用外商投资企业、外国企业和外籍个人) |
| 土地增值税 | 以纳税人转让国有土地使用权、地上建筑物及其附着物所取得的增值额为征税对象,依照规定的税率征收 |

部分节选:任泽平,夏磊,熊柴.房地产周期[M].北京:人民出版社,2017.

(4)住房政策

住房政策是政府在一定社会、经济和政治形势下,为了改善住房的数量、质量、价格以及所有权和使用权状况,为适应不同时期的住房需求和住房供应模式而设计的调节和干预措施。

住房政策对住房市场系统的调节和干预主要出于两方面目的:一是调节住房生产资源的分配,纠正市场缺陷,确保住房市场供需在数量和结构上的平衡;二是运用再分配手段确保全社会住房产品分配的相对公平,尤其是保障低收入阶层和其他特殊阶层的住房权力。主要的住房政策涉及住房购买、住房租赁和住房保障等多个层面,其在宏观层面上对房地产租赁和购房市场有一定的引导作用,与房地产市场的稳定和社会福利密切相关。

德国长期实行以居住为导向的住房制度设计,并以法律形式保障。德国的《住房建设法》《住房补助金法》《住房租赁法》和《私人住房补助金法》分别为社会保障性住房供给、中低收入房租补贴、租赁市场规范和私有住房提供了法律框架。此外,德国有充足稳定的住房供给,规范发达的租赁市场,住房拥有率低、租房比例高,这些使得德国房地产市场长期处于稳定状态。

此外,政府也会通过房地产产业政策、房地产价格调控政策等工具对房地产市场进行干预。具体实施中,各类政府干预工具并非单独使用,而是常常作为调控房地产市场的有效手段相互组合、共同作用。

## 【本章小结】

本章重点分析了房地产周期理论和政府干预工具。首先,在阐述宏观经济周期理论的基础上,分析了房地产周期的内涵、阶段、形态,并剖析了房地产周期与宏观经济周期之间的关系。其次,分析了房地产周期的影响因素,包括社会发展、经济、制度与政策、技术革新以及其他等外生因素,和市场供需矛盾、房地产价格预期、房地产投资和预期收益率等内生因素,并认为房地产周期是房地产经济系统内部传导机制和外部冲击机制相互作用的综合结果。最后,鉴于房地产市场存在失灵现象,需要政府采用货币政策、土地政策、税收政策和住房政策等手段进行干预调控。

### 思考题

1. 什么是经济周期?有哪些重要的经济周期理论?
2. 如何理解房地产周期?简述房地产周期的阶段及表现。
3. 简述房地产周期与宏观经济周期之间的关系。
4. 房地产周期的影响因素包括哪些?
5. 简述房地产周期的形成机制。
6. 房地产市场的政府干预工具包括哪些?

# 第 2 篇
## 实践与探索篇

# 6

## 住房保障蕴含的房地产投资机会

【本章重点难点】

通过本章学习,应掌握住房保障与保障性住房的具体内涵;了解国际典型国家住房保障制度的演变,熟悉我国各类住房保障方式的特点;学习农村集体经济组织以及PPP模式下房地产开发商参与保障性住房供应的方式,蕴含的收益、风险及投资机会;掌握保障性住房选址及其对房地产市场的影响。

【本章导读】

本章首先阐述了住房保障与保障性住房的概念与内涵，介绍了国际典型国家保障性住房制度的发展历程，我国住房保障制度、住房保障类型和住房保障方式；然后分析了农村集体经济组织以及PPP模式下房地产开发商参与保障性住房供应的服务供给与投资机会；最后探讨了武汉市保障性住房选址的特点、影响因素及其对房地产市场的影响。本章逻辑框架如图6-1所示。

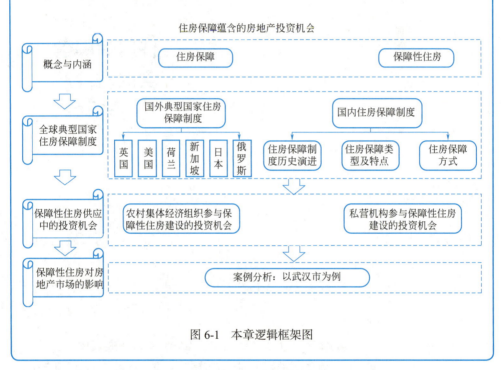

图 6-1 本章逻辑框架图

## 6.1 住房保障的相关概念

### 6.1.1 住房保障的概念与内涵

住房保障是指政府组织或社会组织通过制定政策、法规，采取一系列措施，确保居民能够获得合理、安全、卫生、适宜的住房条件的一种社会保障制度。住房保障有广义和狭义之分。广义的住房保障涵盖了解决贫困、社会融合、居住权利等一系列宏观和复杂的社会问题，旨在通过系列保障措施实现全体居民的住房权益，促进社会的稳定和发展。狭义的住房保障专注于解决个体和家庭实际住房需求，是为满足中低收入家庭基本居住需要而采取的特殊制度，包括供应、分配、补贴、协调等一系列保障机制。按照所采取的保障手段，住房保障可分为实物保障和货币补贴两种类型。实物保障通常指由政府直接出资建房并分配给保障对象，或者政府通过有效的优惠政策吸引民营企业，以参与各方"多赢"为合作理念，共同投资、建设、运营、供给保障性住房，俗称为供给方补贴或"补砖头"。货币补贴既包括政府直接对被保障对象实施经济补贴增加其住房购买力，俗称为需求方补贴或"补人头"，也包括政府利用税费优惠、低息贴息、政策性抵押担保等金融、财税手段引导企业参与住房保障建设。

### 6.1.2 保障性住房的概念与内涵

保障性住房具有两方面内涵。一方面，保障性住房是一类具有社会保障性质的住房的总称。广义而言，保障性住房可理解为在政府干预下带有政策性质的住房，或者由市场提供的商品房以外的其他住房。狭义而言，保障性住房是指全部或部分产权归政府所有，面向特定人群的限定标准、限定价格或租金的住房，例如我国的经济适用房、公共租赁房、廉租房、共有产权房等。另一方面，保障性住房是住房保障制度普遍采用的一项政策工具，是社会保障的重要组成部分，对于解决中低收入群体住房问题、改善民生以及实现政府对住房市场的宏观调控等都具有重要意义。

## 6.2 典型国家住房保障制度发展历程

### 6.2.1 英国住房保障制度

18世纪末至19世纪初，英国加速工业化和城镇化进程，城市住房和基础设施无法适应人口的增长速度，工人只能居住在条件恶劣的贫民窟，住房作为一项社会问题被提上政策议程。1875年，英国政府颁布《公共卫生法》对住房条件作出规定，正式干预住房问题。1890年出台了《工人阶级住房法》，世界第一个公共租赁住房诞生，标志着英国正式开始构建保障性住房法。

20世纪早期的英国仍然面临住房供应短缺、居住卫生条件差等问题。1914—1944年，英国中央政府对地方政府住房建设提供财政补贴，政府加大对住房市场的干预。这一时期也是政策探索和频繁调整的时期。1921年英国保守党执政时要求大规模缩减中央财政补贴，并要求地方政府在申请财政补贴时证明私营住房供应难以满足需求；工党上台后，1924年和1930年出台的《住房法》则鼓励地方政府建设公共住房并扩大了中央政府补贴范围；1933年保守党执政后，《住房法》再次取消了中央对地方政府住房建设的一般补贴。虽然执政党交替过程中"中央财政补贴的具体形式和要求"反复变革，但英国总体形成了以财政补贴引导地方政府进行住房建设的制度框架。

第二次世界大战后英国国内住房数量严重短缺，英国重新采用中央财政补贴的手段鼓励地方政府大规模建设公共住房。值得注意的是，尽管英国政府鼓励公共住房供应，但实际公共住房建设主要由企业完成。1970年英国国内住房数量短缺问题基本得以解决。英国政府陆续出台多样化保障性住房政策，如支持住房自有，鼓励私营企业参与保障性住房建设、供应，实施需求方补贴等，保障性住房政策不断丰富。然而，随着20世纪70年代经济危机的到来，住房建设成本上涨，政府大量补贴保障性住房建设的方式受到广泛质疑并逐步被抛弃。从1980年开始，新自由主义政策思潮逐步影响到英国住房政策，保障性住房政策面临整体变革。这一时期的住房政策重点包括：由供给方补贴转向需求方补贴；鼓励居民购房，提高住房自有率；减少政府对保障性住房供给的直接干预，鼓励私营部门和"第三部门"参与保障性住房供应。

21世纪以来，保障性住房政策的基本趋势没有发生根本性变化，但政策重点转向保护社会弱势群体，以促进社会公平。2003年《可持续社区：面向未来的建设》指出了英国住房体系中存在"高增长地区住房供应不足和高房价、低增长地区住房需求不足和城市更新"等问题。2004年11月，英国颁布了新的《住房法》，确定了在2010年之前为所有家庭提供"宜居住房"的目标，包括保护社会弱势群体，为自有住房、租住住房以及出租住房者创造更公平的住房市场。为应对人口老龄化、住房需求增加等问题，英国政府设定了在2020年之前增加300万套住房供给的目标，并希望增加租赁型或出售型保障性住房的供应。

总体而言，经过近百年的发展与改革，英国基本形成了以政府供给和社会非营利机构参与保障性住房供应的混合型住房保障模式，既强调市场机制和非公共部门的作用，同时也强调住房的社会公平性目标，缓解了低收入群体因住房产生的社会矛盾。

### 6.2.2 美国住房保障制度

从美国建国到20世纪30年代，美国联邦政府一直没有统一的住房保障政策。19世纪末，联邦政府陆续采取系列手段，住房保障制度不断完善。

1865—1933年，美国保障性住房政策体系萌芽。1865年，美国内战结束后，城市化快速推进，城市住房供给压力增加，贫民窟环境进一步恶化。1917年，美国国会出台相关政策，旨在解决第一次世界大战时期工人和军人的住房问题。20世纪30年代经济危机期间，美国面临"大萧条"带来的大规模失业、无家可归问题，为刺激经济增长和解决就业以及住房需求，罗斯福新政采取政府投资住房建设的举措。由此，美国联邦政府正式启动面向中低收入家庭的住房保障政策。

1934—1948年，美国保障性住房政策体系初步形成。为解决中低收入群体的住房难题，1937年美国国会通过《联邦住房法》，创立美国住房局，专职低租金住房，为低收入者发放住房补贴，明确修建公有住房的规划及其建设标准，清理贫民窟项目，标志着美国全国层面的住房保障政策开始形成。

1949—1964年，美国政府强化了保障性住房的直接干预。第二次世界大战后，美国面临住房数量短缺、质量不高、城中心贫民窟聚集等问题。1949年，国会通过了新的《联邦住房法》，首次确立国家住房政策的目标是每个家庭都能居住在体面的住房和适宜的居住环境中，奠定了战后美国住房政策的基本框架。这一时期美国保障性住房政策重点并不是贫困家庭的住房问题，而是通过住房金融体系和所得税豁免政策提高中产阶级家庭的购房能力和住房自有率。对低收入家庭而言，公共租赁住房仍然是这一时期的主要住房保障形式。1954年住房法案提出"城市更新"概念，这一时期住房政策目标从增量住房的建设供应逐步转向存量住房的修缮和更新。

1965—1973年，美国政府对住房供应的直接干预转向间接干预。1968年，新的《住房与城市发展法》提出"补砖头"政策措施，即采用货币补贴的手段为建设公共住房提供资金支持，以吸引更多社会机构参与公共住房建设。这一时期，受到越南战争导致的财政危机的影响，公共租赁住房项目计划推进受挫，政府、学者和公众提出应当利用市场的力量促进保障性住房的建设和供应。

1974—1994年，美国逐步确立以需求方补贴为主的保障性住房政策。1974年保障性住房政策中"补砖头"计划废除，"租金证明计划"成为主导，保障性住房政策正式由供给方补贴（补砖头）向需求方补贴（补人头）转变。"租金证明计划"规定，低收入人群可自由选择符合标准的住房，租金由政府支付，保障性住房的可选择范围扩大。1987年推出"租金优惠券"计划，进一步考虑了低收入群体的实际需求，仅对租金支付方式作出规定，并未限制保障性住房选择范围，提升了住房选择的自由度。

总体而言，经过长时间的探索，美国逐步确立了政府有限责任与间接干预、强调市场机制和家庭意愿、需求方补贴与供给方补贴相结合的住房保障政策模式。20世纪90年代以来，美国住房保障政策重点从简单地提高保障性住房供应或贫困家庭支付能力，逐步转向保护和利用存量保障性住房、扩大低收入群体住房选择范围、转变公共住房角色、消除贫困集中与居住隔离等多重目标，住房保障政策体系进一步完善。

### 6.2.3 荷兰住房保障制度

荷兰住房保障制度始于1901年出台的《住房法》，具有鲜明的"福利国家"特点，不同历史时期的住房保障制度内容及重点有所区别。

1901—1944年，荷兰保障性住房政策初步发展。19世纪下半叶，荷兰城市快速扩张，大量农村人口涌入城市，引发住房数量短缺问题。1901年，荷兰出台了第一部全国性的公共住房法案——《住房法》，期望通过政府干预住房市场，消除工业革命和快速城市化以来城市中脏乱差的住房，建设公共财政补贴的保障性住房（社会性住房）。此外，正式授权住房协会为低收入家庭建设廉价住房，工人阶级和其他低收入家庭主要通过租赁获得保障性住房，中央政府对各类非营利性住房提供补贴。

　　1945—1973年，以高强度供给方补贴为特色的保障性住房体系迅速发展。受第二次世界大战影响，荷兰大部分城市遭到严重破坏，并且人口增长快，面临较为严峻和长期的住房短缺问题，政府不得不直接承担起社会住房建设者的角色。1947—1948年新的《住房法》出台，荷兰中央政府大力加强社会租赁住房建设的财政支持。20世纪50年代末至20世纪60年代初，荷兰政府将私营租赁住房纳入财政支持覆盖范围，进一步扩大对租赁住房的财政支持。

　　1974—1990年，供给方补贴与需求方补贴相结合的混合模式初步形成。20世纪60年代后期，荷兰住房短缺问题得到有效解决，国内呼吁削减政府住房财政补贴支出，只对低收入人群和其他有需求的人群提供资金支持。1974年出台的《国家住房政策》规定，除对住房建设和质量维护给予补贴之外，开始对"住房财政负担过高"的住户给予补贴，并规定了补贴标准。

　　1990年至今，荷兰社会住房体系私有化和市场化改革。20世纪90年代初，荷兰全国住房短缺问题基本消失，在公共住房财政支出不断上涨的情况下，地方政府基本退出住房供应体系，保障性住房体系开始向私有化和市场化转变。1995年起，荷兰中央政府对社会租赁住房供给方的补贴终止。住房合作社可以进行社会和商业住房开发或者二者混合开发，并且可以自主决定租金的数额。2001年，荷兰出台系列补贴或减税政策以鼓励更多中低收入者购买自有住房，支持住房自有化。

　　经过一系列改革，荷兰形成了以社会租赁住房、商业租赁住房和自有住房为主体的住房保障制度体系。

### 6.2.4　新加坡住房保障制度

　　1959年新加坡成为自治政府之际，超八成家庭（近160万人）面临住房短缺问题。1960年，新加坡成立建屋发展局，旨在建设保障性住房，为中低收入阶层提供出租形式的廉价房屋。同年，新加坡开始实施"五年建屋计划"，以组屋出租形式向低收入群体提供大量公共住房。组屋出租对供给对象的身份、持有房产状况、收入、家庭成员构成等有严格的限定。

　　1964年政府宣布实行"居者有其屋"政策，推动组屋的供应从"出租"向"出租+出售"转变，并出台相应政策鼓励中低收入群体购买组屋。为提高居民购房支付能力，1968年中央公积金提出"住房提升计划"，允许中央公积金储蓄用于购买组屋。1981年，政府允许居民利用中央公积金储蓄偿付私人住房贷款。此外，政府还通过中央公积金向居民提供购房补贴。1994年，新加坡开始实施中央公积金的住房补贴计划和住房补助金计划，对首次购买公共组屋的家庭提供补贴。

　　随着房荒问题的缓解，1970年新加坡住房政策重点向住房改善转变，住房类型由过去的一房式、二房式转向三房式、四房式，同时也开始关注组屋周边的生活配套设施情况。1975年，新加坡政府开始放松组屋转售限制，提高了组屋的私有化水平。20世纪80年代至今，随着住房供应的逐步成熟和完善，新加坡政府开始在保障性住房政策中重点关注提升居民生活环境质量，颁布了一系列提升居住环境的政策。如，制定"组屋更新计划""邻里重建计划"等。

新加坡总体形成了以解决中低收入群体住房问题为重点，以政府分配与市场出售相结合为主要供给方式，以廉租房（出租）和廉价房（出售）为主要保障形式，以满足不同历史时期差异化需求为目标的多层次、全覆盖、分阶段的住房保障政策体系。

### 6.2.5 日本住房保障制度

第二次世界大战后，日本面临全国性的住房短缺问题，日本政府开始实施住房保障制度，建立了一个包括中低收入家庭在内的全体公民的住房保障体系。

日本中央政府设置省直属公共公司都市整备公团负责建造公共住房，只能出租或出售给中等收入以下群体；地方政府部门在府、县、市分别设立的房地局则负责解决低收入家庭和困难家庭的住房。日本中央政府提供公共住宅主要包括住宅金融公库、公营住宅和住宅公团三种方式。

1950年，日本政府全额出资成立住宅金融公库。住宅金融公库作为政策性金融机构，主要为居民个人建设、购买、维修住房提供长期、固定、低息贷款，并向从事住宅贷款的民间金融机构提供保险，以解决居民住房问题，改善居住条件。此外，政府通过多种途径将一些长期的、低成本的社会资金吸引到保障性住房领域，进而实现住房保障形式的多样化发展。

公营住宅由日本地方政府直接供应，得到中央政府财政支持。1951年，出台的《公营住宅法》中规定，日本中央政府需与地方政府通力合作建造住宅，确保居住困难的低收入群体以低廉的租金获得住宅，并满足其健康文明的生活要求。在该法案的指导下，日本建设了大量的公营住宅，保障了国内中低收入人群住房需求。20世纪80年代后期，房价飞涨，普通群众购买力不足，日本国内公营住宅供需矛盾加剧。1996年，日本修订《公营住宅法》，期望通过扩大公营住宅房源以解决国内低收入群体的住房短缺问题。

住宅公团是日本政府在公营住房保障的基础上，为进一步扩大保障范围，根据1955年《日本住宅公团法》成立的金融机构。住宅公团是日本政府全额出资、直属的国营非营利企业。从保障对象来看，公营住宅的保障对象是全体中等收入者，而公团建设的住宅则主要面向大都市地区的中低收入人群。

总体来看，日本政府先后实施的住宅金融公库、公营住宅、住宅公团政策，支持日本保障性住房建设逐步走向正规和完善，不同程度地满足了不同阶段的住房需求。

### 6.2.6 俄罗斯住房保障制度

俄罗斯住房保障制度改革始于20世纪80年代，当时公有化的住房保障模式已无法满足民众的基本住房需求，以市场化为方向的住房制度改革在苏联政府内部获得了普遍认同。苏联解体后，俄罗斯出台的《俄罗斯联邦住房私有化法》指出每个俄罗斯公民均享有一次免费获得私有化住房的权利，推动了俄罗斯住房私有化和市场化改革。但是在其糟糕的财政状况和混乱的市场秩序背景下，政府在公共服务领域的缺位和私人市场的投资不足导致私有化住房供给严重不足，加剧了俄罗斯低收入群体的住房困难问题。

随着居民住房问题凸显以及国内经济秩序的逐步恢复，俄罗斯住房政策由最初的私有化和市场化逐步转向构建公共财政推动下的住房财政保障机制，主要包括保障性住房供给和住房公共服务提供两个方面。

保障性住房供应是俄罗斯住房保障制度的重点。中央政府负责制定全国住房发展规划，通过联邦预算为规划拨款，地方政府负责地方规划的制定及全国规划、地方规划的实施。经过二十多年的发展，俄罗斯逐步建立起五种保障性住房供给体系。

（1）社会性住房：社会性住房是指俄罗斯政府为符合联邦法律规定的低收入群体提供的基本保障性住房，产权归属中央或地方政府，建设资金主要源于地方预算拨款、联邦预算再融资形成的地方政府长期贷款、借款、社会性住房的租金收入等。由于政府缺乏资金用于建设、购买住房，为低收入群体提供社会性住房成为俄罗斯政府面临的一大难题。

（2）私人和公民协会集资建房：私人建房是指居民运用自有或借贷资金来建设住房，而公民协会集资建房是指由若干居民家庭组成公民协会共同建造住房。该类住房建设主体均不以盈利为目的，政府需要对其提供监督及长期贷款帮助，并保护其土地使用权，避免建筑商参与土地拍卖。

（3）专用住房：专用住房是指从俄罗斯中央或地方政府所属住房划拨，用于国家公职人员、军人、需要特殊保障的残疾人等特定群体提供的保障房。专用住房不允许转让、出租和出售。

（4）经济型住房：不同于社会性住房，任何拥有一定资金的居民均可以购买经济型住房。俄罗斯对经济型住房的标准作了明确的规定，并充分发挥国家政策的导向作用，通过国家和地方各级住房规划拨款，大力建设和发展经济型住房，还通过政府基金为经济型住房和公用基础设施建设、建筑材料安置等提供土地，为非营利性公民联合机构参与住房建设提供政策指导，与住房按揭贷款股份公司共同制定经济型住房发展规划等。

（5）租赁房：俄罗斯政府采取包括对房主给予租金税收减免、提供用于租赁房建设的长期贷款、吸引国家养老基金参与租赁房建设、对租金进行监督协调以保障低收入者权益等措施保障租赁房的供给。

政府提供住房公用服务是俄罗斯住房保障制度的另一个重要方向，包括房屋维修、技术服务和电梯服务等公用服务和供电、供暖、供气、给水排水等基础设施服务业务。从需求形式上看，住房公用服务同时涵盖了公众需求、集体需求和个人需求，服务费用的支付可通过纳税、缴纳公共服务费或购买的方式；从所有制形式来看，住房公用服务包括国家、市政机关和私人所有三类。

俄罗斯中央政府和地方政府合作，保证住房保障政策顺利实施，但由于保障群体规模相对庞大且预算资金有限，构建多元住房保障体系十分必要。

## 6.3 我国住房保障制度的发展历程与特点

### 6.3.1 我国住房保障制度

20世纪80年代住房制度改革以来，我国住房保障制度发展历程大致分为五个阶段：

（1）1980—1993年：应急型住房保障阶段——以"解困房""解危房"为主体

1983年，《国务院关于严格控制城镇住宅标准的规定》第一次提出要将解决无房户、严重拥挤户的住房问题放在首位。1986年，中央政府要求各地方政府首先解决人均住房面积低于$2m^2$民众的住房问题，保障对象进一步明确。1991年，《国务院关于继续积极稳妥地进行城镇住房制度改革的通知》中指出围绕"'解危''解困'"双目标，着力发展具备经济性、实用性的商品性住房，优先解决弱势群体的住房问题。这一文件的发布被视为住房保障工作的萌芽。

（2）1994—1997年：住房保障体系建设的起点——以安居工程为主导

1994年，《国务院关于深化城镇住房制度改革的决定》首次提出住房保障的概念，并指出为解决中低收入群体的住房问题，要求各地方政府重视经济适用住房的开发建设。1995年，《国家安居工程实施方案》的出台标志我国进入了以安居工程为主导的保障阶段。《国家安居工程实施方案》计划1995—2000年期间建设住房1.5亿$m^2$，并以成本价优先供给住房危房户、困难户。然而，安居工程的建设资金主要来源于地方财政，政策出台后仅在经济水平较高的城市得到顺利实施。

（3）1998—2002年：初步建立保障性住房体系——以经济适用房为主体

住房改革全面推进之后，1998年建设部等多部门联合出台的《关于大力发展经济适用住房的若干意见》中指出，可大力发展经济适用房以解决科教文卫机构职工的住房问题。这一时期，国家停止住房实物分配，多数城市居民无力购买商品房，国家加大了经济适用房的供应，引导和鼓励住房困难家庭购买经济适用房。国有土地使用权允许出让、转让背景下，伴随大量城市拆迁，经济适用房成为拆迁居民的重要安置途径。这一时期，经济适用房政策逐渐成为住房保障体系的重点内容，据统计（图6-2），全国的经济适用房新开工房屋面积、销售面积占住宅面积的比例近20%。

图6-2 全国经济适用房建设概况

图片来源：转引用自：汪毅，等.保障性住房的政策演进与空间演化——以南京市为例[C].2017中国城市规划年会论文集（20住房建设规划），2017：114-123。

（4）2003—2006年：住房保障制度规范发展阶段——经济适用房和廉租房双轨并行

2003年，《国务院关于促进房地产市场持续健康发展的通知》中明确规定经济适用住房的购买需满足一定标准，明确了经济适用房的保障性质。该文件的发布被认为是中国住房保障制度规范发展的标志性文件。同年，《城市最低收入家庭廉租住房管理办法》提出地方政府可以根据相应的社会经济状况推动建立针对城镇最低收入家庭的廉租住房制度。然而，廉租房建设主要依靠地方财政投入，资金来源渠道单一，廉租住房供应水平仍有待提升。2006年，《关于调整住房供应结构稳定住房价格的意见》规定，地方政府应将一定比例的土地出让净收益用于廉租住房建设，为廉租住房建设提供资金保障。

（5）2007年至今：全面建设和完善住房保障体系

随着城市化进程推进，大量劳动人口向城市聚集，商品房价格快速上涨，中低收入群体住房短缺问题凸显。我国政府陆续出台系列政策，不断探索住房多元保障形式与供给渠道，扩大保障范围，大力推动保障性住房体系的建设与完善。2007年《国务院关于解决城市低收入家庭住房困难的若干意见》中明确指出应以廉租住房为重点，采取多种方式解决城市低收入群体住房问题，并要求改进和规范经济适用住房制度，加大棚户区、旧住宅区改造力度；2010年《关于加快发展公共租赁住房的指导意见》中指出要大力推进公共租赁住房发展，将公共租赁住房纳入保障性住房体系；2012年《公共租赁住房管理办法》中提出逐步实现公共租赁住房和廉租房双轨运行，通过租赁住房的方式解决住房问题。

廉租房与公共租赁住房的出现与发展解决了诸多中低收入群体的住房问题，但仍存在不足之处。一方面，公共租赁住房和廉租房因其社会保障性质，租金数额较低、成本回收周期长，地方政府面临巨大财政压力，限制了两类保障性住房的进一步发展；另一方面，保障对象只拥有使用权而不具备所有权，无法享受房价上涨带来的收益，社会贫富差距拉大。为此，2011年《关于保障性安居工程建设和管理的指导意见》（以下简称《意见》）明确要求，地方政府根据实际情况在继续安排经济适用住房建设的同时加大对限价商品房的建设。该《意见》的发布标志着限价商品房正式被纳入保障性住房政策体系中。2013年，住房和城乡建设部提出发展具备福利性质与商品属性的共有产权房，2014年确定北京、上海、深圳、成都、黄石、淮安6个全国共有产权住房试点城市。随着限价商品房和共有产权房的快速推进，我国保障性住房政策开始迈入"租购并举"时代。

从2017年开始，各城市放宽人才落户政策，推进人才安居房作为新一类特殊保障房。党的十九大以来，全国住房城乡建设会议及政府工作报告均提出要建立"多主体供给、多渠道保障、租购并举"的住房制度。2021年《中华人民共和国国民经济和社会发展第十四个五年规划和2035年远景目标纲要》提出增加保障性住房有效供给，完善住房保障基础性制度和支持政策。2023年国务院审议通过的《关于规划建设保障性住房的指导意见》中明确了加大保障性住房建设和供给以及推动建立房地产业转型发展新模式两大目标，提出调整供应结构，规划建设配售型保障性住房，以实现对需求的匹配。保障性住房体系进一步完善。

总体来看，住房改革以来我国保障性住房供给由最初的"只租不售"发展到现阶段的"租购并举"，供给方式不断丰富，保障性住房类型也逐渐多元，形成了政府保障与市场供给相结合的保障性住房供给体系，建立完善了住房保障制度。

### 6.3.2　我国住房保障类型

（1）实物保障

实物保障即向符合条件的家庭提供实物保障性住房，包括廉租房、公共租赁房、经济适用房、限价商品房、棚户区改造安置房和共有产权房等类型。

1）廉租房

廉租房是指政府或单位通过收购旧住房、符合标准的空置商品房、腾退的公房，社会捐赠住房或新建廉租房等方式获得房源，以租金补贴为主、实物配租和租金减免为辅的方式，向符合城镇居民最低生活保障标准且住房困难的家庭提供社会保障性质的住房。廉租房产权由政府或单位持有，被保障对象没有产权，不能买卖，也无法继承。

廉租房建设资金主要依赖财政支持，缺乏更广泛的来源，限制了地方政府建设廉租房的积极性，导致廉租房供给不足。在廉租房的分配标准方面，各地在具体的分配对象和认定标准上存在不同，加上现实操作中种种寻租、处罚措施的不利，多出现廉租房覆盖面偏低、非廉租对象通过不正当手段获得保障等问题，造成资源错配、社会公平性缺失。此外，在现实经济活动中，被保障对象家庭收入动态变化跟踪难度较大，廉租房退出机制不完善，其社会保障功能有待提升。

2）公共租赁房

公共租赁房是解决新就业无房职工、新大学毕业生、在城镇稳定就业的外来务工人员等夹心层群体住房困难的准公共产品。在早期传统政府采购模式下，公共租赁房建设从资金供应到经营管理全部由政府部门负责。但公共租赁房存在一次性投资大、资金占用周期长、投资回报率低等问题，其供给难以满足社会需求。为此，政府部门开始探索与企业合作共同供应公共租赁房，即将PPP模式应用于公共租赁房建设中。民间资本的引入不仅有利于缓解政府财政压力，还可以保证公共租赁住房建设的长期性和有效性，以满足中低收入群体住房保障需求。

在公共租赁住房分配中，由于我国居民个人收入情况透明度较低，仅通过审查居民收入水平和现实住房状况来确定供给对象，容易导致不在保障范围内的群体通过非正规手段获取公共租赁住房，公共租赁住房可能会被"鸠占鹊巢"，陷入廉租房陷阱，难以满足实际需求。

3）经济适用房

经济适用房是国家为解决中低收入家庭住房问题组织房地产开发商或单位集资修建的保障性商品房，是以政府和市场相结合的方式解决中低收入阶层住房问题的一种尝试。这类住宅因减免了工程报建中的部分费用，其成本略低于普通商品房，具有经济性、适用性的特点，故称之为经济适用房。经济适用房的建设用地由地方政府划拨，为此购买者仅能获得经济适用房的"部分产权"，且五年之内不能交易买卖，五年后需按比例缴纳相关价款获得完整产权后进行市场交易。经济适用房的出现会吸引部分具有购买意愿的准消费者，从而达到平抑商品房价格的效果。

经济适用房和商品房一样，一次性让渡房屋产权，缺乏"退出机制"与"循环机制"，这在一定程度上强化了经济适用房的商品特性，其保障功能被弱化。加之我国尚未建立起个人信用档案，政府难以采取科学手段准确核实家庭收入，导致经济适用房保障对象模糊宽泛，一些不符合购买条件的高收入家庭通过"合法"途径获得经济适用房，造成经济适用房资源错配，导致社会不公，引发社会矛盾。2014年，公租房与廉租房并轨，全国陆续消减并停止供应经济适用房。

4）限价商品房

限价商品房是政府推出的限定了住房销售价格、销售对象、户型比例、单套面积等标准的特殊商品房，旨在解决中低收入家庭住房问题或满足居民自住需求。与一般商品房不同的是，政府按照以房价定地价的思路，对开发商的开发成本和合理利润进行测算后，设定土地出让的价格范围，从源头上对房价进行调控。限价商品房价格通常比经济适用房高，但一般较周边同类商品房价格低20%左右。限价商品房供给主要针对两类人群：一是具备一定房地产消费能力的居民；二是定向购买的拆迁户。限价商品房的推出既可以解决"夹心层"群体住房问题，也是平抑普通商品房价格的一种临时性举措。然而，限价商品房的产权属个人所有而非政府和国家，当限价商品房实行销售，政府对限价商品房的管控将被削弱，政府通过限价商品房对房地产市场的宏观调控也随之削弱。

5）棚户区改造安置房

棚户区通常面临人均居住面积小、建筑质量差、存在安全隐患且生活配套设施不完善等问题。棚户区改造是政府通过改造城市危旧住房以改善困难家庭住房环境，同时改善城市环境、提升城市功能而推出的一项民生工程。棚户区改造安置房是指将旧房屋拆迁后按照拆迁安置的相关政策以及签订的拆迁、安置协议对被拆迁群体进行安置的住宅，符合棚户区拆迁安置条件的住户均在保障范围之内。国内各省市安置房建设模式各有不同，主要包括：片区开发业主自建、政府自建或将PPP模式引入安置房建设中，如企业代建后政府回购等类型。棚户区改造安置房供给对象通常享有安置房全部产权，安置房买卖不但受到法律、法规的规范，还受到国家和地方政府相关政策的约束。

棚户区改造是一项庞大、复杂的系统工程，涉及城市规划、土地管理、市政建设、社会保障、户籍制度等多个方面，关系到政府、居民、村集体、开发商等多方利益，主体间利益失衡容易引发社会矛盾、阻碍城市的健康均衡发展。

6）共有产权住房

共有产权住房是指当中低收入住房困难家庭在无力一次购买住房的情况下，政府将部分土地出让金或相关税费作为产权入股资金，与中低收入群体共同出资取得房屋产权。若日后家庭住房购买能力提高，可按照市场或评估价格购买政府所持部分产权从而获得全部产权，也可将自己拥有的部分产权出售给政府或其他符合共有产权住房申请条件的购买者。

共有产权住房有效扩大了保障对象覆盖范围。"夹心层"群体通常不符合廉租房的申请资格，但其又不具备较强的商品房支付能力。共有产权住房政策通过降低购房门槛，使"夹心层"群体相对容易获得稳定住房，解决了该群体的住房问题。政府对共有产权住房的资金补贴水平较低，且可通过产权转让或上市交易回笼建设资金，解决住房问题的同时亦能减缓财政压力。然而，现阶段各试点城市大多仅规定了共有产权住房转让年限和方式，产权转让比例尚未明确。由于住宅总体价值较高，产权比例界定模糊会导致增值收益归属不明确，共有产权住房易沦为部分人的"福利房"，有失社会公平。

（2）货币补贴

货币补贴通常包括两种形式：一是给予保障房供给主体的补贴（如税费优惠等），鼓励其参与保障房建设，提高保障性住房供给；二是向符合条件的家庭发放补贴，支持其在市场上租赁或购买适当的保障房。与实物保障方式相比，货币补贴方式具有操作灵活、补贴效率高、便于退出等优势。

1）税收优惠

保障性住房建设和运营单位享受税收优惠政策。以公共租赁住房建设为例，

《关于促进公共租赁住房发展有关税收优惠政策的通知》指出，对公共租赁住房经营管理单位免征建设、管理公共租赁住房涉及的印花税；对企事业单位、社会团体以及其他组织转让旧房作为公共租赁住房房源，且增值额未超过扣除项目金额20%的，免征土地增值税；个人捐赠住房作为公共租赁住房，符合税收法律法规规定的，对其公益性捐赠支出未超过其申报的应纳税所得额30%的部分，准予从其应纳税所得额中扣除。

2）住房公积金

住房公积金是一种强制储蓄制度。每月从职工工资中提取规定的比例，与单位缴存部分合并储蓄，只可用于购买、建造、翻修等住房性支出，除在职工离退休、丧失劳动能力、死亡等特定情形下，不可挪作他用。

3）购房补贴

购房补贴是由地方政府根据当地经济适用住房平均价格、平均工资以及职工应享有的住房面积等相关因素综合确定的购房价款补贴，其发放对象是未享受保障性住房和住房面积未达到规定标准的职工。目前，购房补贴的实施主体主要是行政机关和事业单位，企业通常根据自身的条件参照执行。

### 6.3.3 我国住房保障方式

（1）供给方补贴方式

供给方补贴通常称为"补砖头"，是指政府借助税收、金融等手段，加强对保障性住房的建设、修缮和管理，降低房价或租金，从而解决中低收入家庭住房问题的一种住房保障方式。供给方补贴通常包括两种类型：一类是由政府利用金融、财政手段通过建造或收购的方式获得房源并将其分配给保障对象，如我国的廉租房、由政府出资建造的公共租赁住房等；另一类是政府通过有效的优惠政策吸引民营企业，以参与各方"多赢"为合作理念，共同投资、建设、供给、运营的保障性住房。如政府通过财政投资、建设贷款贴息、税费优惠等手段鼓励房地产开发等各类企业和投资机构投资、建设和运营的公共租赁住房；政府通过土地划拨放弃在土地出让金方面的财政收入以及与房地产相关的税费收入，作为对开发商的激励措施，供给的低于市场价格的经济适用房；政府在土地出让时将部分土地出让金收入或相关税费作为共有产权的入股资金，按投资比例拥有房屋产权的共有产权房等。

（2）需求方补贴方式

需求方补贴通常称为"补人头"，即由公共财政向部分无法在市场上取得理想住房的住户而非住房供应商提供补助，给予住户自主抉择住房的权利，该政策旨在依据不同住户的收入水平和实际需要决定补贴力度及方式，以此提高其在市场上获取住房的经济能力。需求方补贴有多种方式，通常包括弥补固定比例家庭收入与市场租金之间差额的住房津贴或租金补贴、给予购房者的一次性补贴、贷款利息税收减免、住房公积金等类型。

（3）供给与需求相结合的补贴方式

住房问题的解决不仅依赖地方政府保障性住房的供给，还应积极引入社会力量的参与，并运用"需求方补贴"的政策工具，构建多渠道、多层次的保障体系。我国住房保障方式由早期的"解危房""解困房""安居工程"等单一供给方补贴方式向现阶段公共租赁住房、住房公积金、购房补贴等供给和需求多措并举的补贴方式转变。一方面通过供给方补贴解决住房的数量型短缺，另一方面通过需求方补贴给予居民更多的住房选择自由。

此外，单一类型的住房保障方式也经历了由单一供给方补贴或需求方补贴向供给与需求相结合的补贴方式演变的过程。如，由于城镇住房供给不足，早期廉租房采取实物配租方式（供给方补贴），由政府和单位开发建设廉租房并供应给保障对象。2003年国务院发布《关于促进房地产市场持续健康发展的通知》，提出"最低收入家庭住房保障原则上以发放租赁补贴为主，实物配租和租金核减为辅"。这标志着我国廉租房保障形式由供给方补贴方式转变为供给与需求相结合的补贴方式。公租房推行初期主要由政府直接筹建住房，以增加住房数量的供给方补贴方式满足中低收入人群居住需求。然而基于节约财政资金、精准帮扶、保障效用以及社会福利增长等原因，我国在公共租赁住房保障模式下开始探索需求化补贴方式，如公共租赁住房现金补贴和租金减免等。

## 6.4 保障性住房供应中的投资机会

### 6.4.1 农村集体经济组织参与保障性住房的投资机会

公共租赁住房项目不仅需要挤占提供出让收益的商品房用地，且建设多依赖地方政府财政资金，投资资金额度大、建设周期长，地方政府缺乏持续建设公共租赁住房的内在动力。2012年1月7日，"全国国土资源工作会议"指出，允许地方试点集体土地建设公共租赁住房。集体土地建设公共租赁住房是指在政府的政策支持下，利用农村集体土地建设公共租赁住房，提供给住房困难的城镇中低收入家庭、外来务工人员等群体。

在我国实践中，集体土地建设公共租赁住房主要包括政府主导和农村集体经济组织主导两种模式。其中，政府主导型是指政府通过与农村集体经济组织签订土地租赁协议获得农村集体土地使用权，开展公租房融资、建设、招租、后续管理等。在此过程中，农村集体经济组织能在短期内获得一次性土地租金收益。农村集体经济组织主导型是指由农村集体经济组织负责公共租赁住房的融资、建设、招租及后续管理等事项，政府不再承担具体的建设和管理事务，只对公共租赁住房进行相关的行政管理，如限制租金标准、限定承租对象和范围等。由于公共租赁住房项目开发与建设所需资金量大且周期长，该模式下农村集体经济组织短期内难以获得收益，但长期来看不仅可以获取公共租赁住房租金收益，且可以享受未来公共租赁住房租金价格上涨带来的增值。

两类供给模式下,农村集体经济组织承担的责任与获取经济收益的方式与数额有所区别,但均创新了农村集体建设用地利用机制,有效拓宽了农村集体经济组织增收渠道。此外,随着集体土地上建设的公共租赁住房投入使用,不仅有利于推动村庄环境的改善,还能通过物业管理、配套服务等方式为当地村民提供一批就业岗位,促进村庄产业结构的优化升级。

### 6.4.2 私营机构参与保障性住房的投资机会

(1)私营机构参与保障性住房供应模式

资金短缺是困扰保障性住房建设的核心问题之一,这在客观上要求吸纳更多投资主体参与保障性住房建设。公私营合作(Public Private Partnership,PPP)模式为私人投资者或私营机构(主要指房地产开发商)参与保障性住房建设提供了契机。PPP模式通常指政府公共部门与私营机构以合同和相互信任为基础,在合理分担风险和分配收益的前提下相互协作、共同决策,各自履行职责以实现目标,最终实现双赢或多赢的合作模式。这种模式不仅有效拓宽了保障性住房建设的融资渠道,缓解了地方政府财政压力,还有利于弥补地方政府在管理、技术和市场等方面的不足,提高管理和运营效率。根据房地产开发商参与途径的不同,PPP模式主要可划分为以下类别(表6-1):

房地产开发商参与保障性住房供应的 PPP 模式类别　　　　表6-1

| 类别 | 途径 | 特点 |
| --- | --- | --- |
| 外包类 | 建设外包 | 政府将保障性住房建设部分以一定的费用外包给私人部门 |
| | 经营外包 | 政府将保障性住房经营部分以一定的费用外包给私人部门 |
| | 整体外包 | 政府将保障性住房建设与经营以一定的费用全部外包给私人部门 |
| 回租回购类 | 政府回租 | 政府将保障性住房出售给私人部门,再以一定的费用向私人部门租回使用 |
| | 政府回购 | 私人部门建设保障性住房,完工后交付给政府 |
| 特许经营类 | BOT | 政府授权私人部门承担保障性住房项目的投资、融资、建设和维护等工作,在特许权期内向设施使用者收费以获得合理回报,特许权期满后,私人企业将保障性住房移交给政府 |
| | TOT | 政府将已建成保障性住房一定期限的产权或经营权有偿转让给私人部门,由其进行运营管理。期满后私人部门再将保障性住房交还政府 |
| 资产剥离类 | 完全私有化 | 私人部门对保障性住房拥有全部所有权 |
| | 部分私有化 | 私人部门对保障性住房拥有部门所有权 |

（2）房地产开发商参与保障性住房建设的服务供给与价值获取——"政府回购类"案例

唐山市J小区作为配建型安置小区[1]，是2020年由R房地产发展股份有限公司（下文简称为"R地产"）通过"政府回购"模式参与保障性住房供应的一个典型案例。

1）J小区项目概况

J小区位于唐山市丰润区，是由R地产2023年在原棚户区改造地块（图6-3）上建设而成的配建型安置小区。区政府原址拆除棚户区后，将安置房配建要求列入棚户区改造地块的"招拍挂"文件，然后将改造地块出让给房地产开发商。房地产开发商可在该地块开展普通商品住房建设，但必须按照土地出让要求配建相应数量的安置房。

R地产获得棚户区改造地块土地使用权后，与政府机构签订安置房预购合同，并按要求进行安置房配建与普通商品房开发。其中，J小区项目共建设16栋楼，其中两栋楼用于回迁安置棚户区居民，剩余14栋楼由R地产规划建设为普通商品住宅（图6-4）。根据安置房建设进度，政府机构按合同支付R地产建设费用。建设完成后，政府机构回购安置房以安置原棚户区居民，其他普通商品房由R地产在市场上公开出售。安置房移交后，小区管理委员会未选定物业管理机构之前，由R地产选定物业公司负责管理。同时，R地产承担安置房的保修责任（图6-5）。该项

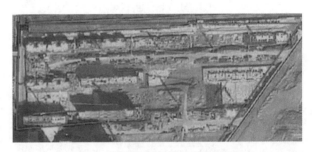

图6-3　J小区项目原址区位示意图

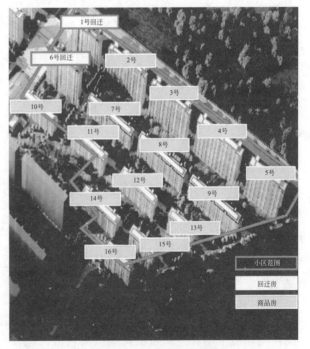

图6-4　J小区项目规划示意图

---

1 配件型安置小区即为小区内既包含拆迁安置房，同时也配建部分普通商品房。

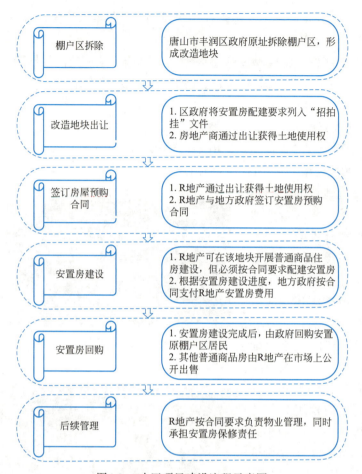

图6-5　J小区项目建设流程示意图

目中主要涉及唐山市丰润区政府机构（下文统称为"政府机构"）、R地产和原棚户区居民、唐山市普通居民（下文统称为"普通居民"）四类利益主体。

2）J小区项目中R地产服务供给与价值获取概况

R地产主要在资金、产品服务及技术知识供给方面发挥重要作用。资金方面，改造地块出让时，R地产按"招拍挂"公告和后续协议约定支付土地出让金和相应税费。安置房建设过程中，政府机构按房屋预购合同规定分期付款，为安置房建设提供部分资金支持，R地产负责安置房建设剩余资金的筹集，并对项目整体的财务负责。产品服务方面，R地产通过招标选定承建单位（包括设计单位、施工承包商、供应商等）并与之签订合作合同，出具经法定部分批准同意的安置房设计图和施工图，经政府机构确认同意后，完成安置房的建设工作。预售安置房建设完成，并经由唐山市丰润区房屋质量监督站验收合格后，R地产需按合同要求将安置房移交给与R地产签订安置房预购合同的政府机构，并由其向实际购房人分配房屋。技术知识方面，R地产运用其先进的专业技术建设保障性住房，在保证安置房质量不下降的前提下，降低项目成本，同时其先进的管理经验也为政府机构配置管理安置房提供参考。

作为保障性住房的建设者，R地产不仅可以获得税费优惠，还可以在保障性住房地块中通过配建商品房面向社会公众出售获得盈利。此外，R地产在安置房建设过程中积极履行企业社会责任，有利于提升企业市场占有率和企业社会形象，获得社会公众支持，从而无形地提升企业价值。

3）J小区项目中其他相关利益主体服务供给与价值获取概况

J小区项目中，政府机构首先通过棚户区原址拆迁、改造地块出让获得大额土地出让金，缓解了地方财政压力。安置房建设环节，政府机构引入R地产，一方面，可以弥补政府机构在安置房建设专业技术方面的不足；另一方面，政府机构与R地产签署房屋预购合同，按合同规定分期支付安置房建设费用，能在一定程度上提高政府机构财政资金使用效率，缓解政府财政资金压力、降低财政风险。该项目建设过程中，R地产参与保障房配建，政府机构能为其公司运营提供税费优惠。此外，政府机构回购安置房安置原棚户区居民，能够为原棚户区居民争取低于普通商品房价格的安置房。原棚户区居民主要为安置房建设提供需求信息，通过政府机构回购的安置房得到安置。普通居民作为J小区项目中普通商品房的潜在客户群体，主要为该项目中普通商品房建设提供需求信息（图6-6）。

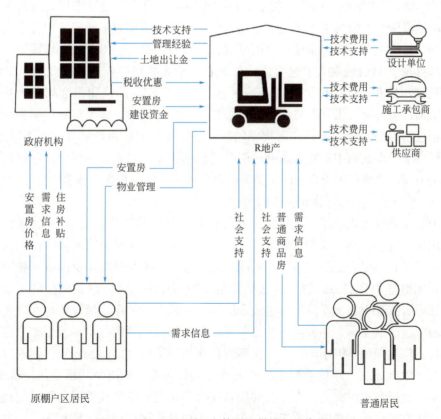

图6-6　J小区项目利益主体服务供给与价值获取过程

## 6.5　保障性住房对房地产市场的影响——以武汉市为例

### 6.5.1　武汉市住房保障制度发展

武汉市作为全国首批实施住房保障的城市之一，其住房保障政策演变历程大体可分为五个阶段：

（1）试点探索阶段（1983—1997年）

20世纪80年代末武汉市就实施了"解困住房"及"住房合作社"等保障性住房政策。其中，住房解困工作主要是通过政府每年划拨一定的土地解决人均居住面积低于1m$^2$家庭的住房问题。1988年开展的住房合作社工作，主要通过政府提供土地和资金支持，单位引导职工集资建造，实行有偿解困。1992年，武汉市正式启动房改方案并开启经济适用房建设，逐步形成了经济适用房面向中低收入家庭、廉租房面向低收入家庭、以集资合作建房为补充的住房保障体系。1994年，武汉先后出台了多项经济适用房规范管理通知与办法，明确了经济适用房建设、管理、登记、摇号等程序，住房保障制度逐步完善。

（2）初步建设阶段（1998—2006年）

1998年，《武汉市人民政府关于加快我市经济适用住房建设步伐的通知》将单位职工集资合作建房纳入了经济适用房范畴，进一步加大了经济适用房建设力度。1999年，我国正式停止住房分配制度，武汉市根据国家出台的《城镇廉租住房管理办法》对最低收入家庭实施实物配租和租金减免的住房保障政策。2005年，武汉市廉租住房保障力度进一步提升，在原有实物配租和租金减免的基础上，增加租金补贴，供被保障者进入市场自行选择。同时，武汉市制定了包括认定廉租住房保障对象、廉租住房排序轮候办法、廉租房后期管理等一系列措施，基本形成了"以面向中低收入家庭的经济适用房为主，以面向最低收入家庭的廉租住房为辅，以国有困难企业职工集资建房为补充"的住房保障体系。

（3）全面推进阶段（2007—2012年）

2007年武汉市出台了《关于进一步加强保障性住房工作的通知》，首次将经济适用房、廉租住房、集资合作建房和"双竞双限"还建房纳入保障性住房的范畴。同年，《市国土房产局市财政局市民政局关于我市开发区及远城区城镇最低收入家庭廉租住房保障的实施意见》指出廉租房住房保障惠及面扩展至远城区，标志着武汉市住房保障工作进入全面推进阶段。2008年，武汉市加快老工业区、城中村改造工作，建设面向外来务工人员的农民工公寓、启动青山棚户区改造项目，住房保障范围不断扩大，保障性住房类型不断丰富。2010年，武汉针对中等偏下收入家庭、新就业职工和外来务工人员等群体推出公共租赁住房政策。2011年，武汉市提出大力推进以公共租赁住房为重点的保障性安居工程，增加保障性住房有效供给。自此，武汉市初步形成了包括经济适用房、廉租房、公共租赁房、还建安置房、双限商品房、农民工公寓等在内的类别丰富、保障对象覆盖面广的住房保障体系。

（4）转型调整阶段（2013—2017年）

经过三十多年的发展，武汉市住房保障类型繁杂、保障对象多样、准入标准与条件相互交叉与割裂等问题不断呈现，给住房保障管理工作带来诸多困难。2013年，武汉市开始调整住房保障体系，停止了经济适用房、单位集资建房的工作计划，逐步建立以公共租赁住房为主、限价商品房为辅的租售并举、分层保障、租补分离、分档补贴的保障性住房供应体系，并规定限价商品房仅面向棚户区改造困难户供应。2014年，武汉市全面停止廉租住房保障资格申请工作，正式将廉租房纳入公共租赁房的范畴，实现公租房和廉租房并轨，同时进行"三旧改造"工作，将城市棚户区、工矿棚户区和城中村改造合并为棚户区改造。2015年，为适应城市发展，武汉市将城镇常住人口纳入保障范围内，特别关注对于来汉人才、新就业的大学生以及外来务工人员的住房问题。2017年，武汉市发布《关于加强大学毕业生安居保障的实施意见》，为毕业五年内的大学生提供大学生毕业安居房、为毕业三年内的大学生提供大学生毕业租赁房，形成租购并举的大学毕业生安居政策。

（5）规范完善阶段（2018年至今）

为深化住房供给侧结构改革、完善住房供应体系，武汉市政府着手规范保障性住房管理工作。2018年，武汉市住房保障和房屋管理局颁布《武汉市大学毕业生保障性住房供给与管理办法》，对大学毕业生保障性住房的租售、使用、退出和管理进行了详细规定。2022年，为进一步规范住房保障房管领域行政执法和处罚行为，《武汉市住房保障和房屋管理行政处罚裁量基准》对保障性住房的违法行为、处罚依据、情节与危害后果、处罚幅度等进行了详细说明，有效提升了保障性住房管理工作的规范性。

### 6.5.2 武汉市保障性住房总体分布概况

编者在武汉市住房保障和房屋管理局网站上通过检索"保障性安居工程基本建成项目表"这一关键词，获取到武汉市2011—2017年共计424个已竣工保障性住房项目数据[1]，结合百度地图获取各保障性住房项目地理坐标后综合分析其时空分布特征。

截至2017年，武汉市共提供保障性住房406535套。其中，2011年，武汉市出台系列政策文件大力推进以公共租赁住房为重点的保障性安居工程，同时依据国家要求，加大棚户区改造力度，成为武汉市保障性住房建设的高峰期。其中，该年建设完成保障性住房项目98个，提供保障性住房97060套，均为研究期最高值。

---

1 武汉市住房保障和房屋管理局网站上保障性住房项目原始数据中未区分保障性住房具体类型，本节仅分析保障性住房总体概况，不区分各保障性住房类型特征。

2013年，武汉市政府陆续下发相关文件要求停止新下达经济适用住房计划、停止单位集资建房工作、停止审批面向单位的限价商品房等，保障性住房进入转型和完善阶段。该年，武汉市建设完成保障性住房项目、提供保障性住房数量均大幅下降，分别由2011年的98个、97060套，下降至2013年的53个、41951套，分别下降了45.92%、56.78%。

2015年，为适应城市发展，武汉市政府扩大住房保障对象范围。2017年，武汉市政府下发《关于加强大学毕业生安居保障的实施意见》，进一步加大了大学毕业生的住房保障力度。这一时期，武汉市建设完成的保障性住房项目数量及提供保障性住房数量均有所上升，并逐渐趋于稳定。武汉市历年竣工保障性住房规模统计（2011—2017年）详见表6-2。

武汉市历年竣工保障性住房规模统计（2011—2017年）　　　表6-2

| 年份 | 保障房项目数量（个） | 总套数（套） |
| --- | --- | --- |
| 2011 | 98 | 97060 |
| 2012 | 54 | 58602 |
| 2013 | 53 | 41951 |
| 2014 | 42 | 48181 |
| 2015 | 53 | 56305 |
| 2016 | 56 | 55166 |
| 2017 | 68 | 49270 |
| 总计 | 424 | 406535 |

从各区已竣工保障性住房项目数量分布情况来看（表6-3），武汉市建设完成的保障性住房项目和提供的保障性住房主要分布在武汉市中心城区（江岸区、江汉区、硚口区、汉阳区、武昌区、青山区、洪山区）。其中，汉阳区项目数量最多，为64个，占全市总量的15.09%；其次为洪山区、武昌区、硚口区和江岸区；新洲区、汉南区和黄陂区等远城区的保障性住房项目数量相对较少。从各区已竣工保障性住房规模分布来看，洪山区已竣工保障性住房的总量为66136套，为全市最高水平，占全市总量的16.27%；其次为汉阳区、武昌区和江岸区等中心城区；供应套数较低的区域为新洲区、黄陂区、江夏区和蔡甸区等远城区。

武汉市各行政区已竣工保障性住房规模统计表（2011—2017年）　　表6-3

| 行政区 | 项目数量 | | 供应套数 | |
| --- | --- | --- | --- | --- |
| | 数量（个） | 占比（%） | 数量（套） | 占比（%） |
| 江岸区 | 40 | 9.43 | 47818 | 11.76 |

续表

| 行政区 | 项目数量 | | 供应套数 | |
|---|---|---|---|---|
| | 数量（个） | 占比（%） | 数量（套） | 占比（%） |
| 江汉区 | 14 | 3.30 | 12544 | 3.09 |
| 硚口区 | 44 | 10.38 | 46714 | 11.49 |
| 汉阳区 | 64 | 15.09 | 53638 | 13.19 |
| 武昌区 | 56 | 13.21 | 48938 | 12.04 |
| 青山区 | 28 | 6.60 | 33418 | 8.22 |
| 洪山区 | 57 | 13.44 | 66136 | 16.27 |
| 中心城区小计 | 303 | 71.45 | 309206 | 76.06 |
| 东西湖区 | 27 | 6.37 | 34571 | 8.50 |
| 汉南区 | 7 | 1.65 | 5685 | 1.40 |
| 蔡甸区 | 33 | 7.78 | 23575 | 5.80 |
| 江夏区 | 29 | 6.84 | 21687 | 5.33 |
| 黄陂区 | 17 | 4.01 | 9431 | 2.32 |
| 新洲区 | 8 | 1.89 | 2380 | 0.59 |
| 远城区小计 | 121 | 28.54 | 97329 | 23.94 |
| 合计 | 424 | 100.00 | 406535 | 100.00 |

观察2011—2017年武汉市保障性住房供给空间格局演变特征发现，保障性住房供给布局总体呈现由城市边缘向中心聚集的趋势，且随着时间推移空间集聚程度呈增强趋势（表6-4）。2011—2013年，武汉市保障性住房在三环内和三环外分布大致均匀，主要分布在二环线至三环线之间的圈层，少量分布在二环线内，此时武汉市保障性住房的空间聚集性还不明显。整体而言，长江北岸的项目数量略多于长江南岸，北岸的项目主要分布在江岸区和汉阳区，南岸的项目主要分布在青山区和洪山区。2014—2017年，武汉市保障性住房项目的选址主要在已建成保障性住房的邻近位置，并在三环内增加了大量项目选址，集中在江汉区、武昌区和汉阳区，三环外保障性住房建设项目较少，空间聚集程度提升，逐渐形成了片区式空间分布格局。

各环线内保障性住房项目分布（2011—2017年） 表6-4

| 年份 | 三环内 | | | 三环外 | 合计 |
|---|---|---|---|---|---|
| | 二环内 | 二环~三环内 | 合计 | | |
| 2011 | 14 | 35 | 49 | 49 | 98 |

续表

| 年份 | 三环内 | | | 三环外 | 合计 |
|---|---|---|---|---|---|
| | 二环内 | 二环~三环内 | 合计 | | |
| 2012 | 16 | 22 | 38 | 16 | 54 |
| 2013 | 9 | 17 | 26 | 27 | 53 |
| 2014 | 9 | 22 | 31 | 11 | 42 |
| 2015 | 13 | 24 | 37 | 16 | 53 |
| 2016 | 22 | 28 | 50 | 6 | 56 |
| 2017 | 19 | 25 | 44 | 24 | 68 |
| 合计 | 102 | 173 | 275 | 149 | 424 |

### 6.5.3 武汉市住房保障选址行为

保障性住房建设是改善居民居住条件、保障中低收入者住房权利的重要民生工程，可以解决社会分配不均问题，推动社会和谐平稳发展。同时，保障性住房也是政府干预房地产市场的一项重要政策工具。已有研究发现，保障性住房供给与房地产供求关系、商品房价格、房价上涨预期、房地产企业经营模式、房地产投资增长等方面密切相关，影响房地产市场稳定和健康发展。然而，上述分析多强调保障性住房数量补充对房地产市场的影响，忽略了保障性住房选址科学、合理程度对房地产市场的影响。

我国保障性住房建设普遍存在选址偏远、集中连片和配套设施滞后等问题。这不仅难以满足低收入家庭的住房需求，致使保障房出现"有房没人住，有人没房住"的尴尬局面，同时也难以从根本上平抑商品房市场需求、挤压因市场非理性需求而引致的房地产泡沫、遏制房价过快增长。此外，保障性住房选址过度聚集易形成"贫民窟"现象，可能加剧贫富分化，激化社会矛盾，影响社会公平正义及可持续发展，还可能制约同片区房地产市场的平稳健康运行。

武汉市作为全国首批实施住房保障政策的城市之一，在绝对数量上，保障性住房的建设成果有目共睹，其保障性住房选址的科学性引起学者们的关注。已有研究及民意调查发现，交通便捷度、公共配套完善度、自然环境条件三项因素不仅是影响保障性住房选址决策的主要方面，也是影响居民工作、生活便利程度的重要因素。因此，本节将从以上三个方面科学分析武汉市保障性住房选址的科学合理性，以期为后续探究保障性住房选址对房地产市场的影响奠定基础。

（1）位置居中，地铁可达性有待加强

城市中心城区土地稀缺、价值较高，在土地财政模式下，地方政府不愿放弃出让区位优越、可达性好的住宅用地以换取土地出让收益，倾向选择压缩保障性住房的用地成本，将保障性住房布局在地价低廉且远离中心的城市边缘或近郊区。因此，位置偏远、出行不便成为各大、中、小城市已建保障性住房的共有特征，给居住其中的中低收入家庭造成诸多困扰。

2011—2017年武汉市供给的424个保障性住房项目中，其中71.5%的项目位于武汉市中心城区；406535套保障性住房中，76.1%的保障性住房位于中心城区，其余布局在远城区。整体来看，武汉市保障性住房选址普遍位于中心城区，空间布局位置较为合理，较好地考虑了中心城区人口密集、住房供需矛盾突出的特点。

然而，武汉市中心城区的公共轨道交通功能及覆盖面还有待加强。以地铁线路为例，考虑到公共服务设施存在不同等级的实际情况，针对地区级、居住区级和基层社区级的公共服务设施分别划定它们的影响范围。本节借鉴《城市居住区规划设计标准》GB 50180—2018中的相关规定，将公共服务设施分为5分钟、10分钟和15分钟影响圈，即以300m、300~1000m、1000~1300m为圈层划定轨道交通站点的影响范围。研究发现，武汉市424个保障性住房项目中处于圈层1（300m以内）的住宅有101个，占整体的22%；处于圈层2（300~1000m）的住宅有103个，占整体的22.4%；处于圈层3（1000~1300m）的住宅有13个，占整体的2.8%。在武汉市公共轨道站点服务半径范围内的住宅共计219个，占整体的47.7%。总体而言，武汉市2011—2017年供应的保障性住房交通可达性还有待加强，近半数的住房能满足居民日常出行需求，但仍有相当一部分的保障性住房不临近轨道站点，位置偏远，出行困难。

（2）就业与居住布局不平衡

就业适宜性反映了城市中不同区位的就业人口与周边工作机会的匹配状况，即就业与居住空间平衡。保障性住房不仅要具备基本的居住功能，而且要靠近就业中心、满足就业需求，若周围地段荒凉，就业机会稀少，将导致居住、生活与工作被完全割裂。对中低收入群体而言，其多从事准入门槛较低、位于市中心等繁华地区的服务行业，通勤时间较长，通勤距离过远，这不仅降低了保障群体的生活质量，并且可能加剧中低收入人群失业的风险。

结合前文武汉市保障性住房空间布局及交通可达性分析可知，尽管武汉市保障性住房主要分布在中心城区，但其交通便利程度仍有待提高。保障性住房的供应对象为低收入人群，交通可达水平较差可能会增加其出行成本。

一般认为，工作者通勤的单程耗时在30分钟以内是理想的，即可认定通勤者职住平衡。武汉市保障房供给对象交通通勤距离过大，存在严重的职住分离问题，未来保障性住房选址布局应充分考虑被保障对象的就业环境。

总体来看，武汉市保障性住房选址对被保障对象就业条件的合理性有待提高，交通通勤距离过大，存在严重的职住分离问题。

（3）基础配套设施逐步完善

基础设施的配建情况直接影响居民生活。然而，当前保障性住房周边配套设施不完善已成为一种普遍现象，其形成原因多样：被分散安排在城市边缘和郊区的保障性住房小区，本身市政配套设施落后；政府委托开发商建设保障性住房后，开发商对不能带来收益的公共基础设施的建设能拖则拖、能推则推，使许多保障性住房社区所需的文化、教育和医疗等设施长期得不到实质性解决；中低收入居民的消费能力有限，大型商业和购物中心入驻意愿不强，导致居民生活更为不便。这将大大降低已入住群体的生活便利性和舒适度，导致诸多保障性住房吸引力降低，修建完成后入住人数较少，造成资源浪费。

以2020年武汉市保障性住房基础设施分布为例，从数量上看（表6-5），公共服务设施总量和公共服务设施5分钟（圈层1：300m）、10分钟（圈层2：300~1000m）和15分钟（圈层3：1000~1300m）影响圈内的数量均呈增加趋势，说明保障性住房的配套基础设施正在逐步完善，即在数量上可选择性更多。

从空间分布来看，保障性住房居民的文化教育、医疗保险和购物服务的需求基本得以满足，距离上离生活圈便捷，一定程度上便于提升居民生活便利度和满意度。具体来说，保障性住房居民对于小孩的教育需求得以满足；中心城区保障性住房居民看病就医需求基本得到满足，但边远城区的就医需求还有待改进，存在就医距离远、三甲医院少的问题；购物中心呈现空间聚集的特征，中心城区和边远城区保障性住房居民的购物需求均能够得到满足，居民点附近有大量可供选择的购物中心，但中心城区居民的选择更丰富。

武汉市保障性住房基础设施分布数量情况（2012—2020年）　　表6-5

| 圈层 | 科教文化服务（个） | | 医疗保险服务（个） | | 购物服务（个） | |
| --- | --- | --- | --- | --- | --- | --- |
| | 2012年 | 2020年 | 2012年 | 2020年 | 2012年 | 2020年 |
| 圈层1（300m） | 120 | 251 | 73 | 117 | 22 | 44 |
| 圈层2（1000m） | 773 | 1428 | 483 | 750 | 148 | 259 |
| 圈层3（1300m） | 890 | 1733 | 585 | 858 | 184 | 304 |
| 合计 | 1783 | 3412 | 1141 | 1725 | 354 | 607 |

（4）自然环境有待改善

随着社会经济的发展、城市建设和生活水平的提高，环境条件愈显重要。住房周边生态环境的好坏成为各类居民在进行空间决策时的主要考虑因素，不同类型的居民具有不同的环境偏好。吴良镛院士采用系统观点将人居环境划分为：自然、人类、社会、居住与支撑五大系统，并指出人居环境系统是以人与自然的协调为中心，强调了人与自然的和谐共生。自然环境是指与人们的生活关系密切、能够对人们的生活和生产活动产生重要影响的环境总体，良好的空气环境能够促进人们的身体健康和各类植物的正常生长，而大面积、多类型的园林绿地又能够对室外空气环境、声环境和水环境起到良好的净化作用。还有学者认为居民在选择保障性住房区位时通常会考虑住房周围的环境，住宅周围应有足够的绿化场地。

基于已有研究对自然环境因素的分类，并结合数据可获性，研究从自然环境角度出发，选择城市广场、公园和绿地景点表征自然环境条件，分析武汉市保障性住房的自然环境特征。首先，评估424个保障性住房的选址到附近城市广场、公园和绿地景点的最短距离，到自然环境距离越短，居民享受绿色生态服务价值越高，其住宅自然环境条件越好。其次，基于获取的424项最短距离数据，利用克里金插值法[1]对武汉市区域的自然环境值进行最优、无偏估计，获得武汉市的自然环境值分布图。

结果显示，武汉市保障性住房自然环境选择值最高的区域主要分布在三环内，以中心城区为主，中心城区发展迅速、绿化程度高，住宅周边城市公园分布密集；其次为江夏区和黄陂区等囊括较多绿色旅游景点和生态湿地的区域，如木兰风景区、梁子湖国家生态旅游度假区、知音九真景区连理湖等。从时间维度来看，保障性住房选址逐步中心化的同时，其所处地段的自然环境值也随之升高，说明居民生活质量及舒适度均有所提升。

### 6.5.4　武汉市保障性住房选址对房地产市场的影响

保障性住房供给是维护房地产市场平稳健康运行的重要政策工具，其中，保障性住房选址与房地产市场供需关系及商品房价格密切相关。

从武汉市保障性住房整体时空分布格局来看，总体呈现由城市边缘向中心聚集的态势，且随着时间推移空间集聚程度增强。这表明，武汉市保障性住房选址整体上充分考虑了中心城区人口密集、住房供需矛盾较为突出的特点，有利于缓解中心城区中低收入群体的住房压力。短期来看，保障性住房分流了部分商品房需求，并提供了更低价格的房源，有利于平抑过高的商品房价格。长期来看，中心城区保障性住房供给会形成对地方政府储备土地的占用，原本计划建设商品房的土地不得不被转为保障性住房用地，土地挤占将导致商品房土地成本的上涨和商品房供给减少，进而推高商品房价格。此外，保障性住房空间分布过度聚集易形成"贫民窟"现象，即提供给低收入者的公共住房集中在城市的某些区域，形成低收入社区或者贫民窟。中低收入群体过度聚集的区域通常面临着较低的教育水平、就业率、社会服务质量和较高的犯罪率，这不仅容易加剧社会贫富分化、激化社会矛盾，给城市的稳定带来极大的隐患，还会制约同片区房地产市场发展。

从保障性住房项目独立选址特征来看，武汉市保障性住房面临交通可达性有待提升、职住分离现象明显、自然环境有待优化等问题，这会增加保障对象的交通成本，降低其就业率和生活质量，难以切实满足中低收入群体住房保障需求。以武汉市"人才房"为例，2017年，武汉市政府发布《关于支持百万大学生留汉

---

1　克里金插值法也称为空间局部插值法，原理是以区域化变量为基础，以变异函数为基本工具，对未知样点进行线性无偏、最优化估计的一种方法。

创业就业的若干政策措施》，专门针对大学毕业生配置"人才房"，力争实现5年内留住100万大学生的目标。截至2019年3月，武汉市政府共推出13636套"人才房"，然而申请人数仅有6842人，申请率仅为50.18%，造成大量"人才房"闲置。调研发现，选址偏远、交通便利程度差、通勤时间过长等原因直接导致武汉市"人才房"供给与需求配置错位。"人才房"等保障性住房政策是城市吸引人才的直接手段，当其由于选址科学合理性较差，难以发挥保障效用时，也不利于城市间的人才争夺，给房地产市场未来预期带来较大的不确定性。

## 【本章小结】

本章介绍了住房保障相关内涵、国际典型国家住房保障制度演变、我国各类住房保障方式特点及其蕴含的房地产投资机会等关键内容。通过本章的学习，我们认识到保障性住房供应通常具有地方财政资金依赖性强、投资数额大、建设周期长、资金回笼慢等特点，地方政府缺乏持续建设保障性住房的内在动力。为实现保障性住房供应的可持续，需要拓宽融资渠道、创新供应模式，通过"政—企—村—民"联动，借助多主体力量共同完成。本章剖析了典型保障性住房供应模式中多方利益主体面临的投资机会，有助于潜在投资者明确各类供应模式中面临的风险与收益，从而制订清晰的投资计划、推动项目成功运作，以增加保障性住房的可持续供应。此外，保障性住房供应是解决居民住房问题、促进社会稳定与发展的重要举措，其选址的科学性与房地产市场健康、平稳运行密切相关，也会影响社会公平。为此，本章进一步分析了保障性住房对房地产市场的影响，以期为科学合理供应保障性住房、促进房地产市场健康发展、增进社会福利与公平提供参考。

> 思考题
>
> 1．什么是住房保障？如何理解保障性住房？两者之间有什么联系与区别？
> 2．国外典型国家住房保障制度呈现什么特点？
> 3．我国住房保障方式有哪些？其特点如何？
> 4．我国有哪几种保障性住房类型，其优缺点如何？
> 5．如何科学分析保障性住房选址的特点及其影响？如何进行选址优化？请结合你所在城市或地区展开分析。
> 6．房地产开发商参与保障性住房PPP模式的方式有哪些？不同方式中房地产开发商面临何种收益类型与投资机会？请结合你所在城市或地区的典型案例展开分析。

# 智慧城市蕴含的房地产投资机会

【本章重点难点】

了解智慧城市的产生、概念、内涵、基本特征及建设意义;认识智慧城市建设的重要性和意义;掌握智慧城市建设面临的主要问题和挑战;熟悉房地产企业如何参与智慧社区的投资建设,从中窥探到智慧城市中蕴含的房地产投资机会。

【本章导读】

　　智慧城市是当前城市建设发展中的热门内容。在这一章，首先，我们将了解智慧城市的产生、概念、基本特征、内涵及建设意义等内容。其次，分析智慧城市的内容形态，包括智慧城市的体系架构以及主要建设模式，特别是新基建的风口与智慧城市的关联。接着，了解智慧城市的建设情况，包括国内外智慧城市的发展历程和建设案例，还有对智慧城市未来的展望。最后，从智慧社区的视角分析房地产企业参与智慧社区的投资建设情况，并以陆家嘴智慧社区为例进一步分析介绍。本章逻辑框架如图7-1所示。

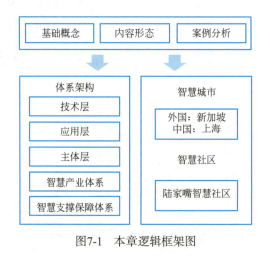

图7-1　本章逻辑框架图

## 7.1　智慧城市的相关概念

　　城市作为经济社会发展的重要载体，也是创新要素的主要聚集地，科技创新在城市发展中的作用日益突出，已成为城市未来发展的引擎。2008年爆发的金融危机孕育了以物联网为代表的新技术革命，伴随着信息技术的发展及其在城市建设运行中的应用，在数字城市、智能城市、知识城市、创新型城市、创意城市、生态城市等众多城市概念提出之后，出现了一个新的概念——智慧城市。

　　智慧城市是城市未来发展的一种全新模式，也是人类从传统农业社会到工业社会，再到后工业社会发展的必然产物。智慧城市运用信息和通信技术手段感知、分析、整合城市建设运行中核心系统的各项关键信息，实现信息的共享和业务的协同，促进城市规划、建设、管理和公共服务的科学化、智能化、高效化和精细化，从而提升城市综合发展能力，促进城市和谐可持续发展，为城市居民创造美好生活。通过智慧城市与新兴信息技术的深度融合，智慧城市的内涵和外延将更加丰富。建设智慧城市对于推动当前城市发展，提升我国的工业化、城市化和信息化水平都具有重要的意义。

### 7.1.1 智慧城市的产生

城市化过程是一个社会问题不断涌现的过程：低效的城市管理方式、拥堵的交通系统、难以发挥实效的城市应急系统以及远不完善的环境监测体系等。当城市面临这些实质性挑战时，必须应用新的措施和技术使城市管理变得更加智能。2008年底，IBM提出"智慧地球"这一概念，2009年又提出"智慧城市"发展愿景，引领城市通向繁荣和可持续发展。物联网于2008年在我国被提出后，经过近几年的发展与规划，已列入国家发展战略；智慧城市建设在物联网概念出现之后也逐渐以"星火燎原"之势在各地积极展开。

中国改革开放30多年来，城市化进程十分迅猛，城镇人口从1978年的1.72亿人（约占人口的19%）发展到2020年的9.02亿人（占总人口的63.89%）。2020年，共有91个城市市域人口超过500万，其中18个城市常住人口超过千万。根据预测，2050年将有75%的人口居住在城市。快速的城市化进程一方面给中国经济发展作出了重要贡献，另外，在环境、基础设施建设、生活质量、人口问题、公共安全以及公共服务等方面也面临着发展瓶颈。在人口快速增长的背景下，城市安全监管的难度逐步扩大。食品安全事件、水资源污染事件及流行病爆发等公共卫生问题；地震、溃坝及严重暴力犯罪等突发自然灾害和社会事件；交通、医疗及就业等公共基础设施和基础服务问题，都严重影响了城市居民的生命安全和生活质量。与此同时，我国城市经济发展与生态环境保护的矛盾长期存在，能源和水资源的保障也直接影响经济增长和可持续发展。随着城市病的日益严重，各种各样的都市问题困扰着许多国家的市政管理当局。如何解决快速工业化时代的各种城市问题，为城市居民提供一个舒适、和谐的都市生活环境，成为各国当政者尤其是市政管理者不得不认真思考的课题。为此，必须关注城市运行中所依靠的各种系统，使其更充分、有效地工作，最大化地利用有限的资源，并以一种更智慧的方式实现其功能。在这样的背景下，城市的可持续发展成为大多数城市发展的最佳选择，它既是在绿色环保时代城市发展的必由之路，也是城市发展的最终目标和题中之义。

智慧城市的产生和新兴技术的发展息息相关，以物联网、云计算、下一代互联网技术为代表的新一轮信息技术革命，为信息技术向智能化、集成化方向发展，信息网络向宽带、融合方向发展，信息技术与其他产业技术高度融合等提供了重要的技术基础。发展智慧城市的一个重要目标就是摆脱落后的城市发展模式，突破现有城市发展过程中的诸多问题，实现城市的全面、协调、可持续发展，推进我国的新型城镇化建设。因为，从本质上来看智慧城市强调提升城市建设的智能化水平，有利于优化城市的空间设计和发展规划，减少城市发展过程中的弯路。同时，通过智慧城市建设，城市能够提升自己的智能化管理水平，改善城市的运行生态，从而在一定程度上解决传统城市发展模式带来的一系列问题。

同时，通过智慧城市生态系统建设，使城市达成环境友好、资源节约、社会和谐、民生幸福、产业绿色、信息通衢等美好蓝图，使城市重新具备生态系统的自我调节和自我完善能力。

城市的发展是一个逐步提高、层层推进的过程，智慧城市的出现也是城市发展的一个必然阶段。从城市的发展演变历程来看，智慧城市是在信息革命以后出现的一种城市信息化发展模式，是信息技术和城市信息化不断深化发展的必然结果，是数字城市、智能城市发展的高级阶段。在城市演进过程中也必将面临经济、社会、生态环境和城市治理、深度发展不可持续等众多问题，对传统的城市管理模式提出挑战，不断演化的"城市病"呼唤新的城市管理模式。

### 7.1.2 智慧城市的概念

作为"智慧地球"这一理念的提出者，IBM公司认为，智慧城市就是运用信息和通信等技术手段感测、分析以及整合城市运行核心系统的各项关键信息，并根据所得信息对包括民生、环保、公共安全、城市服务、工商业活动在内的各种城市和居民的需求做出智能响应。作为一种全新的城市发展理念，智慧城市的实质就在于对物联网等现代信息技术的综合应用，改善城市生产，优化生活环境。在这个不断发展的过程中，人类对于智能变化的需求和便捷优质城市生活的追求成为最为强劲的推动力。因此，本书认为智慧城市是充分运用新一代信息技术，提高城市系统中各要素及其相互关系的灵活反应与密切协同能力，对城市生活各方面进行智能化管理的城市发展形态。

具体而言，智慧城市的功能在于以互联网、物联网、云计算、大数据等智能技术基础设施为主，通过智能化的方式对城市各类要素的相关信息进行获取、分析、整合和处理，对民生、公共安全、城市服务、经营活动等各类需求进行智能响应和处理，让城市中各功能模块彼此协调，以提高智慧经营水平、促进智慧产业发展、保证智慧管理高效为主要目的，目标是实现政府管理和服务的智能化，企业运营的集约化，居民生活的便捷化。智慧城市作为一个新型的巨型复杂系统，具有透彻的感知能力和广泛即时的互联能力，可以将各构成要素的数据在系统内汇集交融并产生大量衍生数据，通过大数据和云计算对其进行数据挖掘、分析，进而通过数据的开放和共享为升级和优化城市系统发挥更实际的效能。它是一个基础设施先进、信息网络通畅、生产生活智能、城市管理精细、公共服务高效、生态环境优美、惠及全体市民的城市。

### 7.1.3 智慧城市的基本特征

智慧城市的核心特征在于"智慧"，而智慧的实现有赖于建设广泛覆盖的信息网络，具备深度互联的信息体系，构建协同的信息共享机制，实现信息的智能处理，并拓展信息的开放应用，使之成为可以指挥决策、实时反应、协调运作的"系统之系统"。智慧城市是随着物联网、云计算等新一代信息技术的出现而出现的,是信息化发展到一定程度的必然产物,但它并不是数字城市、信息城市的简单升级。总体来看,智慧城市的"智慧"具有如下五个方面的特点:

(1) 信息的广泛感知

广泛覆盖的信息感知网络是智慧城市的基础,城市本身可看成是庞大的信息资源库,这些信息不仅反映了一个城市的真正需求,而且是治理城市和城市运行的基础,是政府用以制定合理政策和选用行政手段的条件。为了更及时全面地获取城市信息,更准确地判断城市状况,智慧城市的中心系统需要拥有与城市的各类要素交流所需信息的能力。智慧城市的信息感知网络应覆盖城市的时间、空间、对象等各个维度,能够采集不同属性、不同形式、不同密度的信息。智慧城市依赖所部署的感知网络,无缝隙地、实时连续地收集和存储随时变化的信息,智慧城市强大的信息采集能力为政府高效运转和人们生活便利提供了强有力的支撑。

(2) 网络的深度互联

智慧城市的信息感知以多种信息网络为基础,如固定电话网、互联网、移动通信网、传感网、工业以太网等。"深度互联"要求多种网络形成有效连接,实现信息的互通访问和接入设备的互相调度操作,实现信息资源的一体化和立体化。梅特卡夫法则指出,网络的价值同网络节点数量的平方成正比。在智慧城市中,我们也会看到将多个分隔独立的小网连接成互联互通的大网,这样就可以大大增加信息的交互程度,提高网络的整体自学能力和智能处理能力,使网络对所有成员的价值获得提升,从而使网络的总体价值显著提升,并形成更强的驱动力,吸引更多的要素加入网络,形成智慧城市网络节点扩充与信息增值的正反馈,使信息增值的同时更加全面、具体、有用、可用。

(3) 资源的协同共享

在传统城市中,信息资源和实体资源被各种行业、部门、主体之间的边界和壁垒所分割,资源的组织方式是零散的,智慧城市"协同共享"的目的就是打破这些壁垒,形成具有统一性的城市资源体系,使城市不再出现"资源孤岛"和"应用孤岛"。在协同共享的智慧城市中,任何一个应用环节都可以在授权后启动相关联的应用,并对其应用环节进行操作,从而使各类资源可以根据系统需要各司其职地发挥其最大的价值。这使各个子系统中蕴含的资源能按照共同的目标协调统一调配,进而使智慧城市的整体价值显著高于各个子系统简单相加的价值。

(4) 信息的智能处理

智慧城市拥有体量巨大、结构复杂的信息体系,这是其决策和控制的基础。而要真正实现"智慧",城市还需要表现出对所拥有的海量信息进行智能处理的能力,这要求系统根据不断触发的各种需求对数据进行分析,产生所需知识,自主地进行判断和预测,从而实现智能决策,并向相应的执行设备发出控制指令,这一过程中还需要体现出系统的自我学习能力。智能处理在宏观上表现为对信息的提炼增值,即信息在系统内部经过处理转换后,其形态应该发生了转换,变得更全面、更具体、更易利用,使信息的价值获得了提升。在技术上,以云计算为代表的信息技术应用模式是智能处理的有力支撑。

（5）信息的开放应用

智能处理并不是信息使用过程的终结，智慧城市还应具有信息的开放式应用能力，能将处理后的各类信息通过网络发送给信息需求者，或对控制终端进行直接操作，从而完成信息的完整增值利用。智慧城市的信息应用应该以开放为特性，不能仅停留在政府或城市管理部门对信息的统一掌控和分配上，而应搭建开放式的信息应用平台，使个人、企业等个体能为系统贡献信息，使个体能通过智慧城市系统进行信息交互，大大丰富智慧城市的信息资源，促进新的商业模式的诞生。

### 7.1.4 智慧城市的内涵

智慧城市是城市发展的一种新模式，也是信息社会中人类城镇化发展的一个必然结果。理解"智慧城市"的内涵，首先需要明白，物联网、云计算、大数据等新一代信息与通信技术是智慧城市建设与发展的重要基石，为城市智慧建设提供了重要的技术手段。智慧城市的"智慧"不仅是信息技术实现物的智能，更重要的是"人的智慧"，智慧城市的核心理念是以人为本和人的全面发展，智慧城市建设与发展的愿景是实现城市各要素系统的可持续发展。智慧城市的基本内涵主要体现在城市市民、城市发展和城市管理三个方面：

（1）便捷舒适的市民生活

智慧城市是智能的、和谐的、便捷的、安全的城市，是城市市民现阶段较为理想的居住城市。随着新技术的创新与发展，将其广泛应用于市民的公共服务、卫生、医疗、交通、休闲消费等各个领域，可打造舒适齐全的居住环境、便捷完善的交通服务体系、优质丰富的公共服务体系，不仅能实现人与自然的和谐，更能体现出人与其他物体包括人自身的和谐。智慧城市也是具有良好公共安全的城市，既具有抵御地震、洪水等自然灾害的能力，也具备防御和处理恐怖袭击、突发公共事件等人为灾害的能力，从而确保城市市民的生命和财产安全。

（2）健康可持续的经济发展

智慧城市还应体现经济体系和产业结构的智能化。智慧城市的经济遵循生态发展规律，是绿色经济、低碳经济。智慧城市的经济渗透在城市所有的生产活动中，经济发展的各个环节通过科学智能的体系将生产过程的消耗降至最低，使部门之间的配合更加协调高效；其还全面考虑了城市环境的承受能力，尽可能地利用现有资源创造社会财富的良性增长，实现城市经济的可持续发展。

（3）科学智慧的城市管理

城市管理分为政府的管理和市民的自我管理两部分。智慧城市最明显的表现就是广泛地运用信息化手段，让城市的建设运行更加协调和平衡，通过信息网络等基础设施的建设，为城市管理提供了技术、信息支撑，实现城市管理方式的变革、城市管理水平的不断提升，进而实现城市管理的高效、智能化。

### 7.1.5 智慧城市的建设意义

为了解决城市发展过程中的问题，除了从体制上改变，还需要运用现代科学技术，通过智慧城市建设来破解城市发展难题、转变经济发展方式。智慧城市对市民、城市以及社会都具有革命性的意义，不仅给经济、社会以及服务带来直接影响，更让生活在城市中的人实时感受到触手可及的便捷、和谐健康的绿色、实时协调的高效和可感可视的安全。

（1）对市民的意义

智慧城市的发展必将升级城市居民的生活方式，推动公共服务和社会治理的创新，使居民生活更加便利、快捷，提高城市居民的生活质量。政府一直是城市公共服务的主体，智慧城市极大地提高了政府提供公共服务的能力。与此同时，公共服务的内容也将发生较大变化，智慧城市将提供高层次的智慧公共服务、智慧交通、智慧医疗、智慧旅游等，为城市居民提供最佳的城市居住和工作环境。随着智慧城市的建设，信息基础设施的泛在化与普遍供给能够促进基本公共服务均等化。目前，城市之间、城市内部人口分布的不均衡都源自城市资源和公共服务的非均等。智慧城市建成之后，通过信息服务大幅度提高信息基础设施的覆盖率和普及率，能够使市民以更低的成本获取公共服务，提高低收入群体的基本公共服务水平。智慧城市依托智能化的物联网系统，能够及时发现和处理各种城市管理问题，实现城市事件和部件的精细化管理，有效应对城市规模扩大带来的城市治理难度增加和城市关系复杂化等问题。其次，智慧城市重点关注城市人本发展，致力于为城市居民打造优越的工作和生活环境，提高人们的生活品质，关注人们的长期发展。利用新一代信息技术，市民在任何时间、任何地点、任何渠道都可以享受便捷的社会服务、就业安居、公共交通、医疗卫生、文化教育等融合的公共服务，生活品质获得大幅提升，强大的服务能力让市民感受到归属与认同、便捷与关怀、交流与信任、尊重与成长。智慧城市使城市各项服务体系智能化地联系在一起，形成系统和谐的服务方式，满足现代城市人对宜居城市的要求，使人得到全面个性化的发展。

（2）对城市的意义

创新是城市发展永恒的驱动力。随着智慧城市的建设，城市在跨领域、交叉性强的新型智慧产业领域不断创新尝试，极大地促进了城市经济和城市运行管理的发展。由于资源紧张、人口膨胀、环境恶化等问题日益严重，我国大多数城市发展遇到了瓶颈，面临的土地、空间、能源、水资源等压力越来越大，这些都成为制约城市发展的因素，这也要求我们创新性地使用新一代信息技术、知识和智能技术手段来重新审视城市的本质、城市发展目标的定位、城市功能的培育、城市结构的调整、城市形象与特色等一系列现代城市发展中的关键问题。智慧城市建设的首要目标就是调整城市产业结构、转变城市发展方式，并以此作为带动城市经济发展的主要抓手。首先，运用智慧技术改造传统产业，促进传统产业升级。通过改进传统产业的管理方法与资源利用方式、更新工艺设备等，对传统产业进行业务和流程再造，最终实现企业物流、资金流和信息流的高效运转和有机统一，从整体上提高企业的协同运作能力。其次，智慧技术的集中应用还能培育新兴产业，包括新一代移动通信、智能终端、物联网和云计算等技术的开发应用等。最后，通过智慧产业产生的带动作用，推动产业向高端化发展。新一代的信息产品制造业本身就是一种典型的高新技术产业，在与其他高新技术以及传统技术融合的过程中，能够激励高新技术的创新与研发，加快高新技术的产业化进程。同时，在智慧城市建设运营过程中，信息传输服务业、信息技术服务业、信息资源产业等基础信息服务将实现快速发展，以信息服务业为核心的服务经济将在经济结构中逐步占据主导地位。通过智慧城市建设，驱动新一代信息产业技术和原有特色产业形成新的科技、经济增长点，突破城市发展的瓶颈，实现科学合理的产业分布和转型，促进经济健康可持续发展。

（3）对社会的意义

在智慧城市建设与运营过程中，城市结构形态得以重塑，有利于社会系统与自然生态系统的协同发展。通过基于物联网、空间地理等技术的可感知、可控制、高智能的管理手段，对湖泊、森林、大气等自然环境，道路、地面设施、地下管网等城市基础设施，汽车、食品、药品等流动的物品进行实时的管理控制，对本地人口、常住人口、流动人口等进行实时的管理和服务，以实现智慧的交通、智慧的环保、智慧的应急、智慧的基础设施、智慧的食品药品监管、智慧的政务，进而实现城市畅通高效的运行，其对城市综合竞争力的全面提升具有重要的战略意义。同时，智慧城市还具备"学习能力"，能不断提高处理突发事件和应急事件的水平，使应急预案程序化、智能化，保障社会的稳定发展。

## 7.2 智慧城市的内容形态

### 7.2.1 智慧城市的体系架构

城市是一个涉及基础设施、资源环境、社会民生、经济产业以及城市管理五大核心功能的系统，还是以一种协作的方式将相关领域相互衔接所组成的系统。智慧城市的规划、建设、运营与管理是一个庞大、复杂的系统工程，涵盖政府、企业和市民，需要全社会的共同参与，需要调动所有参与者的积极性和创造性，并进行合理分工，以不断促进智慧城市的健康发展。

（1）智慧城市主体构成

政府是智慧城市的倡导者、管理者及应用者，倡导智慧城市的建设，把握智慧城市的发展方向。政府应该顺应未来技术发展趋势，充分把握城市发展规律，推进智慧城市的建设与发展，加快信息化建设，加强信息共享与业务协同，全面促进智慧政府建设，做好智慧城市的掌舵者。

企业是智慧城市建设的一个重要主体，直接参与智慧城市的建设与运营。例如，电信运营商提供基础通信与宽带网络，直接进行项目投资、承建、运维，进而转售或租给政府使用。

公众是城市的主人，是智慧城市的参与者、体验者和维护者。城市居民参与智慧城市的建设，直接体验智慧城市的建设成果，维护智慧城市的环境和形象。

（2）智慧城市体系框架

智慧城市作为具有一定自我学习、自我成长、自我创新的城市形态，本质上是城市资源的重新整合和创新发展，其体系架构相较传统城市将发生较大改变。通常智慧城市的体系框架是一个完善的相互联系且相互支撑的整体，包括技术层、应用层、主体层、智慧产业体系和智慧支撑保障体系。

技术层是智慧城市建设的基础，是智慧城市的技术支撑体系，主要包括感知层、网络层与数据层。感知层具有超强的环境感知能力和智能性，通过各类采集空间数据和非空间数据的设备，如RFID、智能终端、传感器、卫星、摄像头等，实现对城市范围内基础设施、环境、建筑、安全等情况的识别、监测、信息采集、监测与控制，是智慧城市实现"智慧"的基础条件；网络层用来构建智慧城市公共平台以及各业务应用系统所需的网络基础环境和信息传输通道，是智慧城市重要的基础设施，包括大容量宽带、高可靠度的光纤网络、全城覆盖的无线宽带网络，以及电信网、互联网、广播电视网融合的网络；数据层主要是对数据进行存储和处理，承担智慧城市数据交互枢纽、资源中心和服务中心职能，由计算存储网络、资源数据中心、信息服务系统组成，是智慧城市的必备资源。

应用层是基于云计算、海量存储、数据挖掘等服务支撑的各种智慧应用的整合，包括构建在智慧城市公共平台之上的云计算服务、协同服务、物联网服务、智能服务以及运营等各类应用服务系统。其通过对数据的处理分析，为城市的智能化管理和各种突发事件的处理提供数据支持与经验分析，如为城市环境宜居、安全防控、生活保障、公共服务、产业优化等领域提供应用服务的系统，促进各行业和领域的智慧化和创新发展，进而构建智慧的公共服务体系和公共管理体系。

主体层是智慧城市建设的主体，包括政府、企业与公众。智慧城市建设必须充分调动所有主体的积极性和创造性，这也是智慧城市建设的重中之重。主体层要充分体现人本、便民、利市、惠企的思想，以便智慧城市建设实现最大化的业务应用。该业务应用体系将覆盖城市环境宜居、城市安全防控、城市生活保障、城市公共服务和城市产业优化五大领域。

智慧产业体系是在技术应用带动下形成的具有竞争力的知识密集、高附加值的产业，为智慧城市发展提供动力，主要包括数据产业、平台产业和应用产业。智慧城市建设要与城市产业转型相融合，以城市智慧化带动产业现代化，形成国家、企业、社会多元驱动、共同参与的智慧城市建设投融资市场机制。

智慧支撑保障体系是智慧城市建设、管理、运行是否满足需求、达到预期目标的衡量标准，也是及时修正和调整智慧城市建设方向以及制定决策的科学依据，主要包括政策法规、技术标准、投融资政策以及评价考核体系等。

智慧城市体系框架如图7-2所示。

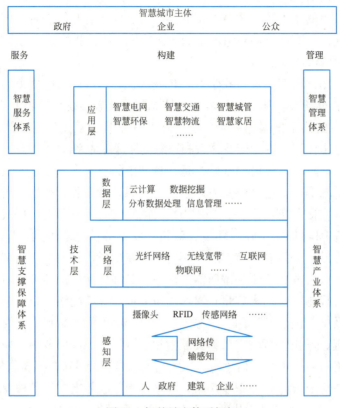

图7-2　智慧城市体系框架

### 7.2.2　智慧城市主要建设模式

智慧城市的各种优势及特点表明了其将成为未来城市发展的必然趋势，但是发展是一个较为漫长的过程。智慧城市建设将对人口流动的管理、城市的整体规划、公共资源的重新分配起到重要的基础支撑，为决策分析提供全方位的数据支持。但是，智慧城市建设综合程度高、建设周期长、投入资金大的特点决定了智慧城市的投资建设具有较大的风险，需要投入大量的资金、人力、物力来维持它的高效建设和可持续运营，因此要根据不同的城市特质选择不同的建设模式。

（1）智慧城市建设阶段特点

智慧城市建设全过程，每一阶段都有不同的特点，因此智慧城市各阶段的建设重点也不尽相同。

1）投资阶段

智慧城市建设投资涉及的范围比一般意义上的投资范围更广，所需要的投入资金周期更长、金额更大，一个好的投资模式是智慧城市顺利建设的前提和保证。通常智慧城市建设投资来源主要有两个方面：一是外部投资；二是智慧城市项目本身。外部投资主要是指政府的直接投资、企业投资等智慧城市项目外的投资，如某企业或企业组团凭借其资金实力投资建设智慧城市某个项目，通过建设完成后的运营获取投资回报。通过智慧城市项目本身获取资金是一种更加持续的资金来源，主要包括出租既有的基础设施、售卖专利、出租数据等投资模式，其可获取可持续的资金支持，满足智慧城市建设的资金需求。

2）建设阶段

智慧城市建设的周期比较长，投资回报时间更长，建设内容覆盖面广，涉及的利益相关方众多，其建设是一个系统性工程，建设意义不仅体现在经济上，更体现在城市建设和社会价值上。智慧城市建设阶段又可以按照其建设的侧重点分为前期的基础设施建设、中期的系统平台集成、后期的智慧应用开发等过程，不同的建设内容对建设主体的要求、建设模式和运营模式的选择也不尽相同，所以处在建设阶段的某个时期，选择合适的建设模式将尤为重要。在政府、市场或两者皆有的模式当中应选择更符合城市特征的建设模式。

3）运营阶段

在智慧城市的运营阶段，其运营模式一般由投资主体和建设模式决定。面对建设智慧城市这样一个系统工程，决策者需谨慎设计、统筹安排，实现智慧城市的可持续运营。如智慧城市是由政府主导的，则一般政府投资后也参与后期运营，提供一贯式服务；如由企业主导投资，则后期企业会参与城市运营并从中获取投资回报。政府运营一般是将智慧城市的各服务类型项目归类至相关政府部门，其服务过程较为传统；企业运营一般是由企业组建一个专门的运营公司或者部门，统筹各项服务，实现各项服务的联动与整合，但是企业的逐利性决定了其在投资回报低的项目上可能会降低服务质量；政府和企业联合投资建设的智慧城市，后续运营则可能会出现各自为政的情况，各自服务标准不一，服务质量也无法达到最优。

（2）建设模式

从IBM提出"智慧地球"概念开始，智慧城市在全球范围内迅速发展起来。按照政府主体和市场主体在智慧城市投资、建设、运营各阶段的参与程度，可以将智慧城市建设模式划分为如下几种类型：

1）政府自投自营模式。该模式以政府为牵头单位，一次性出资或分阶段建设完毕，主要包括服务于政府的非营利性应用，如网上办事大厅、政务云、大数据中心等。通信、网络等智慧城市基础设施通常采用政府部门自建模式。一方面，智慧城市基础设施具有公共物品性质，必须由政府生产或提供；另一方面，政府对智慧城市的直接投资能够吸引社会资本参与，推动智慧城市相关工程的落地。

2）政府出资自投，企业主导运营模式。该模式在经政府授权后，专业负责运营维护的服务机构可开展运维服务，弥补政府运维服务能力不足等问题。从智慧城市公共服务领域入手，选择一批数据安全保护等级低、需长期运营且具备一定盈利能力的项目作为民营智慧城市投资试点，例如在城市综合管廊、社区服务、智慧养老的运维服务等领域，通过机制模式创新，吸引民营资本参与建设运营，同时也为民营资本积极参与智慧城市建设创造了良好的制度环境。

3）企业投资、经营，政府授权模式。准经营性项目一般由政府与企业共同配合开展建设，其中政府主要负责顶层设计，招募合作企业，对具有公共属性的服务直接提供资金支持，或通过特许经营方式许可企业提供市场化增值服务，开展政企合作建设运营。该模式下的智慧城市项目由承包商负责建设并获得合理回报，项目验收合格后移交给政府。政府部门负责对项目的价格和质量进行监管，确保公共利益最大化。企业通过注入资金减轻政府的财政压力，通过提供技术、人才、设备与政府形成优势互补模式，合理配置各方资源，最终实现政府与企业的共同规划、共同投资、共同建设、共享服务。

4）企业投资，企业经营模式。具有明确市场价值的项目一般由市场主导，并由企业自主开展智慧城市项目建设，政府侧重于做好市场监管、制定政策、优化资源配置等工作。该模式下，政府鼓励企业主导建设和经营，并充分引入社会资源，激发市场活力，建立可持续发展机制，利用数字化技术改变传统运营方式，推动城市运行体系升级。

### 7.2.3 新基建与智慧城市

"新基建"概念源于中央会议提出的"新兴基础设施建设"或"新型基础设施建设"。国家发展改革委认为新型基础设施是以新发展理念为引领，以技术创新为驱动，以信息网络为基础，面向高质量发展需要，提供数字转型、智能升级、融合创新等服务的基础设施体系。目前，从5G基站、数据中心、工业互联网、人工智能、充电桩、特高压以及高铁及城市轨道交通七大新基建重要领域的投资规模来看，市场规模仍有巨大的上升空间。新基建七大领域以及关键产业链环节如图7-3所示。

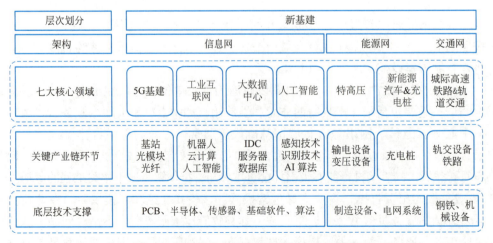

图7-3 新基建七大领域以及关键产业链环节

智慧城市是一个复杂的、相互作用的系统，各类资源要素优化配置且共同作用，推动城市的智慧运行。在智慧城市中，各项技术发挥的作用环环相扣，共同支撑起智慧城市的底层架构。同时，在新基建的作用下，信息基础设施建设将不断完善，助力基础技术与城市建设深度融合。5G使数据传输实现跳跃式发展，满足更多智慧城市应用场景；云计算提供计算存储等基础服务，为大规模软件、硬件、数据的操作和管理提供平台；人工智能提供深度学习等数据算法支持；物联网采集海量数据，并根据反馈提供命令执行支持；区块链则有助于打通数据孤岛，并提供智能合约支持。

新基建风口下，智慧城市建设迎来全面提升机遇。智慧城市与新基建间的关系密不可分。智慧城市是新基建价值实现的重要需求领域，新基建则是智慧城市建设的重要推动力。新基建的提出将从技术和战略层面重构智慧城市的发展逻辑。对于智慧城市的发展形态，新基建一方面能够加快城市的产业数字化进程；另一方面能够提升城市业态与服务供给。新基建是发展信息化、智能化、数字化的重要载体，它将助力社会经济数字化转型，加快产业升级，助力智慧城市建设升级。

## 7.3　国内外智慧城市的建设情况

### 7.3.1　国内外智慧城市的发展历程

一般认为，智慧城市发展需要经历四个阶段：数字化、网络化、智能化和智慧化。智慧城市的本质特征是人类智慧驱动城市发展，这是未来城市的新形态。智慧城市建设：第一，要推进数字化，我们生活的世界可以通过数字表述出来，因此数字化是智慧城市建设的第一步；第二，通过互联网将数字化的城市部件传输连接起来，实现网络化，如电子商务、电子政务就属于网络化阶段；第三，在网络传输的基础上实现局部智能反应与调控，即智能化阶段，如智能收费、智能交通、智能工厂等；第四，万物互联阶段，城市各部分功能在人类智慧驱使下优化运行，实现城市智慧化，基本建成智慧城市。这四个阶段不是截然分开的，后一阶段以前一阶段为基础。根据技术发展趋势，人类将进入万物互联的物联网时代，智慧城市建设也将步入一个崭新的阶段。

（1）国外智慧城市发展历程

数字城市起步于1993年美国克林顿政府提出建设"信息高速公路"，它是指基于3S技术[遥感技术（RS）、地理信息系统（GIS）和全球定位系统（GPS）]、可视化和网络技术等信息技术，综合开发和应用空间信息资源，对城市的基础设施、功能机制进行自动采集和动态监测管理，强调实现城市运行和管理的可视化、数字化、网络化。

伴随着信息技术的飞速发展，美国、英国、日本、韩国等发达国家开始研究如何运用新一代信息技术来重新审视城市的本质、城市发展目标的定位、城市功能的培育、城市结构的调整、城市形象与特色等一系列现代城市发展中的关键问题，针对如何加大信息技术在城市管理、服务和运行中的创新性应用，相继提出了发展"智慧城市"的战略举措，把智慧城市建设作为提升城市竞争力的重要手段，城市智能发展的新模式开始孕育成型。

国外众多国家将建设智慧城市纳入国家战略，纷纷出台了一系列相关鼓励政策，明确智慧城市建设过程中的方向、目标以及重点建设内容，以此来推动本国智慧城市建设。美国率先提出国家信息基础设施（NII）和全球信息基础设施（GII）计划。韩国从1992年开始开展了第二次国家主干网的建设，实现了行政电子化网络管理的目标。日本政府于2009年7月制定了《i-Japan2015战略》，提出到2015年实现以人为本且充满活力的数字化社会。各国致力于用精准、可视、智能的技术推进城市管理和运行的智慧化，并通过应用物联网、云计算等新一代信息技术，使市政设施具备感知、计算、储存和执行能力。在推进"智慧城市"建设过程中，逐渐改变了以技术为中心的思想，确立了"以人为本"的理念，建立了无所不在的社会服务环境（图7-4、图7-5）。

图7-4　两名工人正在西班牙巴塞罗那街头安装无线智能传感器

图7-5　巴西里约热内卢运营中心内，工作人员正在监测城市运行数据

（2）国内智慧城市发展历程

我国智慧城市的发展源于信息化程度的快速提升，主要包含三个阶段：

第一阶段：电子政务阶段（1999—2012年），源于国家信息化发展，以"电子政务"建设为排头兵,旨在提升政府效能。

第二阶段:智慧城市阶段(2012—2015年),试点建设,目的是促进信息化技术的应用,提升政府政务服务能力和公共服务能力。

第三阶段:"互联网+"智慧城市阶段(2015年至今),增加"互联网+"思维及新技术的应用,促进政务协同及创新创业,满足社会多样化需求。

在建设过程中,以政策先行,多层次、多领域推动"智慧城市"试点示范建设。智慧城市建设以综合性试点和具体领域试点展开,目前已经覆盖全国所有的重要城市。当前,智慧城市建设已经进入新的发展阶段,将以"分级分类"试点建设模式推进"新型智慧城市"建设。智慧城市从概念提出到落地实践,历经了十多年的建设与发展。根据《智慧城市标准化白皮书(2022版)》统计,我国开展的智慧城市、信息惠民、信息消费等相关试点城市超过500个,超过89%的地级及以上城市、47%的县级及以上城市均提出建设智慧城市,初步形成了长三角、珠三角等智慧城市群(带)发展态势。

根据2017年度、2019年度两次全国范围内的新型智慧城市评价工作,参评城市平均得分由58.03分上升至68.16分,涨幅达17.46%,惠民服务、精准治理、生态宜居、信息资源、改革创新领域水平均有所提升。智慧城市作为一种新型城市发展形态和治理模式已被社会群体广泛认可和接受,建设新型智慧城市渐成风潮、方兴未艾。中国智慧城市主要政策见表7-1。

中国智慧城市主要政策　　　　　表7-1

| 时间 | 部门 | 文件 | 主要内容 | 意义 |
| --- | --- | --- | --- | --- |
| 2012.11 | 住房和城乡建设部 | 《关于开展国家智慧城市试点工作的通知》 | 国家智慧城市试点暂行管理办法:中国智慧城市建设起步,探索智慧城市建设、运行、管理、服务和发展的科学方式。国家智慧城市(区、镇)试点指标体系:列明智慧城市试点的指标体系 | 推进新型城镇化试点的重要举措 |
| 2013.1 | 住房和城乡建设部 | 《国家智慧城市试点创建工作会议》 | 公布首批国家智慧城市试点名单:90个,其中地级市37个,区(县)50个,镇3个 | 明确90个国家首批智慧城市建设试点城市 |
| 2013.8 | 国务院 | 《关于促进信息消费扩大内需的若干意见》 | 明确提出要加快智慧城市建设,并提出在有条件的城市开展智慧城市试点示范建设;鼓励各类市场主体共同参与智慧城市建设 | 国务院明确提出要加快智慧城市建设 |
| 2014.3 | 中共中央、国务院 | 《国家新型城镇化规划(2014-2020年)》 | 将智慧城市作为城市发展的新模式,列为我国城市发展的三大目标之一,并提出2020年建成一批特色鲜明的智慧城市 | 首次把智慧城市建设引入国家战略规划,并指明智慧城市建设方向 |
| 2014.8 | 国家发展改革委、工业和信息化部、科学技术部、公安部、财政部、国土资源部、住房和城乡建设部、交通运输部 | 《关于促进智慧城市健康发展的指导意见》 | 到2020年,建成一批特色鲜明的智慧城市,聚集和辐射带动作用大幅增强,综合竞争优势明显提高,在保障和改善民生服务、创新社会管理、维护网络安全等方面取得显著成效 | 该文件是全面指导我国智慧城市健康发展的系统性政策文件;成立"促进智慧城市健康发展部际协调工作组",参与探索智慧城市建设的主管部门扩大 |

续表

| 时间 | 部门 | 文件 | 主要内容 | 意义 |
|---|---|---|---|---|
| 2015.11 | 国家标准委、中央网信办、国家发展改革委 | 《关于开展智慧城市标准体系和评价指标体系建设及应用实施的指导意见》 | 到2020年累计共完成50项左右的智慧城市领域标准制定工作,共同推进现有智慧城市相关技术和应用标准的制修订工作;到2020年实现智慧城市评价指标体系的全面实施和应用 | 智慧城市标准体系和评价指标体系是引导全国各地智慧城市健康发展的重要手段 |
| 2016.3 | 中共中央、国务院 | 《中华人民共和国国民经济和社会发展第十三个五年规划纲要》 | 根据资源环境承载力调节城市规模,实行绿色规划、设计、施工标准,实施生态廊道建设和生态系统修复工程,建设绿色城市。加快现代信息基础设施建设,推进大数据和物联网发展,建设智慧城市。以基础设施智能化、公共服务便利化、社会治理精细化为重点,充分运用现代信息技术和大数据,建设一批新型示范性智慧城市。提升城市治理水平:创新城市治理方式,改革城市管理和执法体制,推进城市精细化、全周期、合作性管理 | 将建设智慧城市列为信息城镇化重要工程 |
| 2016.12 | 国家市场监督管理总局、国家标准委 | 《新型智慧城市评价指标》GB/T 33356—2016 | 按照"以人为本、惠民便民、绩效导向、客观量化"的原则制定,包括客观指标、主观指标、自选指标三部分 | 第一份智慧城市标准文件发布并实施,为智慧城市建设提供了必要依据和规范 |
| 2016.12 | 国务院 | 《十三五国家信息化规划的通知》 | 到2018年,分级分类建设100个新型示范性智慧城市;到2020年,新型智慧城市建设取得显著成效,形成无处不在的惠民服务、透明高效的在线政府、融合创新的信息经济、精准精细的城市治理、安全可靠的运行体系 | 正式提出新型智慧城市建设行动,分级分类推进新型智慧城市建设 |
| 2022.6 | 国家发展改革委 | 《2022年新型城镇化和城乡融合发展重点任务》 | 加快推进新型城市建设。坚持人民城市人民建、人民城市为人民,建设宜居、韧性、创新、智慧、绿色、人文城市 | 提出实施新型智慧城市发展方向 |
| 2022.6 | 国务院 | 《"十四五"新型城镇化实施方案》 | 推进智慧化改造。丰富数字技术应用场景,发展远程办公、远程教育、远程医疗、智慧出行、智慧街区、智慧社区、智慧楼宇、智慧商圈、智慧安防和智慧应急 | 提出实施新型智慧城市行动方案 |

总的来说,随着智慧城市建设的不断深化,智慧城市的建设和应用在城市规划定位、经济发展中起到越来越重要的作用。将智慧城市建设和城市规划、城市功能定位、城市经济社会发展相结合,不断将人工智能、大数据等新技术运用到智慧城市建设中,能够使城市的发展更加科学、智慧,居民的生活更加便捷、智能。

### 7.3.2 国内外智慧城市案例

(1)国外智慧城市案例——新加坡

新加坡是世界上首先提出"政府信息化"的国家之一,自20世纪80年代新加坡政府提出"国家计算机化计划"推广采用电脑化应用，此后新加坡开始不断推进信息化建设，其行动规划也愈发明确。2006年新加坡政府提出智能国家战略，2014年新加坡在智能技术发展的基础上再次推出"智慧国家"计划（The Smart Nation Initiative），期望通过智慧国家的建设推动新加坡的转型发展，实现到2025年成为"全球第一个智慧国家"的愿景。2019IMD智慧城市指数排名（IMD Smart City Index2019）中新加坡荣居首位，在2018—2019年度的世界智慧城市政府报告排名中新加坡则位居第二名。

智慧国家2025计划致力于打造坚实可靠的数字化基础设施和广泛包容的国民文化作为智慧国家的基础，并在此之上通过构建经济、政府和社会三大支柱，落实智慧国家新方案。

1）数字经济

为了建设新加坡更美好的未来，数字化是国家层面最迫切的任务。抓住数字化机遇将为新加坡带来新的竞争优势，保持其吸引国际投资和人才的经济优势地位。利用最新技术实现数字经济将吸引外国投资、增加就业机会，并推动经济增长。数字经济行动框架如图7-6所示。

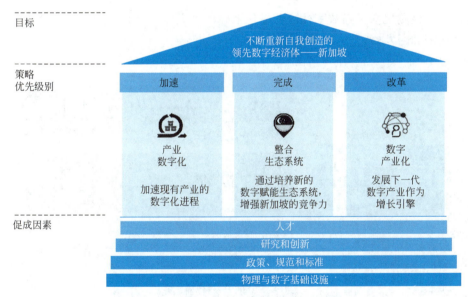

图7-6　数字经济行动框架

2）数字政府

新加坡政府致力于建设更精简、更稳固的公共部门，这些部门以数字信息为核心，服务效率和改革创新水平全球领先。政府将会促使公务员用心服务大众，博得公众的信任、信心和支持。数字政府蓝图如图7-7所示。

3）数字社会

在智慧国家中，新加坡公民有能力最大化个人机遇，并利用数字社会的便利追求个人价值的实现。政府将会通过使公共服务更便于获得、提高居民数字信息

图7-7 数字政府蓝图

化能力和鼓励民众参与数字社区和平台来确保个人受益于数字国家。社会数字化储备蓝图如图7-8所示。

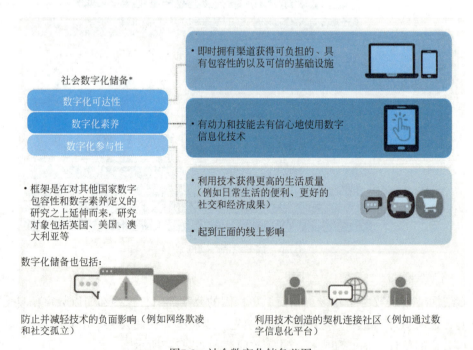

图7-8 社会数字化储备蓝图

4)智慧国家方案

智慧国家方案涵盖与国家居民生活和产业发展相关的一系列智慧化项目,每项应用都与新加坡居民紧密相关,并致力于提升每一个人的生活质量和工作机会。新加坡智慧国家方案样例如图7-9所示。

全国数字身份系统:全国数字身份系统为每个用户提供了一个数字身份,以便与政府和私营组织间进行安全方便的数据交换。

电子支付:大力推动电子支付,使公民、企业和政府部门可进行简单、安全且顺畅的数字交易,减少现金和支票的使用。

CODEX(基本运作、发展环境和数字信息交换):智慧国家与数字政府数字化工作平台,鼓励公有组织和私人企业合作以开发更快、更高效、更以用户为中心的面向公众的服务。

跨机构政府服务平台LifeSG:从以公民为中心的角度出发,将公民一生不同阶段所需的公共服务数字化集成。

智慧国家感知网络:智慧国家感知网络是综合的全国范围感知平台,其功能包括提升市政服务、城市运行、空间规划和安全防护水平。该平台可以让新加坡更加智慧、更加环保、更加宜居。平台包括无线传感网络、泳池防溺水监测、老年人紧急呼救按钮、环境监测四项核心功能。

智慧城市出行:利用数据和信息技术,例如人工智能和自动驾驶,进一步改善推动公共交通通勤方式。

国家数字身份

数字政务服务平台

"榜鹅"智慧城

政企合作线上交易平台

个人健康管理平台

自动驾驶汽车

图7-9 新加坡智慧国家方案样例

(2)国内智慧城市案例——上海

上海跟随国家政策,大力推动智慧城市建设。上海于2016年发布《上海市推进智慧城市建设"十三五"规划》,旨在建成泛在化、融合化、智敏化的智慧城市。2020年上海市政府发布《关于进一步加快智慧城市建设的若干意见》,聚焦政务服务"一网通办"、城市运行"一网统管"、全面赋能数字经济三大建设重点，夯实"城市大脑"、信息设施、网络安全三大基础保障，加快推进新一轮智慧城市建设，不断增强城市吸引力、创造力、竞争力。上海市智慧城市建设领域如图7-10所示。

图7-10　上海市智慧城市建设领域

根据上海市经济和信息化发展研究中心发布的《2020上海市智慧城市发展水平评估报告》，上海从新型基础设施指数、智慧应用指数以及发展环境指数三个方面对智慧城市发展水平进行了评估，评估结果显示，2020上海市智慧城市发展水平指数为109.77，相较上一年提高了3.91。通过对2022年度智慧城市评估的具体分析，现阶段上海市智慧城市建设成效显著：5G建设和应用全面提速；智慧应用数字化、互联度进一步提高，公共服务更加普惠、便捷、智能；政务服务"一网通办"持续深化，高效办成一件事，办事更加快捷、方便；城市运行"一网统管"加快推进，城市治理更加精细化；数字经济活力迸发，产业高质量发展；智慧城市发展环境保障持续加强。

新型基础设施指数为119.16，相较上一年提高了0.41。上海已率先建成"双千兆宽带第一城"，实现千兆固定宽带覆盖960万户家庭，固定宽带平均可用下载速率达到50.32 Mbit/s，为全国第一个超过50Mbit/s的城市。上海已累计建设5G室外基站超3万个、室内小站4.98万个，实现5G网络中心城区和郊区重点区域室外覆盖。上海在平均接入带宽、宽带下载速率、千兆以上宽带用户渗透率、用户感知度等关键指标继续保持全国领先。

智慧应用指数为113.12，相较上一年提高了0.39。智慧应用指数的增长主要体现在政务服务"一网通办"持续深化，高效办成一件事，办事更加快捷、方便。城市运行"一网统管"加快推进，城市治理更加精细化。人工智能、大数据、工业互联网全面赋能实体经济高质量发展，人工智能应用场景持续开放，大数据核心产业总产值快速增长，工业互联网发展路径不断创新，打造"工赋上海"，推动工业互联网发展向产业化、知识化的梯度提升。公共服务智慧便捷，全市38家市级医疗机构实现35项医学检验和9项医学影像检查项目互联互通互认，16个区已完成互联互通互认应用的全覆盖。市区两级机构间医学影像和报告的互联互认覆盖率为97%。全市超2.6万个公交站点中近1万个站点实现了电子化改造，中心城区实现公交电子站牌和途径线路实时预报双覆盖。具体应用场景如图7-11、图7-12所示。

发展环境指数为102.23，相较上一年提高了1.86。上海强化市、区联动工作协同机制，加强区域智慧城市发展顶层设计，各区制定具有可操作性的规划和协同推进的工作计划，各区均设立了区智慧城市领导小组，持续加强人才服务保障，推进智慧城市相关应用项目建设和技术研发产业化，引领多渠道、多元化资金推动区域应用服务拓展、产业发展升级。各区在政务服务、城市运行、数字经济、公共服务等方面打造了具有诸多亮点的创新应用，努力打造优质、多元协同、富于活力的创新生态环境，加强国内外合作交流，承担与智慧城市相关的试点工作与宣传体验活动。

图7-11　上海市城市运行管理中心

图7-12　徐汇区城市运行管理中心"一网统管"

### 7.3.3 智慧城市的未来展望

（1）智慧城市发展面临的挑战

目前，我国智慧城市建设已经进入以人为本、成效导向、统筹集约、协同创新的新型智慧城市发展阶段，智慧城市发展的驱动因素也从新兴技术驱动向数据驱动转变。在这一阶段，数据孤岛、信息安全、经济效益是目前智慧城市建设中面临的三大挑战。

（2）智慧城市的发展趋势

下一阶段的智慧城市建设，将更多地承载人们对美好生活的向往。智慧城市作为一项巨大的城市服务产品，需要重点提升居民对城市的归属感，提高城市生活品质，促进城市产业经济发展。

治理思路改变——从"城市数字化"到"数字化城市"。智慧城市的进一步发展将会催生城市治理在技术和范围上的整体变革，这种变革可能深化并触发城市管理体制与机制的革新。城市经济发展的主要脉络依次为工业经济、数字经济、智能经济。其中，数字经济对工业经济能起到带动作用，并由此诞生了工业数字化、工业互联网、数字孪生工厂等。当前中国社会致力于发展数字经济，数字经济包含数字化、互联网和物联网、数字孪生三大阶段，智能经济对数字经济也会起到推动作用。

阶段重点改变——从"建设智慧城市"到"运营智慧城市"。随着智慧城市建设的逐步走深向实，智慧城市除继续下沉外，其具体运营方式以及在运营中如何实现自我革新将成为"重头戏"。一方面，智慧城市投资将会继续加码。智慧城市基础设施如物联网、环境传感器、全光网络、5G全覆盖、人脸识别与物体识别摄像头、智能抄表、车联网等将是智慧城市的重点投向。同时，智慧城市投资将会从物理世界延伸到数字世界，智慧城市基础设施将不再只是道路、桥梁、水电等，而是承载了城市管理的信息基础设施，这些信息基础设施将与物理基础设施逐步实现物网融合。另一方面，伴随着科技设备的井喷，针对科技设备和数字空间的设计、运营、维护、培训、管理等全流程服务将成为重点，如何用好智慧城市将会是下一阶段的重点任务。

互动形式升级——从"人与人的联接"到"万物互联"。万物互联场景下，万物发声，智慧城市的交互性也将迈上新台阶，各要素之间形成互动新生态。未来，随着智慧城市的进一步发展，将会产生更多垂直领域应用。

## 7.4 智慧社区的建设情况

### 7.4.1 智慧社区

（1）智慧社区与智慧城市的关系

社区是城市居民生活的基本单元，智慧社区则是智慧城市的基本单元。智慧社区是一种社区建设的新理念，与智慧城市一脉相承，是智慧城市的组成部分之一，也是智慧城市建设的核心内容之一。智慧社区是智慧城市内在需求提出的逻辑起点，同时又是智慧城市发展和理念追求的归宿，智慧城市从智慧社区起步是当前智慧城市建设的基本途径，智慧社区也为智慧城市建设带来新契机。

（2）智慧社区的概念

一般而言，智慧社区是利用5G、物联网、大数据、人工智能、区块链等新一代信息技术，以社区的智慧化、绿色化、人文化为导向，融合社区场景下的人、地、物、情、事、组织等多种要素，围绕社区居民的公共利益，促进社区居民交往互助，统筹公共管理、公共服务和商业服务等多种资源，提供面向政府、物业、居民和企业等多种主体的社区管理与服务类应用，也是提高社区管理与服务的科学化、智能化、精细化水平的一种社区管理和服务创新模式。智慧社区是实现基础设施智能化、公共服务便捷化、社区治理精准化的重要途径，也是助力基层治理能力提升，推进国家治理体系和治理能力现代化的重要手段之一。

### 7.4.2 智慧社区的基本情况

（1）智慧社区市场发展情况

目前，城市的"智能化"正逐渐成为城市发展的驱动力，智慧社区作为智慧城市的重要组成部分，正呈现出蓬勃发展的态势。近年来，各级政府陆续出台各类智慧社区建设规划文件，为国内智慧社区行业的发展创造了良好的产业政策环境，越来越多的需求被释放。智慧社区行业紧密结合产业上下游，充分了解用户的需求，在云计算、大数据、人工智能等技术的推进下，极大地丰富了行业应用场景。通过产品与服务质量的不断优化升级，智慧社区行业应用迎来了爆发式增长。而未来，在政策不断利好的大环境下，随着互联网、物联网、云计算等信息技术的进一步发展，以及群众对智能化和信息化便捷生活需求的进一步扩大，智慧社区建设将迎来黄金期。

根据公开数据统计，中国共有16.44万个社区，超8亿城镇人口，2017年中国智慧社区市场规模为3480.22亿元，2021年中国智慧社区市场规模达到5950.05亿元。老旧小区的智慧化改造和新建社区的智慧化提升是智慧社区建设的两大市场方向。2017—2021年中国智能社区市场规模如图7-13所示。

（2）智慧社区的盈利模式

当前智慧社区项目具有盈利回报机制多样的特点，大致可分为增值利用服务、广告收益、可行性缺口补助、使用者付费、场地租赁收入、渠道收入六种方式。

1）增值利用服务

增值利用服务主要包括垃圾回收利用和数据增值利用两大类。垃圾回收利用

图7-13 2017—2021年中国智慧社区市场规模

数据来源：智研瞻产业研究院。

是指通过可回收垃圾的回收加工、厨余垃圾的资源化利用等方式对分类后的垃圾进行增值利用获得相应收益。数据增值利用是指在合法合规的范围内，利用运营过程中获得的各类数据，通过数据输出、数据分析等方式为政府部门、科研机构、专业数据公司、市场调查公司等提供数据增值服务获得相应收益。

2）广告收益

广告收益指面向政府部门、社会企业等，通过线下在智能设备上投放社区户外广告、视屏广告等方式，或通过线上在小程序、网页端投放网络广告等方式获得相应收益。

3）可行性缺口补助

可行性缺口补助指使用者付费不足以满足社会资本或项目公司的成本回收和合理回报，而由政府以财政补贴、股本投入、优惠贷款和其他优惠政策的形式，给予社会资本或项目公司的经济补助。

4）使用者付费

使用者付费指由最终消费用户直接付费购买公共产品和服务，一般用于能计量、能计价的项目。社区居民是智慧社区的主要服务对象和受益者，由使用者来承担智慧社区建设费用，符合"谁投资、谁受益"的原则，也是智慧社区长周期运营的发展方向。例如，智慧停车、智慧充电桩和健康、家政等场景。

5）场地租赁收入

场地租赁收入指物业公司、开发商或者场地所有者通过向服务商、团体、个人等使用者提供空间租赁服务并获取相应收益。例如，将社区公共空间租给创业团体。

6）渠道收入

渠道收入指向入驻社区或入驻平台的商户收取费用以获得收益，包括根据流量或用户数进行渠道分成、有偿提供技术支撑和配套服务、收取支付渠道手续费等。例如，数字便民生活圈、社区综合服务APP等。

在财政收紧的情况下，政府财政资金难以独立支撑智慧社区建设。智慧社区的可持续发展需要创新建设运营模式，探索长效运营道路。在多地的建设实践中，政府不再是公共产品与公共服务的唯一提供者，而是将一部分公共服务相关职能剥离给社会服务组织和企业来承担，同时给予一定的经营许可，使企业能够以商业化服务创造商业价值来反哺社区公共服务。在整个过程中，政府保持对社会服务组织和企业的宏观管理和有效监督，以保障服务质量和服务均等性。未来智慧社区需要加强基于物联网、大数据、人工智能等新技术手段的建设运营模式创新，探索建立基于多元参与、数据融合的"共建、共治、共享"社区治理和服务新模式。

### 7.4.3 房地产行业的智慧社区投资建设情况

（1）面向房地产企业的智慧社区商业模式

面对房地产市场的新形势和新变化，少数有远见的房地产商已经学习互联网思维，实践行业转型，逐步介入智慧社区的建设中。为保障长期盈利能力，塑造公司良好的品牌形象，应用信息技术、大数据分析技术、移动互联手段建设智慧社区，为业主提供衣、食、住、行、娱、购、游在内的增值服务，成为房地产商的必然选择。智慧社区已逐渐成为房地产商转型的思路共识，目前我国销售金额排名前列的房地产公司均有涉及智慧社区的建设，有的已经推出了商业社区，有的同科技公司达成战略合作协议，在智慧社区建设方面展开全方位合作。

在房地产开发企业纷纷开始建设智慧社区的背后，反映了开发商利用信息技术和互联网思维进行企业转型和战略布局的特点。无论是房地产企业50强还是区域性房地产公司，如果不能根据消费者的需求及时调整自己的产品结构和盈利模式，就很可能在今后的发展中丧失先机。面对房地产行业的现状，相信会有更多的房地产开发企业进行智慧社区的战略部署和开发建设，这将有力地推动智慧社区的广泛推广和全面普及。

但是在快速发展的同时也要看到目前房地产开发企业进行智慧社区建设存在的一些问题。传统房地产行业的商业模式重点在于融资、拿地和建设，而在建设智慧社区时，还需要加强运营期的管理。在建设和运营过程中，需要进行多方资源的整合、搭建系统平台、集成应用系统、扩展服务接口、挖掘数据价值等，及时高效地为社区居民提供管理和服务。

因此，从房地产开发企业的角度来分析智慧社区的商业模式，可为房地产开发企业改变角色、进行智慧社区建设与运营提供参考，使得房地产开发企业在智慧社区建设中占据主导地位。房地产开发企业可通过招标投标方式选样最有竞争力的业务提供商，组建传感终端、传输通道及开发业务应用，并与系统集成商和终端设备提供商合作，在网络运营商提供的平台上进行智慧社区业务的推广和应用，向用户提供一套整体的、系统性的智慧社区解决方案。

（2）运营模式分析

在智慧社区体系中，电信运营商、系统解决方案提供商、数据采集设备生产商、系统集成商、硬件提供商、软件提供商、服务提供商、社区居民、政府等政策制定和监督管理部门共同构成了智慧社区产业网，通过彼此间的资源共享和战略合作形成了智慧社区体系。不同企业依据各自拥有的相关资源，发挥各自的优势，实现企业不同的服务模式和盈利模式。以房地产开发企业为主导的智慧社区运营关键就是要确定企业在智慧社区价值环节中的位置，并根据企业自身的战略布局和实际情况，集中资源对不同参与主体进行整合与管理，使企业成为整个智慧社区产业环节上至关重要的环节。

房地产开发企业是智慧社区体系中的建设者和组织者，房地产开发企业与其他参与企业间是商业合作关系，硬件设备提供商和软件开发商依据智慧社区的设计部署和房地产开发企业的实际需求提供相应的硬件设备和系统应用软件，这些设备和软件由系统集成商进行整合，由网络运营商提供网络传输平台，结合网络设备供应商提供的网络设备和搭建的基础设施，将智慧社区整体应用服务传输给最终用户。社区居民作为最终用户，享受智慧社区的服务，也需要向整个体系支付管理费用来支持其运作。以房地产开发企业为主导的智慧社区运营模式如图7-14所示。

（3）服务模式分析

未来智慧社区产业的发展关键在于深入挖掘用户需求、提高服务水平和创新服务类型。房地产开发企业应该按照潜在消费者的需求进行智慧社区的设计和建设，并对社区的应用和服务进行不断创新，做到既能满足居民需求又能引导居民需求，充分提升企业自身的核心竞争力。智慧社区服务运营颠覆了传统房地产行业固有商业模式，全新思维需整合多方跨界资源，创新服务模式不光要靠房地产开发企业自身的积极努力，同时也要与政府相关职能部门和社会服务组织与企业联动，通过多种途径实现服务模式的创新。首先政府相关职能部门应该完善相关法律法规和行业标准，在政策上给予房地产开发企业一定鼓励和支持，通过不同手段积极鼓励相关企业和各参与主体对智慧社区平台的研发和投入；其次对于房地产开发企业来说，智慧社区的建设可以集中在企业低成本化运营上创新，改善内部控制的成本，降低组织内部因信息不对称所导致的系统风险，通过基于产品和技术上的创新服务模式来实现。

（4）收益模式分析

房地产开发企业在智慧社区的建设过程中处于主导地位，其利润的主要来源

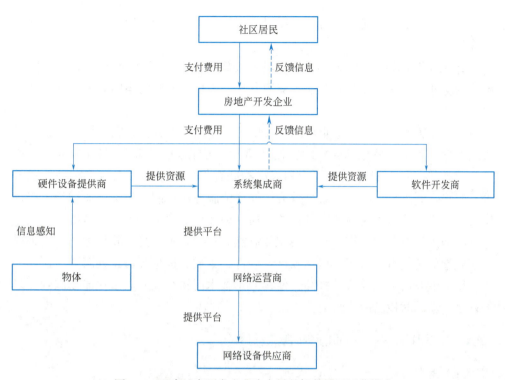

图7-14　以房地产开发企业为主导的智慧社区运营模式

是社区居民。首先用户购买房屋是其利润的主要来源,而房地产开发企业通过智慧社区理念和良好的服务,会吸引更多潜在消费者,形成良性循环。这部分利润一类是居住用户的直接购买带来的利润,主要是社区建设带来的直接利润和智慧社区理念吸引的潜在消费者带来的间接利润;另一类是针对银行、超市、饭店等与生活息息相关的商业服务群体,根据这部分客户的不同性质和需求,提供一定数量的商铺并为其搭建个性化的应用系统和环境,使得这部分客户群体可以体会到智能化技术的运用能够扩大和加深自己的业务内容从而获取更多利润,以此利用应用平台和系统收取除了租金以外的服务费用。

(5)智慧社区为房地产商带来的价值

增强产品品质。众多开发商在楼盘品质及细节等方面着力提升的同时,个性和完善贴心的物业服务与生活增值服务成为房地产品质战的主战场,将传统的卖房子上升到卖服务、卖生活模式,这样才能在竞争激烈的市场获得一席之地。

助力项目增值。智慧社区能够通过技术集成充分与智能家居、停车、生活消费、教育、医疗等各类资源对接,在居住者的生活品质服务上作加法,既弥补了房地产项目区位环境的不足,也开辟了全新的盈利模式和盈利点,给房地产项目带来额外收益。

提升品牌实力。智慧时代的房地产商以"营造高品位文化内涵的居住空间"为升级转型的竞争点,以"为业主打造高品质生活"为宗旨,给业主带来全新的生活体验。这种模式能促使房地产项目进行品牌建设，为房地产项目树立良好的口碑和形象。

统一运营战略。不同地区的楼盘可以在资源整合之下进行统一的运营管理，单独的房地产项目可以互联互通、资源共享，为房地产商的集团化发展提供新的方向。

如今，房地产及物业企业与科技大厂的合作也越来越多，联合推出智慧社区解决方案。例如，腾讯和碧桂园合作共建人工智能社区，京东和360也战略投资了"物业第一股"彩生活，华为和兴海物联合作，京彩未来家与京东科技联手等。当强强联手后，会发生聚合效应，使增值服务可复制，效益倍速增长。在合作时，不求符合每个房地产商各自的特质，但要聚焦解决每个社区基础运行服务的核心痛点，具备快速交付和规模化复制能力，并且不只是纯软件输出，而是提供端到端的全链解决方案，包括软件、硬件、集成、运维等一系列服务。这样一个系统性的解决方案兼容性极高，使得原本技术门槛很高的数字化能复制到更多的社区，新的时代已悄然而至。

### 7.4.4 智慧社区案例——陆家嘴智慧社区

（1）建设历程

2010年上海世博会后，针对城市发展中的问题，如人口膨胀、流动人口的服务与管理、公共安全瓶颈、社会保障压力、交通拥挤、健康管理薄弱、看病困境、人们生活空间的拓展障碍、资源如何整合再应用等，以及当社区管理与服务已经滞后于群众的需求时，从居住环境到基础设施、从生活服务到文化娱乐、从治安秩序到人际关系等，居民都提出了越来越多的要求。陆家嘴街道根据实际情况提出建设上海市智慧城市微模型的计划，将互联网思维和信息化技术融入街道各项工作之中，围绕"社区幸福生活"和"人的发展"两大主题开展工作，探索形成了可复制、可推广的智慧社区建设方案。

2011年3月，陆家嘴街道启动调研，成立领导小组。以智慧社区建设为抓手，在陆家嘴街道开始通过信息化提升公共服务和管理的试点工作。同年10月，陆家嘴智慧社区建设总体解决方案获市领导和市经济和信息化委员会（以下简称"市经信委"）批准，陆家嘴社区成为市经信委首批"智慧社区"试点单位和浦东新区智慧社区示范单位。

（2）智慧社区设计内容

智慧社区设计内容见表7-2。

1）在公共服务领域

贴近民生，以开放体系推动政府公共服务资源和社会资源整合，建立多元化社区公共服务模式。为社区居民提供社区健康管理、社区公共教育、养老基本保障以及公共服务信息（包括就业信息、保障信息、政府信息、社区服务信息等）。

智慧社区设计内容 表7-2

| 类别 | 内容 |
| --- | --- |
| 目标顶层设计 | 让生活、学习、工作，乃至路过本社区的人感知幸福生活和充满发展的机会（一切为了幸福生活、一切为了人的发展） |
| 功能顶层设计 | 1.提升公共服务、公共管理的效能；<br>2.促进新兴产业的发展；<br>3.营造有利于创新的社会环境；<br>4.打造三大社会发展模式，即社会保障模式、社会动员模式、社会创新模式 |
| 建设路径 | 1.信息技术与政府治理和公共服务过程的整合，突出信息资源管理；<br>2.社群建设与群体创新素质的提升与智慧释放，突出信息运维 |
| 建设基因 | 社群、保障、创造、信息化 |
| 技术顶层设计 | "一库""一卡""两平台"，即建立社区综合信息库；开发智慧城市卡；建设社区公共服务信息平台；建设社区综合管理信息平台 |

2）在公共管理领域

实现精细化管理，搭建综合信息管理与服务平台，整合社区治理、小区管理、公共便民服务等专项应用，促进社区管理和服务向集约化方向发展。如网格管理、项目绩效管理、人员统计管理、环境保护、停车管理、居民区物业管理、群租管理、安全管理（包括生产安全、应急管理）。

3）在社区建设领域

提升社区活力和各方积极参与率，促进社区自治和服务能力提升。社会动员模式包括两个方面：一是通过项目化实施，发动居民参与社区事务、增强居民自治意识、激活社区自治管理活力、创新工作载体、形成自治机制；二是通过建立志愿服务时间登记、社会反馈统一有序的认证管理体系，激励更多的人参与社会服务与管理活动；三是形成具有成熟商业模式、便捷高效的便民利民服务体系，如社区商家信息传递与居民生活需求对接、社区商家诚信体系建设等。

4）在基础设施布局和建设领域

不断改善和优化社区宽带、无线、广播电视网等信息基础设施；发挥社区综合信息管理和服务平台高效、智能、协同作用，并为社会治理、公共管理与服务和商业服务提供统一接口；推进居家安全和社区安防等智能终端产品的广泛应用。

5）通过智慧社区建设提升区域创造力

智慧社区建设的最终目标是人的发展，它并不仅是要满足人的一般物质需求，而是要满足人求知、求乐、求富、求安的整体性需求。进行数据门户的开放，一方面其是政务公开的新形式，另一方面，人们可以使用公共数据，并贡献其他数据流。数据不再以它的存储而定义，而是由它的流转来定义，并产生巨大的商业价值。通过智慧城市卡的应用，将促进社会认证体系的建设。人们积极的社会参与都将被记录、衡量、认证、反馈，这是一种社会劳动交流，这种交流同样产生经济和社会价值。智慧社区建设逻辑如图7-15所示。

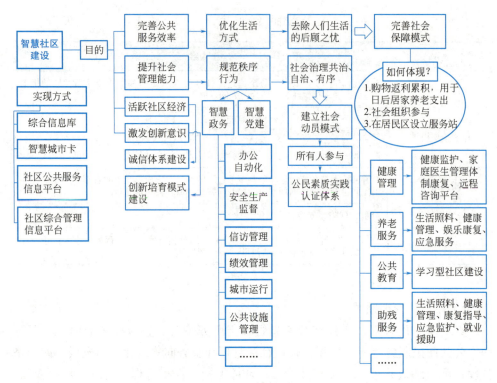

图7-15 智慧社区建设逻辑图

（3）智慧社区建设基础工作

1）建设社区综合信息库

社区综合信息库包含服务资源提供、应用支撑、数据交换、服务渠道和服务交付等各基础系统，涵盖了所有与社区业务相关的数据资源，并将这些数据资源从逻辑上划分为不同的数据库进行存储和利用。社区综合信息库是双向的，一方面是社区内的信息通过各种渠道汇集，另一方面通过整理和提炼公共信息推送至社会。社区内的个人、团体、组织、企业等都可以通过社区数据门户获取必要信息，以帮助其有效参与社会建设。同时，他们在参与社区建设过程中又将产生的新数据导入信息库，不断丰富数据资源。社区综合信息库运行示意图如图7-16所示。

2）开发智慧城市卡

这里的"卡"是指实名制管理的卡，包括社区卡、数字门牌、带芯片的车牌等。所以，"卡"可以是有形的，也可以与手机应用相融合，或者与人脸识别、身份认证相融合。社区"卡"采用实名制，居民根据不同的身份可获取不同的社区服务；同时，其也是个人参与社会活动及表现的记录认证载体和社区生活应用载体，为社区居民提供便捷的身份认证、诚信兑换、认证支付等金融服务，是建设社会保障新模式的基础。社区"卡"的核心：一是实名制的身份识别；二是参与社区自治、社会活动及表现的记录；三是打开社区各类生活应用的钥匙。同时，居民在使用"卡"的过程中产生的数据也是充实信息库的一个渠道。智慧城市卡运行示意图如图7-17所示。

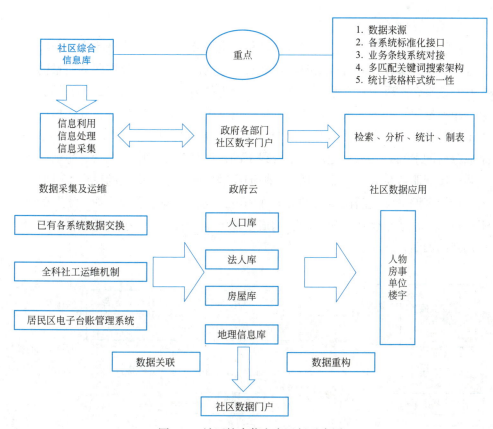

图7-16 社区综合信息库运行示意图

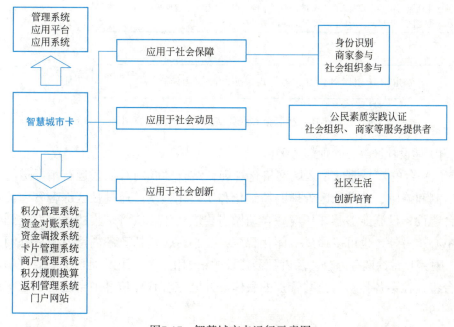

图7-17 智慧城市卡运行示意图

3）建设社区公共服务信息平台

社区居民可通过平台查询实时资讯和优质的公共服务，分享政府、企事业单位等所提供的服务，同时可及时反馈真实存在的问题，促进公共服务质量的不断提升。该平台是凝聚社会服务的载体，平台上的内容是社区居民最关心的服务内容，包括健康、养老、教育、政府办事、信息公开、文化宣传等，社区居民可通过不同的应用终端获取服务信息，参与互动。服务提供者，如政府、社会组织、企业等共同参与公共平台建设，结合线下的社区事务受理中心、社区生活服务中心和全岗通服务站开展工作，从而形成面向居民的全生命周期的民生综合服务体系，让社区服务深入居民生活的方方面面。由此，可搭建"天、地、人"的立体服务体系，这三个体系互相交融，构成了社区生态圈。社区公共服务信息平台运行示意图如图7-18所示。

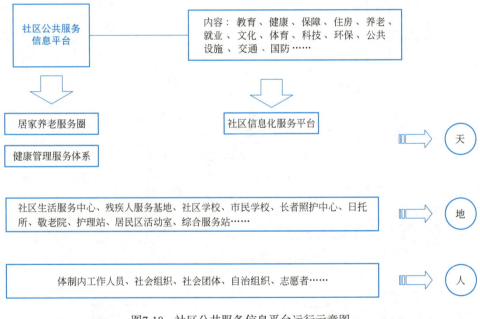

图7-18　社区公共服务信息平台运行示意图

4）建设社区综合管理信息平台

该平台的核心部分是区域网格化管理，结合物联网对社区运行情况进行实时监测和响应，提升社区管理的精细化和实效化程度。通过社区综合管理信息平台建设，设施能够感知环境并自动做出相应动作，或将采集的信息发送到处理中心。另外，也可以通过一体化智慧办公平台，包括政务内网、政务外网建设，对接日常的政务办公。随着社会建设的精细化、精深化，社区公共管理信息平台将是社会各界参与公共管理的载体。社区综合管理信息平台运行示意图如图7-19所示。

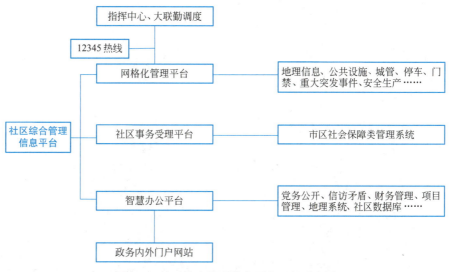

图7-19 社区综合管理信息平台运行示意图

以上四项内容是智慧社区建设的基础,它可以应用到各个领域。

## 【本章小结】

文章主要介绍了智慧城市蕴含的房产投资机会,涵盖了智慧城市的相关概念、智慧城市的内容形态、建设情况,以及智慧社区的建设情况等。智慧城市是城市未来发展的一种全新模式,运用信息和通信技术手段感知、分析、整合城市建设运行中核心系统的各项关键信息,实现信息的共享和业务的协同,促进城市规划、建设、管理和公共服务的科学化、智能化、高效化和精细化,从而提升城市综合发展能力,促进城市和谐可持续发展,为城市居民创造美好生活。建设智慧城市对于推动我国当前城市发展,提升我国的工业化、城市化和信息化水平都具有重要的意义。

> 思考题
>
> 1．如何理解智慧城市?智慧城市与传统城市有何不同?
> 2．你认为未来智慧城市的发展趋势和方向是什么?请结合你所在城市或地区进行分析。
> 3．智慧城市的发展面临哪些挑战和风险?如何应对和规避?
> 4．智慧城市对房地产投资有什么影响?房地产企业该如何参与到智慧城市(智慧社区)的建设过程中?

# 海绵城市蕴含的房地产投资机会

【本章重点难点】

掌握海绵城市的概念、内涵、主要特征及建设意义；熟悉典型发达国家海绵城市的发展历程并探究对我国发展的启示；熟悉我国海绵城市建设的历史经验，探索中央政府政策重点以及地方政府政策差异；熟悉我国房地产项目中海绵城市的典型案例及其技术应用现状。

【本章导读】

近年来的工业污染、生活污水、人口爆发、过度开发等因素导致城市的调蓄洪水能力急剧下降，城市发展面临着新的机遇与挑战。随着国内新型城镇化的推进及人民对生活水平提出的新要求，建设可以自然渗透、调蓄积水、缓解城市内涝的海绵城市已成必然趋势。海绵城市是指城市具有像海绵一样的应对环境变化和自然灾害的"弹性"。本章首先界定了海绵城市的概念、内涵与主要特征，指出海绵城市的建设意义；其次，选取美国、英国、新加坡、澳大利亚典型发达国家进行海绵城市发展的先进经验总结，剖析其中存在的房地产投资机会；然后，通过梳理我国海绵城市的历史经验和相关政策文本，明晰我国国家层面海绵城市政策重点和地方层面海绵城市政策异同点；最后，通过梳理我国房地产项目中海绵城市典型案例及其技术应用状况，分析我国海绵城市的现有进展与房地产投资机会。本章逻辑框架如图8-1所示。

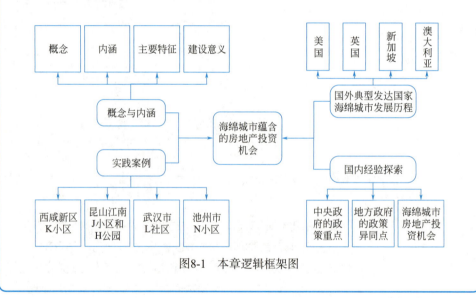

图8-1 本章逻辑框架图

## 8.1 海绵城市的概念和内涵

中国是历史悠久的农业国家，华夏文明是傍水而生的农耕文明。从古至今，水资源一直是制约人类社会发展的重要因素。受自然地理环境的影响，水资源不平衡的矛盾在我国天然存在，"治水之策"中凝结着一代又一代劳动人民的辛勤与智慧。近代以来，随着几次工业革命带来的生产组织方式的改变，工业取代农业成为人类社会最重要的生产方式，城市也逐渐取代乡村成为人类社会的主要组织形态。

近年来，城市工业污染、生活垃圾等问题造成水污染严重。人口规模的迅速增长导致的城市大规模扩建也使得许多城市的承载力严重超负荷。过度的开发使得城市的下垫面硬化；城市中原始的湖泊被改建使得城市地下结构被破坏，失去了自然吸水能力；严重的生态环境污染导致极端天气频发；基础设施老化，常年无人维修，以上种种现象导致城市的调蓄洪水能力急剧下降，"逢雨必涝"令整个城市系统不堪重负，严重影响了市民的日常生活甚至生命安全，阻碍了城市的发展。城市内涝已经成为困扰人们已久的"城市病"。在这样的背景下，建设可以自然渗透、调蓄积水、缓解城市内涝问题的海绵城市理念应运而生。

### 8.1.1 海绵城市的概念

所谓海绵城市，是指城市像海绵一样具有良好的应对环境变化和自然灾害的"弹性"，通过相关技术的应用，下雨时可以吸水、蓄水、渗水、净水，必要时可以将蓄水"释放"出来并加以利用的城市。早在二十世纪七八十年代，最佳管理设施（BMPs）就被提出用以降低径流峰值，减少面源污染。随后，低影响开发（Low Impact Development）、绿色雨洪基础设施（Green Stormwater Infrastructure）以及模型和信息技术开始兴起，强调要从流域的角度来实施雨洪管理，并最大限度地利用自然排水系统（天然沟渠、坑塘、河流等），将其广泛地运用于实践，逐渐形成了系统的理论体系。在研究城市雨洪管理系统的过程中，有学者先后提出城市的雨洪综合管理系统需要具备像海绵一样的处理能力，能够随时将雨水吸附、吐纳。

2014年10月，住房和城乡建设部颁布了《海绵城市建设技术指南——低影响开发雨水系统构建（试行）》，其中关于"海绵城市"的定义是：海绵城市，指的是城市具有与海绵相似的"弹性"，能够在适应环境变化、应对自然灾害等方面有很好的调节能力，下雨时吸水、渗水、蓄水、净水，需要时将蓄存的水"释放"并加以利用。在我国，海绵城市建设以"自然积累、自然渗透、自然净化"为总体精髓，以"渗、留、蓄、净、用、排"为方针，涵盖水生态、水环境、水安全、水资源、水文化五大主题，以保护、修复、改善城市水系为重点，以人工优化和完善作为补充，内容涉及低影响开发设施建设、市政小型排水系统建设、河湖系统建设等。通过将绿色基础设施和灰色基础设施相结合，实现源头减排、过程转移、末端蓄水的全系统过程控制，从而达到"小雨不积水、大雨不内涝、无黑臭水体、无热岛现象"的整体愿景。在新型城镇化进程中，各地通过海绵城市建设推动低影响开发建设模式的应用，强化城市雨水源头减排的刚性约束；优先利用自然排水系统，建设生态排水设施；充分发挥城市绿地、道路、水系对雨水的吸收、储存和缓释作用，使城市开发建设后的水文特征与开发前接近，从而有效缓解城市内涝，减少城市径流污染负荷，保护和改善城市生态环境。海绵城市对于城市建设领域具有重大的变革意义，它颠覆了传统的建筑模式，不再把人类活动作为单一尺度，而是充分地将人与自然相结合，把人、水、土地看作一个整体系统，人与生态紧密地联系在一起。在海绵城市具体建设过程中，也需要设计、施工、管理等工程建设领域从业人员对经济社会建设和社会价值产生新的认识，把海绵城市建设理念融入当前工程建设的每个环节中去。

### 8.1.2 海绵城市的内涵

现阶段，我国正处在新型城镇化发展的新时期。随着新型城镇化的推进，人民群众对更良好的生存环境与生态环境的追求日益增长。与此同时，我国城镇面临着严重的水问题，城市建设范畴中的水系统亟需更新与完善，形成具有强大的抵御与恢复能力、能够实现自我修复的城市排水系统。结合国情与借鉴发达国家相关经验，我国提出了"海绵城市"建设相关要求。海绵城市建设在传统城市雨水管理的基础上，根据中国的国情、问题和目标，被赋予了新的内涵。如"提升城市排水系统时要优先考虑把有限的雨水留下来，优先考虑更多利用自然力量排水，建设自然积存、自然渗透、自然净化的海绵城市"。国务院办公厅印发的《关于推进海绵城市建设的指导意见》中也对海绵城市的建设提出了明确的要求、路径与指示。

中国特色的海绵城市建设要求充分利用城市中的天然生态系统，如道路广场、公园绿地、建筑小区、城市湖泊河流等，对城市建设进行合理的规划、组织与管理，充分发挥城市的"海绵"功能，恢复其对雨水的吸收渗透和释缓作用，有效控制雨水径流，实现自然积存、自然渗透、自然净化的城市建设发展方式。同时培养城市的系统弹性，修复城市水生态、改善城市水环境、涵养城市水资源、复兴城市水文化、提高城市水安全，从而能够良好地应对极端气象环境与自然灾害，增强城市适应环境变化的能力。

海绵城市建设已达到国家战略层面的高度，这代表了以绿色基础设施为基础的雨水建设管理模式的主导地位。为探索海绵城市推广方法，积累建设经验，2015—2016年全国启动了海绵城市建设两轮试点项目，试点共计30个城市。在遴选过程中，全国城市积极宣布申报试点项目。规划成果显著，都反映了各自城市的建筑特点，大力推动了海绵城市概念的推广和实施。经过近两年的实践和探索，海绵城市在部分城市的建设取得了初步成果，积累了许多宝贵的经验，具有很强的实践性。同时，需要注意的是，在海绵城市的规划、设计、评估、投资、融资和管理过程中，使用的理念和方法也因地而异，产生了不同的效果。因此，有必要对试点城市的经验进行更深入的评估，并提出具有重大实际意义的建议和意见，以指导海绵城市进一步建设。

### 8.1.3 海绵城市的主要特征

海绵城市是一种可持续发展的城市规划和设计理念，旨在解决城市面临的水资源管理和水灾风险等问题。海绵城市的主要特征包括接收、净化和利用雨水、提高城市绿化覆盖率、增加城市地表渗透和蓄水空间、智能化水务系统的应用等，这些特征可以帮助城市更好地管理水资源，减少洪水和内涝风险，改善城市生态环境，提高城市的安全性和可持续性。

（1）接收、净化和利用雨水

通过构建雨水花园、绿色屋顶、雨水收集池等设施，将雨水收集、净化和利用，以达到节约用水、减轻排水压力、改善城市生态环境等目的。降雨收集利用的核心是雨水收集系统与雨水利用系统。雨水收集系统包括雨水收集设施和管道网络。收集设施可以是屋顶、道路、公园等城市表面，通过管道网络将收集到的雨水输送到储水设施或利用点。雨水利用系统可以包括雨水供水系统、雨水灌溉系统、雨水冷却系统等。通过这些系统收集的雨水可以用于供水、灌溉绿化、建筑物冷却等用途，减少城市对于传统供水和能源消耗的依赖。

（2）提高城市绿化覆盖率

通过增加城市绿地、绿化带、森林公园等绿色空间，提高城市绿化覆盖率，改善城市生态环境。如绿色基础设施建设，其是一种以自然系统为基础，利用自然过程来提供城市功能的城市规划和设计方法。它通过模仿自然系统，将生态系统的原理和功能融入城市环境中，以实现生态系统服务的提供和城市可持续发展的目标。绿色基础设施包括各种自然和半自然的元素，如湿地、森林、河流、草地、绿色屋顶等，以及与之相关的管理和技术手段。绿色基础设施的应用可以根据不同城市的特点和需求进行定制化设计和规划，绿色基础设施的实施需要综合考虑城市规划、生态保护、水资源管理等多个方面的因素，并需要政府、社区和专业机构的合作与支持。通过绿色基础设施的应用，我们可以建设更加可持续和宜居的城市，提高城市的生态环境质量和居民的生活质量。

（3）增加城市地表渗透和蓄水空间

通过增加透水面积、建设雨水花园、湿地公园等设施，增加城市地表的渗透性和蓄水空间，如道路渗透铺装。道路渗透铺装使用的是一种透水性的铺装材料，通常由透水沥青混凝土、透水砖、透水混凝土等材料制成。道路渗透铺装能够起到滞留和过滤雨水的作用，它可以通过孔隙和滤料层等结构，将雨水中的悬浮物、杂质和污染物进行过滤和截留，提高雨水的质量。道路渗透铺装还可以有效减少雨水的径流量，降低城市洪水风险。通过雨水的渗透和滞留，减少了雨水直接进入排水系统的压力，提高了城市排水系统的容量。同时，可以改善生态环境、增加绿化面积和生物栖息地，为植物的生长提供适宜的土壤和水分条件，为昆虫、鸟类等生物提供栖息和觅食的场所。道路渗透铺装还具有降温效应，透水性材料能够吸收和储存雨水，通过蒸发和蒸腾作用减少城市的热岛效应，改善城市的气候环境。

（4）智能化水务系统的应用

通过建设智能化水务系统，如智能监测、智能控制、智能管理等，提高城市水资源利用效率和管理水平，实现城市水循环的可持续发展。智能水务系统是一种利用先进的技术和智能化设备来管理和控制排水的系统。该系统通过集成传感器、数据分析和远程监控等技术，实现对排水系统的实时监测、优化和自动化控制，从而提高排水效率、减少排水问题。

### 8.1.4 海绵城市的建设意义

在新形势下，人们对海绵城市的规划、设计、评价等技术内容的实用信息和建议的需求越来越大，海绵城市的建设也在不断深化完善的过程中实现了快速发展。在城市建设领域，海绵城市是一项关乎维护生态文明的重要举措。它是全面建成小康社会的重要途径，也是顺利实现"两个一百年"奋斗目标的有力保障。在全国范围内开展的共计30个城市的试点工作有力地推动了海绵城市的发展。如今，海绵城市建设理念已经在我国落地生根，并呈星火燎原之势快速发展，其在管理黑臭水、水涝灾害防治、城市水资源紧缺缓解、水生态修复和改善城市人居环境等方面取得了显著的成绩，已成为用于解决我国在水生态、水环境、水资源、用水安全等方面"城市病"的一个强有力的措施。

基于中国当前的建设背景与城市化不断加快的进程，各种生态环境问题层出不穷，给人们的生活带来了极大的影响。海绵城市建设理念已经深入人心，低污染开发、污臭水体整治也引起了民众的极大关注，取得了良好的社会反响和实际成效。

## 8.2 典型发达国家海绵城市的发展历程

西方发达国家对雨水管理和海绵城市的研究与探索起源于20世纪60年代，经过长期的理论与实践摸索，各个国家逐渐形成了相对完善的雨水管理系统与海绵城市建设模式，针对性地解决了各国的雨洪问题，环境改善需求得到满足。近年来，美国、英国、新加坡、澳大利亚等国家提出了一系列具有影响力的新型雨洪管理模式，对我国海绵城市的建设具有重要的借鉴意义。

### 8.2.1 美国海绵城市的发展历程

（1）发展历程

20世纪50年代末，美国以管道灌渠为雨水管理的主要途径，流行"以排放为主"的雨水管理理念。20世纪60年代，美国开始重视对水质环境的改善，重点研究对雨水径流和排水系统水体污染的控制。20世纪70年代初，美国在通过的《联邦水污染控制法》修正案中首次引用了"最佳管理措施"，即BMPs雨水管理技术体系。美国环保局将BMPs定义为"特定条件下，任何能够减少或预防水资源污染的方法、措施或操作程序，包括结构、非结构性措施的操作与维护程序""用于控制雨水径流量并改善雨水径流水质的技术、措施和工程设施最具成本效益的方式"。BMPs中包含了对径流雨水的有效调控和污染保护技术，城市洪水的调节和储蓄。20世纪70年代以后，BMPs雨水管理技术体系成为欧美地区城市开发、暴雨管理、排水减灾等相关措施的主要依据。

1999年，美国自然保护部门首次提出了"绿色基础设施（GI）"概念并给出了明确的定义：绿色基础设施包含湿地、水系、野生栖息地等天然区域；公园、绿地、自然保护区等人造区域；农场、牧场、森林等生态系统，是一套多要素组成的自然生命保障网络。城市的开发与建设应与自然生态进程达成平衡，减少对生态系统的影响，利用绿色生态技术从源头上实施管理。目前，经过了多年的发展、完善与创新，广泛认可的对绿色基础设施的定义为一种将自然系统和工程建设组合起来的技术措施，通过模仿天然水循环过程，促进雨水在自然系统通过渗透、植物或蒸腾作用返回及径流源头再利用等，达到既能提供公共服务设施又能缓解雨洪压力的双重目的。

（2）建设特点

美国的土地所有制包括公共用地和私人用地两种类型，如纽约和费城已完成的海绵城市建设改造项目基本都是在公共用地上，且已完成项目主要以道路类雨水系统改造项目为主。在源头的"绿色化"改造必然会涉及私人用地上的雨水系统改造，虽然纽约、费城等城市均已出台指导私人用地雨水系统改造的相关指南，但改造仍然存在资金来源、公众参与、多个管理部门协调等多方面问题，全面推行仍有较大难度。

对于建成区内公共用地上雨水系统改造的资金，大部分还是由政府部门承担，通过城市、州级或联邦级的公共资金来支持项目。这些资金可能用于基础设施改善、雨水管理系统建设、透水铺装、湿地恢复等方面。部分示范项目的资金来源于私人组织或设立的基金，私营企业可能通过公私合作（PPP）或独立投资参与海绵城市项目，包括设计、建设、运营和维护方面的投资。私营企业通常会寻求与政府或其他实体建立合作伙伴关系，共同分享风险和收益。另外，政府会相应采取税收激励、减免费用、奖励计划等办法来鼓励私人用地上的雨水改造，以促使私营部门和社区采用海绵城市技术进行实践。

政府相关部门也会提供有助于海绵城市建设的监管和政策支持，包括制定相关法规、政策和指导方针，以鼓励和规范海绵城市实践。同时，社区的参与对于海绵城市建设的成功至关重要。社区可以通过志愿工作、土地捐赠、资源共享等方式参与项目，并可通过资金筹集活动提供额外的支持。

（3）典型建设经验

西雅图坐落于美国的西海岸，二十世纪八九十年代，大量人口与企业涌入西雅图，在持续扩建的过程中，原本可以过滤雨水的天然海绵森林系统逐渐被道路、建筑、停车场等不可渗透铺装的灰色基础设施所取代。通过因地制宜的科学规划，西雅图实行了一系列雨水管控工程措施。在《城市雨洪管理条例》中，西雅图明确规定了对所有新建项目必须使用绿色基础设施管理雨水。西雅图的绿色雨水管理工程措施主要可分为以下几类：生物滞留设施（可处理的净流量较大，提供栖息地和绿地面积，预防洪水风险）、雨水花园（增加城市美观度，易于日常维护）、去铺装化（为植物和绿色雨水设施提供铺装空间）、林冠层（种植与养护成熟的树木改善空气、滞留和蒸发雨水）、堆肥和覆根（增加土地渗透作用，增加城区的绿色空间）。经过十余年的实践创新，西雅图在街区尺度实施了许多成效显著的项目，在海绵城市建设中积累了大量经验，具体实践场景如图8-2、图8-3所示。

图8-2　西雅图海滨地区雨水花园及坡地

图片来源：高嘉，王云才. 从美国西雅图雨水管理系统看我国海绵城市发展 [J]. 中国城市林业，2015，13（6）：40-44。

图8-3　High Point社区绿色基础设施

## 8.2.2　英国海绵城市的发展历程

（1）发展历程

英国的雨洪管理领域在20世纪80年代就开始了一系列的变革。1992年，《城市径流控制范围指南》的发表为英国的雨洪管理提供了一系列技术性控制参考。2000年，一套主要的指导性文件在英国地区发表，可持续排水系统（Sustainable Drainage Systems，以下简称SuDS）的术语也就是在这里被正式确定的。现今最具权威的对SuDS概念进行定义的指南是《SuDS手册》（CIRIA，2007年版），其对SuDS在英国的实施提供了综合性的意见。SuDS是由一系列排水技术和方法组成的，且这些技术比传统方案更具有可持续性。SuDS的设计目的是促进雨水渗入地下，或者在源头控制雨水进入雨水设施，以模仿自然式的排水方式。SuDS已经成为英国和欧洲城市雨洪管理的重要方案，并且已经在多个尺度中得到了广泛的应用和推广。

（2）建设特点

政府是英国海绵城市建设的主要投资者之一。通过利用城市、区域或国家层面的公共资金，政府来支持雨水管理基础设施、透水铺装、绿色基础设施等项目建设。

同时，私营企业在海绵城市项目中也扮演着重要角色。通过公私合作（PPP）或独立投资，私营企业可以参与设计、建设、运营和维护海绵城市基础设施，分享项目的风险和回报。如伦敦奥林匹克公园的成功建设经验就是源于政府与私人资本的公私合作模式，既实现了双方风险利益共享，也提高了办事效率。

海绵城市项目可以吸引基金和金融机构的投资。这些资金可以通过债券、贷款或其他融资形式提供，用于支持项目各个阶段的建设。政府可以通过提供补贴、奖励计划、税收激励等方式，鼓励私营企业和社区参与海绵城市实践，促进城市的可持续发展。科技公司和创新机构可以通过提供智能城市技术、监测系统、数据分析工具等先进的技术和解决方案来支持海绵城市建设。大学和研究机构可以通过与政府和企业的合作，提供研究支持、培训和教育，促进海绵城市理念的发展和实施。

（3）典型建设经验

伦敦奥林匹克公园规划占地面积约为250亩，包括多个综合设施、轨道塔、公共区域、公共交通机构及运营设施等。在奥运会后，公园内的大型体育场馆、奥运村、媒体村等重要建筑需要被更广泛地开发和利用，这将为政府带来巨大的财政压力。为解决这一问题，政府将部分体育场馆租给私人部门，对奥运村进行改造并在公开市场出售，媒体中心的相关建筑也被租赁给私人工作室或研究机构。这使伦敦奥林匹克公园的功能更加完善，为公园的后续发展奠定了深厚的基础。

### 8.2.3 新加坡海绵城市的发展历程

（1）发展历程

新加坡是一个热带城市国家，年均降雨量高于世界平均水平，但城市很少出现积水和内涝现象，这要归功于经科学设计、合理规划的雨水收集和排水系统。新加坡的水资源形势十分严峻，仅能满足20%左右的用水需求。为了更有效地管理雨水径流，降低城市洪灾的风险，新加坡事务局创建了整体雨洪管理系统，包含源头解决方案、路径解决方案和去向解决方案。2006年，新加坡国家水务局、公用事业局联合发起了"活力、美观、清洁"的ABC水计划，转变既有的功能单一、实用性差的排水沟渠、河道、蓄水池，结合城市景观，整合周边的土地开发，打造充满生机、美观的溪流、河湖，创建更宜居和可持续的滨水休闲、社区活动空间。

ABC水计划（图8-4）包含三个部分：A代表"活跃"（Active），旨在鼓励市民参与环境保护和管理，积极参加亲水活动，引导在水体边打造新的社区空间；B代表"美丽"（Beautiful），提倡将水道、水库等打造成充满活力、风景宜人的空间，将水系与公园、社区和商业区的发展融为一体；C代表"清洁"（Clean），通过全局性的管理手段，如降低流速、清洁水源等措施，提高水质，美化滨水景观，同时通过公共教育建立人与水的关系，最大限度地降低水污染。

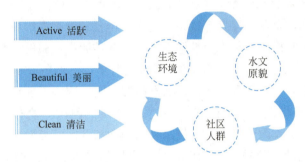

图8-4　ABC水计划概念图

图片来源：胡嘉渝，等. 新加坡ABC水计划对中国海绵城市的借鉴——以新加坡交织大楼为例［C］. 2018年第三届建筑与城市规划国际会议论文集，2018，85—90。

（2）建设特点

ABC水计划是一个涉及开发者、政府和居民的项目，PPP模式是其运营的重点。私人开发者对于水敏性开发项目感兴趣，只要收益与政府期望达成共识，就可以进行整体规划和实施。新加坡公用事业局与私人开发者相互协作，共同进行项目的设计、融资、建设和运营。为了实现可持续的雨水管理，PPP合作需要居民的参与。被授予ABC认证的开发建设项目将会得到一定数额的奖金，这不仅是经济激励，也是对项目的荣誉和专业的肯定。ABC水计划在设计、技术、评审及后期维护方面都显示出极大的优势，但在实施过程中仍会出现少量未考虑到的因素。一方面，资金问题是否得到解决应该是首要考虑的问题。将水敏性设计作为解决问题的出发点，资金必然是项目顺利开展的前提。另一方面，ABC水计划详述了水设计的技术层面及管理层面，但对于多重技术的拼合效果并未涉及。这就要求设计师按照自己的理解去解决设计上存在的技术问题，不免会产生经济或设计上的不足。

（3）典型建设经验

新加坡交织大楼（图8-5）是一座备受瞩目的高尚公寓住宅综合体，由31栋住宅楼组成，每栋楼有6层，以六边形的格局相互交织，形成了6个大尺度通透庭院。这些庭院空间交织在一起，形成了一个共享空间，包括雨水花园、植被浅沟、生物滞留池及地面绿化，供社区人群亲水、戏水，打造活跃的社区氛围。此外，屋顶及建筑交织平台空间有大量绿化，墙面也进行了垂直绿化，共有超过

176种植物,旨在打造美丽的社区环境。生物滞留池、多植物模仿自然生物群及水质安全保证,又为社区的清洁提供了保障。交织大楼的建设遵循ABC水计划水域管理策略,集水、水处理、输送与储水元素同时跟进,确保水资源的合理利用。交织大楼通过高绿化设计、水域管理实现了雨水源头处理,使空间与水的配合更加完美,既积极响应了政府的倡导,也实际为社区人群提供了更多的绿化和水景,让人们可以更好地享受自然环境。

图8-5　新加坡交织大楼

### 8.2.4　澳大利亚海绵城市的发展历程

（1）发展历程

澳大利亚在海绵城市建设方面的成功经验可以归纳为六个阶段（图8-6）。第一阶段是解决城市供水问题,澳大利亚政府在19世纪初开始对城市的集中式供水问题进行规划和管理,并向社会提供不限量的淡水资源。第二阶段是解决城市的排污问题,考虑到人口用水安全问题,澳大利亚在19世纪中晚期开始实行雨污分流,以保障公众健康。第三阶段是解决城市排水问题,随着经济的发展和基础设施建设投入提高,澳大利亚开始部署地下排水管线,并将城市河道渠化,但在这一阶段,城市河道的景观价值被忽略。第四阶段是解决城市地表水问题,为提高环境状况,澳大利亚开始将地表水资源保护纳入城市规划中。第五阶段是建设水循环城市,相关研究人员正在积极探索实践水循环城市的实现路径。第六阶段是水敏城市建设,这一阶段形成了澳大利亚著名的水敏性城市设计（Water Sensitive Urban Design，WSUD）。WSUD的概念在20世纪90年代后期被引入水资源管理和城市规划设计领域。WSUD的形成不仅体现了水资源认知、规范和管理等方面的变化,还包括宜居城市建设、环境修复与保护、经济可持续发展等方面。人们早在20世纪60年代就开始探索变革,逐渐从对待雨洪"眼不见,心不烦"的态度转变为关注受纳水域的生态等多方面效益。如今,WSUD被视为城市设计范式的转变，将水管理的多种目标纳入城市规划及工程实践的全过程，并承认城市设计、景观和雨洪管理之间的内在联系。

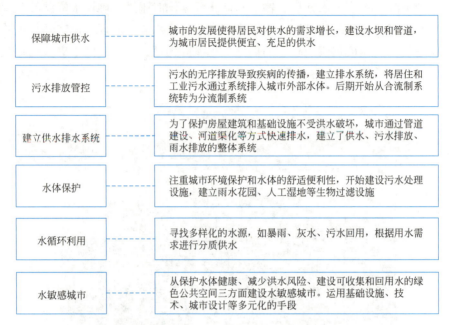

图8-6 澳大利亚城市与水关系六阶段概念图

资料来源：郑琦，等．澳大利亚墨尔本水敏性设施评估管理模式及启示［J］．中国给水排水，2021，37（6）：43-47。

（2）建设特点

水敏感城市建设及治理理念对传统城市水管理体制及模式进行了革新。概括来说，与传统体制相比，水敏感城市治理模式包含如下六个方面的新理念和新特点：

1）整体性规划。从系统边界和规划上看，为应对经济发展、人口增长和公共健康保护，传统城市水管理往往被动地进行水供应、污水和洪水控制等活动，缺乏整体的、系统的长远规划和安排；而水敏感城市则将有关水的长远规划设定了多重目标进行考虑，包括水路健康、交通、娱乐休闲、微气候、能源、食品生产等，它强调整体性规划和设计理念以及规划优先原则。

2）适应性管理。从管理路径上看，传统城市水管理模式强调对水循环单个部分的区分及优化；而水敏感城市则强调总体水循环的适应性、整合的、可持续管理，寻求更高水平的韧性以应对未来气候的不确定性，改善和满足城市环境宜居性过程中出现的更多水服务的需求。

3）跨学科学习。从涉及的专业知识上看，传统城市水管理模式主要侧重基于各学科的狭义技术和经济等方面的知识；而水敏感城市强调跨学科的、基于社会、技术、经济、设计、生态等领域的多元利益相关者之间的学习。

4）多元化供给。从服务供给方式上看，传统城市水管理模式主要采用集权式的、线性的方式进行水服务供给,并强调技术性和经济性的首要基础作用;而水敏感城市强调将多元的、弹性的措施运用于不同领域及不同规模的项目,并采用合适的方法。

5)公众参与。从公众在水管理中的作用上看,传统城市水管理模式主要依赖政府发挥作用,即由政府代表各社区来管理水;而水敏感城市强调多中心治理,充分发挥公众在水治理中的作用,主张应由政府、企业和社区共同管理水。

6)风险共享。从风险承担的角度上看,传统城市水管理模式一般强调通过政府管制来控制风险,政府是风险的主要承担者;而水敏感城市强调风险由公共部门和私营部门共担,即风险应该被多元化的利益相关者共同分担。

(3)典型建设经验

墨尔本水敏性设施采用全生命周期管理的方式,不仅在设计和建设阶段,而且在设施运行过程中进行定期的设施检查和设施评估,以保障设施的良好运行。为了更好地指导水敏性设施的设计、建设、运行和管理,墨尔本发布了多项指南,其中包括2017年发布的《水敏性设施评估指南》(以下简称《指南》)。该《指南》详细阐述了9类水敏性设施的评估细则,并将水敏性设施细分为13个要素,从功能和景观两大方面进行各个要素的评估。评估指标包括是否堵塞、是否有结构破损或移除、植被覆盖是否充足等。为了确定设施维护的优先级别,《指南》在设施状况评估的基础上叠加了设施本身的特性,综合设施状况评分和设施本身特性评分,确定设施维护的优先级别。通过这一体系,运行状况差且重要程度高的水敏性设施被识别出来,可以尽快得到维护。墨尔本发布的这些指南内容详尽丰富,使用者可以通过翻阅指南快速有效地进行水敏性设施的设计、建设、运行和管理。

墨尔本通过生态河流项目建设了200多个水敏性设施,但对其中95个进行评估后发现,有25%的生物滞留系统和生态树池无法满足暴雨控制设计要求。评估结果表明,这些设施的失效原因主要包括入口堵塞、扩展滞留深度降低、植被覆盖率低和渗透层堵塞等。为了解决这些问题,墨尔本水务局在设计、建设、运行和维护阶段都采取了一系列措施,包括避免入口堵塞、施工控制点的确保、持续性维护等。这些措施将有助于提高水敏性设施的运行效率和维护水平,从而实现城市水资源的可持续利用。

墨尔本以基于生态优先的城市更新范式为重要支撑,打造世界宜居城市。这一范式将城市建成环境更新与生态环境修复有机结合,体现了生态优先的理念。通过建立城市设计与雨洪管理的互动机制,实现城市规划设计与市政工程设计的协同,促进多学科交叉、多方参与的合作模式。同时,建立规划战略—技术规范—设计导则—应用模式的完整体系,为城市更新实践提供了跨系统的协同规划机制。通过水敏感城市设计理念的具体实践,墨尔本在吸收、融合新的城市设计思想的同时,实现了对传统城市更新范式的拓展。墨尔本水敏感城市设计场地用水总体平衡示意图如图8-7所示。

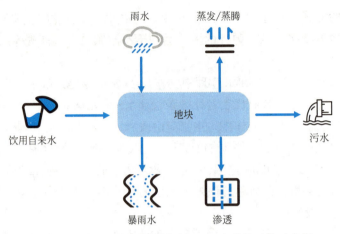

图8-7 墨尔本水敏感城市设计场地用水总体平衡示意图

资料来源:《墨尔本市WSUD指南》。

## 8.3 我国海绵城市建设的历史经验与现行政策

我国对海绵城市的建设也进行了一系列的探索,并根据我国国情提出了具有中国特色的海绵城市建设要求及样板经验。党中央、国务院高度重视海绵城市建设,2015年10月国务院办公厅发布的《关于推进海绵城市建设的指导意见》明确了海绵城市建设的定义和内涵,开启了我国海绵城市建设的新篇章。2022年4月,住房和城乡建设部办公厅发布的《关于进一步明确海绵城市建设工作有关要求的通知》等文件也明确提出了海绵城市建设的要求。"海绵城市"是落实生态文明建设的重要举措,采取多种措施推进海绵城市建设,对缓解城市内涝能发挥重要作用。鉴于我国政策引导的重要性及影响显著性,下文将对我国海绵城市建设的历史经验、国家层面的海绵城市建设现行政策以及地方政府层面的海绵城市建设现行政策进行细化分析,并从中发掘出我国海绵城市建设政策中蕴含的房地产投资机会。

### 8.3.1 我国海绵城市建设的历史经验

根据8.2节所阐述的国外海绵城市的发展经验,可见国外对于海绵城市的建设和探索较为领先。我国海绵城市建设较晚,国务院办公厅等三部门于2010年首次提出构建"有中国特色的海绵城市体",随后在2013年底中央城镇化工作会议上再一次提出建设"海绵城市",同年发布了《国务院办公厅关于做好城市排水防涝设施建设工作的通知》(国办发〔2013〕23号),为积极推进海绵城市建设奠定基调。2014年4月,国内首次提出"海绵城市"的概念。同年10月,住房和城乡建设部发布《海绵城市建设技术指南——低影响开发雨水系统构建(试行)》,此后相关政策陆续出台,对海绵城市建设进行了全面部署。2015年4月,财政部等部委确定迁安、白城、镇江等16个城市为国家第一批海绵城市试点城市，2016年新增福州、珠海、宁波等14个城市为国家第二批海绵城市试点城市。与此同时，相关部委和国家金融机构也逐步推出海绵城市建设的支持性政策和举措，如财政部办公厅等多部门联合印发《中央财政海绵城市建设示范补助资金绩效评价办法》。海绵城市作为解决城市排水防涝问题的重要办法之一，从最初构想到概念正式提出，从技术指南的出台再到具体城市试点工作的开展，从专业单领域的文件到多方位政策的支撑落地，理论到实践的发展路径一步一步扎实稳妥推进。国家对加快建设海绵城市的高度重视，既契合了我国生态文明建设的通盘规划，也预示着我国海绵城市建设将迎来新的发展阶段，跃升新的发展平台。

### 8.3.2 我国国家层面的海绵城市建设现行政策

为明确我国海绵城市建设现行政策体系，首先要深入研究国家层面的海绵城市建设现行政策，明晰政策现状，厘清政策重点，为今后有效地进行海绵城市规划及建设提供借鉴和参考。根据对国家层级海绵城市建设相关政策文本的梳理，可知国家相关政策文本时序演进的规律以及相关政策文本要点。

海绵城市是城市建设发展的一种新兴城市建设和管理模式，与城市本身的建设发展又具有非同步性，旨在最大限度地减少城市开发建设对生态环境的影响。梳理我国国家层面海绵城市建设相关政策文本，结合我国海绵城市建设的发展实践，根据政策数量分布及其关键节点，综合考虑其在具体实践上和城市污水治理、城市排水防涝的融合性以及政策演变过程中的特殊性，将我国海绵城市建设政策大致划分为政策萌芽、政策探索、政策发展、政策成熟四个阶段。

（1）政策萌芽阶段（1980—2011年）

我国海绵城市建设的政策萌芽阶段源于20世纪80年代最佳管理措施（BMPs）等用于城市径流污染和农村非点源污染的实践研究。我国对海绵城市的讨论起步较晚，20世纪80年代，国外对于海绵城市建设的先进经验和实践，如英国的可持续排水系统（SUDS），美国的最佳管理措施（BMPs）、低影响开发（LID）、绿色基础设施（GI/GSI）等开始传入我国，并开始有小范围的尝试，但国内对于海绵城市的正式概念尚未探讨研究。步入21世纪，社会各界及政府逐步开始对海绵城市进行探索。2003年，俞孔坚教授在《城市景观之路：与市长交流》一书中以"海绵"比喻自然湿地对旱涝灾害的调节能力，进一步提出了建设综合解决城乡水问题的生态基础设施的途径。此后，海绵城市进入实践探索阶段，我国涌现了一批诸如哈尔滨群力雨洪公园、迁安三里河生态廊道等成功范例。2011年3月，九三学社中央向全国政协十一届四次会议提交了《关于科学利用与管理城市水资源的对策建议》的提案，提出"建设海绵体城市，提升城市生态还原能力"，指出科学利用与管理水资源对城市可持续发展有举足轻重的影响，由此海绵城市正式迈向我国的政治议程。根据本阶段的理念探索和相关实践，绘制我国国家层面海绵城市政策萌芽阶段要点词云图，如图8-8所示。

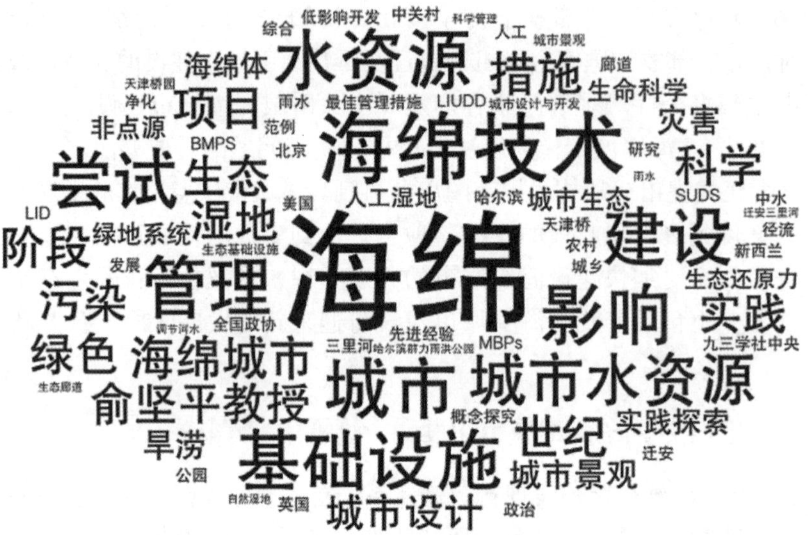

图 8-8　我国国家层面海绵城市政策萌芽阶段要点词云图

（2）政策探索阶段（2012—2014年）

我国海绵城市建设的政策探索阶段源于我国"海绵城市"概念的首次提出。2012年4月，在"2012低碳城市与区域发展科技论坛"中，"海绵城市"概念首次提出，进而引发全国各地积极响应，对城市道路等设施进行改造，初步践行海绵城市理念。2013年12月，中央城镇化工作会议中指出："提升城市排水系统时要优先考虑把有限的雨水留下来，优先考虑更多利用自然力量排水，建设自然存积、自然渗透、自然净化的海绵城市"。随后，政府对海绵城市建设的相关政策、规范、指南进行了初步探索。2014年10月，住房和城乡建设部发布了《海绵城市建设技术指南——低影响开发雨水系统构建（试行）》（以下简称《指南》），《指南》中明确给出了海绵城市的定义：城市能够像海绵一样，在适应环境变化和应对自然灾害等方面具有良好的"弹性"，降水时吸水、蓄水、渗水、净水，需要时将蓄存的水"释放"并加以利用，提升城市生态系统功能且减少城市洪涝灾害的发生。2014年底，为贯彻"加强海绵城市建设"精神和中央经济工作会议要求，财政部、住房和城乡建设部、水利部决定开展中央财政支持海绵城市建设试点工作，包括海绵城市建设试点专项资金补助。试点城市由省级财政、住房城乡建设、水利部门联合申报，最后采取竞争性评审方式确认试点城市名单，并跟踪实施效果，进行绩效评价。海绵城市建设逐步踏入新的发展阶段。根据本阶段的理论探索和相关实践，绘制我国国家层面海绵城市政策探索阶段要点词云图，如图8-9所示。

（3）政策发展阶段（2015—2020年）

我国海绵城市建设的政策发展阶段源于2015年《国务院办公厅关于推进海绵城市建设的指导意见》的发布。该文件对海绵城市建设工作进行整体部署，提出海绵城市建设目标，将70%的降雨就地消纳和利用，到2020年城市建成区20%以

图 8-9　我国国家层面海绵城市政策探索阶段要点词云图

上的面积达到目标要求；到2030年，城市建成区80%以上的面积达到目标要求。随后各省市响应中央的政策，相继发布各省市关于开展海绵城市建设的实施意见，逐步推进海绵城市政策实际落地。此外，2015年12月，住房和城乡建设部联合中国农业发展银行发布《关于推进政策性金融支持海绵城市建设的通知》，支持性政策逐步推出，专项资金补助和政策性金融支持为推进海绵城市的深度发展提供了保障。2015年以来，随着试点通知的发布，财政部、住房和城乡建设部、水利部联合开展了两批共30座城市的海绵城市建设试点工作，见表8-1。截至2019年12月，两批试点城市均通过了终期验收，标志着海绵城市将从试点建设阶段迈入全域推进阶段。根据本阶段的理念探索和相关实践，绘制我国国家层面海绵城市政策发展阶段要点词云图，如图8-10所示。

第一批及第二批海绵城市试点　　　　　表 8-1

| 序号 | 分类 | 分级 | 试点个数 | 试点城市 |
| --- | --- | --- | --- | --- |
| 1 | 气候条件 | 多雨 | 2 | 南宁、三亚 |
| | | 湿润 | 16 | 镇江、嘉兴、池州、厦门、萍乡、武汉、常德、重庆、贵安新区、大连、上海、宁波、福州、青岛、珠海、深圳 |
| | | 半湿润 | 12 | 迁安、白城、济南、鹤壁、遂宁、西咸新区、北京、天津、玉溪、庆阳、西宁、固原 |
| 2 | 城市规模（人口） | 超大城市 | 7 | 武汉、重庆、北京、天津、上海、青岛、深圳 |
| | | 特大城市 | 7 | 嘉兴、厦门、济南、常德、大连、宁波、福州 |
| | | 大城市 | 13 | 白城、镇江、池州、萍乡、鹤壁、南宁、遂宁、西咸新区、珠海、玉溪、庆阳、西宁、固原 |
| | | 中等城市 | 1 | 三亚 |
| | | 小城市 | 2 | 迁安、贵安新区 |

续表

| 序号 | 分类 | 分级 | 试点个数 | 试点城市 |
|---|---|---|---|---|
| 3 | 城市等级 | 直辖市 | 4 | 北京、天津、上海、重庆 |
| | | 副省级市 | 6 | 济南、武汉、大连、青岛、宁波、厦门 |
| | | 地级市 | 17 | 白城、镇江、嘉兴、池州、萍乡、鹤壁、常德、南宁、遂宁、福州、珠海、深圳、三亚、玉溪、庆阳、西宁、固原 |
| | | 国家级新区 | 2 | 贵安新区、西咸新区 |
| | | 县级市 | 1 | 迁安 |

图 8-10 我国国家层面海绵城市政策发展阶段要点词云图

**（4）政策成熟阶段（2021年至今）**

我国海绵城市建设的政策成熟阶段源于2021年4月《关于开展系统化全域推进海绵城市建设示范工作的通知》的发布。2021年3月，随着《中华人民共和国国民经济和社会发展第十四个五年规划和2035年远景目标纲要》（以下简称《纲要》）的发布，海绵城市建设面临着新的发展要求，《纲要》指出应以 31 个重点防洪城市和大江大河沿岸沿线城市为重点，建设源头减排、蓄排结合、排涝除险、超标应急的城市防洪排涝体系，提升改造城市防洪排涝设施，因地制宜建设海绵城市。随后顺应"十四五"规划要求，2021年4月财政部办公厅等三部门联合发布了《关于开展系统化全域推进海绵城市建设示范工作的通知》，选拔示范城市并给予定额补助，以此为契机建立与系统化全域推进海绵城市建设相适应的长效机制，以中央政策为指导完善地方法规制度、规划标准、投融资机制及相关配套政策。随后2022年4月及2023年4月，财政部办公厅等三部门共同发布了第二批、第三批系统化全域推进海绵城市建设示范城市，综合考虑多因素适当向城市洪涝治理任务重、投资拉动效益明显的省份倾斜。目前，已确定三批次共60个海绵城市建设示范城市，分布在24个省和自治区，其中江苏、福建、广东、四川和甘肃入选城市最多,见表8-2。2022年4月,住房和城乡建设部办公厅《关于进一步明确海绵城市建设工作有关要求的通知》指出,部分城市在海绵城市建设过程中存在理解不到位、实施不系统等问题,严重影响了建设成效,故对海绵城市建设要求进一步明确。此外,2021年12月财政部办公厅等印发《中央财政海绵城市建设示范补助资金绩效评价办法》,相关支撑性政策一直配套发布,推动海绵城市建设长效发展。目前,我国在总体上已构建起目标明确、支撑保障、衔接有序的海绵城市建设政策体系。根据本阶段的理念探索和相关实践,绘制我国国家层面海绵城市政策成熟阶段要点词云图,如图8-11所示。

"十四五"三批系统化全域推进海绵城市建设示范城市　　　　　表8-2

| 序号 | 试点个数 | 地区分布 | 试点城市 |
| --- | --- | --- | --- |
| 第一批 | 20 | 华东 | 无锡市(江苏);宿迁市(江苏);杭州市(浙江);马鞍山市(安徽);潍坊市(山东) |
| | | 华北 | 唐山市(河北);长治市(山西) |
| | | 华中 | 鹰潭市(江西);信阳市(河南);孝感市(湖北);岳阳市(湖南) |
| | | 西南 | 泸州市(四川) |
| | | 华南 | 龙岩市(福建);南平市(福建);广州市(广东);汕头市(广东) |
| | | 西北 | 天水市(甘肃);铜川市(陕西);乌鲁木齐市(新疆) |
| | | 东北 | 四平市(吉林) |
| 第二批 | 25 | 华东 | 昆山市(江苏);金华市(浙江);芜湖市(安徽)、烟台市(山东) |
| | | 华北 | 秦皇岛市(河北);晋城市(山西);呼和浩特市(内蒙古) |
| | | 华中 | 南昌市(江西);开封市(河南);宜昌市(湖北);株洲市(湖南) |
| | | 西南 | 广元市(四川);广安市(四川);安顺市(贵州);昆明市(云南) |
| | | 华南 | 漳州市(福建);中山市(广东);桂林市(广西) |
| | | 西北 | 平凉市(甘肃);银川市(甘肃);渭南市(陕西);格尔木市(青海) |
| | | 东北 | 松原市(吉林);沈阳市(辽宁);大庆市(黑龙江) |
| 第三批 | 15 | 华东 | 扬州市(江苏);衢州市(浙江);六安市(安徽);临沂市(山东) |
| | | 华北 | 衡水市(河北) |
| | | 华中 | 九江市(江西);安阳市(河南);襄阳市(湖北) |
| | | 西南 | 绵阳市(四川);拉萨市(西藏) |
| | | 华南 | 三明市(福建);佛山市(广东) |
| | | 西北 | 延安市(陕西);吴忠市(宁夏) |
| | | 东北 | 葫芦岛市(辽宁) |

图 8-11　我国国家层面海绵城市政策成熟阶段要点词云图

### 8.3.3　我国地方政府层面的海绵城市建设现行政策

在上述对我国国家层面海绵城市建设相关政策文本梳理的基础上，进一步对我国地方政府层面的海绵城市建设现行政策进行梳理。地方政策往往以国家政策为导向，但又因地区发展水平、区域具体特色、气候条件状况、水文地质条件等不同而有不同的侧重点。以下探究地方政府相关政策文本空间特征及区域差异。

（1）地方政府层面的海绵城市建设现行政策空间特征

从省份分布来看，北京、江苏、上海、浙江、湖北等地是发布政策数量较多的地区。北京、江苏在所有省级层面相关政策的占比位列第一；上海、浙江、湖北、广东等地位居前列；东北地区的黑龙江、吉林、辽宁等地占比较低；西北地区的西藏、新疆、青海、宁夏等省市居于末尾。这个结果与各省市经济发展程度、城市治理水平、区位差异、自然气候条件等息息相关。经济发展程度越好、省市治理水平越高、区位分布越具备优势，则该地区海绵城市建设政策愈加完善；若某地区位于湿润、半湿润区，气候变化较大，区域降水频繁，年降雨量居高，也会驱使城市管理者推动海绵城市建设的进程，以推动城市抗涝能力的提升。各省海绵城市建设相关政策的频数以及所处干湿分区如图 8-12 所示。

显然，海绵城市政策分布位居前列的省份多处于湿润、半湿润地区，居于末尾的主要位于干旱及半干旱地区。对于处在湿润区、半湿润区的省市，尤其是位于南方地区的城市则更注重海绵城市的建设，由此可见，天然的干湿分区可以解释这一现象。截至目前，我国已有 400 多个城市出台海绵城市建设实施规划方案，并明确海绵城市建设目标，选取各省市中具有代表性的省市并对其海绵城市建设目标及时间要求进行了解，见表 8-3。

图 8-12 各省海绵城市建设相关政策的频数以及所处干湿分区

海绵城市建设目标及时间要求（部分省市）　　　　　　　　表 8-3

| 序号 | 地区 | 海绵城市建设目标 | 时间要求 |
| --- | --- | --- | --- |
| 1 | 北京 | 城市副中心50%的建成区面积将达到海绵城市建设要求 | "十四五"末 |
| 2 | 上海 | 城市建成区40%以上达到海绵城市建设要求 | "十四五"期间 |
| 3 | 江苏 | 城市建成区40%以上达到海绵城市建设要求 | 至2025年 |
| 4 | 广东 | 城市建成区80%以上的面积达到目标要求 | 至2030年 |
| 5 | 浙江 | 设区市和县级市建成区80%以上的面积、其他县城建成区50%以上的面积达到目标要求 | 至2030年 |

（2）地方政府层面的海绵城市建设现行政策区域差异

我国地理区划一般分为华北、华南、华东、华中、西北、东北、西南七大区域。对地方政府海绵城市建设的政策按地理区域进行梳理，分析其数量、详细分布，见表8-4，我国海绵城市建设政策分布数量及侧重点根据地区不同而有所差异。华东地区政策数量遥遥领先，其次是华北、华中、西南地区，而东北和西北地区的政策数量相对较少。提取各地区海绵城市建设政策的高频词汇和特征词汇，结果显示各省市在紧跟国家海绵城市建设政策的基础上，根据自有条件进行了针对化尝试。如华北地区的北京、天津、河北等地，在海绵城市建设过程中注重绿色基础设施建设，并致力于雨水就地消纳系统的开发及完善；西南地区的四川、重庆等地注重生态环境的保护及修复，推动流域的综合治理。

地方政府海绵城市相关政策梳理　　　　　　　　表 8-4

| 地区 | 数量 | 详细分布 |
| --- | --- | --- |
| 华东 | 60 | 上海（14）、江苏（15）、浙江（13）、安徽（9）、山东（9） |
| 华北 | 40 | 北京（15）、天津（8）、河北（8）、山西（5）、内蒙古（4） |
| 华中 | 35 | 湖南（7）、湖北（11）、江西（7）、河南（10） |
| 西南 | 29 | 西藏（2）、云南（6）、四川（7）、重庆（8）、贵州（6） |
| 华南 | 26 | 广西（5）、广东（10）、福建（6）、海南（5） |
| 西北 | 15 | 新疆（2）、青海（3）、甘肃（3）、宁夏（3）、陕西（4） |
| 东北 | 12 | 黑龙江（4）、吉林（4）、辽宁（4） |

### 8.3.4 我国海绵城市建设政策中蕴含的房地产投资机会

根据上述海绵城市建设政策发展进程，以及60个海绵城市建设示范城市建设经验，从各城市的海绵城市建设政策及建设重点进行剖析，可以了解目前海绵城市建设过程中的重点及其发展趋势，以发现当中蕴含的房地产投资机会。在海绵城市实际建设过程中，投资模式的选择与确定也在与时俱进。相较于单项房建项目、市政项目或者道路交通建设项目，海绵城市建设项目往往具备体量大、要素多、涉及广等特点，完全依赖财政资金进行投资建设的传统政府直接投资模式容易对政府财政造成较大的压力，且建设任务分工或分段式管理，主管部门之间缺乏协调统筹，难以实现全域推进海绵城市的建设需求。在此背景下，PPP模式作为政府和社会资本合作的模式，实现了引入社会资本和地方政府进行风险共担与利益共享，成为目前主流的海绵城市建设模式。

（1）聚焦绿色基础设施配套建设

根据现行PPP项目规范化要求，各试点城市多将海绵城市的要素与有运营收入的内容进行"打捆"且运营收入满足10%以上才可申请PPP项目入库。以财政部PPP项目库2022年新入库海绵城市项目为例，9个项目中有6个项目的回报机制为可行性缺口补助（剩余3个为政府付费），项目运营内容包含停车位运营、电动汽车充电桩运营、道路维护、管网维护以及设施修缮等相关工作。故在海绵城市建设过程中，房地产商可以抓住机遇，聚焦于绿色基础设施配套建设，推动海绵城市的稳步发展。绿色基础设施包括生态湖泊、雨水花园、绿色屋顶、人工湿地等。

（2）推进城市多级低影响开发建设

总览海绵城市城市级、城区级、园区级多级开发建设现状，房地产商可以此为视角，进行顶层规划设计，找出切中要点的投资模式。根据不同城市的发展水平和具体外在条件，基于当地政府对于海绵城市建设大方向及总体基调的把握，具体问题具体分析，积极投身于各政策建设热点领域献计献策的同时发现新的房地产投资机会，给予房地产投资领域新的生机。根据政府构建的规划指标体系，视海绵城市建设为城市涉水问题的解决统领措施，结合城市更新、老旧城区改造、城市道路提升改造、易涝点整治、雨污分流等工作，以"渗、滞、蓄、净、用、排"等城市抗涝措施为切入点，推进城市级、城区级、园区级多级低影响开发建设，助力系统化全域推进"十四五"各海绵城市建设进程。

（3）海绵城市群融合金融支撑示范

各省市均有城市入选系统化全域推进海绵城市建设的示范城市，并获得了相应的资金补贴，如广东中山市获得9亿元资金补助、河北省秦皇岛市获得9亿元资金补助、贵州安顺市获得11亿元资金补助、内蒙古呼和浩特市获得11亿元资金补助等，补贴资金相应的为海绵城市建设项目的立项及推进提供了资金保障，房地产商也可从中窥见投资机会，抓住机遇，做好当前背景下业务高质量转型的准备。同时，基于"政府引导+市场运作"的方式，进一步加大资金整合力度，多渠道筹措建设资金，探索创新多元化投入保障机制，支持海绵城市建设示范辐射带动周边城市联动建设。

## 8.4 我国房地产项目中海绵城市技术的应用案例

### 8.4.1 西咸新区沣西新城K小区建设

（1）项目概况

西咸新区沣西新城K小区项目位于西咸新区沣西新城白马河路以西，康定路以南，同心路以东，尚业路以北。项目规划占地面积153.48亩，总建筑面积约42万㎡，容积率3.5，建筑密度18.5%，绿地率35%，共建设15栋高层，3224套安置房，总投资约12.26亿元。K小区作为海绵型建筑小区，利用地库顶板雨水收集利用组织系统、立体绿化、屋顶花园、雨水花园等海绵型设施，在保证项目经济性的同时，综合实现雨水资源化利用、涵养地下水、安全排水等多重效益，同时通过地形塑造和植物配置，改善提升小区人居环境与景观效果。

（2）问题与需求

项目地质特性不利于雨水下渗、气候条件不利于植物配置，所在汇水区还存在排水防涝、水环境等方面的核心问题。

1）区域排水防涝压力大，管理要求高：项目地处关中平原地区，属半干旱、半湿润气候区，夏季高温多雨、冬季寒冷干燥，全年降雨量分布不均，降雨呈现历时短、量大等特点，极易造成城市洪涝灾害发生，亟需合理的雨水调蓄规划设计解决区域干旱和洪涝并存的问题，而目前已设计的泵站对于人员管理要求高。

2）湿陷性黄土不利于下渗型雨水设施应用、干燥气候不利于海绵城市建设植物配置：项目存在的湿陷性黄土不利于雨水下渗，整体地势较平坦不利于排水，建设有效处理并利用雨水的城市雨水系统；项目所处气候干旱，蒸发量远大于降雨量，海绵城市建设景观植物配置要求更高。

3）区域污染问题突出：由于污水处理系统建设落后，该区域内各高职院校以及其他建成区产生的污染物均排入白马河系统，受雨、污水排入影响，该段水环境污染严重，因而海绵城市建设开发中注重污染减排尤为重要。

（3）设计思路

K小区设计时基于对城市自然环境的分析，在最大可能满足使用功能的同时，结合低影响开发原则，打造因地制宜、系统规划、科学经济的宜居生态社区。K小区海绵城市建设方案技术流程图如图8-13所示。

（4）设计亮点

沣西新城将雨水作为重点，构建雨水综合利用四级体系（建筑小区、市政道路、景观绿地、中央雨洪），提升水资源综合利用效率；同时遵循生态溶解城市的理念，最大限度恢复原有水体。

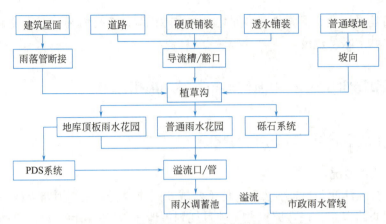

图8-13　K小区海绵城市建设方案技术流程图

1）雨水花园：屋面雨水经雨落管转输，与道路、硬质铺装径流一并汇入雨水花园，通过雨水花园内植物、土壤和微生物系统进行协同控制，超出控制能力的雨水则通过溢流系统排放。

2）地下室顶板PDS防护虹吸排水收集系统：由观察井、观察井盖、集水笼、防渗膜、虹吸排水管、透气观察管构成。该系统能够将下渗雨水有组织地通过虹吸排水槽排至观察井和集水笼，并通过末端雨水池进行回收利用。

3）地下室顶板雨水花园：地下室顶板设置雨水花园，汇入的雨水通过植物、土壤和微生物系统调蓄、净化后，经底部渗排管收集并接入溢流口，超标雨水则通过溢流系统排放。

（5）项目建设成果

沣西新城K小区海绵城市建设项目从水安全、水环境、水生态等功能需求出发，兼顾水景观、水文化等方面的需求，在城市更新、城市功能与品质再提升等工作中有机融入海绵城市建设要求，综合实现了雨水资源化利用、地下水源涵养、排水安全便捷、改善人居环境、提升景观效果等多重效益。通过低影响雨水设施的合理布置，减轻了渭河末端泵站的排水压力且减少了污染物的流入，有效削减雨水径流污染物；实现了园区雨水海绵化循环利用，基本满足小区的绿化用水及保洁用水；采取种植土换填、组织雨水浅层集中下渗、PDS防护虹吸排水等技术措施，解决湿陷性黄土下渗性能问题。K小区项目海绵城市建设实景如图8-14所示。

图8-14　K小区项目海绵城市建设实景

## 8.4.2 昆山市J小区和H公园区域建设

（1）项目概况

昆山市J小区和H公园建设项目位于昆山西部区域，拥有相对独立的排水片区，且项目呈东北高、西南低，利于发挥对周边雨水的消纳作用。项目规划总面积10.4公顷，总投资460万元，采用雨水进行水源补给。项目对H公园进行升级改造，系统化的规划和管理住宅小区和公园的雨水系统，在雨水系统设计时重点关注小区庭院布局与海绵设施布局的平面协调，发挥公园作为海绵城市公共空间的服务功能，雨水经过海绵设施处理后进行回用，市政雨水管道接纳过量的雨水，建成了拥有不同功能片区的社区海绵网路。

（2）问题与需求

项目作为城市新开发建设区域，拥有相对较好的生态条件，但由于水闸的存在导致区域内水动力不足，水流速度较慢，造成区域内水体水质整体不佳，而随着区域的加大开发，径流污染问题严重，进而造成环境压力。

1）径流污染控制：针对存在的下垫面硬化及人流活动加剧的问题，制定相关净化雨水水质和削减径流污染的措施，以保障区域水环境质量。

2）雨水资源利用：从项目人流量较大、绿地面积较大、水景设置较多的现状出发，着眼于绿地浇洒水源、水景补水水源及水景水质的保持。

（3）设计思路

通过雨水整体设计削减雨水径流污染，赋予项目内绿地景观更多生态系统的服务功能，加强雨水净化及循环处理利用，以保障水量满足补水和用水要求、雨水回用水质达到国家标准，最大程度上实现雨水资源化利用，降低项目开发不利影响，达到绿色宜居的建设目标，同时遵循集中与分散相结合、低影响开发、雨水资源化利用三大原则。项目设计流程图如图8-15所示。

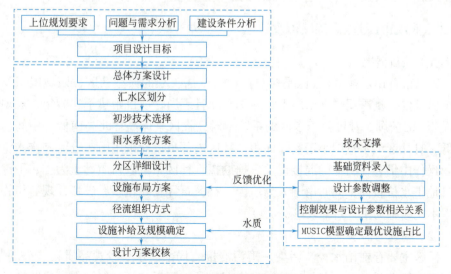

图8-15 项目设计流程图

（4）设计亮点

H公园的改造增强了公园与周边社区的互动联系。

1）海绵技术措施：采用植草沟、人工湿地等具有净化、调蓄功能的海绵技术措施，进行雨水收集和传输、泄蓄和净化、储蓄和回收利用，具体雨水处理系统运行流程图如图8-16所示。

2）系统规划，因地制宜：采用介质层填料配比优化措施加强雨水渗透，解决原土自然下渗难问题。

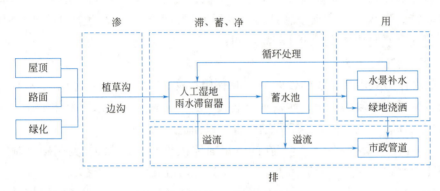

图8-16 雨水处理系统运行流程图

（5）项目建设成果

通过将公园绿地、建设小区等多个功能片区进行统筹规划设计，在项目规划设计前期引入与海绵城市建设理念高度契合的水敏性城市设计理念，充分发挥海绵城市设施的雨水调蓄净化、景观效果提升、生物多样性提升等系统功能，避免项目破碎化。监测效果：通过收集整理监测数据，逐步构建水质数据库，掌握不同雨水处理设施的污染物去除效能。H公园进行升级改造后不仅提升了公园的生态和景观，还增强了公园与周边社区的互动联系。

### 8.4.3 武汉市L社区海绵城市改造

（1）项目概况

武汉市青山示范区L社区是棚户区改造安居工程的典型社区，区域属于亚热带季风气候，夏季闷热高温多雨，冬季寒冷且干燥。项目始建于2007年，规划占地面积6.03公顷，社区位于东沙湖系统上游，社区整体高程北南低、中间高两侧低、且社区汇水范围小于实际面积。社区内部虽设计采用雨污分流制排水，但实际操作中仍存在明显的混接现象。据勘探，社区土壤以粉质黏土为主，下渗性差且地下水位较高，同时由于人为原因，社区草坪及绿化多有破坏，现有植物配置以本土树种为主且搭配较单一。

（2）问题与需求

社区主要存在雨水径流污染、雨污混接、局部渍水、景观品质较差等问题，根据下垫面分析和改造条件评估，结合居民的实际诉求，社区海绵城市改造的主要任务是进行雨污分流改造和有效控制径流总量。

1) 削减污染需求：针对区域内雨污混接、水体污染等问题重点整治，由于社区位于汇水区源头，改造官网混错接和下垫面，杜绝源头污染，削减径流污染。

2) 消除渍涝点需求：利用外部排水条件，发挥市政雨水管道降涝效能，实现源头减排、管网提标及地表有组织排水相结合，消除渍涝点。

3) 雨水回用需求：L社区道路及绿化浇洒用水量较大，回用收集雨水在实现雨水资源化利用的同时也可促进源头减排。

4) 改善环境需求：L社区属于棚改还建老旧社区，现状景观品质较差，部分黄土裸露，有全面优化社区格局、改善生活环境、提升景观品质的需求。

（3）设计思路

项目海绵城市改造工程采用地面和地下改造相结合的形式，坚持以问题为导向，因地制宜，解决居民实际诉求，确保达到海绵城市建设目标要求，实现体积控制、流量控制、径流污染控制和其他控制目标，具体改造工艺流程如图8-17所示。

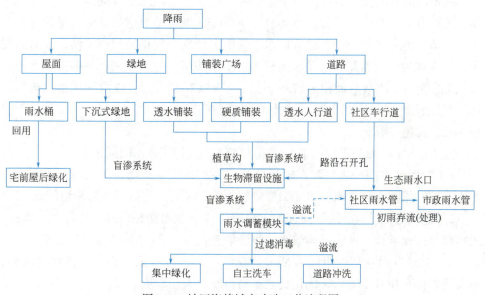

图8-17 社区海绵城市改造工艺流程图

（4）设计亮点

为保证区域海绵城市建设方案满足目标要求，系统构建源头控制工程，为社区海绵城市改造最大程度地作贡献。

1) 因地制宜，综合设计：针对现存改造问题，结合社区区域竖向与排水分析、下垫面情况、雨污水管网情况、土壤渗透情况、景观现状分析以及其他相关情况和实际问题，采取适当的海绵城市改造措施，多专业、多学科综合设计。

2）景观提升，长效维护：为显著提升景观效果并做到长久有效维护，项目采取景观化、可视化的方法实现海绵设施功能，从整体层面优化社区景观格局，采购便于后期运营管理的易于维护的海绵设施。此外，考虑到海绵设施的有效性，采取精细化施工方法，尽可能降低对居民生活的影响。

（5）项目建设成果

工程包含雨污水分流控制改造工程、下垫面改造及地下调蓄工程，以期有效解决雨水径流污染、雨污混接、局部渍水、景观品质较差等问题，改造基于海绵城市理念并重视居民需求，形成了舒适的海绵化休闲活动空间。项目将人为破坏的绿化景观区域形成花园式小景，以满足居民的休闲需求；将停车位进行透水改造和合理化设计，有效提高社区停车位利用率和雨水资源化利用率；将低洼积水区域两侧设置成雨水花园，便于周边雨水汇入以消除局部渍水问题；因地制宜地将住宅前后区域进行景观与功能相融合。

### 8.4.4　池州市N小区海绵城市改造

（1）项目概况

池州市地处长江中下游，位于安徽省西南部，区域属于暖湿性亚热带季风气候，四季分明，全年雨量充足且多分布于夏季。城市地形南高北低，呈阶梯状分布，土壤质地通透性较差，地表雨水下渗能力较弱，使得池州市积涝情况时有发生，多表现为市政道路、居民小区积水，阻断城市交通，带来严重损失。池州市N小区海绵城市改造总面积为17.6公顷，总投资2027万元，以海绵城市改造为依托，整体解决小区雨水管理、景观休闲及市政等问题。

（2）问题与需求

池州市N小区面临着雨污水、建筑、交通、景观等方面的问题。

1）雨污水方面：主要存在雨污混接、径流污染、积涝点等问题，亟需实施污水管网、雨水管网分离，增加绿植景观覆盖，及时疏水排涝预防积涝问题。

2）建筑方面：N小区年代久远，建筑外墙、散水楼梯、雨落管等逐步破损，亟需修复破损墙体，加强墙体散水的防渗措施。

3）交通方面：交通组织混乱、管控失灵，人行步道、停车位等硬件缺失，亟需新增停车位及出入口，优化交通布局，改善人居环境。

4）景观方面：景观单调、设施陈旧，部分绿地被私改为菜地，私搭乱建、堆肥严重，亟需优化地形设计、改善植物配置，打造丰富休闲景观节点。

（3）设计思路

基于现状雨污管网、绿地、交通、居民需求及竖向等方面的综合分析，明确N小区海绵城市改造从雨洪管理、建筑与景观改造、交通优化等方面出发。首先，采用源头低影响建设与末端湿地设施相结合的雨洪管理模式；其次，在建筑与景观上，修复破损墙体，加强墙体散水的防渗措施；最后，在小区交通上，新增机动车出入口、小区停车位，优化交通布局。

（4）设计亮点

池州市N小区海绵城市改造认真落实海绵城市建设理念，为海绵城市建设在城市内涝治理方面提供了宝贵经验。

1）总体竖向设计与局部创新雨落管设计相结合。场地竖向设计因地制宜、减少土方、保留乔木；创新雨落管设计，通过溢流井缓解洗衣废水混流问题。

2）景观设计坚持雨洪管理与人居环境提升相结合。中央广场和居委会小广场采用透水混凝土铺装，设置雨水花园、下沉式绿地等区域蓄滞雨水设施。

3）结合滨河休闲的末端湿地设计。优化滨河驳岸功能与交通组织，采取竖向设计利用坡度引水，划分水平潜流湿地、中心景观湿地、运动休闲区三大区块。

（5）项目建设成果

池州市N小区以海绵城市改造为依托，以居民诉求为设计出发点，整体解决小区雨水管理、景观休闲及市政等问题，同时达到了海绵城市建设规定的改造目标，年径流总量控制率达75%，对应设计降雨量为26.8mm，年径流固体悬浮物（SS）削减率达到40%，同时优化了小区景观服务功能，提升了区域的环境品质。

## 【本章小结】

本章首先通过界定海绵城市的概念及内涵，剖析海绵城市的特征及其建设意义；其次选取美国、英国、新加坡、澳大利亚等典型发达国家分析其海绵城市建设领域先进经验，明晰其发展历程，总结出对我国海绵城市建设的经验启示；然后梳理我国海绵城市建设的相关政策文本，通过对中央政府政策重点的分析以及地方政府的政策对比，明晰我国中央政府政策重点以及地方政府政策差异，探索我国海绵城市建设政策中蕴含的房地产投资机会；最后梳理我国房地产项目中海绵城市的典型案例及其技术应用现状。

> 思考题
>
> 1. 如何建设具有中国特色的"海绵城市"？
> 2. 美国海绵城市的发展历程有哪些借鉴意义？可举例说明。
> 3. 海绵城市蕴含的房地产投资机会包括哪些？

# 韧性城市蕴含的房地产投资机会

【本章重点难点】

理解韧性城市的内涵,包括工程韧性、生态韧性和社会生态韧性;辨析影响韧性城市的因素,需要全面考虑多元干扰、城市系统状态和城市应对能力;熟悉房地产投资与城市因素的关系,需要考虑生态、经济、基础设施、人口和社会等方面;运用SWOT分析方法进行韧性城市房地产投资的战略思考,并依据上述理念分析不同地区韧性城市房地产市场的现状和特点。

【本章导读】

韧性城市作为城市规划和发展的重要理念，旨在提高城市的抗压能力、自我修复力以及社会、经济和环境系统的稳定性。本章介绍了韧性城市的概念、内涵和特点，阐述了韧性城市的多种定义，并对工程韧性、生态韧性和社会生态韧性进行了剖析。然后，总结了影响韧性城市的因素，包括多元干扰、城市系统状态和城市应对能力，并给出了韧性城市的评价指标体系。还结合典型案例，概述了国内外韧性城市的建设现状。接着，分析了房地产投资需要考虑的城市因素，包括生态、经济、基础设施、人口和社会等方面。阐述了韧性城市中房地产市场的表现，通过案例说明了不同地区韧性城市的房地产市场情况。运用SWOT分析方法，剖析了韧性城市中的房地产投资优势、劣势、机会和威胁，为投资者提供了有价值的战略思考。本章逻辑框架如图9-1所示。

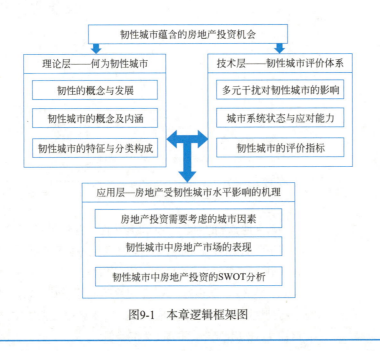

图9-1 本章逻辑框架图

## 9.1 韧性城市的概念和内涵

### 9.1.1 韧性的概念与发展

（1）韧性的概念

"韧性"一词作为英语中"resilience"的常见翻译，由拉丁语"resilio"逐步演进而来，本意表示回到原来的状态，与弹性、抗逆力、恢复力等词汇的含义相近。韧性的概念最初来源于物理学和机械学领域，用来描述物体受外力影响产生形变后恢复原状的一种性质。二十世纪中叶，西方心理学家用韧性来衡量个体从压力受挫状态中恢复精神的状况。1973年，加拿大生态学专家霍林最先将韧性思想引入生态环境领域，表示自然系统应对各类干扰变化时维持功能稳定的能力。此后韧性理论不断延伸，社会经济学、城市规划学、管理学、灾害学等众多领域都有所涉及。借鉴政府间气候变化专门委员会（IPCC）的定义，韧性是用来描述某个系统抵御突然的干扰，同时保持自身基础结构和功能的能力，也是自组织、自适应和变化的潜力。基于各领域目前对于韧性的普遍定义，本书中的"韧性"是指系统在维持整体功能或实现稳态的条件下，面对外界干扰所呈现的适应力、恢复力以及发展重组潜力。

（2）韧性的内涵

韧性的内涵在不同学科领域中存在些许差异，最具影响和代表性的观点包括工程韧性、生态韧性和社会生态韧性，同时标志着韧性理论的深刻转变和不断完善，其发展历程如图9-2所示。

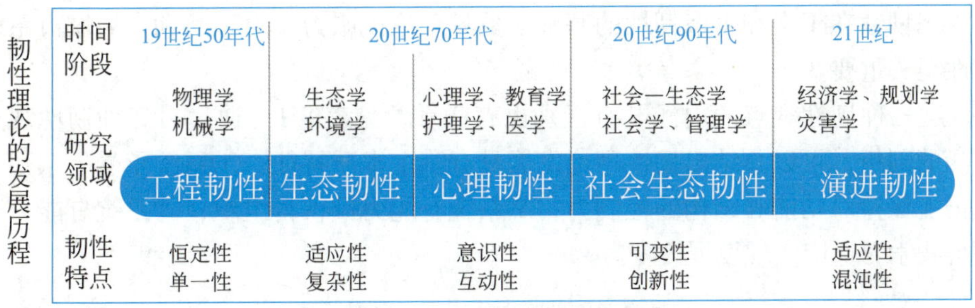

| 时间阶段 | 19世纪50年代 | 20世纪70年代 | 20世纪90年代 | | 21世纪 |
|---|---|---|---|---|---|
| 研究领域 | 物理学 机械学 | 生态学 环境学 | 心理学、教育学 护理学、医学 | 社会—生态学 社会学、管理学 | 经济学、规划学 灾害学 |
| | 工程韧性 | 生态韧性 | 心理韧性 | 社会生态韧性 | 演进韧性 |
| 韧性特点 | 恒定性 单一性 | 适应性 复杂性 | 意识性 互动性 | 可变性 创新性 | 适应性 混沌性 |

图9-2 韧性理论的发展历程

1）工程韧性

韧性的概念最先在工程学领域提出，即工程韧性，多用来表示钢梁等部件的刚度或延展性。这种思想经过深化与应用，其机理不再局限于单个工程结构，而是整个系统应对诸如业务中断、技术故障、环境变化等外界干扰时表现出的韧性强弱，侧重于维持或恢复到初始单一稳态的速度与效率。

2）生态韧性

生态韧性与工程韧性两种观点所呈现的本质区别可以借用图9-3理解。小球表示韧性系统，U形底面代表系统可达到的一个平衡状态，箭头代表系统受到来自外界的干扰。工程韧性思维下的系统在$t$时受到干扰离开现有的稳态，到$t+r$时重新恢复先前的平衡，差值$r$越小表示恢复速度越快，工程韧性越高。而相比之下，生态韧性允许有多重平衡状态，当环境受到干扰或损害时，生态系统不仅可以恢复原始单一稳态1，也可能转变为另一种新的稳态2。这种生态韧性基于系统内部自然运作形成多重动态平衡，具有恢复和重建生态秩序的能力，较好地修正了传统工程韧性的单一化。

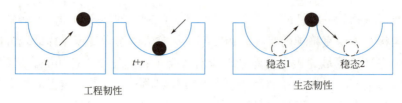

图9-3 生态韧性与工程韧性的本质区别

3) 社会生态韧性

相较于前两种韧性观点,社会生态韧性更加注重系统综合调整、学习与适应的能力。基于适应性循环的核心机制,社会生态韧性的动态运行过程可分为四个阶段:开发阶段→保存阶段→释放阶段→重组阶段。从开发阶段到保存阶段,各要素之间联系较为松散,系统韧性缓慢积累、逐渐增强;从保存阶段到释放阶段,各类资源要素联系愈加紧密,但系统灵活性和韧性逐渐变弱,对外界的干扰和冲击存在明显反应;从释放阶段到重组阶段,重建新连接或新系统,韧性再次加强,调整速度可变化,类似经济衰退或社会转型期的学习创新和结构变化。社会生态韧性在工程和生态韧性的基础上更具理论说服力,对理解和发展城市系统韧性至关重要。

这三种韧性观点的内涵既有区别也有联系,见表9-1。通过对三种韧性观点内涵的剖析,可以总结出韧性理论发展具有三个本质特征:①系统承受一系列变化仍能保持对功能和结构的控制力;②系统有能力进行自组织;③系统有能力通过自我学习适应实现发展改变。

三种常见韧性观点的区别与联系　　　　　表9-1

| 韧性观点 | 工程韧性 | 生态韧性 | 社会生态韧性 |
| --- | --- | --- | --- |
| 理论框架 | 韧性=抵抗+恢复 | 韧性=容忍+重组 | 韧性=吸收+恢复+发展 |
| 平衡状态 | 单一平衡 | 多重平衡 | 适应性循环 |
| 关注点 | 恢复稳定 | 抗扰、转换 | 可变、学习、创新 |
| 评价标准 | 维持或恢复到初始单一稳态的速度与效率 | 从一种稳态转变为另一种新的稳态可承受的扰动 | 系统综合调整、学习与适应的能力 |

## 9.1.2 韧性城市的概念及内涵

(1) 韧性城市的概念

城市作为经济社会和生态环境耦合而成的复杂系统,自形成以来便不断受到源自外界和内部的种种冲击和干扰,其中包括地震、洪涝等自然灾害,安全事故、传染疾病等人为灾害,同时还有干旱高温、空气污染等气候和环境灾害,而推行韧性城市的实践行动为应对这些不确定干扰指明了新的方向。联合国减灾署曾公布的韧性城市十大评选指标可帮助世界各地城市更好地应对自然、社会和经济上的危机。根据倡导地区可持续发展国际理事会(ICLEI)的定义,韧性城市是能够自行抵御灾害、分配资源、尽量降低损失并快速恢复的城市。此外，韧性城市联盟将韧性城市定义为城市或城市系统吸收和承受不确定干扰，保持原有特性、结构和重要功能的水平。由于体制、经济、文化和其他因素的差异，不同国家和组织部门对韧性城市的理解难以完全统一，但基本达成了两点共识：一是城市面对干扰的反应；二是城市化解决问题的程度。结合这两点，本书中的"韧性城市"定义为面对内外部的综合干扰，能够化解风险、保持基本功能正常运行，吸收经验进而强化适应能力的城市。

（2）韧性城市的内涵

规划和建设有韧性的城市，不单是从基础设施和物理环境方面进行改造安排，物质以外的社会制度、社区治理、经济发展也同样值得重视。将韧性概念运用在城市建设中，不仅能从根本上提高解决危机的能力，还可以有效改善传统的灾害管理系统。不同于传统防灾减灾重视稳定防御，韧性城市自提出以来的有关研究涵盖了自然灾难、安全事故、社会卫生等风险治理领域，其内涵也进一步深化和完善。韧性城市的内涵区别于一般灾害或风险管理的要点体现在以下几方面：

1）研究范围的扩大：由短期的针对单一灾害的紧急防治扩展到长期面向多种灾害的综合分析评估。

2）思路视角的转变：由刚性的灾后灾时防御抵抗转变为柔性的灾害全过程预防消解。

3）规划方法的升级：由根据标准或经验的静态测算升级为韧性城市的动态评估与预测。

韧性城市是一个多方面的概念。首先，城市系统遭遇的干扰是多种不确定性因素综合作用的结果；其次，韧性城市系统是充分调动多方利益相关者的力量，共同努力、相互合作的成果；最后，需要从城市规划、管理、技术、社会等多个角度建立一个真正韧性的城市系统。韧性城市的内涵可以总结为以下几方面：

1）危机意识。韧性城市需要重视城市系统的脆弱性，并对潜在的危机做好预备。

2）多元与包容。城市系统需要具备多元化和容纳性，以应对各种人为和自然灾害。

3）公众参与。韧性城市需要主动发掘和利用社区的潜力，通过公民参与和合作共同解决问题。

4）协调合作。城市治理需要加强公共部门和业务部门之间的合作和协调，以提高城市反应力和决策能力。

5）技术策略。城市技术需要不断发展和创新，以适应城市发展的需要，提高城市的安全性和可持续性。

6）动态评估。韧性城市需要在灾后迅速恢复，恢复城市基础设施和提供基本服务。

### 9.1.3 韧性城市的特征与分类构成

（1）韧性城市的特征

韧性城市适应干扰的能力越强，遭受干扰时损失越小，稳定存续概率越高。韧性较弱的城市系统反应较迟钝，对干扰的适应能力差，可能因自身结构僵化而遭受损失，或者导致系统功能破坏和系统崩溃。城市间韧性差异的背后反映的是各类特征呈现的差异，韧性城市的本质特征主要包括：

1) 自组织性/及时性。具备自组织性的城市系统可以从外界干扰中及时恢复稳定。在灾害发生时，城市管理者和广大居民可以自发有序地制定并执行合理的应急解决方案，第一时间进行补救，从内部及时解决困难，而不是依赖中央领导或者其他组织的支持。

2) 冗余性。为确保韧性城市系统的安全性和可靠性，有意重叠配置主要组件或功能。如果城市系统的某个组件或功能损坏并有碍日常运行，则冗余配置的组件将成为备份，可随时更换以保证韧性城市的正常功能。

3) 多样性。韧性城市具备多元化的生态环境、产业结构以及灵活的社会制度、市场机制，足以保证各个领域的活力和稳定，充分调动并集中各层面的力量缓解城市压力和风险。

4) 适应性。韧性城市在遇到外部灾害或者变化时，利用城市在制度和资源方面的优势，采取合理措施展现适应潜力，即城市响应的速度和强度。

5) 协同性。韧性城市系统发展时，每个层次、各个部门之间相互促进、共同合作，发挥最大潜能，协同作用使得它们自身的能力也能得到加强和发展。

6) 鲁棒性。韧性城市能够保持系统的相对稳定，城市主要功能不会被破坏，不影响正常工作条件下所能承受和吸收扰动的强度。

7) 智慧性/创造性/策略性。韧性城市能学习引进智慧创新技术，例如大数据、物联网、人工智能等，提高信息化、智能化和自动化程度，推动城市治理的优化升级，提升城市日常管理的效率，让城市在常态化运营中更为安全、高效。

（2）韧性城市的分类构成

韧性城市的分类与构成要素是建设韧性城市的关键理论基础。从不同的视角入手，韧性城市可以有不同的分类构成。例如，从硬件和软件角度分析，韧性城市由物理系统与人类社区构成。其中，物理系统是指城市的自然和人工环境要素，具体可分为交通道路、建筑物、基础设施、通信和能源设施、水土、绿化等；人类社区是城市地区内正式和非正式的固定或流动的社会组织，如学校、政府、社区、机构、企业等。从宏观和微观角度分析，韧性城市包括微观公民网络和宏观社会结构，除了物质建设外，还侧重于当地社会结构和公民网络的推进发展。从韧性城市评估体系角度分析其分类构成，韧性城市可分为经济韧性、社会韧性、环境韧性、基础设施韧性、制度韧性五个维度。

1) 经济韧性：城市经济韧性主要体现在产业结构、政府财政、就业率等方面。城市经济韧性在不稳定的复杂形势下，具有适应冲击和增长调节能力，在保障民生需求、推动复工复产时发挥了不可替代的作用。

2）社会韧性：此"社会"是相对于经济、生态自然等概念的，主要在于个体、社会组织、有关机构之间的耦合。社会韧性以社会成员的整体素质为基础，如组织实力、防灾意识、社会成员的合作程度等，只有全面提高社会整体的认知力、凝聚力与应对力，才能有效防范风险、维持秩序。

3）环境韧性：环境韧性的重点是城市生态环境在面临自然灾害或人为破坏时具有修复和改善能力，同时也关注生态系统的再生能力和适应能力。良好的环境韧性可以使城市自身具备较强的抗灾能力，例如通过城市绿地覆盖率、污水处理率等防洪抗旱指标有效减轻城市内涝，促进生态环境的可持续发展，为城市灾前防范、灾时抵抗、灾后修复作出贡献。

4）基础设施韧性：基础设施韧性指的是包括给水排水、电气、通信等系统在内的城市基础设施，在灾害全过程中有自身抵御与修复的能力，能够保障城市生活正常运转。提高基础设施韧性是应对自然灾害最实用有效的方法。基础设施体系的稳定性是韧性城市快速发展的强有力储备和物质基础。

5）制度韧性：制度韧性可以理解为韧性城市面对复杂形势时具备较好的应对能力和决策能力，具体包括灾前按照预案指导采取相应措施，灾中及时开展相关的组织、管理、行动等，灾后引导修复重建，汲取经验、反思规划后续的防灾工作等，同时必须在考虑社会可承受能力的基础上保证制度改革的稳步推进。

### 9.1.4 国内外韧性城市建设现状

（1）国外韧性城市建设实践

目前，国际社会正逐步形成一个集"国际计划、项目交流、案例指导"为一体的"韧性城市"全球合作网络，该网络以三个联合国机构（联合国人居规划署、联合国国际减灾战略署、联合国开发计划署）和美国洛克菲勒基金会为中心。联合国国际减灾战略署（UNISDR）在2010年发起"让城市更具韧性"的竞选活动，至今全球已有3000多个城市参加。该项目不是提供资金，而是为入选城市引入包括兵库行动框架、地方政府自我评价工具（LG-SAT）等在内的自评工具，制定专属的韧性培训规划，提供工作手册以及评估报告。当前，已有650个地方政府使用LG-SAT进行自我评估，334个城市将其作为城市发展方案。此外，美国洛克菲勒基金会在2013年提出"全球百座韧性城市"行动计划，并在2019年发布的《韧性城市生活》报告中详细介绍了百座入围城市在韧性实践中的经验和良好做法，总结出建设韧性城市的四大路径和15个行动领域。可见，国际组织在建设韧性城市方面发挥了关键作用，世界各地城市通过国际合作可以实现协同进步。

从西方国家的韧性城市实践来看，包括美国、英国、荷兰、瑞士等在内的许多发达国家的主要城市基本都加入了国际组织的韧性城市项目，并且制定了基于"韧性"理论的战略政策。在这些韧性城市领跑者队伍里，有的城市从自身的实力、特征出发，针对常见的风险变化，走出了灵活高效的韧性之路。例如纽约以飓风灾难后的城市重建为切入点，制订了"一个更强大、更有韧性的纽约"行动计划，并设立了专门的可持续规划办公室；英国伦敦曾出台《管理风险和增强韧性》的策略，意在降低气候变化带来的风险影响；作为海港城市的荷兰鹿特丹，制定了水管理政策、针对空间规划的"水测试"、绿色屋顶以及多功能土地利用技术等多项特色计划来提升城市韧性。有的城市从自身薄弱出发，在韧性城市建设中以人为本，采取尊重多元文化、提升灾害意识、关注弱势群体等手段。例如波士顿、悉尼等城市在发起的交通韧性、能源高效利用、"无废城市"治理模式等行动中，鼓励、支持多元参与，并注重政府部门间的有效合作，走出了一条相对经济节俭的韧性之路。国外韧性城市建设已发展到实质性阶段，在融资、多元参与等方面可为国内韧性城市实践提供范例与经验。

（2）国内韧性城市建设实践

国内韧性城市的建设也在稳步推进，虽然落后于国外发达地区，但也形成了一些特色经验并积累了一定的探索成果。国内韧性城市建设实践大致可分为两种模式：

一种是积极响应号召参与韧性城市国际合作项目。例如"全球百座韧性城市"行动计划吸纳了黄石、德阳、义乌、海盐4座城市，成都、洛阳、大理、三亚、西宁等城市也加入了联合国国际减灾战略署发起的"让城市更具韧性"竞选活动。这类城市中湖北黄石比较具有代表性。

另一种是自主探索创新"韧性城市"。代表城市有北京、上海、广州等。其中，北京从2020年开始建设"韧性城市"生命线工程，接连出台《北京市战略留白用地管理办法》和《关于加快推进韧性城市建设的指导意见》，计划在2025年左右打造50个韧性社区、街区。下一步，北京韧性城市的建设将与超大城市转型相结合，在生态环境改善、人口空间规划和风险管理体系等方面加大力度。综合来看，国内韧性城市实践在国际合作方面还需加强，北京、上海等大都市都要发掘各自的探索性模式，在国内外起领跑带动作用。

## 9.2 韧性城市的影响因素和评价指标

在城市规划背景下，韧性思维可用于提高城市现有和未来发展的应对能力，并帮助实现城市规划的本质目标。韧性思维还提倡将灾难性事件视为一种发展机遇，借此改善城市或地区的现有条件，并通过韧性发展使城市加快由低级到高级的发展速度。

影响因素辨识是韧性城市建设的关键基础，能够简化描述韧性城市水准，对城市决策加以支持。本节基于所提出的韧性城市概念，从过程化视角系统总结多元干扰、城市系统状态与应对能力对韧性城市的影响构建韧性城市评价指标体系，并对国内外典型韧性城市案例进行了介绍。

### 9.2.1 多元干扰对韧性城市的影响

在韧性城市发展过程中，城市系统面临着干扰因素的挑战，详见表9-2。根据干扰发生并对城市产生影响作用的速度可将其分为急性干扰（Acute Disturbance）和慢性干扰（Chronic Disturbance）。急性干扰不确定性强，预测难度大，具有强烈的破坏冲击力。慢性干扰作用速度缓慢，虽在短时间内未对城市造成威胁，但当干扰达到一定的阈值时，城市系统本质属性将发生转变。根据干扰的主要来源可将其分为自然干扰（Natural Disturbance）和非自然干扰（Unnatural Disturbance）。自然干扰属于城市外界因素，其发生具备普遍性。非自然干扰的孕育环境是人文环境，其对韧性城市的影响具备主观能动性。

韧性城市遭受的干扰分类　　　　　　　表9-2

| 类型 | 急性 | 慢性 |
| --- | --- | --- |
| 自然干扰 | 洪涝、飓风、地震、火山喷发、干旱、暴雨、极端气温、沙尘暴、泥石流、滑坡、雷电、海啸 | 气候变化、海平面上升、自然资源枯竭、生物多样性减少、海水入侵 |
| 非自然干扰 | 突发疫情、疾病传播、军事战争、恐怖袭击、突发公共安全事件、交通事故、贸易战、科技战、核泄漏 | 环境污染、人口老龄化、经济危机、交通堵塞、基础设施脆弱性、失业率、社会政治动荡 |

干扰对韧性城市的影响体现在以下三方面：其一，干扰发生的频率、强度及作用时间影响韧性城市，一般情况下当干扰发生频率越频繁、强度越大、作用时间越长，韧性城市衰退越明显；其二，城市受到的干扰众多且关系链复杂，不同的干扰组合对韧性城市产生差异化的压力；其三，干扰之间存在级联效应，一种干扰可能通过多层次的链式效应引发多种干扰，当多种干扰并存时，某一干扰可能使其他干扰的状态发生变化。如2011年东日本大震灾伴随海啸的发生，袭击了日本474个城市，改变了城市分布格局，造成1575亿美元的经济损失。显然，过度干扰严重危害人类的身心健康和社会福祉，造成巨大的经济损失，对城市系统提高韧性和可持续性造成风险。

### 9.2.2 城市系统状态与应对能力对韧性城市的影响

（1）城市系统状态对韧性城市的影响

在面对各种变化和干扰时，城市系统状态的好坏关乎其韧性水平提升与否。目前，多数学者从城市系统要素组成的角度来描述城市系统状态（图9-4），分析物质要素（基础设施、生态环境）与非物质要素（经济系统、社会环境、组织管理）对韧性城市的影响。本节主要分析非物质要素中的社会环境和组织管理对韧性城市的影响。

1）社会环境

城市中人群对风险的识别和抵抗能力是城市在遭遇到破坏性干扰时能够维持社会平稳运行、促进城市功能更新升级的有效力量。随着我国城镇化进程的不断推进，大量的资源、财富在城市中积聚，人群间的利益诉求逐渐呈现出多元化态势，文化背景、身份认同、思想观念、价值取向等人口差异加剧了社会群体的异质性，从而引发了诸多社会题，导致城市中的矛盾越发尖锐，严重影响韧性城市。另外，社会整体发展水平以及对资源的利用程度对城市抵御冲击的能力也会有所影响。其中，人口密度直接影响社会资源的分配和使用。人口密度对韧性城市具有显著的抑制作用，即人口越密集，韧性城市水平越低。虽然人口的聚集能为城市带来丰富的资源、注入发展活力，有助于城市的建设，但也带来了更多的不确定性风险，并且当城市治理水平未能随环境规模的扩大而同步提升时，城市自我调节能力反而会有所下降，此时韧性城市水平就会降低。此外，因为人口密度过高会大量占用资源，给环境和社会公共服务带来压力，进而造成一系列"城市病"，抑制韧性城市的发展。

社会保障是政府为了满足社会需求，保障城市居民物质与精神生活健康而提供的一系列政策优惠措施。社会保障体系越完善、覆盖面越广，韧性城市水平越高。例如，政府通过优化财政支出结构，完善就业保障体系，增强财政支出结构与产业结构的匹配性，缓解城市受灾期间的居民就业问题以及企业的生存发展问题，从而进一步稳定行业形势，提高城市韧性。基本公共服务水平作为社会保障中的一个重要方面，也是影响韧性城市的重要因素。基本公共服务水平的不断提升能够为城市提供灾后恢复的硬件条件和软件环境，在短时间内实现城市自我恢复甚至完成功能升级，对于城市韧性的提升具有强烈的正向推动作用。面对复杂多变的内外部环境，尤其是近年来突发公共卫生事件的频繁暴发，我国更加认识到社会保障是增强城市韧性、推动城市健康可持续发展的关键驱动力。

2）组织管理

组织管理是强化韧性城市的关键，特别是城市应对灾害的准备、规划、组织、行动、缓解等综合风险管理能力。首先，组织管理制度的完善度决定了韧性城市水平，完善的组织制度有利于维护城市结构与功能的正常运转，为人们创建安全有序的日常居住环境。制度体系建立所要考虑的可持续性、稳定度、灵活度、全面度、衔接度也都与城市韧性的提升息息相关。当灾害来临时，制度必须依据形势及时地应对变化、有针对性地做出调整，方可有效地控制灾害的走势，将损失降到最低。其次，多方面、多层级的组织管理网络对于提升城市韧性同样至关重要。该网络体系需以党建引领为抓手，多元主体协同为基础，打破城市资源（人、财、物、信息等）之间的各种壁垒，使组织管理网络间的资源合理分配、信息沟通有效。组织的数量与组织间的合作程度以及人才与物资储备的数量和质量是韧性城市建设的重要保障。

城市系统状态影响韧性城市的要素框架如图9-4所示。

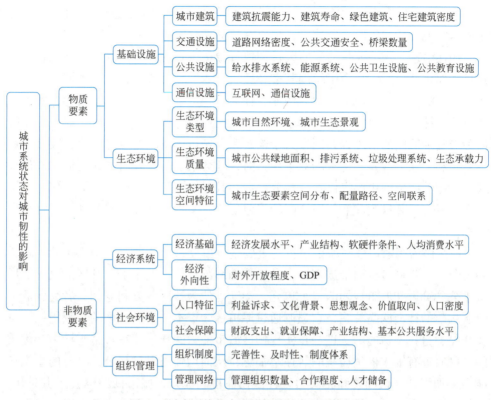

图9-4 城市系统状态影响韧性城市的要素框架

图片来源：改绘自石龙宇，等. 城市韧性概念、影响因素及其评估研究进展[J]. 生态学报，2022，42（14）：6016-6029.

（2）城市应对能力对韧性城市的影响

1）多方参与

人类社会是一个巨大的系统，各个主体之间存在错综复杂的作用关系，当城市面对自然—社会的耦合风险时，仅靠单一主体的力量是不足以支撑抵抗扰动的。需要以政府为主导，发挥多元主体的合作协同优势，通过一系列主动和被动行为来应对和适应外部冲击，直至恢复至新的稳态。因此，包括政府、社会组织、社区和个体在内的多方参与被证明是影响韧性城市的重要因素。

政府是建设韧性城市的关键决策者和驱动力，政府对城市的指导程度与该城市的发展效果密切相关，有力、高效的行政干预不仅可以为城市规划提供全面合理的建议，还能为城市的发展提供经济支持。尤其是当涉及多个利益相关者时，一个强有力的城市政府能够凭借其权威性解决各部门间的结构性问题，促进城市内部的协调统一，从而保障城市治理的整体性。此外，政府对于城市应对突发事件时的准确定位、合理管理、有效决策，很大程度上增强了韧性城市发展的可能性。但另一方面，政府的过度干预会大大降低资源的使用效率，不利于城市资源的优化配置，并且政府的不恰当行为可能会忽视城市发展的一般规律，造成城市发展的僵化，从而降低韧性城市水平。

社会组织作为服务供给主体，对民众的需求侧重可更好地把握，且在关键时刻能够实现较快的供给反应速度，可以有效弥补政府工作的不足，实现更小维度上的韧性治理。当一元化的政府因长期执行像科层式的程序化管理而导致管理方式日益僵化低效时，社会组织因其多样性、专业性和灵活性，能够为城市的稳定运行和功能升级注入新的活力。例如，社会组织可以通过投资、融资等方式支持或参与韧性城市项目的建设和运营。通过调配资源、调动专业力量、组织志愿群体参与复杂问题的治理，共同致力于构建韧性城市体系。当政府面对受灾城市财政紧张和公众健康安全诉求的双重压力时，社会组织等非政府主体可通过外包方式成为相关服务的主要提供者，充分地利用其既有资源并发挥积极能动作用，缓解政府压力，并搭起政府与民众间的绿色通道，实现多方无障碍互动，增强城市韧性。

社区作为国家治理与城市运行的重要基础单元，担任着直面外部扰动的基层主力角色，是城市全面推进韧性提升工作的细胞载体。近年来，社区的概念从局限于公共管理和城市规划的组织单元，逐渐延伸为社区各方利益相关者克服危机时所构建的社会网络关系，它强调通过厚植社会资本，提升社区的自我组织、自我修复、自我调适能力，进一步实现韧性城市能力的强化。在日常生活中，优质的社区服务有助于催生居民的居住幸福感，从而增强居民参与公共事务的意愿和能力，加强社区认同感和凝聚力，社区韧性得到提升，城市韧性也会同步提升。在突发事件发生时，社区是应对扰动的第一道防线，通过制定应急方案，确保应急资源的冗余，在灾害发生的初始阶段及时反应，将影响控制在社区的承载能力范围内，同时也将灾害对城市的破坏降到最低。

个体是构建韧性城市的基础实践者，也是实现韧性城市目标的最终受益者。个体自身所具有的、通过训练习得的或利用其他资源获得的风险意识、知识技能、健康状况等人力资本能够有效支撑城市灾后的修复和发展，是提升城市韧性的强大内生动力。风险意识是指个体对风险的认知和把握，全面的风险知识、正确的风险意识、准确的风险评估，能促使个体快速采取科学的措施应对风险。相反，缺乏风险意识会导致居民忽视危险信号，从而无法对突发事件做出反应，错过风险干预的最佳时机。因此，风险意识在灾前及受灾初期发挥着关键作用，而在应对灾害的过程中，知识技能和健康状况是重要保障。掌握一定的知识技能有助于个人对灾害的认知更为立体全面，并能够采取科学有效的方法进行自我保护。健康状况包括身体素质和心理素质，身体素质越好，对灾害的抵抗能力越强；心态越积极乐观，对灾害的适应调整能力就越好。所以，提升人力资本水平对韧性城市发展具有正向作用。

2）创新能力

① 知识创新。知识理论的丰富与完善是构建韧性城市的前提。城市的多元主体基于抵御灾害的实践经验，不断学习总结，形成专属于该城市的韧性知识体系；也可通过凝聚不同领域的人才开展知识交流，共享资源和知识，创新韧性城

市理论知识，强化城市对外来冲击的认知能力，从而更好地识别并应对未来的风险。

② 技术创新。在"数字经济"时代，科学技术在城市发展的过程中占比更为突出。技术的更新迭代能有效提升城市对风险的快速感知、研判及应对能力，为建设智慧化、数字化的韧性城市提供了更多可能性。技术创新可以实现对既有建成环境和基础设施的实质性改造，提升城市系统抵抗灾害的硬条件。同时，信息通信、人工智能、物联网、遥感监测等现代化技术的应用和普及能够全方位监测并分析城市受灾相关数据，使城市管理者能够动态地掌握灾害发展趋势，从而精准研判、及时控制，强化了城市治理效率，加快了城市的恢复速度，进一步增强城市韧性。

### 9.2.3 韧性城市的评价指标

对于韧性城市的特征进行了解有助于我们理解城市系统如何能够承受、响应并适应各种冲击与压力。基于韧性城市的相关研究，众多学者对韧性城市的基本特征进行了归纳，提出韧性城市具有多样性、自治性、灵活性、整体性、公平性、冗余性等特征。一些国际组织计划，如美国洛克菲勒基金会的"全球百座韧性城市"项目也提出韧性城市具有七大特征，分别为反思性（Reflective）、策略性（Resourceful）、包容性（Inclusive）、集成性（Integrated）、鲁棒性（Robust）、冗余性（Redundant）和灵活性（Flexible）。其中，最为著名的是2003年Bruneau等从减少地震灾害造成的损失的角度提出的4R理论，包括及时性（Rapidity）、鲁棒性（Robustness）、冗余性（Redundancy）和策略性（Resourcefulness）。该理念对于社区在不同时期制定切实可行的防灾减灾政策具有重要的指导意义。鲁棒性和及时性是衡量系统韧性的关键，在未来需要更加倾向于研究鲁棒性和及时性这种代表了韧性"最终产品"的影响因素；而策略性和冗余性代表的则是有助于增强城市韧性的因素。

通常来说，城市系统具有的4R特征越显著，城市韧性便越强。社区应当具有能够利用所拥有的资源及组织手段抗击灾害影响的能力，然而社区需具备的适灾能力、能有效抵御灾害的必要条件则是拥有4R特性。因此，本节将从4R特性的角度拆分韧性城市的基本评价指标。

（1）及时性

及时性是指为避免混乱和减少损失，城市系统能够及时完成优先级任务并达到目标的能力。及时性可以帮助城市面临挑战和危机时更快速地采取行动，更好地适应环境变化和压力，保持稳定性和可持续性。韧性城市的及时性通常包括以下几个指标：

1）应急响应

韧性城市的及时性要求城市在面临突发事件时能够快速响应、动员和部署，以迅速消除影响和降低损失。这需要城市具有完善的预警机制和应急预案，安排部署专门的应急人员和设备，帮助管理者们快速作出决策调整，以便在灾害性事件发生时能够快速调度应急资源和人力，组织应急救援力量，做出科学、有效的处置和救助。

① 预警和预测机制。及时准确的预警和预测系统可以提前为城市可能发生的突发事件做好准备。从时间维度上将应急情报响应体系划分为事前预警、事中控制和事后止损三个阶段，依据不同的发展阶段采用不同的情报介入策略，形成从社会膜感知预警，到降低突发事件的信息熵，最终提高社会韧性的框架结构。例如，气象部门可以通过监测气象数据和卫星图像来预测自然灾害的发生，城市应急管理部门可以通过收集和分析大量数据来预测可能出现的安全问题。

② 应急预案机制。城市应急响应机制需要建立高效的响应体系，在紧急情况下快速响应，尽快把有关信息传递给相关单位和人员，对突发事件进行及时处置。例如，当城市发生火灾或地震等自然灾害时，消防、救援和医疗部门需要迅速出动，对受到影响的人员进行救援和治疗。不少地区通过建立应急响应"第一人"制度，以便在第一时间赶到现场进行救援，快速融入群众，指挥在场民众开展抢险救灾工作，降低对城市的影响。同时，应急预案应具有一定的灵活性，可根据不同类型和级别的紧急事件以及发展过程中的决策动态进行调整和适时响应。

③ 资源调度与管理。当城市发生突发事件时，如火灾、水灾等自然灾害或人为事故等，需要大量的资源来应对。如果这些资源无法及时动员和调度，就会影响到应急响应的效率，导致灾后恢复难以保证。因此，城市的应急响应需要关注资源的合理调度和管理。

2）信息交流

韧性城市的及时性需要城市拥有高效的信息传递和沟通机制，以确保信息能够及时有效地向有关方面传达并得到反馈，同时要保证实时更新信息，确保信息的准确性。通过现代化的通信技术，可第一时间将信息传达给相关部门和群众，并根据这类信息来指导城市该采取何种应对措施，迅速展开应对工作。

① 信息共享机制。城市应急响应机制需要建立有效的信息共享平台，实现各相关部门间快速准确地共享有关信息。通过云计算和大数据等技术手段，政府可以更好地了解社区风险状况，并根据该数据向公众发布最新消息和救援信息，以便动员广大人民参与应急工作，提供更多有价值的想法和信息。

② 信息发布与协同。真正的应急响应需要多部门联动、多方面协同，而高效的沟通协作是应急响应工作开展的基础。通过社交媒体、官方网站、手机APP等各种渠道，进行快速的信息发布和通知，以准确、透明的方式向公众传达信息。同时，还应加强紧急救援队伍和高校安全科学研究机构之间的沟通，及时调整应急组织体系，加快紧急救援协同，最大限度地发挥作用，以确保应急响应速度更快、效率更高。

③ 救助资源的调配机制。韧性城市建设还需要完善救助资源的及时调配机

制，科学规划并执行协同应急措施，完善测试与模拟训练、通道输送布局、预留通信渠道等方面，保证物资人员紧急处置全方面落实。

④ 建立信息平台监管机制。随着移动通信、互联网和社交媒体的快速发展，每个人都有机会成为新闻报道者和信息获取者。因此，政府必须建立信息平台监管机制，对于收集到的信息可靠性进行把控，确定信息的真实性，以避免恶作剧、不良信息和虚假报道引起公众恐慌，对社会稳定产生消极影响。

3）公众意识

城市应该通过各种宣传渠道和教育活动让公众了解应对突发事件的正确方法和流程，提高公众的应对能力和意识。在面对突发事件时，公众做到有序排队、避免恐慌、不信谣、不传谣，以充分发挥公众的力量和作用。

① 危机防范能力。应当加强公众的危机防范能力，规避和降低造成损失的风险。同时，应定期向公众宣传，帮助建立健康的生活方式和财务管理机制，以便在突发事件发生时作出及时、明确的决策。公众应该及时接受相关训练和培训，加强安全知识和技能，在尊重客观规律的基础上，不断提升自身科学素质。

② 协作机制。韧性城市的建设应涉及政府、社会组织和公众之间的密切配合，不能仅依赖于政府机构及其相关部门。公众需要积极参与社区管理、志愿者服务等工作，并且在第一时间向相关部门汇报掌握的信息，为韧性城市的稳健发展贡献力量。

③ 社区自组织建设。社区自治意味着在紧急时刻，当地居民能够自发组织起来，通过分享资源、交流信息以及互相帮助的方式，积极缓解紧急形势。在城市发生突发危机时，社区自治机制能够迅速响应并立即采取相应措施。

因此，可以通过加强社区组织和管理，不断完善自组织管理制度，制定与讨论应急计划、方案，确保公众能够及时获取准确信息和救助方案，同时快速有效地落实各项资源及救援工作。

4）灾后恢复

灾后恢复是指城市在受到安全风险事件的影响后，能够迅速采取措施恢复基础设施和经济发展秩序，尽快使城市回到正常状态。城市应急响应机制需要考虑到后续处置工作，对受到影响的人员和环境进行恢复和重建。例如，在灾后重建中，需要加强安全监测和环境保护，为受灾群众提供必要的生活保障。

① 损失评估。城市管理部门应当及时组织人员在灾害现场进行勘察，精确科学地评估灾害损失和影响范围，包括：灾后建筑物的安全性检查、交通道路损毁程度的评估、水电通信等设施的安全状况监测等，依据评估结果，制订恢复与重建计划。

② 建立灾后恢复管理体系。城市应当建立合理高效的灾后恢复管理体系，以加快城市灾后恢复速度。该体系的建设范围不仅包括市政府和有关部门，还包括社区自治机构、社会组织、群众团体和志愿者等力量。根据各地区实际情况进行灵活调整，因地制宜，并由主管部门负责指导和监督。

总之，及时性在韧性城市中扮演着非常重要的角色。城市需要采取措施来确保快速响应和行动，以有效地应对各种挑战和危机，并提高城市的安全、健康和可持续性。

（2）鲁棒性

鲁棒性是指城市系统及其要素在不被破坏或丧失功能的条件下所能承受和吸收的扰动强度。鲁棒性是具有自我恢复、自我控制、自我组装、自我复制能力的系统所具有的特性。在不确定性和各种危机出现的情况下，鲁棒性已成为系统能否生存的关键，城市危机管理系统作为一个复杂的鲁棒性系统，需要建立多要素、多层次的评价系统，并采用定性信息定量化的方法使复杂的评价问题明朗化。

1）社会组织

社会组织是指由自愿的成员组成，旨在服务公众和推动某种共同目标的非营利性组织。韧性城市的建设需要建立有效的社会组织和互助机制，如志愿者协会、民间救援队伍等。这些组织可以为突发事件提供支持和帮助，帮助城市快速恢复正常秩序。社会组织对韧性城市建设的贡献包括以下几个方面：

① 支援能力。如今，政府、企业、社会组织、公民个人共担突发事件的风险意识明显增强，城市面临各种突发事件时，社会组织可以协助政府机构进行应急响应工作。例如，在自然灾害、公共卫生事件等紧急情况下，社会组织可以提供援助、筹款、物资捐赠等服务。

② 社区参与。城市韧性的发展需要广泛的社区参与，保持社区韧性将有效提高城市韧性，推动韧性城市的建设。社会组织可以帮助居民组织、调动社区力量，发挥居民的积极性和主动性，参与韧性城市的建设和维护。

③ 提高城市信息透明度。社会组织通常具有更灵活、更贴近民众的信息传递能力，社会组织可以通过调研、宣传、倡导等方式，及时向政府和公众提供关于城市危机、风险和机遇的相关信息和有关韧性城市建设的政策建议，提高城市的信息透明度，增强城市的韧性。

2）基础设施

城市基础设施的鲁棒性是指城市各项基础设施在面对不同种类和程度的自然灾害、人为破坏、设施老化、技术落后等因素冲击时，能够保持正常运转或迅速恢复到正常状态的能力。城市需要具备大量的基础设施来支撑其正常运转，这些基础设施包括电力、交通、水利、通信等。城市治理者需要确保这些基础设施能够在不同的紧急情况下保持运转，比如自然灾害、供水危机等。

① 供水与排水。城市供水管网是生命线工程的重要组成部分，供水系统应具有抗干旱、抗寒冷、防洪排涝等特点，同时管理者也需要做好管道维修和污水处理工作，确保在面临各类突发事件时供水、排水系统的稳定和可靠。

② 交通运输。城市的公共交通系统以及道路系统应该建立完善的信息监控和预警机制，并进行合理规划，使其在遇到严重灾害时能够迅速实施措施，确保城

市交通畅通无阻，以便在紧急情况下，将货物、人员和服务快速地运往城市任何区域。

③ 通信网络。城市通信网络应当全面普及，覆盖到远离城市中心区域。通信网络的普及可以为公众提供实时信息和数据运营处理的平台，帮助大家在第一时间了解当前灾情形势和国家最新政策。

3）经济能力

城市需要具备一定的经济韧性，能够迅速适应外部环境的变化，应对经济危机和挑战。

① 城市财政能力。城市财政能力包括预算管理、税收管理和债务管理等方面。城市应当采取适当的措施来保证其财政稳定性，并为城市发展提供必要的资金支持。同时，城市治理者需要建立健全的经济体系，保障就业、提高居民收入水平，从而增强城市的经济鲁棒性。

② 基础设施建设和维护。城市治理的相关应急预案中应当包括对于各种应急救援措施以及城市基础设施的维护和重建计划，并预留相应资金。城市应当加强对于交通、供水、能源等基础设施的建设和维护，确保其正常运转。此外，城市还应当采取适当的措施来改善、提高这些基础设施的安全性和可持续性。

③ 经济多样化和创新。城市应该鼓励和支持多产业发展，降低城市经济对于单一产业的依赖性，以避免在市场遭遇干扰时所带来的严重损失。同时，城市还应当鼓励创新和科技发展，并建立创新生态系统，以应对经济变化和市场风险。

④ 社区参与和社会资本。社区参与和社会资本是韧性城市建设的重要支撑。政府应当鼓励居民参与城市规划和管理，以建立更加民主和包容的城市治理模式。同时，城市还应当积极引入社会资本，吸引大量资金和资源来支持城市发展和建设。

4）治理体系

城市需加强对政治、经济、法律等方面的治理，依法管理城市，提高城市的治理韧性；还需要不断创新管理模式和技术手段，提高城市治理能力，应对新兴问题和挑战。

① 城市治理机制。为了能够更大限度地发挥城市治理在韧性城市建设中的作用，需要在政府、企业、非营利组织和居民之间建立紧密的合作关系，以及各级组织之间相互协调、相互支持的机制。政府机构应发挥统筹、协调、监管和服务职能，促进城市各机构的紧密合作，建立健全的城市危机管理体系。此外，企业和非营利组织也应该发挥其专业知识和资源优势，为城市危机处理提供支持和保障。而居民则需要积极参与城市治理，自觉遵守规定，配合政府和其他组织的工作。

② 基础设施运维。城市基础设施是城市的生命线，为城市提供功能保障和支撑，是维系城市功能的基础性工程。基础设施运维是指对城市交通、供水、供电、通信、卫生等各基础设施的运营与维护，确保其高效稳定运行。基础设施运

维对城市日常运营和突发事件处理起着至关重要的作用。例如，在交通领域，可以加强公共交通的建设，增加道路和桥梁的承载能力，缓解交通拥堵，提高应急处理能力。在供水方面，可以加强供水管网的建设和升级，提高供水系统的韧性和抗干扰能力。

5）环境抗灾能力

城市需要具备一定的防灾体系，包括抗震、防洪、防火等措施，以应对自然灾害和环境变化带来的影响。

① 生态环境。保护生态环境可以降低自然灾害的发生率。在城市周边或自然景区建立生态保护区，加强生态系统的保护。这样可以增加城市防洪、减灾、调节气候的能力，提高城市的韧性。加强城市绿化，例如种植适应当地气候条件的树木和草坪可以增加城市抵御风暴和洪水的能力，减轻灾害影响。另外，城市绿化还可以提高城市环境质量，增加居民的健康和幸福感。加强对城市水源涵养、土地保育、生物多样性维护等方面的管理，提高生态系统的服务能力，为城市居民提供更好的防灾服务。

② 城市规划。城市规划包括城市总体规划、土地利用规划、建筑规划、自然资源保护规划等。首先，需要综合考虑灾害风险，城市规划应当针对当地的地质、气候、水文等因素，综合考虑自然灾害的可能性和影响程度，避免在易受灾地区新建或扩建重要建筑物和基础设施。其次，城市管理部门需要加强防灾宣传教育，提高居民的防灾意识，同时在城市规划中设置防灾警示标志和逃生路线，并制定相应的应急预案。最后，还需要加强对建筑工程的监管，确保建筑物符合安全要求；采取措施减少非法建设，避免违法用地、违章建设和不当开发等问题。

（3）冗余性

冗余性是指城市系统及其要素存在替代，能够在受到破坏时满足功能需要的程度。为了避免"剑走边锋"带来的脆弱性，城市在基础设施建设中必须要预留出可替代、并列使用和可自我修补的冗余量，且冗余量越大，韧性也就越强。韧性城市的冗余性是城市规划和设计的重要考虑因素，它可以提高城市的灾害抵御能力、应对突发事件的能力和城市的可持续发展能力。

1）空间规划

① 建立地下备用空间。通过合理规划地上、地面和地下建筑功能空间，充分发挥地下空间在城市应急建设的优势，并在日常运营中与地上空间互补，协同升级地上空间稀缺的功能，为城市社会经济发展作贡献。

② 交通网络。城市中交通系统具有复杂性和相互依存性，在突发事件或灾害发生时，交通系统中的任何一个环节都可能遭受损失，从而导致系统瘫痪。因此，城市需要建立冗余的交通网络，确保在某些路段或交通设施受到影响时，其他路段和交通设施能够顶替其功能，维持城市交通运输的正常秩序。

③ 健全医疗服务。在面对突发公共卫生事件时，医疗系统的运作非常关键。

因此，在城市规划和建设中，需要建立多个医疗机构和医疗服务中心，合理调配医疗资源，建立均衡的医疗保障体系，并加强城市医疗物资储备。这样可以提高城市对公共卫生事件的应对能力，保证人民健康和城市安全。

2）非政府机构

城市非政府机构的冗余性也是韧性城市的体现。城市非政府机构包括非营利组织、公益组织、基金会、义工团体等。

① 资源协调能力。非政府机构主要通过应急响应机制使社会反应敏捷起来，当遇到自然灾害、交通事故等突发事件时，社会应急响应机制可以迅速出动，调配物资并派遣相关社会组织人员进行紧急救助和维护城市秩序的工作。机构应急响应机制是指以应急法律法规为依据，以应急管理体制为基础，通过与政府、企业和公众之间相互协调的运行方式、手段和具体制度，在路径、目标、手段层面开展具体应急响应行动。

② 组织能力。当遇到大型自然灾害或其他紧急情况时，非政府机构配合社区居民可以自发组织起来，加强互助和支持，在保证自己生命安全的同时，也可以为社区中的其他人提供紧急帮助。同时，通过培养社区内各类组织的能力，充分发挥多元社会力量的作用，可以有效回应社区居民的利益诉求，实现政府、社区和社会组织之间的有效联动，进一步完善社区公共性建设机制。

3）教育文化建设

① 教育和文化多元化。城市教育和文化资源的开发应该是多领域、多元化的，以适应不同社会成员的需求和愿望。城市应该发展艺术教育和体育教育，以丰富和完善城市文化生态。

② 保护和识别城市文化资产。城市文化资产是城市的"文化遗产"，应该尽可能地保存下来并得到保护。城市政府应建立专门机构，加强对城市文化遗产的保护、修复和利用。

③ 建立文化交流与合作机制。不同城市之间文化资源的合作和交流可以让城市之间互相学习和有所借鉴，有利于整体推动城市文化事业的发展。

(4) 策略性

策略性是指当威胁发生并干扰到城市系统或其要素时，确认问题、建立优先级和调动资源的能力，可以帮助城市制定一系列长期的策略、规划。韧性城市建设中的策略性应用可以明确城市长期可持续的发展目标和方向，全面考虑城市的实际情况，提出可行的实施策略，提高城市抵御灾害、适应变化和恢复的能力。

1）城市规划建设

城市规划建设应具有策略性，运用最优的方式解决城市治理中遇到的问题，采取长期战略协作方式，提高城市治理效率，推动城市管理工作更好地发展。

① 城市规划与设计。在城市规划中，需要考虑自然环境、社会经济、文化等多个因素。在城市设计中，可以采用生态绿化、防洪设施、建筑抗震等技术来提高城市抵御灾害的能力。城市规划需要结合地理信息、气象数据等多种数据，预

测未来可能出现的自然风险，制定长远的城市规划和相应的建设标准。

② 适应性公共设施。公共设施是支持城市运作的一个重要部分，建设多样化和灵活的公共设施是适应城市发展的一个重要方面，可在自然灾害、疫情等情况下保证城市良好的运转状态。同时，可以采用"平灾结合"的方式，在危机下迅速转换为应急避难场所等，辅助管理部门进行使用，以应对各类灾害。

③ 建设智慧城市。智慧城市是指依托信息化技术和物联网技术，实现城市管理和服务的精细化、高效化和智能化，提升城市治理水平的城市发展模式。智慧城市可大大提升城市的运作效率，改善城市运作的免疫系统。因此，应加大科技研发投入，推广城市智能化系统、监测预警技术、快速救援工具等先进技术应用，提高城市的危机响应能力和处置效率。另外，在智慧城市中自然和人为的灾害和危机的影响会大大降低，应对城市危机变得更为简单，同时还大大提高了城市决策的效率。

④ 监测评估机制。城市建设需要全面了解城市内部各种要素的情况，包括环境状况、资源利用状况、社会治安状况等。策略性在其中的应用可以帮助城市管理者制定科学的监测和评估方案，确保监测结果客观准确，并为韧性城市建设提供有力的数据支持。

2）资源共享

通过地区间和部门间的合作以及公司之间的互相支持，可有效地利用城市的各种资源，减少城市官方和市民的财力消耗，并通过共享物资和资源，最大限度地提高城市抵御灾害和不确定性的能力。

① 物资储备和共享机制。通过建立物质储备和共享平台，来应对自然灾害、大规模疫情等不可预见的突发事件。例如，在城市规划中预留一定的土地用于仓库建设或者设立共享储备库，收集紧急物资，为城市内部各类应急场景提供有力支撑。

② 推广资源共享经济。优化城市资源利用效率，并获得更广泛的社区支持和共识。推广共享交通、共享设施、共享工具等，有效降低人们对个人车辆和临时购置固定型空间资源的依赖，加强社会各组织关系之间的联系。

③ 加强区域协调与互助交流。在大范围问题下，城市场景之间仍然存在信息切断等问题，需要强化区域层次的合作和支援。

3）城市危机管理

城市危机是城市发展过程中难以避免的问题。利用策略性可帮助城市解决社会问题、加强社会稳定性、减少社会矛盾，并在城市面对危机干扰时，帮助城市找到有效的应对方案。

① 识别社会风险。城市危机管理需要从社会风险角度考虑，了解社区居民的需求、意见和反应，切实保障他们的生命财产安全；强化风险预警和监测，及时分析、处理各类危机。

② 制订应急响应计划。城市管理者需要利用策略性在平时针对不同类型的

危机进行科学分析和评估,帮助城市管理者从战略上思考应急问题,并制订科学合理的应急响应计划,为突发事件提供及时、有力的应对措施,提高城市的应急能力。

③ 加强沟通协作。在危机事件发生时,需要充分发挥策略性的协调引导作用,加强与政府机构、企业、社会组织等各方的沟通,推进各个部门之间的协作,形成有效的应急联动机制,共同应对突发事件。

综上,韧性城市的评价指标体系见表9-3。

韧性城市的评价指标体系　　　　表9-3

| 总目标 | 一级维度 | 二级维度 | 三级维度 |
|---|---|---|---|
| 韧性城市 | 及时性 | 应急响应 | 预警和预测机制 |
| | | | 应急预案机制 |
| | | | 资源调度与管理 |
| | | 信息交流 | 信息共享机制 |
| | | | 信息发布与协同 |
| | | | 救助资源的调配机制 |
| | | | 建立信息平台监管机制 |
| | | 公众意识 | 危机防范能力 |
| | | | 协作机制 |
| | | | 社区自组织建设 |
| | | 灾后恢复 | 损失评估 |
| | | | 建立灾后恢复管理体系 |
| | 鲁棒性 | 社会组织 | 支援能力 |
| | | | 社区参与 |
| | | | 提高城市信息透明度 |
| | | 基础设施 | 供水与排水 |
| | | | 交通运输 |
| | | | 通信网络 |
| | | 经济能力 | 城市财政能力 |
| | | | 基础设施建设和维护 |
| | | | 经济多样化和创新 |
| | | | 社区参与和社会资本 |
| | | 治理体系 | 城市治理机制 |
| | | | 基础设施运维 |
| | | 环境抗灾能力 | 生态环境 |
| | | | 城市规划 |

续表

| 总目标 | 一级维度 | 二级维度 | 三级维度 |
| --- | --- | --- | --- |
| 韧性城市 | 冗余性 | 空间规划 | 建立地下备用空间 |
| | | | 交通网络 |
| | | | 健全医疗服务 |
| | | 非政府机构 | 资源协调能力 |
| | | | 组织能力 |
| | 策略性 | 教育文化建设 | 教育和文化多元化 |
| | | | 保护和识别城市文化资产 |
| | | | 建立文化交流与合作机制 |
| | | 城市规划建设 | 城市规划与设计 |
| | | | 适应性公共设施 |
| | | | 建设智能城市 |
| | | | 监测评估机制 |
| | | 资源共享 | 物资储备和共享机制 |
| | | | 推广资源共享经济 |
| | | | 加强区域协调与互助交流 |
| | | 城市危机管理 | 识别社会风险 |
| | | | 制订应急响应计划 |
| | | | 加强沟通协作 |

### 9.2.4 国内外典型韧性城市案例

国内外的一些典型韧性城市案例能够为我们提供宝贵的经验和启发。这些城市以其出色的韧性策略和成功实施的措施而闻名，展现了在各种挑战下如何保持稳定和发展。通过深入了解这些案例，我们可以汲取宝贵的经验教训，以便更好地规划和管理我们自己的城市，以应对未来的不确定性和挑战。

（1）治"水"的韧性城市——湖北黄石

湖北黄石位于湖北省东南部，长江中游南岸，黄石矿产资源丰富，素有"百里黄金地，江南聚宝盆"之称。黄石于1950年8月建市，是中华人民共和国成立后湖北省除武汉外最早设立的省辖市之一；是长江中游城市群区域性中心城市；是武汉城市圈的副中心城市，也是国务院批准的沿江开放城市，享受沿海开放城市政策；是我国已入选"全球百座韧性城市"的4个城市中最早成功申报、行动最快、效果最好的城市。

黄石是一个典型的资源型城市，钢铁、水泥、煤炭、各种有色金属开采等重工业遍布全市。随着资源的枯竭，黄石面临着经济发展缓慢、生态恶化、基础设施老化、建设资金缺乏等一系列挑战。作为一个老工业城市，由于过去过度依赖资源产业，经济转型发展的压力很大，并且导致生态环境恶化，成为制约黄石工业现代化发展的因素。黄石要走出这样的经济模式，必须寻求突破，向绿色经济转型。在成功加入"全球百座韧性城市"后，黄石成立了市韧性城市建设领导小组和韧性城市建设专家小组，把每年全市预算的10%用来支持已制定的韧性建设目标和活动。

2016年初，黄石完成《黄石市韧性建设初步评估报告》，评估结果表明，未来黄石是否具备韧性、能否应对未来可能面临的各种冲击与压力，取决于各种"水"问题能否妥善治理、经济能否成功转型为可持续发展的绿色经济体、居住环境能否变成宜居城市三大问题。因此，黄石的韧性城市建设重点聚焦于三大领域建设，即建设韧性的城市水系统、建设韧性的经济系统、建设韧性的居住系统。

1）建设韧性的城市水系统：这一系统旨在保护水资源、解决水污染问题以及升级防洪设施，以保障清洁饮用水的可靠供应并提高应对环境威胁及重大洪灾的能力。黄石市深受采矿业造成的地下水源污染及防洪能力差的困扰，因此必须升级现有污水收集和处理及生态恢复流程。

通过系统地解决城市水安全、水资源和水环境问题，加强城市水体的保护及开发利用，减少城市洪涝灾害，改善城市水质量和水环境，调节小气候，恢复生物多样性。黄石地区有80多座湖泊，这些湖泊是一笔无形的韧性资源，它们发挥着保持生态功能的重要作用。因此，要在提高城市水系统韧性的维度上抓好水体保护工作，黄石大力推进"五水共治"（防洪水、治污水、排涝水、保供水、抓节水）。用一年时间基本消除区内黑臭水体，污染严重水体明显减少；用两年时间实现重点水域水质达到Ⅲ至Ⅳ类；通过三年努力，基本达到创建国家环保城市的水环境质量要求。

同时，充分考虑水体韧性建设及多功能开发的需要，布局湖泊的综合开发利用，加强对已破坏生态环境的修复。通过对废弃工矿场地生态功能恢复的系统改造和对开山塘口的绿色治理，不断修复生态，打造生态文明的居住环境。加强法律制度建设和监管力度，防止新的生态破坏。通过立法、完善制度等措施，强化对道路扬尘、工地扬尘、秸秆焚烧、机动车尾气排放、企业排污、餐饮油烟污染、露天矿山、大气污染源等的综合治理。引入雨水与污水分离管理机制，合理布局污水处理设施，升级改造地下管网；按照"规划先行、分步实施、典型示范、健全机制"思路，统筹城市地上地下设施规划建设，城市新区、各类园区、成片开发区域新建道路必须同步建设地下综合管廊，老城区要结合地铁建设、河道治理、道路整治、旧城更新、棚户区改造等工程，逐步推进地下综合管廊建设。

2）建设韧性的经济系统：这一系统主要围绕鼓励行业创新、促进城市经济转型与多元发展，建设一个更加开放的港口城市，并促进经济的多元化发展。黄石通过从资源依赖型到创新驱动型的转变、优化交通网络、促进包括旅游业在内的各行业发展，优化产业价值链并实现经济增长。绿色健康产业是黄石转型发展的一大关键。黄石充分利用头部企业的火车头和示范作用，把健康产业链做大做强，将健康产业链国际化。黄石除了依靠传统工业现代化升级或者生态立市，还紧紧抓住了加入"全球百座韧性城市"网络的机遇，依托黄石丰富的人文历史和自然资源，走后工业化的绿色智慧城市发展道路。如，将水泥厂旧址改造为工业遗址公园，以保留工业给人们留下的记忆、文化内涵。

在经济投资方面，无论是开山塘口、工矿废弃地，还是土壤、水体污染的整治等，进一步分门别类，确定了重点区域和重点治理项目，甚至重点措施等。比如，加固建筑、整修道路、修建公园等避难场所；改善管理机制，提高居民的抗风险意识；发展当地经济，提高就业率，增加当地居民的收入，让整个区域的应急自救能力普遍提高。

3）建设韧性的居住系统：这一系统围绕建设更美的环境，即通过治理遗弃矿场，优化教育、医疗及针对多个群体的保障性住房增建，促进社会和谐、优化人居环境。黄石通过提高市民、特别是老年人的生活质量，改善薄弱环境，从而改善社区关系、增加社会韧性。另外，黄石市加强了对老旧城区、棚户区和低于国家标准的新城区的自动化、信息化和现代化升级改造，强化小区多功能设施（如菜市场、幼儿园、老年人活动中心等）的配置和垃圾分类制度的执行，打造生态文明、精神文明的多功能现代社区。

构建韧性城市的根本目的在于为广大市民提供良好的宜居环境。黄石的黄石港区、西塞山区等老城区是在经济发展水平较低的时代建立起来的，房屋的建筑质量和标准比较低，还存在不少棚户区。这些区域的居民不仅居住条件较差，且由于基础设施老化，生存环境也较差。黄石充分利用其作为中国棚户区改造示范城市的成功经验，融入韧性建设因素，提升黄石居住系统的信息化、自动化和现代化水平。通过建设轻轨和BRT系统，有机连接主城区、大冶市和阳新县，打造市内1h工作生活交通圈。

（2）超大城市如何治理？——美国纽约

纽约是一个地处沿海（港口城市）的国际大都市，是美国人口最多的城市，也是充满活力的最大都会区。由于特殊的地理空间区位特征和在全球城市网络中的关键节点地位，纽约越来越多地面临来自生态、金融、恐怖袭击和公共卫生等各类风险的挑战，作为较早提出韧性建设的城市，风险应对与适应成为城市发展的重要议题。

1）自然灾害。作为沿海城市，洪水成为城市自然灾害风险的主要防御灾害。根据灾害发生的规律和特点，针对洪水泛滥平原社区（年度洪水概率1%和0.2%的区域），2021年5月12日，纽约市议会通过了《海岸洪水韧性分区文本修正案》，在滨水区推行"海岸洪水韧性分区规划"，对沿海地区新建建筑标准、紧急状态恢复程序等作出了非常全面而具体的规定。该规划方案允许房主、企业主、建筑师和其他人设计有弹性的建筑，允许按照预防标准建造新的建筑物；没有达到联邦应急管理局标准的建筑，进行弹性改造，以更好地抵御洪水风险，降低洪水保险成本；设计弹性开放空间，增设避难场所数量，保护和支持公众进入滨水场地；采取更加灵活性的建筑设计，减少养老院等设施布局，帮助纽约居民提高对风暴等其他灾难的抵御能力和恢复能力。

2）突发事件。21世纪初，纽约在"9·11"事件后迎来了新的建设开发高潮，开发商主导的城市更新项目遍布全城，许多激进的城市规划师、活动家将纽约现状描述为"只有区划、没有规划的灾难"，认为规划局成为"城市不平等加剧、环境恶化的助推者"。但毋庸置疑的是，近年来纽约市规划局在社区规划层面的政策创新和主动干预体现了其对传统规划角色的反思。已通过的综合性社区规划成为社区发展和新开发项目的首要原则，社区公众诉求被纳入地区空间建设和公私合作。在《基础区划法》的基础上，针对特殊目标和地区而补丁式修正的特殊分区，设立社区规划奖学金来培养有能力的社区规划师，为社区自主规划提供了数据、文本审定等专业支持。在PLACES中，政府更是从被动的行政许可方转型为主动的组织者，在社区综合规划、开发项目预算和开发执行引导等方面充当起利益协调者的角色。

3）建设问题。面对人口增长带来的住房需求，纽约将实施美国国内最宏大的项目，以创造更多的可支付住房。同时，通过投资高增长行业的培训及为难以就业的群体提供技术训练，来增加劳动力结构的包容性，以支持就业率的增长。面对新的经济趋势，纽约也大力支持创新经济的发展，建设高速无线网络，投资交通基础设施。作为区域枢纽，纽约将在交通、住房、就业等问题上与周边地区紧密合作。

基础设施韧性是指交通、能源、燃气、电力等基础设施系统对灾害的应对能力和灾后的恢复能力，也指灾害发生时基础设施系统抵御灾害、吸收损失并及时恢复至正常运行状态的能力。一个强大的韧性城市，基础设施韧性或建筑韧性是前提和基础。桑迪飓风后，纽约加大对建筑、基础设施改造升级的投资力度，以改善城市硬件设施对未来灾害的应对能力，保持更加强大的状态。一方面，政府结合"重建家园"计划，及时修正建筑法、建筑设计规范和施工守则，制定新的建筑韧性设计指南，对全市5个行政区的老建筑进行加固系统、抬高房屋、置换空间、异地搬迁等多方式改造，提高新建建筑的防洪标准和防风韧性，以抵御未来极端天气事件和其他灾害的影响。另一方面，政府升级设施系统、新建城市排水设施和污水处理设施、坚固路面，完善应对暴雨的绿色基础设施等，全面提升基础设施的抗风险能力。与此同时，将城市基础设施改造升级与区域发展紧密结合，推行韧性水岸公园项目、东海岸带韧性项目（East Side Coastal Resiliency，ESCR）等，既强化海岸线的物理设施建设，加大投资改善地下内部排水系统，提高排水系统的排水能力，以保护海岸免受未来风暴和洪水的侵袭；又注重当地的社会韧性（打造韧性社区）、经济韧性建设，改善滨水开放空间和可达性，从而增强韧性项目的综合经济社会效应。

4）文化问题。对一个国际化大都市来说，人口多元化和文化多样化在容易激活城市创新力的同时，往往会因为高度的异质性而带来新的文化冲突、族群矛盾和各种不平等问题，这极易引发社会两极分化、种族隔离、社会骚乱等社会公共安全风险。为此，在最新一版的《一个纽约总体规划：建设一个强大而公正的城市的规划》指出，纽约将建成公平公正的城市，一个包容性、公平的经济体，为市民提供高薪的就业和机会，并保证他们生活的尊严和安全。围绕这一愿景，具体措施包括增加最低工资、支持教育并促进就业增长等，使80万纽约人在2025年脱离贫困；将早产儿死亡率降低25%，提高纽约人健康服务的水平；扩大家庭公正中心，以帮助家庭暴力的受害者；促进城市范围内的政府服务、信息和社区数据的整合等。

除此之外，互联网改善了沟通和获取信息的能力，但其很大程度上的开放和不受监管的性质意味着市政部门、企业和居民更容易受到网络安全威胁和危害，通常包括来自内外部的有组织网络犯罪、隐私泄露、网络间谍、网络攻击等。纽约市越来越多的人通过智能手机和移动设备来管理他们的日常生活，这使得他们特别容易受到恶意网络活动的攻击。据统计，仅2017年美国就发生了53308次网络攻击事件。为此，2017年纽约市对其市政网络安全当局进行重组，成立纽约市网络司令部（NYC3），并依靠市长行政命令授权纽约市网络司令部领导纽约市100多个机构和办公室的网络防御工作，以预防、检测、响应网络威胁并从中恢复。NYC3通过使用最新技术、建立公私合作伙伴关系以及为纽约市员工进行培训和威胁模拟，帮助他们预防和检测威胁以及采取其他措施来提高系统安全性；在所有纽约市拥有的系统中部署域名系统（DNS）保护纽约市的基础设施和关键系统免受恶意攻击。通过创建NYC3，纽约市建立了类似于纽约市警察、消防、卫生和交通组织的现代网络安全行动，作为平等的合作伙伴，确保人们的信息安全。

## 9.3 房地产受韧性城市水平影响的机理

### 9.3.1 房地产投资需要考虑的城市因素

（1）生态

房地产投资与城市生态环境息息相关，对城市的环境、地形地貌、气候、自然资源等方面具有很大的影响。

1）城市环境：城市的环境污染、噪声污染都会直接影响房地产投资的价值。例如，污染严重的城市可能导致建筑物的腐蚀和破损，从而降低投资价值。同时，高噪声和嘈杂的环境可能会影响个人的生活质量，从而影响房地产的价格。

2）地形地貌：城市的地形地貌也会影响房地产投资。例如，山区、湖区等特殊地形及地貌与房地产开发的成本、建筑品质、品质稳定性等相关，这些潜在风险会影响到物业管理人员的判断与决策。

3）气候：城市的气候和季节也会影响房地产的投资和价值。例如，炎热的气候可以提高房屋装备的需求，而寒冷的气候可能不利于室外活动，从而降低房地产的价值。

4）自然资源：城市的自然资源，例如水源、森林等对房地产也有正面和负面的影响。例如，良好的水源和森林生态可以促进绿色建筑的发展，从而增加房地产的投资价值。而一些危险资源，例如石油、天然气等可能会增加投资风险和成本，从而导致房地产的价值下降。

因此，房地产投资者必须充分考虑城市生态因素的影响，以便制定适当的策略，降低投资风险和增加投资回报。

（2）经济

房地产投资是城市经济的一个重要组成部分，城市的发展水平、GDP、投资、消费、产业结构以及创新能力等因素都会对房地产投资产生影响。

1）发展水平：随着城市经济水平的不断提高、城市人口的增加和工业化的进程，房地产市场的需求也会增加，房地产投资也相应获得了更多的投资机会和资金支持。

2）GDP：GDP是一个国家或城市经济的核心指标之一，GDP的增长表明城市经济活力的不断增强，同时也会带动投资者的投资热情，从而推动房地产投资的增长。

3）投资：投资是经济发展的重要支柱，当城市吸引了大量的投资，城市基础设施建设不断加强，将促进房地产投资的增长。

4）消费：消费是推动经济增长的动力之一，随着城市人口的增加和生活水平的提高，居民对住房的需求将不断增加。房地产企业针对消费者的需求进行市场分析和调整，使得房地产投资能够得以增长。

5）产业结构：城市经济的产业结构也会对房地产投资产生很大的影响，随着城市经济产业的发展，相关行业的发展会带动房地产市场的需求增加，推动房地产投资的增长。

6）创新能力：城市的创新能力越强，就会吸引更多的高素质人才和外来人口，促进城市的发展和经济增长，房地产投资随之增加。

总之，房地产投资和城市经济是相互依存的，城市经济的繁荣和发展将不断吸引投资者的关注和资金支持，从而推动房地产市场的稳定发展。

（3）基础设施

基础设施是房地产投资环境中的硬环境，它包括交通系统、邮电系统、能源与水资源供应系统、防灾系统等。房地产投资受城市基础设施的影响主要有以下几方面：

1）抗震设施：如果城市的抗震设施不完善，房地产市场的投资价值就会受到影响。因为地震往往会导致房屋倒塌或受损，而城市抗震设施的完善程度可以保障房屋的质量和安全,从而保护投资者的利益。

2)防洪涝设施:城市防洪涝设施的水平也会影响房地产市场的投资价值。如果城市的防洪涝设施做得好,就能够保证房屋的安全和稳定性,进而提升投资者的购房信心和市场价格。

3)建筑结构和火灾安全:良好的建筑结构和火灾安全设施是保证房地产市场投资价值的关键。如果城市的建筑结构和火灾安全设施不完善,房屋出现安全问题的风险就会增加,这将影响投资者的购房意愿和市场价格。

4)级联失效:城市基础设施的级联失效也会影响房地产市场投资的价值。如果城市基础设施不能有序运行,可能会导致房屋出现多种安全问题,这将进一步影响投资者的信心和市场价格。

(4)人口

城市人口因素对房地产投资具有巨大影响。随着城市人口的增长和城市化程度的加快,政策、经济、人口结构等因素的变化都会对房地产市场的需求量、土地价格、房价水平等产生影响,从而为房地产投资提供了丰富的机遇和挑战。房地产投资受城市人口的影响主要体现在以下几方面:

1)人口流动:随着城市人口的持续增长,房地产需求不断增加,房价也随之上涨。如果城市的人口外流,房地产市场将面临供过于求的局面,房价可能下跌。因此,房地产投资者需要密切关注人口流入流出的情况。

2)吸引人力度:城市吸引人力度越大,房地产市场就越活跃。例如,某些城市拥有良好的教育和医疗资源、高质量的生活环境和公共设施等,能够吸引更多的人口,从而带动房地产市场的繁荣发展。

3)人才政策:城市的人才政策也直接影响房地产投资。例如,有些城市出台了各种政策鼓励人才来该城市发展,如提供住房补贴、购房优惠、落户政策等,这将增加房地产需求,推动房价上涨。

4)政府支持力度:政府的支持力度也会对房地产投资产生影响。例如,政府提供的优惠政策和补贴等,能够吸引更多的投资者入市,从而带动房地产市场的发展。

总之,房地产投资与城市人口息息相关,投资者需要密切关注城市人口的变化情况,以及政府的支持力度和政策,以作出科学、合理的投资决策。

(5)社会

房地产投资是一个与社会因素密不可分的行业,以下是社会因素对房地产投资的影响:

1)突发公共卫生事件:例如新冠肺炎疫情会直接影响房地产市场的供需和价格,使得投资者和购房者的信心受到打击。房地产开发商也可能因为被迫关闭工地、停工等原因而遭受经济损失。

2)应急管理能力:城市的灾害防范能力、应急管理能力等也对房地产的投资有重要影响。例如,在地震频发的地区,房地产的投资风险可能较高,而当城市的应急管理能力提高时,房地产的投资风险也会降低。

3)风险应对水平:房地产投资的风险与政策、市场、环境、技术、人力资源等诸多因素相关。因此,开发商和投资者需要有良好的风险应对能力,能够及时调整战略和投资方向来应对多种风险。

4)政策制度:政策制度也是影响房地产投资的重要因素。例如,建设部门制定的建筑标准是否符合市场需求,土地政策是否合理,贷款政策是否对购买者和开发商有利等,都会对房地产市场的供需和价格产生影响。

因此,对房地产投资者来说,需要及时关注社会因素的变化,增强风险意识,采取及时、科学的投资策略,以降低风险,发挥投资效益。

### 9.3.2 韧性城市中房地产市场的表现

2013年5月,美国洛克菲勒基金会启动了第一届"全球百座韧性城市"项目(以下简称"100RC"),三年内在全球范围内甄选出100个韧性城市。全球入选城市有纽约、伦敦、芝加哥、鹿特丹、厄瓜多尔基多、德班等,我国浙江义乌、四川德阳、浙江海盐、湖北黄石四座城市在后期入选。依据100RC官方网站分类,100RC的韧性网络共覆盖全球五大地区,分别是北美地区、拉丁美洲及加勒比地区、欧洲及中东地区、亚洲地区以及非洲地区。以下将分别描述五个地区中房地产市场的表现:

(1)北美地区

北美韧性城市的房地产市场总体表现良好。北美地区的城市多数属于发达经济体系,有着完善的法律体系和金融体系,政府也积极推动城市的可持续发展。这些因素为房地产市场提供了良好的基础,使得韧性城市的房价相对稳定、增长率平稳。例如,加拿大温哥华、多伦多的房价连年稳步上涨,虽然随着政府的监管收紧和新冠肺炎疫情的影响市场开始调整,但整体走势仍然是上升的。

韧性城市的房地产市场能够适应不同类型风险的挑战。例如,洛杉矶和旧金山这两个城市都位于地震带上,面临较高的自然风险,所以洛杉矶和旧金山在地震方面的建造设计主要是以加强建筑结构为主要措施。例如,在房屋建筑时使用钢筋混凝土等更为坚固的材料,并采用抗震支撑技术来增强建筑物的稳定性。另外,通过地形的适当调整和地基的加固,也能更好地保护房屋免受地震的影响。类似地,迈阿密和纽约等城市常年处于飓风季节,建筑师和工程师采用的主要策略则是针对不同类型的飓风进行不同的设计和建造。例如,在面对大型狂风暴雨的飓风时,人们会用更为坚固和牢固的材料来构建建筑物,如混凝土和钢材。此外,采用防风墙、加强屋顶结构以及合理规划排水系统等技术与设施还可以提高建筑物对飓风的抵抗能力,以降低灾害风险、减少财产损失。

韧性城市的房地产市场通常具备较强的稳定性和弹性。在经济危机、社会动荡或自然灾害等情况下,房地产市场的表现不会出现大幅波动,而是相对平稳。例如,在2008年全球金融危机期间,加拿大温哥华和多伦多的房价都保持了相对稳定的状态，并没有像美国那样出现大规模的房地产市场崩盘。

（2）拉丁美洲及加勒比地区（以下简称"拉美地区"）

拉美地区的房地产市场表现各不相同，取决于各国的经济、政治、基础设施和社会状况。

拉美地区的一些韧性城市房地产市场在政治经济动荡时表现出相对较好的稳定性。例如，在委内瑞拉的政治危机中，该国房地产市场虽然受到了一定程度的影响，但并未崩溃。此外，在那些政治稳定的国家，如智利、乌拉圭和巴西等，房地产市场通常表现出较好的稳定性和增长潜力。

拉美地区的一些韧性城市房地产市场在自然灾害面前表现出较好的抵御能力。例如，智利的建筑物规范要求必须考虑地震因素，因此该国房地产市场在2010年发生8.8级地震后迅速恢复。同样，在2017年的墨西哥地震中，那些符合建筑物规范的房地产免于遭受重大损失，而不符合规范的房地产则面临较高的风险。

拉美地区的韧性城市房地产市场在基础设施完善的城市中表现出较好的增长潜力。例如，哥伦比亚首都波哥大的公共交通系统得到了改善，使得该城市的一些偏远地区成为新的投资热点。同样，墨西哥城的地铁扩建也为该市的不同区域带来了新的发展机会。

拉美地区的韧性城市房地产市场在社会资本丰富、政府合作紧密的城市中表现出较好的增长潜力。例如，智利的社会资本丰富，使得该国政府与私人部门之间的合作更加紧密，从而促进了城市的整体发展和房地产市场的稳定性。同样，在巴西圣保罗，政府与私人部门共同开发了一些城市更新项目，为当地居民提供改善的住房和基础设施。

（3）欧洲及中东地区

房地产市场在欧洲韧性城市中表现出相对的稳定，尤其是在市中心区域内，租赁市场增长迅速，价格上涨趋势明显。由于韧性城市所需的建筑物和基础设施较为坚固，因此在自然灾害或其他突发事件发生后，这些房地产项目很少受到损失或破坏。此外，新型住房概念的兴起、城市内变化多样的人口结构以及环境可持续性的重视等因素，使得许多城市采取了新的规划和设计理念，致力于为居民提供更好的住房环境。

房地产市场在中东地区韧性城市中呈现出强劲的增长势头。部分原因是人口增长迅速，以及商业和旅游业的蓬勃发展。此外，政府对房地产市场的长期投资和支持也在一定程度上推动了市场的发展。根据公开数据，如阿联酋的迪拜，在过去十年间房地产市场不断增长，具有极高的吸引力。其他韧性城市如以色列的特拉维夫和约旦的安曼也是如此。

房地产业在中东地区韧性城市中逐渐变得更加现代化和专业化。特别是在金融和法律方面的规范化愈发完善，为国际投资者提供了更多更好的保障。例如，迪拜的房地产市场已经成为全球吸引力最大的投资市场之一，不仅为全球各地的投资者带来了良好的回报,同时也促进了城市的发展。

(4)亚洲地区

在亚洲的许多韧性城市中,房地产市场虽然面临着一些挑战,但依然是一个非常重要的经济和社会驱动力。

在亚洲的一些典型韧性城市,如新加坡(新加坡)、香港(中国)、东京(日本)、首尔(韩国)等,都具有高度发达的经济体系、优越的基础设施和公共服务、政治稳定、社会安全以及良好的生活质量等特点。而在这些城市中,房地产市场一直是非常繁荣的行业之一。尤其是在一些人口密集、土地资源相对有限的城市中,房地产市场更是占据着极其重要的地位。

在这些城市的房地产市场中,房价普遍较高,但也伴随着较高的回报率。通常,这些城市的地段优势和紧俏的住宅供应使得房地产价格始终保持在一个比较高的水平。然而,由于这些城市是全球经济的重要节点,因此在经济不景气时,房地产市场也会受到影响。例如,在2008年全球金融危机期间,亚洲的一些韧性城市的房地产市场也受到了很大的冲击。

(5)非洲地区

非洲韧性城市房地产市场的表现与城市所处的国家和地区有关。例如,南非的约翰内斯堡和开普敦是非洲最大和最活跃的房地产市场之一。这是由于南非是非洲最发达的经济体之一,拥有完善的金融体系和法律制度。相反,在一些政治和经济不稳定的非洲国家,如利比里亚和苏丹,房地产市场往往会受到贫困、战争和政治动荡等因素的影响,发展十分缓慢。

非洲韧性城市的房地产市场具有很强的适应能力。由于许多非洲城市的基础设施不完善,缺乏稳定的电力和供水等基本设施,因此,当地房地产公司迫切需要创新和灵活的解决方案。在尼日利亚的拉各斯,一些房地产公司开始利用太阳能发电设备来提供稳定的电力供应,以吸引客户。

非洲韧性城市的住房需求往往与传统的城市化模式不同。由于许多非洲国家的年轻人数量众多,他们更愿意居住在经济适用房或者公寓楼中,而不是独栋别墅或高档公寓。因此,房地产开发商必须根据当地市场需求设计出适合年轻人和低收入人群居住的房屋类型。

非洲韧性城市的房地产市场具有很强的潜力。虽然目前许多非洲国家的房地产市场发展还不够成熟,但随着经济的发展和政治环境的稳定,这些市场将会迎来更加广阔的发展空间。例如,埃塞俄比亚的首都亚的斯亚贝巴正在发展成为一个重要的商业和旅游中心,房地产市场也在逐渐壮大。

### 9.3.3 韧性城市房地产投资的SWOT分析

SWOT分析是一种常用的企业战略分析工具,它可以帮助投资者全面了解内部和外部环境的优势、劣势、机会和威胁,从而更好地决策和规划。SWOT分析作为房地产投资的重要工具,可以帮助投资者更好地了解市场环境,包括市场机会、竞争对手、自身实力、风险和挑战等，从而制定出更具针对性和可行性的投资策略。其还被用于评估房地产投资环境的有利和不利因素，市场环境的变化时刻存在，SWOT分析能够帮助投资者及时调整投资计划，提高投资决策的准确性和成功率。

在韧性城市中，虽然房地产市场较为稳定，但仍存在内部和外部环境的影响。投资者需要进行SWOT分析，以便确定投资策略并有效应对市场的波动和可能出现的变化。韧性城市房地产投资的SWOT分析如图9-5所示。

具体来说，SWOT分析可以帮助房地产投资者：

（1）了解城市的韧性：通过SWOT分析，投资者能够全面评估城市抵御外部风险和应对变化的能力，从而判断城市的韧性水平，并决定是否值得进行投资。

（2）评估市场前景和竞争状况：SWOT分析可以帮助投资者了解市场前景和竞争格局，包括市场规模、供求情况、市场趋势等，从而决定是否可以获取可观的回报。

（3）揭示投资机会和风险：SWOT分析可以帮助投资者更好地了解投资机会，并发现潜在的风险，从而制定更具针对性的投资策略，降低风险。

（4）确定投资定位和策略：SWOT分析可以帮助投资者明确自身的资源和优势，从而确定投资定位和策略，开展相应的市场活动，以更好地实现投资目标。

综上所述，SWOT分析对于韧性城市房地产投资具有重要的指导作用，可以帮助投资者更好地了解市场环境，评估风险和机会，从而制定出更具针对性和可行性的投资策略。

图9-5　韧性城市房地产投资的SWOT分析

韧性城市房地产投资战略分析见表9-4。

韧性城市房地产投资战略分析　　　　　　　　表9-4

| 外部因素 | 内部因素 | |
|---|---|---|
| | 优势S | 劣势W |
| 机会O | SO战略（增长型战略）<br>1.利用优势资源，开发差异化的产品，提高收益；<br>2.利用城市土地资源的稀缺性和市场需求增长的机会，加大市场份额；<br>3.利用地理位置优越和交通便利优势，开拓新的市场 | WO战略（扭转型战略）<br>1.充分利用市场机会，改进项目缺乏独特性的问题，提高市场竞争力；<br>2.增强创新科技在建筑、设计方面的应用，满足多样化需求，提高产品质量；<br>3.利用政府扶持和鼓励，加强与政府的合作，提高政策执行效率 |
| 威胁T | ST战略（多种经营战略）<br>1.利用产品优势和市场机遇，提高房地产市场的影响力；<br>2.利用建筑技术先进和政策支持度高的优势，提高品牌形象和市场认可度；<br>3.利用政府扶持和鼓励，为市场竞争提供支持，并加强品牌宣传 | WT（防御型战略）<br>1.对建筑施工工作加强管理，缩短工期，降低建设成本；<br>2.利用政策限制和环保监管的压力，提高环保意识，并采用更加环保的建筑工艺；<br>3.对市场份额有限的问题，寻找新的市场机会并加强品牌宣传和差异化产品创新，增加市场份额 |

## 【本章小结】

本章介绍了韧性城市这一新型内容。首先，从韧性的概念、内涵、演化与发展、特征和分类等入手，梳理了国内外韧性城市建设的现状。进而，分别从城市系统状态与城市应对能力视角系统地梳理了韧性城市的影响因素，并从4R韧性特征视角整理了韧性城市评价指标。最后，分析了房地产市场受城市韧性水平影响所表现出的不同结果，并对房地产投资进行了SWOT分析，为投资者或其他利益相关者提供决策参考。

> 思考题
>
> 1. 请谈谈你对韧性城市的理解，并说明韧性城市具有哪些特征。
> 2. 分析影响韧性城市的关键因素，你认为哪些因素最为重要？
> 3. 试选取1~2个国内外城市，分析其韧性城市发展待解决的问题并提出一些解决方案。
> 4. 房地产投资需要考虑哪些城市因素，为什么？
> 5. 请结合你所在区位选择一个房地产开发项目，对其进行SWOT分析，并谈谈SWOT分析对于韧性城市中房地产投资的重要性。

# 城市更新蕴含的房地产投资机会

【本章重点难点】

掌握城市更新的具体内涵，了解城市更新与其他城市建设方式的区别；掌握城市更新中的政府作用，了解政府职能及政策体系；掌握城市更新项目中不同利益主体之间的关系，认识城市更新的复杂性；掌握城市更新的不同项目类型，明确合适的投资机会，评估项目的收益与风险。该章节的知识能够促进学习者了解城市更新的具体内涵及模式，了解利益主体之间的复杂关系，寻求合适的投资机会。

【本章导读】

城市更新是随着时代更迭必须面对的课题。城市更新区别于传统房地产开发项目，其涉及的利益主体更多、模式更复杂，城市更新中建设、规划等方式存在差异。本章旨在研究城市更新中的政府职能及政策体系，了解不同利益主体之间的关系，并研究城市更新现状中所遇到的困境。并在此基础上识别不同城市更新模式的优劣势，以此探寻不同的投资机会，从房地产投资的角度了解城市更新项目。本章逻辑框架如图10-1所示。

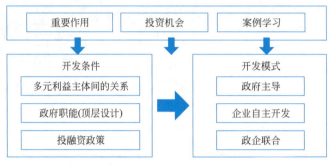

图10-1 本章逻辑框架图

## 10.1 城市更新概念及其发展状况

### 10.1.1 城市更新概念

（1）城市更新概念的提出

城市更新是城市发展到一定阶段必然要经历的再开发过程。从国外的发展历史来看，二战结束后各个西方城市均面临着城市更新的课题，让城市符合新的时代需求。城市更新可以简单分为四个阶段：推倒重建、社区更新、旧城开发、有机更新。在城市更新演进发展的过程中，目标从解决单一问题转向综合目标体系，具体的更新方式从大拆大建变为因地制宜的结合模式，更新机制从政府主导发展为多元共治，价值导向也从物质空间改善走向追求公共利益的保护与提升。城市更新的四大阶段见表10-1。

城市更新的四大阶段      表10-1

|  | 第一阶段 | 第二阶段 | 第三阶段 | 第四阶段 |
| --- | --- | --- | --- | --- |
| 时期 | 20世纪60年代之前 | 20世纪60年代—20世纪70年代 | 20世纪80年代—20世纪90年代 | 20世纪90年代后期 |
| 背景 | 战后繁荣时期 | 经济增长、社会富足 | 经济增长趋缓、自由主义经济盛行 | 推崇人本主义、可持续发展 |
| 更新特点 | 推土机式重建 | 国家福利主义色彩的社区更新 | 地产开发导向的旧城再开发 | 多维度的社区复兴 |

随着我国土地市场的发展，新时代的国土空间规划需要适应高质量的发展需求，从增量规划转为存量规划，从规模扩张转为结构优化，其核心就是处理好新城开发与城市更新之间的关系。自改革开放以来，中国的城市化进程加快，"土地城市化"的特征突出。根据《中国城市发展报告（2015）》，中国城市建设用地从1981年的0.672万平方公里扩增至2014年的4.99万平方公里，增长了6.44倍，年均增长6.27%。城市的快速扩张离不开有序的规划引领。为了降低建设成本、加快建设速度，城市有意避开已建成区域选址，导致新城新区的大量涌现。截至2019年，全国各类新城新区达到3650多个，规划建设用地面积7.8万平方公里，规划人口5.4亿，已建成3万平方公里左右。

大量新城新区的建设并没有有效地解决城市人口的生活安置问题，反而造成了更严重的土地闲置、低效利用等问题。新区开发碎片式、孤岛式的情况，不仅占用了大量优质耕地和自然生态空间，更割裂了城市的组织结构，破坏了城市肌理，造成了城市功能单一、空间品质下降、人居环境降低等问题。2019年12月，中央经济工作会议首次强调"城市更新"这一概念，之后逐步发布相关文件进一步作出城市更新的重大部署并指明方向，从量的追求转变为对质的追求，高质量的城市发展从新城新区开发转向城市更新。

城市更新是指推广以节约空间和能源、复兴衰败城市地域、提高社会混合特性为特点的新型城市发展模式，聚焦城市粗放低效的土地，妥善处理城市的功能需求和文脉传承问题，重塑城市空间肌理，优化土地增值效益。

（2）概念辨析

城市更新经常涉及城市中的"三旧"空间，即旧区、旧厂、城中村，但城市更新与旧区改造、城中村改造的概念有所不同。

旧区是指房屋结构较差、使用功能和设施不齐全、市政公用基础设施薄弱以及危旧房集中的区域。旧区改造是指按照本市城乡规划要求，对旧区实施改造和建设的活动。其主要实施范围是建成年代较早、失养失修失管、市政配套设施不完善、社区服务设施不健全、居民改造意愿强烈的住宅小区，主要是对其中的基础设施进行修缮提质、更新改造并按需配套公共服务设施等。旧区改造以保留和改造为主，一般不会涉及拆除原有建筑物及设施，不搬迁原住居民，不涉及一二级开发，不改变建筑物使用功能和土地权属。

城中村是指在城镇建成区或城镇规划区范围内，被城镇建成区包围或基本包围的自然村。城中村存在以下突出问题：本地人与外来人口数量比例严重倒挂；环境"脏乱差"，违章搭建现象突出；存在大量社会管理和安全隐患，与周边形态和环境形成反差；相关基础设施和公共服务设施超负荷运行使用。城中村改造是指按照本市城乡规划要求，对城中村实施改造和建设的活动。

城市更新是新型城市的发展特性，旧区、城中村改造则是针对不同对象、依照相关规划要求的建设活动。城市更新的内涵更加广泛，进一步扩展到了城市结构、功能体系及产业结构的更新与升级等多方面内容。城市更新的实施范围不仅局限于旧区、城中村等，内容延伸到了旧工业区、旧商业区、旧住宅区等多种城市建成区。城市更新通过拆除、保留、改造并举的方式，实现城市空间结构的重新布局、土地资源的重新开发、经济利益的重新分配和区域功能的重新塑造。旧区改造、城中村改造和城市更新的区别如图10-2所示。

图10-2　旧区改造、城中村改造和城市更新的区别

### 10.1.2　城市更新的分类

（1）城市更新方式

城市更新的概念内涵很广，包括多种更新方式，可以组合成各式各样的表现形式。按照城市更新的改造程度划分，可以将其分为综合整治类、功能改变类和拆除重建类。

综合整治类一般会保留原有建筑，选择对现状进行维护或是赋予新的用途，比如老旧小区修缮、厂区的艺术设计等。功能改变类是针对建筑局部进行拆除，结合一定程度的改建、加建，对拆除部分的建筑功能进行改变。拆除重建类是指进行了较大程度物质形态改变的项目，实施了整栋建筑的拆除，土地的开发强度和用地功能也随之发生改变。

我国的城市更新主要由城市各自主导，因此不同的城市更新办法中对于分类的命名也有所不同。比如广东以"微改造"和"全面改造"命名，"微改造"包含综合整治类和功能改变类，"全面改造"则相当于拆除重建类。

1）综合整治类

综合整治类项目不改变建筑主体结构和使用功能，改善消防设施、基础设施、公共服务设施和沿街立面，开展环境整治和既有建筑节能改造等内容。综合整治类项目不涉及房屋结构的拆除、改造，主要是针对房屋周边配套设施和综合环境的整治、更新。从具体案例来看，涵盖了老旧小区改造、河道整治、公园再生等。

2）功能改变类

功能改变类项目改变部分或者全部建筑物使用功能，但不改变土地使用权的权利主体和使用期限，保留建筑物的原主体结构。功能改变类项目对于存在无法满足城市发展需求、基础设施和公共服务设施落后或缺失、低利用效率等问题的区域，采取改建、加建、扩建和局部拆除等一种或多种措施，对区域功能进行改善。

3）拆除重建类

拆除重建类项目严格按照城市更新单元规划、城市更新年度计划的规定实施。拆除重建类项目仅通过整治提升或功能改建无法满足城市发展需要，需拆除原有全部或大部分建筑，并按照规划进行重建。拆除重建类项目整改力度最大，房地产企业可通过参与改造和持有运营等方式参与项目。

城市更新包括旧工业区、旧商业区、旧住宅区、城中村和旧屋村等范围，为解决不同城市问题，需要选取合适的城市更新方式。综合整治类项目和功能改变类项目属于微改造，两者的区别在于是否改变了建筑主体的结构和使用功能。拆除重建类项目属于全面改造，主要适用于城市重点功能区以及对完善城市功能、提升产业结构、改善城市面貌有较大影响的城市更新项目。

从改造程度来看，不同地区的侧重点各不相同。在珠三角地区，拆除重建类项目在数量上或是面积上均占据了主导地位，这一现象和过去"村村点火"的发展模式息息相关，通过重建的方式形成全新的多功能混合区域，集成商业、办公、居住、公共服务等多种用途，为周边的区域发展提供基础。上海则注重综合整治类和功能改变类项目，其主要是受到上海本身高度城市化的特性影响。城市更新项目在实际落地过程中并非局限于某一种分类，经常会出现多种城市更新方式的综合治理，与城市特点、地块特点相适应，以最合适的方式落实城市更新项目。

（2）城市更新特点

我国的城市更新发展较落后于国外，但逐渐发展出了拥有中国特色的城市更新体系，能更好地适应中国特色实现全面发展。我国的城市更新发展主要是通过地方的先行探索，具有典型的"自下而上"的特征，并且全国各地的进度并不一致。粤港澳大湾区的城市更新发展最为成熟，其中以深圳和广州的政策体系发展最早也最为完善，周边东莞、中山等城市相继发展，目前已经进入政策调整的完善期；长三角地区则以上海为中心迅速发展，南京、杭州、苏州等周边地区也积极参与到城市更新中；长江经济带武汉、长沙、南昌等地齐头并进；京津冀地区也正在稳步推进。

我国的城市更新与国外的演变历程相似，大体可以分为四个阶段：萌芽、起步、探索、提速。萌芽阶段以增加居住生活空间为主，以满足基础的居住空间作为首要目标；起步阶段则侧重经济建设，通过进行大规模的拆除重建，重新规划区域功能以匹配区域经济发展的需求；探索阶段开始关注人文环境、文脉保护等，以棚改、城中村改造为主，通过局部的试点项目进行探索；提速阶段注重城市更新的发展质量，减少拆除重建类项目，打造可持续的城市更新体系。

1）具有地域特色，以城市群联动为主，存在不均衡发展

从全国的情况来看，粤港澳大湾区、长三角区域、长江经济带、京津冀地区

和西南地区均以邻近城市群相互联动共同发力,根据不同的土地类型和当地政策形成了独具地域特色的城市更新体系。粤港澳大湾区各个城市的政策、方式极其相似,同时结合不同城市的实际情况提供因地制宜的扶持政策;长三角地区则相继成立了城市更新基金,围绕综合整治类城市更新项目开展区域规划。

2）注重多方参与,完善利益保障机制

与传统的房地产开发模式相比,城市更新开始重视参与主体的多元化,将政府、企业、产权人、公众等多方均纳入利益主体范畴,鼓励社会公众、社会资本积极参与到城市更新项目中。深圳、上海、广州等多地均采用建立公众参与机制、成立专家委员会等多重措施,以保障各方利益,过程中不断尝试平衡多方利益,推动城市更新项目的顺利开展。

3）城市更新体系逐渐完善,打造多种创新模式

对于城市更新全流程中的各个环节,经过多年的实践积累和不断优化,关注实际执行过程中的方方面面,在土地获取、投融资模式、更新模式等多方面都进行了创新和探索。城市更新分类及特点如图10-3所示。

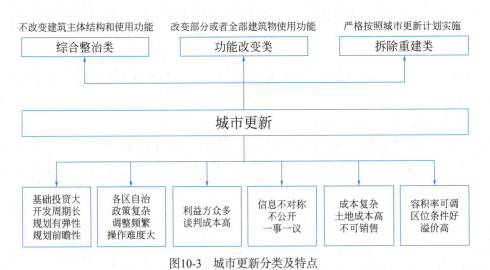

图10-3　城市更新分类及特点

### 10.1.3　城市更新在城市发展中的作用

（1）城市更新的目标

1）目标性导向

城市更新应该以解决城市问题、实现城市定位为导向。城市更新应该正确认识城市发展所面临的问题与未来的发展目标,不同城市的问题与目标不尽相同,需要通过对城市情况的深度体检找出城市发展的问题根源。聚焦城市发展痛点,结合精准有效的发展决策,围绕问题和目标进一步确定城市更新策略。

城市更新不是简单的推倒重建,而是一种涵盖了人文、精神、产业等多维度的城市服务系统,能帮助城市系统得到综合提升与良好运营。城市更新需要将城

市功能提升放在首要位置，从产业引领、科技创新、门户枢纽、生态宜居、公共服务、安全保障等方面持续提升城市品质。同时，坚持"以人为本"的理念，关注居民的"吃住行游娱购"，解决群众生活中的"急难愁盼"问题，满足城市发展的功能需求，进一步追求城市品质的再提升，发挥城市的最大效益。

2）实施性导向

城市更新应该以保证可实施性为导向，应该与现行的城市规划体系全面衔接。城市的更新策略需要多维度的共同布局，建立完善的全体系策略，贯穿城市规划、建设、管理、运维全过程，同时建立保障更新计划实施的政策制度。

城市更新的推进离不开法治保障。近年来，多地出台条例规范城市更新活动，将城市更新中的重点问题落实在纸笔之上，保障城市更新项目的质量与品质。例如，老旧小区改造是各地立法的关注焦点，《北京市城市更新条例》规定，实施老旧小区综合整治改造，应开展住宅楼房抗震加固和节能综合改造，整治提升小区环境，改善小区居住品质。若加装电梯，应由业主表决确定，业主可依法确定费用分摊、收益分配。在城市发展的同时，关注项目落实中的具体问题，并逐步形成适合城市发展的更新体系，通过以点带面的方式，帮助各地积极参与到城市建设中，为城市更新打下坚实的基础。城市有机更新逻辑框架如图10-4所示。

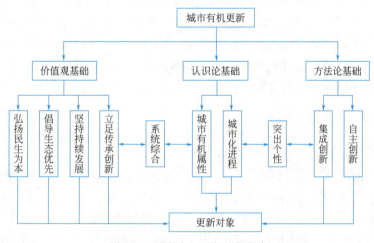

图10-4　城市有机更新逻辑框架

（2）城市更新的价值点

1）城市活化

城市更新有助于优化城市功能和空间布局、提升城市品质、改善城市生态环境、加强基础设施与公共服务设施配套。顺应进行城市发展存量规划的要求，城市更新可以有效提高土地利用效率、精确区域的功能定位，将其重新融入城市的有机整体中。通过建筑改造以承载新功能，让城市用地重新焕发生机，呈现出新时代的活力。

2）文脉传承

城市更新所承担的使命不仅是物理环境的改善，城市土地所背负的历史底蕴也需要得以传承和延续。如果城市的文脉历史被覆盖，将丧失其独有的特色文化，城市空间也会变得单调、平庸，"千城一面"的状况会让人和土地之间的连接逐渐消失。城市更新要在优化城市规划、完善城市功能的基础上，重点强化城市设计、塑造城市名片。城市更新也并非单纯的大拆大建，也需要注入文化脉络，保护历史文化的传承，关注历史保护建筑、历史记忆空间，让古老的文化和现代的城市空间相互融合，谱写出新的蓝图。

3）留住居民

城市的发展离不开生活在城市之中的居民，一方面需要满足居民日渐多样化的需求，另一方面需要关注人与空间的精神连接。中国迅猛的城镇化发展进程积累了不少安全风险和城市问题，不仅要实现高水平基数上的经济持续增长，更要满足人民群众日益增长的需求。城市的发展需要持续的推动力，通过对城市空间进行升级改善，以此吸引或留住更多的居民，提高居民的生活幸福程度。城市更新要坚持以人民为中心的发展思想，既高标准建设，又高水平管理；既提升城市发展能级，又打造高品质生活宜居地。

4）产业升级

城市更新对于城市用地的功能规划可以提供新型产业空间，如甲级写字楼、高标厂房、M0研发用房等新一代产业园区，推动产业转型升级，实现经济新旧动能转换，为城市新阶段的发展注入活力。同时，城市更新也可以重新审视城市的发展目标，以匹配或优化更加精准的发展路径，为其提供优质的产业辅助，进一步推动城市整体经济的发展。

### 10.1.4　城市更新的国际案例

（1）英国格拉斯哥皇冠街旧城改造案例

20世纪60年代，受到现代主义建筑的洗礼，皇冠街建设了十几栋板式和塔楼高层住宅。随着经济条件的改善和生活方式的改变，这类社区的空置率日渐提高，也逐渐显露出非人性化的一面，主要的居住者变成了低收入者、少数民族以及新移民等，成为城市中犯罪率和失业率均较高的地区。20世纪80年代开始，政府为了重新恢复城市中心区域的活力，由格拉斯哥市政府对城区进行更新规划，并制定了有效的投资方案，其中皇冠街旧城改造就是典型代表案例。

皇冠街旧城改造项目的目标是将原本被抛弃的、高犯罪率、高失业率的地区改造成为一个有活力的、有助于地区经济复兴的城市社区。整个项目占地面积约250亩，设计概念强调重建城市品质、重建街道品质。皇冠街的社区规划将城市固有的网格肌理引入社区，以此创造出一个非常宜居的住宅环境，创造多样化的居住空间。该项目对于整个社区的功能设施进行了很多更新，导入商业、图书馆、商务设施等一系列公共服务设施，并结合精良的、人性化的高质量建筑设计以充分满足人们的心理需求。改造前后的效果对比如图10-5所示。

图10-5　改造前后的效果对比

（2）日本八女福岛社区营造案例

1991年，巨大的台风袭卷了日本八女福岛地区。借着重整街区的契机，福岛地区于1993年开始探索街区环境整备计划的可能性，并于同年制定了《传统街区景观整备规则》。1994年，八女市财政计划科发起成立了"街区景观整备委员会"，准备开展街区整备事业具体策划和实施的调查审议工作。

1995年，当地开始进行街区营造，但由于缺乏专业的指导，造成了景观修缮与再造上的问题。如原有的协定方案针对补助对象制定了"模仿历史建筑"或"与传统建筑协调"的整备基准，但实际上即使不尊重八女福岛社区传统的建筑样式也能得到补助，这就给民众造成了公共资产滥用的印象，从而遭到质疑。1998年该地区以协定委员会的名义发行了《街区修理与修景指南》（以下简称《指南》），该《指南》确定了八女福岛地区每一栋传统民宅的个性以及街区的整体价值。2000年，由当地28名建筑师发起的街区设计研究会成立，使得社区改造传统建筑样式、进行景观修缮和再造的愿望得以实现。2020年，八女福岛地区被日本政府指定为全国第61个重要传统建造物保存地区。

（3）德国柏林Prinzessinnen社区改造案例

柏林的城市更新经历了从"严谨的城市更新"到"社区微更新"的历程。作为柏林社区更新的明星模式，社区菜园成为一种趋势。社区将街角空地向郁郁葱葱的社区菜园进行改造，通过纸箱、牛奶盒等进行可移动种植，形成可移动的社区菜园，并通过定期开办讲座、举办各类识别食物与植物的活动来提升社区知名度。同时，引入咖啡吧、特色零售，丰富盈利渠道，为菜园的运营提供资金支持。

德国柏林模式重在"内部公共空间挖潜"、进行场所再造，主要更新对象是可挖潜的闲置公共空间或建筑，包括无人问津的绿地、闲置地、可开发和提升的废弃建筑等。

## 10.2 城市更新中的政府职能及政策体系

### 10.2.1 城市更新中多元利益主体间的关系

（1）城市更新的项目流程

城市更新项目的孵化需要经历四大步骤：计划立项、专项规划报批、实施主体确认和利益分配，完成这四个步骤所需要的时间长达5～8年，流程越靠前项目的不确定性就越高。社区更新改造工作的涉及面非常广，有不同的参与方，其利益诉求均不相同，在相关更新改造方案的制定过程中，需要平衡各方利益，这也是长期存在的矛盾。

1）计划立项

城市更新项目需要通过申请纳入"城市更新单元计划"，申报主体可以为权利主体（如村委会、居委会）、权利主体委托的市场主体（如房地产企业）以及市/区级政府。项目申报需要满足一定条件，如达到最小改造规模、补公用地达到一定比例、改造意愿满足条件等。其中，改造意愿征集是立项前的关键步骤，根据不同城市规划的不同要求，完成意愿征集后可提交申报材料，经审批后纳入"城市更新单元计划"，标志着立项成功。

2）专项规划报批

城市更新项目立项后，需要进行具体的规划方案编制和审批。在立项公告后的一定时限内完成方案报送，申报主体一般先向主管部门申请核查土地及建筑物信息，再聘请有资质的规划设计单位编制规划方案，并与规划国土部门深入沟通、报审。这一过程中，需要经历多轮双方博弈，以获取更加有利的批复指标，通常耗时1～2年。

3）确定实施主体

实施阶段主要围绕实施主体的确定展开，解决"谁来改"的问题。该阶段的意义在于将长期的更新愿景转化为公共和私营部门之间的财务、合同和体制关系，这也是确定更新项目主导力量和运作机制的关键所在。实施主体的资格确认通常耗时1～3年，实施主体的资格确认也意味着拆迁和补偿责任的确认，这也是涉及利益博弈的核心阶段。

4）利益分配

利益分配也是政府、原权利人和市场三者之间的利益博弈环节，其中核心部分为地价计收和补缴，不同城市对于地价计收和补缴有不同的规定。政府、市场和业主作为城市更新项目不同的参与主体，所承担的职责不同，所期待的愿景也不同，使得互相之间存在利益博弈。

（2）城市更新的利益主体

城市更新项目的本质是通过对区域功能的规划，使得整体区域价值提升，促进城市发展。城市更新项目耗时很长，涉及的利益主体也很多，如多层级政府部门、房地产企业、居民等，每个参与主体背后所代表的利益主张也各不相同，主要可以划分为三大利益主体：政府利益、企业利益和居民利益。城市更新利益主体之间的关系如图10-6所示。

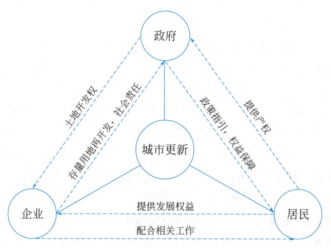

图10-6　城市更新利益主体之间的关系

1）政府利益

政府利益更多以城市整体发展利益为主，会考虑到城市功能完善、旅游消费升级、城市价值提升等多维度城市利益，往往与城市整体规划、城市发展目标相契合。因此，政府对于项目的盈利能力会更加弱化，注重城市更新项目的社会价值，以此考量具体的更新方案和控制指标。

2）企业利益

从企业的角度出发，参与城市更新项目的主要目的就是获取利润，通过打造典型项目建立品牌形象，取得一定的企业品牌影响力。因此，各类房地产企业参与到城市更新项目中，也多从获利的角度考虑问题，在与政府等委托主体达成合作的过程中，会尽可能取得对自身有利的指标批复。

3）居民利益

在城市更新项目中，往往容易被忽视的就是居民利益。居民利益并没有强有力的代表为其发声，通常也无法征集到区域内所有居民的建议并纳入考量，但与城市更新项目关系最密切的往往就是居民。居民所关注的利益更多的是从身边的居住环境入手，如居住环境改善、社会保障增加、城市归属感增强等。

### 10.2.2　政府在城市更新中的顶层制度设计

（1）城市更新的规划体系搭建

随着城镇化进程的降速以及存量规划时代的来临，城市更新工作在全国各地备受关注，通过制度建设保障城市空间更新实现提质增效已经成为时代的重要议题。我国原有的许多规划管理制度仅适用于增长型和扩张型的城市规划,无法满足城市更新过程中的功能转变、容量变更、产权转移等特殊诉求,因此需要建立适合存量发展的城市更新体系,推动城市更新相关的制度建设,为城市空间更新提供可持续帮助。

2013年,中央城镇化工作会议明确提出了"严控增量,盘活存量,优化结构,提升效率""由扩张性规划逐步转向限定城市边界、优化空间结构的规划"等政策方针,从而将城市更新工作提高到了国家战略高度。2015年,中央城市工作会议再次指出城市"要坚持集约发展,框定总量、限定容量、盘活存量、做优增量、提高质量"。国土部门也相继发布有关"严格控制城市建设用地规模"的多项通知,设法利用好城市现有已建设土地,而非继续圈地开发成为城市建设的大势所趋。因此,政府在各项工作文件中科学全面地解释了城市更新的内涵,从国家整体战略的高度对城市未来发展的趋势作出了指导,同时不断有效推进各个城市建立起完善的城市更新制度,有序落实各地的城市更新工作。

2021年3月,《2021年国务院政府工作报告》中提出深入推进以人为核心的新型城镇化战略,加快农业转移人口市民化,常住人口城镇化率提高到65%,发展壮大城市群和都市圈。实施城市更新行动,完善住房市场体系和住房保障体系,提升城镇化发展质量。政府投资更多向惠及面广的民生项目倾斜,新开工改造城镇老旧小区5.3万个,提升县级公共服务水平。城市更新相关政策文件详见表10-2。

城市更新相关政策文件　　　　　表10-2

| 时间 | 部门 | 文件名 | 要点 |
| --- | --- | --- | --- |
| 2019.12 | 中共中央 | 2019年中央经济工作会议 | 加强城市更新和存量住房改造提升,做好城镇老旧小区改造 |
| 2020.7 | 国务院办公厅 | 《关于全面推进城镇老旧小区改造工作的指导意见》 | 将城镇老旧小区改造纳入保障性安居工程,中央给予资金补助,按照"保基本"的原则,重点支持基础类改造内容 |
| 2021.3 | 中共中央 | 《中华人民共和国国民经济和社会发展第十四个五年规划和2035年远景目标纲要》 | 加快转变城市发展模式,统筹城市规划建设管理,实施城市更新行动,推动城市空间结构优化和品质提升;同时明确了"十四五"时期的城市更新目标:完成2000年底前建成的21.9万个城镇老旧小区改造 |
| 2021.4 | 发展改革委 | 《2021年新型城镇化和城乡融合发展重点任务》 | 加快在老城区推进以"三区一村"改造为主体的城市更新行动,2021年规划新开工老旧小区改造共5.3万个 |
| 2021.11 | 住房和城乡建设部 | 《关于开展第一批城市更新试点工作的通知》 | 发布城市更新首批试点城市名单,包含北京、南京、苏州、宁波等共21个城市 |
| 2022.3 | 发展改革委 | 《2022年新型城镇化和城乡融合发展重点任务》 | 推进城市更新,加快改造城镇老旧小区 |
| 2022.3 | 中共中央 | 《2022年国务院政府工作报告》 | 政府工作报告提出,有序推进城市更新,加强市政设施和防灾减灾能力建设,开展老旧建筑和设施安全隐患排查整治,再开工改造一批城镇老旧小区,推进无障碍环境建设和适老化改造 |
| 2022.4 | 财政部 | 国新办发布会 | 支持再开工一批城镇老旧小区改造项目,有序推进城市更新 |

续表

| 时间 | 部门 | 文件名 | 要点 |
|---|---|---|---|
| 2022.7 | 发展改革委 | 《关于做好盘活存量资产扩大有效投资有关工作的通知》 | 对城市老旧资产资源特别是老旧小区改造等项目，可通过精准定位、提升品质、完善用途等丰富资产功能，吸引社会资本参与 |
| 2022.7 | 发展改革委 | 《"十四五"新型城镇化实施方案》 | 再次提到有序推进城市更新改造，并强调推进老旧小区、厂区、街区、城中村等改造，防止大拆大建，进一步约束城市更新的改造方式 |
| 2022.8 | 国务院 | 国务院常务会议 | 国务院常务会议指出，稳经济接续政策细则2022年9月上旬应出尽出，着力扩大有效需求，巩固经济恢复基础。扩大政策性、开发性金融工具支持的领域，将老旧小区改造、省级高速公路等纳入，并尽可能吸引民间投资 |

（2）我国不同城市的更新体系建设

从我国对城市更新的探索情况来看，城市更新的体系建设主要有两种途径：一是"顶层设计"，即自上而下的法规政策供给和规划管理体系变革；二是"基层创建"，即自下而上通过多种基层力量推动具体实践以形成新的更新机制，并逐步明确、规范和演化的过程。

从时间来看，广州、深圳和上海在2009—2015年分别出台了各自的城市更新（实施）办法，在国内城市更新体系建设进程中走在前列。三个城市拥有不同的城市特质，均形成了相对系统但又各具特色的城市更新体系。

1）广州——从市场主导到政府主导

广州经过多年快速城市化的过程，土地资源相对紧缺，因此广州属于较早进行城市更新探索的城市之一。2009年国土资源部与广东省协作，颁布了《促进节约集约用地的若干意见》，标志着广州"三旧"改造工作的正式开始。2015年，广州颁布《广州市城市更新办法》及其相关配套文件，正式将"三旧"改造升级为综合性的城市更新。

经过多年的政策与实践探索，广州逐步形成了"1+3+N"的城市更新政策体系："1"为《广州市城市更新办法》这一核心文件；"3"为广州市旧城镇、旧村庄、旧厂房三类更新实施办法配套文件；"N"为其他丰富细致的规范性文件。广州城市更新的政策导向在实践中经历了多次修改和调整，主导力量也从早期的"市场"逐步转向"政府"，推行政策收紧管理，强化政府的管控作用，日渐重视管理细节和实施成效。

2020年8月，广州市委十一届第十一次全会审议通过《关于深化城市更新工作推进高质量发展的实施意见》（以下简称《实施意见》）和《广州市深化城市更新工作推进高质量发展的工作方案》（以下简称《工作方案》），对新一轮城市更新作出重要部署，揭开广州市深化城市更新新篇章。随后，为对《实施意见》和《工作方案》有关内容进行细化落实，突出可操作性，陆续出台系列配套指引，形成"1+1+N"的新一轮城市更新政策体系。其中"1+1"指《实施意见》和《工作方案》，"N"就当前来说指15个配套政策文件。

2）深圳——政府推动和市场选择

2009年10月22日，深圳率先颁布《深圳市城市更新办法》，为日后的城市更新实践活动奠定了坚实的理论基础，而这也是深圳城市更新制度建设迈向新台阶的里程碑。经过2009年以来的城市更新实践和政策创新，深圳形成了以《深圳市城市更新办法》《深圳市城市更新办法实施细则》为核心的多层次"1+1+N"政策体系：两个"1"分别为《深圳市城市更新办法》和《深圳市城市更新办法实施细则》，"N"为覆盖了法规政策、技术标准、实际操作等不同方面的一系列配套文件。深圳城市更新政策始终坚持以《深圳市城市更新办法》和《深圳市城市更新办法实施细则》为核心，通过《关于加强和改进城市更新实施工作的暂行措施》（以下简称《暂行措施》）等更为细致的配套政策来规范地方城市更新的工作开展，借助《暂行措施》的定期修订和优化，深圳可以灵活应对城市更新实践中出现的各种问题。

深圳城市更新核心政策相对稳定，演进方向是自2009年之前的"政府推动"迈向"市场选择"，从曾经的政府主导转向市场主导与多方协作。"政府引导、市场运作"是当前深圳城市更新的基本导向，确定了政府为市场充当"守夜人"的主要实践方式，通过市场选择开展城市更新，推进城市空间改善和产业升级。

3）上海——减量增效，试点试行

长久以来，上海没有诸如广州、深圳那样大力度的土地制度变革支持，其城市更新工作更多的是基于多年实践的日积月累。自2015年5月15日发布《上海市城市更新实施办法》后，上海逐步借助规范化的政策办法与"试点试行"推进城市更新的制度体系建构与实践发展。

上海2015年颁布《上海市城市更新实施办法》，即城市更新政策体系中的"1"之后，为保证城市更新工作的有序开展，上海市规划和国土资源管理局随后又颁布了《上海市城市更新规划土地实施细则（试行）》（2017年11月，修订后正式颁布执行），以及《上海市城市更新规划管理操作流程》《上海市城市更新区域评估报告成果规范》等系列配套政策和规划文件，即为"N"。值得注意的是，《上海市城市更新实施办法》的适用范围小，主要针对物业权利人自主发起以及政府引导推动的城市更新类型，其他政府认定的较大规模的旧厂、旧区等的更新改造依然按照原有政策要求和管理模式执行，这与广州和深圳有显著的区别。2021年9月1日起，《上海市城市更新条例》开始施行，作为上海创制性地方法规，对推动城市更新、提高城市竞争力、提升城市软实力具有重要意义。此外，上海多年的有益经验正从"实践"上升为地方性"法规"。上海城市更新工作自此有了更加权威、更高阶位的法规依据。

而相较于广州、深圳，上海的城市更新政策更具历史渊源。上海早在20世纪末就已经针对旧工业、旧区开展了大量更新工作，进入21世纪，在总结20世纪90年代"365棚改计划"等大拆大建更新行动的教训后，上海开始转变以拆迁重建为主要手段的单一更新做法，转向强调多方参与、历史保护、多尺度、多类型的城市更新运作办法,城市更新的核心政策突出政府引导探索下的"减量增效,试点试行",强调政府和市场力量的"双向并举"。实践中,物业权利人提出的自主更新是目前《上海市城市更新实施办法》的施政重点,开发商主导的市场力量介入型更新通常不在办法覆盖的范畴内。因此,以"小步慢跑"的方式探索城市更新制度建设和政策创新是上海的路径选择。

广州、深圳、上海的城市更新体系对比见表10-3。

广州、深圳、上海的城市更新体系对比　　　　　表10-3

| 类别 | 广州 | 深圳 | 上海 |
|---|---|---|---|
| 机构设置 | 城市更新局 | 规划和自然资源局(下设城市更新局) | 规划和自然资源局(下设城市更新专家委员会) |
| 规划体系 | "1+3+N" | "1+1+N" | 区域评价+城市更新单元 |
| 政策特点 | 从市场主导到政府主导 | 政府推动,市场选择 | 减量增效,试点试行 |
| 运作实施 | 审批控制,政府收紧 | 审批控制,多主体申报 | 审批控制,试点示范项目 |

(3)综合性、系统性的城市更新体系

随着部分领先城市在城市更新领域的探索和试点,结合国家层面的整体推动,越来越多的城市开始搭建符合城市特点的城市更新体系。我国的城市更新体系建设,从国家战略对于整体方向进行把控,放权到各个城市因地制宜地设计具体方案,保证政府的顶层设计不脱离实际,完善有效精准的城市更新体系。

2021年3月,国务院首次将"实施城市更新行动"纳入政府工作报告与"十四五"规划;同年4月,住房和城乡建设部提出把城市体检作为推进实施城市更新行动的重要抓手。因此,打造综合性、系统性的城市更新体系,需要建立起统一的信息平台,"问题识别—辅助决策—任务清单—项目生成"环环相扣,为城市更新工作提供精准的基础信息平台。

住房和城乡建设部于2021年指出,实施城市更新行动是党的十九届五中全会作出的重要部署,是顺应我国进入新发展阶段,推动城市高质量发展的重大战略举措。实施城市更新行动对构建新发展格局具有重大战略意义。我国城市发展已进入城市更新的重要时期,将城市更新行动上升为国家战略,是加快构建新发展格局的必然要求,也是推动城市高质量发展的客观需要。

近年来,住房和城乡建设部指导各地全面开展棚户区改造、城镇老旧小区改造、生态修复城市修补、城市居住社区建设补短板、既有建筑改造等工作,在治理"城市病"、改善人居环境质量、提升居住条件和品质等方面取得了突出成效,增强了人民群众的获得感、幸福感、安全感。目前,《中华人民共和国国民经济和社会发展第十四个五年规划和2035年远景目标纲要》明确提出实施城市更新行动,并将其作为102项重大工程项目之一。按照中央决策部署要求,住房和城乡建设部牵头制定指导各地实施城市更新行动的政策文件，从国家战略高度加强城市更新顶层设计，明确总体要求、重点任务和实施策略，设立分阶段工作指标，建立适用于城市更新的体制机制、管理制度和政策措施，为各地因地制宜制定城市更新政策及规划提供前瞻性、全局性、系统性指引。

城市更新的工作特点与传统规划不同：一是参与主体多元化，虽然过程中政府是主要推动力，但参与其中的主体更加广泛，市场和各类政府平台公司也积极介入其中；二是规划内容也更加多元，更加强调整体系统统筹规划，需要多个专业的协调共建；三是结合服务性工作，城市更新需要动态跟进，组织和工作机制的设计也非常重要。因此，城市更新更需要从政府的顶层视角来看，从国家层面制定综合性、系统性的城市更新体系，编制"十四五"城乡人居环境建设规划，并将其列入"十四五"国家级专项规划，以创造优良人居环境作为中心目标，系统谋划城市更新。

### 10.2.3　城市更新中的投融资政策

（1）城市更新的投融资发展

根据测算，"十三五"以来城市更新年投资规模均在3万亿元以上，每年的投资增量为1000亿~2000亿元。我国当前的城市更新投资规模占房地产行业投资规模的比例仅有20%，相较于发达国家加拿大、英国等基本维持在30%~60%的区间水平略低，因此可以预见我国未来对于城市更新的投资规模将持续扩大，且需求迫切。国际经验表明，城镇化对投资需求具有显著的带动效应。当城镇化率进入60%后，每提升1个百分点，将直接带动人均资本存量增加3.5%。随着城镇化率的不断提升，我国城镇资本存量也在快速累积，省际存在人均资本相对量的差异，多地具有较大的投资空间和潜力。建议重点从传统基础设施建设、新型基础设施建设、新市民住房问题、健全市场化投融资机制等方面的短板弱项着手，充分发挥新型城镇化在拓展投资空间上的重要作用。

政府和市场都是推进城市更新的重要力量，我国城市更新也经历了多次政府与市场之间的磨合，多种投融资模式不断推陈出新，为下一阶段的城市更新工作提供了丰富的实践经验。我国城市发展已进入城市更新的重要时期，标志就是由大规模增量建设转为存量提升改造和增量结构并重。我国各地对于城市更新课题的积极性很高，陆续出台了城市更新政策法规，不断完善制度、机制，探索多种实施模式。截至2021年底，全国411个城市共实施2.3万个城市更新项目，总投资达5.3万亿元。

城市更新不仅解决了城市发展中的突出问题和短板，帮助提升居民的幸福感和安全感，也成为新的经济增长点。城市是一个有机体，城市更新行动是一个系统工程，其是以城市整体为对象，以新发展理念为引领，以城市体检评估为基础，以统筹城市规划建设管理为路径，顺应城市发展规律，推动城市高质量发展的综合性、系统性战略行动。

（2）城市更新的盈利模式

城市更新的主要对象就是城市中不再满足功能需求的土地资源，因此城市更新需要关注一二级联动开发，并获取足够的资金支持以实现城市更新的整体规划。市场主体通过依法取得土地的一级开发权，对地上附着物进行拆迁，对村民、居民进行安置；或者选择获取土地使用权的二级开发权益，与政府协调城市总体规划、项目土地规划条件、公共配套设施建设等事宜，最终实现项目的整体获益。

目前而言，城市更新领域的房地产建设项目面临的主要问题是资金匮乏。城市更新中公共服务配套占比较高，相比传统的房地产建设项目前期投入大、收益少。自房地产行情持续下行以来，买售预期下降、土地拍卖市场地价走低使得项目利润减少，同时政策悬而未落、项目落实受阻，使得城市更新推进举步维艰。在目前政府购买棚户区改造服务模式中，普遍情况是由政府委托市场主体落实具体的改造项目，直接通过政府财政出资作为项目资本金。同时，市场主体也可以申请贷款或在金融市场筹措资金。例如，2014年中国人民银行创设抵押补充贷款（PSL），通过向国家开发银行、中国农业发展银行等政策性银行提供定向贷款，为发放棚改[1]专项贷款提供长期稳定、成本较低的资金来源。

通过回顾棚改经验，以"十三五"期间为例，棚改总投资在7万亿元，资金来源主要有四大类，政策性金融工具、商业银行贷款、棚改专项债和一般公共预算支出的比例为4∶3∶2∶1。根据政府公告，"十三五"期间（2016—2020年），全国棚改开工2300多万套，估计完成投资额约7万亿元，其中2016年为1.48万亿元，2017年为1.84万亿元，2018年为1.74万亿元，2019年约为1.2万亿元，2020年约为0.74万亿元。

1）政策性金融工具：中国人民银行创设抵押补充贷款工具（PSL）为开发性金融支持棚改提供长期稳定的资金来源。PSL从2014年底开始放量，"十三五"期间共投放2.6万亿元，占棚改总投资的比例为37%；各年投资占比呈前高后低，2016年高达65.9%，随后两年下降至35%～40%，最后一年降至3%。

2）商业银行贷款："十三五"期间棚改撬动的商业信贷约为2.3万亿元，占棚改总投资的比例为32.7%；其中2017年投资占比较高，占当年棚改投资的56.3%，2019年较低，占8.8%。

3）棚改专项债：2018年以来专项债逐步代替PSL成为棚改项目的主要资金来源，2018年发行专项债3156亿元，占总投资比例为18.1%；2019年发行专项债7186亿元，占总投资比例为59.9%；2020年发行专项债3945亿元，占总投资比例为53.3%；合计1.4万亿元，占总投资比例为20.4%。

4）一般公共预算支出：2015年之后一般公共预算中用于棚改的支出明显增加，在《2022年政府收支分类科目》支出科目中的"住房保障支出"类别下设有

---

1　棚改：棚户区改造。

"棚户区改造"支出科目，该项资金可以作为资本金的来源。"十三五"期间，该项支出占棚改总投资比例为10.1%，各年度占比在9.1% ~ 12.5%之间。

总体来看，"十三五"期间棚改投资占总体房地产投资的比例在11.6%；棚改资金来源中，财政类资金（一般公共预算支出+棚改专项债）占比在30.5%，贷款类资金（PSL+商业银行贷款）占比在69.5%，占新增贷款的比例为6.2%。

（3）城市更新需要金融创新支持

城市更新虽然同样涉及房屋和土地，但其本质上和房地产开发全然不同，所需要的金融需求也完全不同。房地产开发是以高周转率为特点的盈利模式，更多的是通过标准化、可复制的方式进行大拆大建，而城市更新则依靠资产管理和运营以获取长期的持续经营盈利，因此需要区别于传统房地产开发模式的金融支持政策。

城市更新的投融资链条分为"投资—建设—运营"三个环节。项目前期，城市更新面临盈利的不确定性，需要更多股权形式的投融资模式；随着项目的逐渐推进，不确定性逐渐消除，项目价值逐渐凸显，债券投融资的方式得以更多利用；项目进入经营阶段，现金流逐渐稳定，可以采取资产证券化等方式进行融资。

1）投资阶段的基金支持

城市更新项目的启动前期，不确定性较大，投融资较为困难。这个阶段采取基金化的投融资策略更加合适，通过设立城市更新基金，以股权为主筹募资金。基金将收购的物业资产整合统一，进行后续的改造运营，再将其出售获取资本收益。

城市更新基金主要有城市更新私募基金和城市更新产业基金两大类。私募基金一般由市场化机构发起，结合专业的投融资机构进行基金的基础管理。产业基金则一般由地方政府引导成立，以地方国企作为主要的资金来源，同时吸纳银行、非银行金融机构及民间资本等社会资本进驻，背靠政府部门的相关支持和资源进行市场化运作。

2）建设阶段的信贷支持

在城市更新项目的建设过程中，更多依靠信贷融资获取资金支持。信贷融资主要包括银行贷款、信托贷款与政策性金融贷款。由于城市更新项目拥有利益链条广、投资周期长的特点，需要特殊政策性的金融支持，在房地产信贷中独立出来。我国的城市化进程中，中央和各级地方政府支持城市更新，政策性金融发挥了很大作用。例如依托国家信用支持的国家开发银行等政策性金融机构提供贷款，为很多项目摊薄了融资成本，为市场化主体的投融资降低风险，同时吸引更多的社会资本参与其中。

地方政府对于城市更新项目也给予了一定的政策性补贴，如2018年上海出台的《上海市历史风貌保护及城市更新专项资金管理办法》规定：对于社会资本参与成片历史风貌保护地块项目给予一定期限的利息补贴，补贴时间不超过5年。

随着城市更新项目的种类不断扩充，政府部门联合有关金融机构对于项目的支持也需要不断优化，为城市更新项目提供长效的作用机制，创新提供更多帮助企业减轻负担、鼓励社会资本参与的金融产品。

我国政策性金融的发展需要着重关注优质的城市更新项目，为市场化项目公司扩大所提供的金融服务范围，积极深化金融供给侧结构性改革，以市场需求为导向，构建多层次、广覆盖、有差异的金融服务体系。对于符合国家相关政策并具有良好前景的城市更新项目，政府方面应当更加积极地扶持项目发展，提供全周期的金融服务支持。同时对于城市更新项目的金融政策，政府需要不断补充、不断完善，使得更多优秀的城市更新项目能够得到资金支持，为城市的系统性发展作出贡献。

3）运营阶段的证券化支持

城市更新项目进入成熟阶段，能够产出稳定的现金流维持可持续性的运营能力后，通过证券化的方式将产权卖出，完成前期投资人的退出。此类金融工具主要包括房地产投资信托基金（REITs）、抵押贷款证券化（CMBS）和收益权资产证券化（ABS）。

资产证券化是城市更新项目中完成投资退出和持有运营的关键性制度。2020年4月24日，中国证监会与国家发展改革委联合发布了《关于推进基础设施领域不动产投资信托基金（REITs）试点相关工作的通知》，旨在促成投资的良性循环，盘活存量资产，吸引更多专业的市场主体参与到城市发展的基础设施项目，提高投资建设和运营的管理效率，提升投资收益水平。城市更新可以有效帮助老城区提高承载力，如果将城市更新项目纳入REITs试点，退出的资本可以再投入新的更新项目，这样则可真正形成一个投资退出的闭环，从而撬动更多社会资本参与开发建设。

## 10.3 城市更新中的投资机会

受不同时期的政策因素影响，我国城市更新项目的投融资模式经历了多次修正和调整，早期棚户区与老旧小区改造工作的投融资模式实践为下一阶段城市更新项目的改造工作提供了指导意见。

城市更新项目采取一二级联动的方式进行，指定的城投平台或市场主体通过公开"招拍挂"、划拨等多种方式依法取得土地使用权，再进行后续的土地开发项目。通过"政府财政+市场化融资+社会资本注资"的多元化投融资模式，为城市更新项目提供多渠道的整合资金，结合不同城市更新项目的特点灵活调整资金结构，实现项目整体的动态平衡。

城市更新项目涉及城市整体的未来发展，所需要的资金较为庞大，为了保证项目的顺利实施，需要多元化的资金注入，形成了三种主要的投融资模式：政府主导、企业自主开发、政企联合型开发。

### 10.3.1 政府主导投资机会

政府主导下的城市更新投资机会主要包括财政资金直接投资、城市更新专项债发行以及地方政府授权国企开发。财政资金投资适用于公益性较强、资金需求不大的项目，但需注意增加政府隐性债务风险。城市更新专项债则要求按照总量控制和专款专用的原则管理，以保证项目收益与融资之间的自我平衡，有效防范地方政府债务风险。地方政府授权国企开发模式市场化属性更强，通过自有资金、债券资金等多渠道融资，既实现了城市更新，也为地方国企带来商业机会。这些投资机会在城市更新中发挥着重要的推动作用。

（1）财政资金

城市更新项目与城市发展规划密切相关，因此对于公益属性较强、资金需求不大的城市更新项目，往往以政府部门为实施主体，利用财政资金直接进行投资建设。如2018年南京市玄武区香林寺沟片区环境综合整治工程，该项目由玄武区建设房产和交通局负责实施，包含河道景观工程、游园绿地工程、建筑立面出新、街巷整治工程等，总投资4.1亿元，均来自于财政资金。将城市更新相关支出纳入地方政府预算，使用方式较为灵活，但政府需要承担一定的偿付责任，且容易产生加大政府隐形债务的风险。

（2）城市更新专项债

城市更新专项债往往以政府或者地方国企作为实施主体，通过城市更新专项债或财政资金+城市更新专项债形式进行融资，往往适用于具备一定盈利能力、能够覆盖专项债本息、实现资金自平衡的项目。相关政策文件约束了专项债的资金用途不涉及土地储备和房地产开发。

发行专项债需要按照总量控制和专款专用的原则进行管理，保证偿债来源必须是对应项目所产生的政府性基金收入或专项收入，不得使用其他收入进行偿还，保证了项目收益与融资之间的自我平衡，也有助于防范化解地方政府的债务风险。

（3）地方政府授权国企开发

此类项目模式一般由地方国企作为实施主体，地方国企依靠自有资金，配套债券资金、银行贷款以及其他融资方式筹集资金。该类项目市场化属性更强，也是地方城投参与土地一二级开发的重要方式之一。

### 10.3.2 企业自主开发投资机会

企业自主开发的城市更新投资机会主要包括开发商自主融资和居民或企业自主更新两种模式。在开发商自主融资模式中，开发商通过设立专项基金进行融资。居民或企业自主更新模式则允许有城市更新需求的企业或居民使用自有资金或自筹资金进行改造，并分享项目收益，适用于具有高经营价值和主体诉求的项目。

**（1）开发商自主融资**

该模式适用于商业改造价值较高、规划清晰、开发运营属性较强的项目，开发商按照规模要求开发项目。该模式中开发商能够顺利获取土地使用权，并拥有项目的整体决策权，能够更好地实现项目盈利。

万科设立专门基金"万丈资本"，主要寻求将一线城市的旧商业体改造为新型商业体。万丈资本采用地产基金方法瞄准核心一线城市存量物业增值型投资。目前已收购两个上海项目，其中企业天地3号项目是万丈小股操盘的首个落地项目，由万丈资本设立基金获取项目、负责操盘，并联合万科物业共同进行运营管理。万丈资本通过收购具有潜质的存量资产，重新定位、重新设计、再建改造，再作为运营方切入资产管理，实现资产增值后，通过资产证券化等方式退出。

**（2）居民或企业自主更新**

对于有城市更新需求的企业或居民（村集体），可以申请自主进行更新改造并分享项目收益，一般由企业或居民（村集体）使用自有资金或者自筹资金，适用于自身经营价值高、主体诉求高的项目。

厦门曾提出一个自主更新的改造方案，政府制定政策：①允许某小区的单栋集合住宅居民自主协商就地重建；②政府在设计、代建、产权重建、审批等方面予以支持。据设计部门当时估算，每户只需大约25万块钱就可以完成建筑本身的旧改，大多数住户是可以承受的。如果考虑政府给的增容奖励（10%），足以覆盖大部分改造成本。现在这个改造模式已经被成片开发所取代，主要原因是超高的拆迁补偿标准和回迁面积使得居民觉得成片改造就个体而言更加有利可图。政府则可以扩大固定资产投资，拉动当下的GDP。

### 10.3.3　政企联合型开发投资机会

政企联合型开发模式为城市更新提供了多元化的投资机会。其中，政府、企业、产权所有者三方合作模式强调了共同协作，通过政府规划和投资、企业改造与运营、产权所有者协调分享收益的方式，加速项目进度，提升收益，适用于产权复杂但盈利能力良好的项目。PPP模式则通过政府引入社会资本，以项目公司进行投融资和建设运营，充分发挥公私合作的优势，减轻政府财政负担。投资人+EPC模式由政府委托国企与建设企业合作，共同投资建立合资公司，通过运营收益及专项补贴获取主要收益，有效平衡公私合作关系。BOT模式则通过政府引入社会资金建设运营项目，实现公私风险共担，吸引私人资金流入。城市更新基金作为政府主导、国有企业牵头的金融品种，为项目提供了资金募集便利和多种诉求的可能性，通过基金化的方式解决了城市更新项目开发资金匮乏的难题。这些模式不仅丰富了城市更新的投资渠道，还为各方参与者提供了多样化的合作方式，有望促进城市更新项目的健康发展。

**（1）政府、企业、产权所有者三方合作**

政府、企业、产权所有者三方合作模式，即政府、房地产企业和产权所有者三方的合作模式。该模式下，政府负责公共配套设施的投资和规划，房地产企业则承担项目改造与运营工作，产权所有者负责协调配合分享收益。在引入社会资本后，政府、房地产企业和产权所有者等多方共同成立工作平台，协同推进项目改造。

该模式需要资方与政府、居民共同就制度设计、改造方案、政策落实等多方面保持密切沟通，最终实现改造项目的长期效益最大化。三方合作模式能够加快项目进度，提升项目收益，适用于产权复杂但盈利能力良好，同时对公共属性的设施配置要求较高的项目。

北京市劲松北社区改造项目是全国首个由社会资本参与并主导的老旧小区改造运营的成功案例，除了以市级、区级财政资金负担的基础类改造费用，社会资本方一次性投入3000余万元进行自选类项目改造。社会资本方被授权对1698$m^2$的社区低效空间进行改造升级，取得相关服务和闲置资源的运营权，通过后续物业服务以及未来计划落地的养老托幼等业态收益，预计10年左右收回成本，其运营模式如图10-7所示。

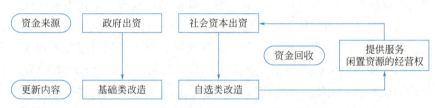

图10-7 北京市劲松北社区改造项目运营模式

（2）PPP模式

PPP模式由政府公开引入社会资本方，政府出资方和社会资本方共同成立项目公司，以项目公司作为项目的实施主体，进行投融资和建设运营等工作。PPP模式具有"融资+治理"的双重功能，既是融资工具，更是治理工具。在PPP模式中，以公私部门通过权责分明的契约合作，兼顾公平与效率，支持城市更新，坚持利益共享、风险共担的理念。

PPP模式在房地产开发过程中，适用于回报机制较为成熟的项目，通过引入社会资本提高更新效率，减轻政府的财政负担。但同时PPP模式对于财政承受能力有10%的限额红线，项目规模也因此受到限制。

重庆九龙坡区是住房和城乡建设部首批21个城市更新试点城市（区）之一，城市更新重点区域面积达2424$m^2$，涉及现状建筑规模2588$m^2$，约占重庆全市城市更新总量的四分之一。九龙坡区创新性地采取PPP模式，由九龙坡区住房和城乡建设委员会作为实施机构，通过公开招标的方式择优选取社会资本，并由渝隆集团作为政府出资代表与社会资本共同出资成立SPV项目公司。该项目采用ROT（重整、运营、转让）运作方式，即由项目公司负责全流程工作，将政府方的主导作用和社会资本的市场活力相互融合。九龙坡区PPP项目入围"全国可复制政策机制清单",为全国其他遇到相同问题的城市更新项目提供了很好的改造样本。

(3) 投资人+EPC模式

投资人+EPC模式是由政府委托下属国企与工程建设企业共同出资成立合资公司,由该合资公司负责城市更新项目的投资和运营建设,项目的主要收益来源为运营收益及专项补贴。具体流程一般是由地方政府先授权地方国企进行项目招标投标选择合适的社会资本方,社会资本方单独或与地方国企合作成立项目公司,由项目公司作为主体与社会资本签署EPC协议。期间地方政府先向地方国企拨入财政资金,再由国企向项目公司支付投资回报,最终社会资本通过出让股权等方式退出项目。

大连市沙河口区兴社社区创新采用了"EPC+O"的老旧小区改造模式,即设计、施工、后续物业及运营管理统一实施,确定基础类、完善类改造资金由政府出资,提升类、商业类改造资金由企业出资,企业投入部分不低于中标额的10%。投入资金主要用于智能化物业管理设施建设、充电站建设、便民商业服务设施运营以及智能停车设施建设等,既满足了社区规划需要,又可以通过对相关设施、场地运营,补贴物业服务支出,达到共建美好社区的愿景。该小区的改造模式以"政府全面主导+国企产业融入"为主,如图10-8所示。改造过程中,国企基于绿色低碳的发展理念深入贯穿融合在小区设计、建设、管理、服务等全生命周期中。

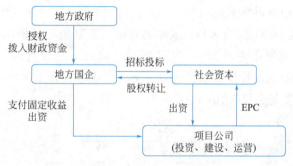

图10-8 投资人+EPC模式

(4) BOT模式

BOT模式是指当地政府通过公开招商引入社会资金建设运营该项目,在项目建成完工后的运营期内,其经营所得作为项目投资收益,运营期结束后公司将政府出资拆迁征收项目移交给政府。

BOT模式使得政府和私人机构之间达成协议,政府对私人企业或机构所提供的公共产品和服务的数量及价格有所限制,但也在一定程度上保证了私人资本具有获取利润的机会。整个过程中,风险由政府和私人机构共同承担,该模式有效地在吸引私人资金流入的过程中分散了经营风险。

广州市历史文化街区微改造试点"永庆坊",2016年以"政府主导、企业承办、居民参与"的形式实施维护修缮，采用BOT模式，通过公开招商引入万科集团建设并运营此项目，给予15年经营权，期满后交回政府。通过微改造的方式和商业导入，老房子也焕发新生，在保证街区肌理与尺度的同时带来社会效益和经济效益。永庆坊街巷实景如图10-9所示。

图10-9　永庆坊街巷实景

（5）城市更新基金

城市更新基金一般由政府主导、国有企业牵头，联合社会资本设立，适用于政府重点推进、资金需求量大、收益回报较明确的项目。目前的城市更新基金投资人主要以房地产、建筑施工企业为主，以母基金+子基金形式为主。

城市更新基金近年来受到了各地政策的大力支持，其中母基金不完全以盈利为目的，其主要作用是利用政府性资金撬动社会资本，发挥资金的杠杆放大效应，以达到加快城市更新实施目的。

2021年6月，上海成立了800亿规模的城市更新基金，计划用于投资上海中心城区的旧区改造和城市更新项目。以上海地产集团为基金管理人和普通合伙人，其他参与的企业如国资背景房地产企业、险资企业等为有限合作人。

部分城市更新基金见表10-4。

城市更新基金　　　　　　　　　　　表10-4

| 成立时间 | 地区 | 金额（亿元） | 基金名称 | 投放领域 |
| --- | --- | --- | --- | --- |
| 2017.07 | 广州 | 2000 | 广州城市更新基金 | 土地整理、物业活化 |
| 2017.12 | 深圳福田 | 100 | 福田区城市更新基金 | 福田区内城镇化建设项目及城市更新项目 |
| 2018.12 | 全国 | 50 | 远洋资本城市更新基金 | 聚焦一线及强二线城市更新物业，完成基金的"募、投、管、退"流程 |
| 2020.01 | 全国 | 100 | 正大高和城市更新产业投资基金 | 用于投资一线、强二线及其他战略城市的街区城市更新项目 |
| 2021.04 | 西安沣东 | 80 | 陕西西成沣东城市更新发展投资合作企业 | 促进及改善沣东新城城市发展的一级土地开发、棚户区改造等项目 |
| 2021.06 | 上海 | 800 | 上海城市更新基金 | 定向用于投资旧区改造及城市更新项目 |
| 2021.06 | 北京 | 300 | 中关村科学城城市更新子发展基金 | 海淀区区属国企产业建设项目 |

续表

| 成立时间 | 地区 | 金额（亿元） | 基金名称 | 投放领域 |
|---|---|---|---|---|
| 2021.07 | 无锡 | 300 | 无锡城市更新基金 | 无锡旧城区改造及城市更新项目规划、开发及运营 |
| 2021.07 | 广州 | 2000 | 广州城市更新基金 | 国企旧厂改造、地铁建设及城市更新开发建设等项目 |
| 2021.08 | 天津 | 600 | 天津城市更新基金 | 定向用于天津老旧小区改造提升和城市更新项目 |
| 2021.11 | 石家庄 | 100 | 石家庄城市更新基金 | 新华区、长安区等定点区域城市更新项目 |

目前城市更新项目的困难在于开发资金匮乏，主要是由于城市更新项目具有较强政策导向性、开发周期长、面对主体多、实施难度大等诸多特性。在城市更新项目的启动前期，采取基金化的投资方式，通过设立城市更新基金等金融品种，以股权为主为项目筹集本金，有效缓解了不确定性较多所带来的融资困难问题。

1）资金募集便利，满足多种诉求

《关于规范金融机构资产管理业务的指导意见》出台后，叫停了"层层嵌套、期限错配、滚动发行"的方式，同时要求基金为股权性基金，使得银行的理财资金难以合规募集和进入，大量的基金失去了资金来源。而城市更新基金中参与的市场主体多为施工企业或房地产开发企业，具备一定的出资能力，通过认购基金份额可以获取相应的收益。因此，城市更新基金可以不再依赖银行的理财资金，通过较为简单的基金结构将多个出资方利益捆绑。在基金管理方面，各个投资人根据协议确定利益的分配方式、比例及退出方式等，可以适应不同投资人的偏好要求，最大限度地发挥各方优势。

2）为城市更新提供资本金

通过引入城市更新基金，对于前期难以通过市场化融资解决的征地拆迁和前期基础设施建设等资金，可以得到很好的缓解。城市更新基金作为股权性资金，面临的监管和限制较少，可以匹配具体的项目资金需求，保障项目的顺利落实。此外，城市更新基金不会为公司增加负债，通过相关协议可以灵活处理报表，为各个参与公司减轻负担。

## 【本章小结】

本章节介绍了城市更新的含义、利益主体及投资机会，涵盖了城市更新特点、利益主体关系、城市更新项目类型和投融资风险与机会等主要内容。城市更新具有地域特色，需要通过城市联动、多方参与，打造多种创新模式。城市更新具有复杂性和综合性，需要对区域内资源进行统筹规划并借助多主体力量共同完成。了解参与城市更新的利益主体，有助于了解城市更新的现有困境，并了解市场、经济发展、区域规划等因素对城市更新的影响，进一步解析城市更新项目中的风险和不确定性。投资者也可以通过确定城市更新中的主导类型，定位项目的具体形式和特点，从而抓住其中的投资风险，增加项目成功的可能性。

> **思考题**
>
> 1. 城市更新的含义是什么？
> 2. 城市更新与旧区改造、城中村改造的区别是什么？
> 3. 城市更新有哪些方式？不同方式适用于什么情况？
> 4. 城市更新具备哪些特点？
> 5. 城市更新在城市发展中起到了哪些作用？
> 6. 城市更新项目需要经历哪些步骤？
> 7. 城市更新所涉及的利益主体有哪些？利益主体之间的关系如何？
> 8. 政府主导下的城市更新有哪些投资机会？
> 9. 企业自主开发的城市更新有哪些投资机会？
> 10. 政企联合开发的城市更新有几种模式？其中存在哪些投资机会？

# 参 考 文 献

[1] 霍默·霍伊特. 房地产周期百年史——1830—1933年芝加哥城市发展与土地价值[M]. 贾祖国, 译. 北京: 经济科学出版社, 2014.

[2] 1—9月份全国房地产开发投资下降8.0%[N]. 中国信息报, 2022-10-25 (002).

[3] Arnold L G. Business cycle theory[M]. Oxford: Oxford University Press, 2002.

[4] Arvydas Jadevicius. Macro-determinants of the Lithuanian housing market: a test for Granger causality[J]. Journal of Baltic Studies, 2016, 47 (3): 385-398.

[5] BruceL Gardner, GordonC Rausser, et al. Handbook of agricultural economics[M]. North-Holland: Elsevier Science Ltd, 2001.

[6] Bruechner J K. Growth controls and land values in an Oken City[M]. Land Economics, 1990.

[7] BRUNEAU M, CHANG S E, EGUCHI R T, et al. A framework to quantitatively assess and enhance the seismic resilience of communities[J]. Earthquake spectra, 2003, 19 (4): 733-752.

[8] CARLSON J M, DOYLE J. Complexity and robustness[J]. Proceedings of the national academy of sciences, 2002, 99 (suppl_1): 2538-2545.

[9] FITZ D. Evaluating the impact of market-assisted land reform in Brazil[J]. World development, 2018, 103: 255-267.

[10] G. A L. Business Cycle Theory[J]. OUP Catalogue, 2002.

[11] HEPNER, GEORGEF. Locational factors and the urban fringe land market[J]. Journal of rural studies, 2015, 1 (4): 359-367.

[12] Hodrick, R. J. and E. C. Prescott. Postwar U. S. Business Cycles: An empirical investigation[J]. Journal of Money, Credit and Banking, 1997, 29: 1-16.

[13] Jadevicius A, Huston S H. How long is UK property cycle?[J]. Journal of Property Investment & Finance, 2017, 35 (4): 410-426.

[14] Knugman Paul. Increasing returns and economic geography[M]. Joumai of Polincal Economy, 1991.

[15] N·格里高利·曼昆. 经济学原理[M]. 北京: 北京大学出版社, 1998.

[16] Mueller G R, Laposa S P. Evaluating real estate markets using analysis[C]. Annual meeting of the American real estate society, 1994.

[17] Odoyi Emmanuel Joseph and Riekkinen Kirsikka. Housing Policy: An analysis of public housing policy strategies for low-income earners in Nigeria[J]. Sustainability, 2022, 14 (4): 2258.

[18] Our Strategic National Projects[EB/OL]. [2023-02-25].

[19] Royal Institution of Chartered Surveyors, Key T. Understanding the property cycle: economic

cycles and property cycles [J]. London: Royal Institution of Chartered Surveyors, 1994.

[20] Samuelson Paul Anthony, Nordhaus WilliamD. 宏观经济学 [M]. 北京: 人民邮电出版社, 2004.

[21] SCHARLACHWC, SCHUHGE. The land market as a link between the rural and urban sectors of the economy [J]. Production economics papers, 2015, 44 (5): 1406–1411.

[22] Woodford, M. Optimal interest-rate smoothing [J]. Review of Economic Studies, 2003, 70: 861–886.

[23] 阿家·奥沙利文. 城市经济（印本）[M]. 北京: 中信出版社, 2002.

[24] 阿瑟·奥莎利文. 城市经济学 [M]. 北京: 北京大学出版社, 2008.

[25] 白雪. 国外城市化的实践对我国城市化的启示 [J]. 广西城镇建设, 2007 (5): 42–46.

[26] 毕宝德. 土地经济学 [M]. 6版. 北京: 中国人民大学出版社, 2011.

[27] 曹国良, 高晓慧. 中国房地产业发展与管理研究 [M]. 北京: 北京大学出版社, 2002.

[28] 曹茜茜, 刘雷, 刘本定. 海绵城市理念在城市内涝治理中的应用及启示——以安徽省池州市为例 [J]. 工程与建设, 2022, 36 (6): 1564–1565+1576.

[29] 曾国安, 马宇佳. 土地价格对城市产业结构升级的影响研究——基于全国105个地级及以上城市数据的实证分析 [J]. 宏观经济研究, 2019, 247 (6): 95–107.

[30] 车明诚, 等. 农业经济学——理论与政策 [M]. 哈尔滨: 黑龙江人民出版社, 1993.

[31] 车生泉. 西方海绵城市建设的理论实践及启示 [J]. 人民论坛·学术前沿, 2016, (21): 47–53+63.

[32] 陈柏东, 张东. 房地产经济学 [M]. 武汉: 华中理工大学出版社, 1996.

[33] 陈创练, 戴明晓. 货币政策、杠杆周期与房地产市场价格波动 [J]. 经济研究, 2018, 09 (53): 52–67.

[34] 陈坤秋, 龙花楼. 中国土地市场对城乡融合发展的影响 [J]. 自然资源学报, 2019, 34 (2): 221–235.

[35] 陈琳. 城市土地供应与房地产市场的关系研究 [D]. 赣州: 江西理工大学, 2013.

[36] 陈日清. 中国货币政策对房地产市场的非对称效应 [J]. 统计研究, 2014, 31 (6): 33–41.

[37] 陈鑫, 方意. 房地产调控政策的实施和退出效果研究——基于VECM和DSGE模型相结合的分析 [J]. 当代经济科学, 2016, 38 (3): 31–43+125.

[38] 陈炎. 美国费城"绿色基础设施"规划对我国海绵城市建设的启示 [J]. 城市建筑, 2017 (21): 34–36.

[39] 陈勇. 青岛海绵城市的实践探索 [M]. 北京: 化学工业出版社, 2022.

[40] 陈玉梅, 李康晨. 国外公共管理视角下韧性城市研究进展与实践探析 [J]. 中国行政管理, 2017, (1): 137–143.

[41] 陈钰晓. 人口年龄结构对房地产价格的影响研究 [D]. 成都: 四川大学, 2021.

[42] 陈卓, 陈杰, 陈健. 政治周期、官员任期与房地产投资 [J]. 中国经济问题, 2021, 06: 75–88.

[43] 陈卓, 许彩彩, 张耀宇, 等. 土地价格上涨如何改善城市土地利用效率?[J]. 中国人口·资源与环境, 2022, 32(10): 112-124.

[44] 程梦, 郭亮, 阳文琦. 基于职住平衡的城市保障性住房选址策略研究——以武汉市为例[C]. 规划60年: 成就与挑战——2016中国城市规划年会论文集(17住房建设规划), 2016: 455-467.

[45] 程亚茹. 后疫情时期城市韧性评价研究[D]. 济南: 山东建筑大学, 2022.

[46] 仇保兴. 基于复杂适应系统理论的韧性城市设计方法及原则[J]. 城市发展研究, 2018, 25(10): 1-3.

[47] 崔明家, 王兴鹏. 韧性视角下城市社区灾害应对能力评价体系研究[J]. 广西城镇建设, 2019, (12): 119-22.

[48] 崔晓美, 葛京凤, 刘雅楠, 等. 城市群土地价格影响因素差异性研究[J]. 现代城市研究, 2017(6): 106-112.

[49] 戴剑, 罗清亮. 战略规划: 企业持续成功的基因[M]. 上海: 上海财经大学出版社, 2015.

[50] 邓柏峻, 李仲飞, 张浩. 限购政策对房价的调控有效吗?[J]. 统计研究, 2014, 31(11): 50-57.

[51] 邓创, 赵珂, 卢漪. 中国的房地产周期及其与信贷周期的交互影响动态[J]. 吉林大学社会科学学报, 2022, 62(3): 101-111+236-237.

[52] 邓玮, 董丽云. 协同式应急: 重大疫情中的医疗挤兑与合作治理——以新冠肺炎疫情为例[J]. 华南理工大学学报(社会科学版), 2021, 23(1): 104-112.

[53] 邓羽. 北京市土地出让价格的空间格局与竞租规律探讨[J]. 自然资源学报, 2015, 30(2): 218-225.

[54] 丁超, 雷婕. 公共财政框架下的俄罗斯住房保障制度改革[J]. 俄罗斯研究, 2017(1): 106-129.

[55] 丁超, 孙懿. 国家规划视角下的俄罗斯住房保障政策效果及其启示借鉴[J]. 国际城市规划, 2022, 37(3): 99-104.

[56] 丁超. 俄罗斯公私合作及其在保障性住房领域的实践探索[J]. 俄罗斯东欧中亚研究, 2016(1): 121-138.

[57] 丁蕾, 蔡伟, 丁健青, 等. 新型冠状病毒感染疫情下的思考[J]. 中国科学(生命科学), 2020, 50(3): 247-257.

[58] 丁语豪, 刘畅. 基于知识图谱的韧性城市研究热点及趋势分析[J]. 运筹与模糊学, 2022, 12: 1525.

[59] 董藩, 丁宏, 陶斐斐. 房地产经济学[M]. 2版. 北京: 清华大学出版社, 2017.

[60] 董藩, 徐青, 刘德英. 土地经济学[M]. 北京: 北京师范大学出版社, 2010.

[61] 董藩, 等. 房地产经济学[M]. 北京: 清华大学出版社, 2012.

[62] 董利民. 城市经济学[M]. 北京: 清华大学出版社, 2016.

[63] 董媛媛. 西咸新区海绵城市道路景观设计研究[D]. 咸阳: 西北农林科技大学, 2019.

［64］杜力．何谓城市韧性?——对韧性城市基本概念的分析［J］．天津行政学院学报，2022，24（3）：46-56．

［65］杜燕．主要经济指标趋势和结构图：国房预警指标信号图（与前12月比）［J］．中国经济景气月报，2010，06：212．

［66］樊燕东．我国人口年龄结构对房地产市场价格变动的影响研究［D］．昆明：云南师范大学，2018．

［67］方鹏骞，王一琳．我国医疗卫生体系治理能力及应急响应机制的关键问题与思考［J］．中国卫生事业管理，2020，37（4）：241-244．

［68］丰雷．房地产经济学［M］．北京：中国建筑工业出版社，2021．

［69］冯广京．土地领域供给侧结构性改革的重心和方向［J］．中国土地科学，2016，30（11）：4-12．

［70］冯云廷．城市经济学［M］．大连：东北财经大学出版社，2015．

［71］冯志艳，黄玖立．工业用地价格是否影响企业进入：来自中国城市的微观证据［J］．南方经济，2018，343（4）：73-94．

［72］符启林，程益群．国外住房保障法律制度之比较研究［J］．南方论刊，2010（9）：35-39．

［73］甘藏春，等．土地管理体制改革势在必行［M］．北京：中信出版社，1998．

［74］高国荣．从私有到公用：美国公共土地政策的环保转向（1891—1934年）［J］．城市与环境研究，2022，02：29-46．

［75］高嘉，王云才．从美国西雅图雨水管理系统看我国海绵城市发展［J］．中国城市林业，2015，13（6）：40-44．

［76］高金龙，陈江龙，杨叠涵．南京市城市土地价格空间分布特征［J］．地理科学进展，2013，32（3）：361-371．

［77］高敬超．中国房地产投资的空间集聚机制及影响因素研究［D］．昆明：云南财经大学，2017．

［78］高志刚，丁煜莹．中国西北地区城市的韧性测度及影响因素［J］．科技导报，2021，39（24）：118-129．

［79］郭岚，汤志文．他山之石——国外在城市化发展中的经验［J］．社会观察，2005（12）：11-12．

［80］郭丽芬．中国房地产业周期研究［D］．西安：西安建筑科技大学，2003．

［81］郭天一．疫情防控背景下城市基本公共服务适灾韧性协同机制研究［J］．云南民族大学学报（哲学社会科学版），2022，39（6）：96-103．

［82］郭羽羽，罗福周．基于ISM的韧性城市影响因素分析［J］．工程管理学报，2021，35（4）：42-47．

［83］国家信息中心．智慧社区建设运营指南（2021）［R/OL］．［2022-12-09］．

［84］国土资源部．国土资源部印发《关于完善建设用地使用权转让、出租、抵押二级市场的试点方案》的通知（国土资发〔2017〕12号）［R］．2007．

［85］韩梅．中国城市化发展路径选择研究［D］．天津：天津财经大学，2011．

[86] 韩志明，刘子扬. 穿透稠密的城市空间——数字时代超大规模城市的清晰化之道[J]. 广西师范大学学报（哲学社会科学版），2022，58（3）：23-36.

[87] 郝丹炀. 新时期中国城市化动力机制研究[J]. 商，2015（23）：84.

[88] 何芳. 城市土地经济与利用[M]. 上海：同济大学出版社，2004.

[89] 何芳. 土地经济与利用[M]. 3版. 上海：同济大学出版社，2020.

[90] 何国钊，曹振良. 中国房地产周期研究[J]. 经济研究，1996，12：51-56+77.

[91] 胡嘉渝，范效辉，舒阳. 新加坡ABC水计划对中国海绵城市的借鉴——以新加坡交织大楼为例[C]. 2018第三届建筑与城市规划国际会议论文集（ICAUP2018）. 2018：6.

[92] 胡剑，朱鹏，戚湧. 基于区块链的重大公共卫生事件下应急情报体系构建[J]. 情报理论与实践，2022，45（5）：156-164.

[93] 黄健柏，徐震，徐珊. 土地价格扭曲、企业属性与过度投资——基于中国工业企业数据和城市地价数据的实证研究[J]. 中国工业经济，2015，324（3）：57-69.

[94] 黄宁俊，张斌令，王社平，等. 陕西西咸新区海绵城市LID市政道路设计[J]. 中国给水排水，2017，33（24）：61-66.

[95] 黄婷. 国内外智慧城市建设模式比较研究[D]. 西安：西北大学，2015.

[96] 黄熙雯. 论城市规划与房地产开发管理的关系——评《城市房地产空间预期评估研究》[J]. 现代城市研究，2022（1）：133.

[97] 纪晓岚. 英国城市化历史过程分析与启示[J]. 华东理工大学学报（社会科学版），2004（2）：97-101.

[98] 贾晶晶，林蕾. 城市老旧社区公共事务治理的逻辑——以F市D小区为例[J]. 三晋基层治理，2020，（1）：62-68.

[99] 江占民，等. 农业经济与管理[M]. 北京：中国农业出版社，1998.

[100] 蒋自强，史晋川. 当代西方经济学流派[M]. 上海：复旦大学出版社，2008.

[101] 焦必方. 新编农业经济学教程[M]. 上海：复旦大学出版社，1996.

[102] 巨龙. PRED耦合关系下的"西咸新区海绵城市"初探[J]. 环境科学与管理，2019，44（2）：49-51+75.

[103] 况伟大，王湘君. 土地市场波动、限购与地方债交易市场风险——来自中国城投债交易市场的证据[J]. 中国软科学，2019，346（10）：39-49.

[104] 李秉龙，等. 农业经济学[M]. 北京：中国农业大学出版社，2009.

[105] 李聪. 西咸新区海绵城市植物选择与配置研究[D]. 咸阳：西北农林科技大学，2019.

[106] 李德智，吴洁，崔鹏. 城市社区复合生态系统适灾弹性的评价指标体系研究[J]. 建筑经济，2018，39（5）：92-96.

[107] 李海君，张耀文，杨月巧，等. 城市应急避难场所建设与管理现状与问题分析[J]. 地震科学进展，2022，（4）：168-175.

[108] 李江波. 海绵城市建设的实践与策略研究[D]. 西安：西安建筑科技大学，2019.

[109] 李莉，王旭. 美国公共住房政策的演变与启示[J]. 东南学术，2007（5）：48-53.

[110] 李梦玄，周义. 中美城镇住房保障方式的效率和公平比较分析[J]. 金融教学与研究.

2011,（5）：34-39.

[111] 李小豹. 海绵城市建设实践与探索——萍乡经验［M］. 北京：中国建筑工业出版社，2019.

[112] 李兴泰. 国内外城市雨水管理体系发展比较［J］. 山东林业科技，2019，49（2）：110-116.

[113] 李亚，翟国方. 我国城市灾害韧性评估及其提升策略研究［J］. 规划师，2017，33（8）：5-11.

[114] 李亚丽. 英国城市化进程的阶段性借鉴［J］. 城市发展研究，2013，21（8）：24-28.

[115] 李益飞，吴雪军，等. 海绵城市建设技术与工程实践［M］. 北京：化学工业出版社，2020.

[116] 李英健. 国外公共住房政策演变及其启示——以英国、美国、新加坡为例［J］. 城市住宅，2021，28（4）：200-202.

[117] 李之千，陈婵华. 香港房地产发展的回顾［J］. 城市开发，1997，06：3-5.

[118] 李梓颖. 广东省城市竞争力与房地产业的耦合协调发展研究［D］. 广州：广州大学，2022.

[119] 梁桂. 中国不动产经济波动与周期的实证研究［J］. 经济研究，1996，7：31-37.

[120] 林雄斌，刘健，田宗星，等. 轨道交通引导用地密度与地价的时空效应——以深圳市为例［J］. 经济地理，2016，36（9）：27-34.

[121] 刘代民，张闰，张博超. 基于日本房地产泡沫视角的国内地产债配置逻辑［J］. 债券，2022，10：92-96.

[122] 刘德林，赵英雁. 社会资本理论在我国应急管理领域应用研究综述［J］. 中国安全生产科学技术，2020，16（4）：49-55.

[123] 刘广珠，等. 城市管理学［M］. 北京：清华大学出版社，2014.

[124] 刘洪玉，郑思齐. 城市与房地产经济学［M］. 北京：中国建筑工业出版社，2007.

[125] 刘洪玉. 房地产市场周期运动规律分析［J］. 中国房地产，1999，8：24-26.

[126] 刘建准，唐儒雯，石密，等. 突发事件应急管理中情报介入与融合模型研究［J］. 图书情报工作，2019，63（18）：78.

[127] 刘捷. 城市韧性与城市高质量发展文献综述［J］. 合作经济与科技，2023，696（1）：33-35.

[128] 刘金全，张运峰，毕振豫. 房地产价格波动、经济周期与货币政策效应［J］. 当代经济研究，2022，01：95-106.

[129] 刘尚希，武靖州. 宏观经济政策目标应转向不确定性与风险——基于经济周期视角的思考［J］. 管理世界，2018，34（4）：8-16.

[130] 刘双良，秦玉莹. 农民阶层分化背景下宅基地流转与农民住房保障联动的内在逻辑与传导路径［J］. 农村经济. 2020，（1）：32-38.

[131] 刘晓宇，辛良杰. 2007—2019年中国城市土地价格的空间分化［J］. 地理研究，2022，41（6）：1637-1651.

[132] 刘学成. 国内房地产周期研究综述［J］. 中国房地产，2001，5：17-19.

[133] 刘奕, 张宇栋, 张辉, 等. 面向2035年的灾害事故智慧应急科技发展战略研究[J]. 中国工程科学, 2021, 23 (4): 117–125.

[134] 刘志峰. 关于住房保障方式的思考[J]. 城市开发. 2012, (10): 1.

[135] 娄青. 城市规划与房地产开发的关系研究[D]. 郑州: 河南工业大学, 2018.

[136] 娄文龙, 周海欣. 俄罗斯住房租赁市场改革及其借鉴[J]. 价格理论与实践, 2018 (11): 58–61.

[137] 卢为民. 土地政策与宏观调控[M]. 北京: 经济科学出版社. 2008.

[138] 卢新海. 城市土地管理与经营[M]. 北京: 科学出版社, 2006.

[139] 卢漪. 中国房地产周期的波动特征及其与信贷周期的关联动态研究[D]. 长春: 吉林大学, 2021.

[140] 陆家嘴智慧社区建设[EB/OL]. [2023-02-13].

[141] 栾峰. 城市经济学[M]. 北京: 中国建筑工业出版社, 2012.

[142] 罗朝阳, 李雪松. 房地产周期、人口流动与地方债风险防控[J]. 北京社会科学, 2022, 07: 84–96.

[143] 罗伟雄. 中国农业经济学教程[M]. 北京: 中国人民大学出版社, 1995.

[144] 吕萍, 甄辉. 基于GWR模型的北京市住宅用地价格影响因素及其空间规律研究[J]. 经济地理, 2010, 30 (3): 472–478.

[145] 马辉, 陈守东, 才元. 中国房地产周期实证研究[J]. 长白学刊, 2008, 04: 87–91.

[146] 马克星, 刘红梅, 王克强, 等. 上海市土地市场供给侧改革研究[J]. 中国土地科学, 2017, 31 (1): 37–47.

[147] 马令勇, 王振好, 梁静, 等. 基于韧性城市理论的大庆市道路交通空间韧性策略研究[J]. 河南科学, 2018, 36 (6): 978–984.

[148] 梅林, 席强敏. 土地价格、产业结构与城市效率——基于中国城市面板数据的经验分析[J]. 经济科学, 2018, 226 (4): 61–74.

[149] 孟星. 中国住房保障制度建设20年[J]. 中国房地产, 2012 (22): 49–55.

[150] 缪惠全, 钟紫蓝, 侯本伟, 等. 基于系统动力学的城市供水管网动态抗震韧性评估方法[J]. 工程力学, 2022, 39: 1–14.

[151] 莫悦, 刘洋, 朱丽芳. 长江经济带城市土地价格空间分异特征及其影响因素[J]. 长江流域资源与环境, 2020, 29 (1): 13–22.

[152] 聂晨, 田丰. 英国公共住房体系变迁的原因、经验和启示[J]. 河南社会科学, 2018, 26 (6): 102–106.

[153] 欧阳旭初. 农业经济学[M]. 北京: 中国财政经济出版社, 2000.

[154] 潘中勋. 房地产经济周期的阶段及其特征探析[J]. 北方经贸, 2018, 05: 132–133.

[155] 彭山桂, 张苗, 王健. 土地要素价格对城市产业转型升级的影响及其溢出效应——基于长江三角洲城市群的实证研究[J]. 中国土地科学, 2021, 35 (12): 44–53.

[156] 钱瑛瑛, 唐代中. 房地产经济学[M]. 上海: 同济大学出版社, 2015.

[157] 秦川. 云南省人口因素对房地产市场影响研究[D]. 昆明: 云南大学, 2015.

[158] 秦虹. 城市有机更新的金融支持政策 [J]. 中国金融. 2021（18）: 16–18.

[159] 邱桐, 陈湘生, 苏栋. 城市地下空间综合韧性防灾抗疫建设框架 [J]. 清华大学学报（自然科学版）, 2021, 61（2）: 117–127.

[160] 曲波. 房地产经济波动理论与实证分析 [M]. 北京: 中国大地出版社, 2003.

[161] 任泽平, 夏磊, 熊柴. 房地产周期 [M]. 北京: 人民出版社, 2017.

[162] 厦门市城市规划设计研究院. 海绵城市建设理念、方法与实践——以厦门市为例 [M]. 北京: 中国建筑工业出版社, 2020.

[163] 邵祺, 刘岩, 辛竹. 2020上海市智慧城市发展水平评估分析 [J]. 上海信息, 2021（1）: 40–42.

[164] 邵亦文, 徐江. 城市韧性: 基于国际文献综述的概念解析 [J]. 国际城市规划, 2015, 30（2）: 48–54.

[165] 申燕飞. 房地产业与城市经济增长相互关系研究 [D]. 西安: 西安建筑科技大学, 2009.

[166] 深圳市海绵城市建设工作领导小组办公室. 深圳海绵城市建设的探索与实践 [M]. 北京: 科学出版社, 2021.

[167] 沈昊婧, 冯长春, 侯懿珊. 城市间土地价格及影响因素的空间差异研究 [J]. 城市发展研究, 2014, 21（3）: 4–8.

[168] 沈玉志, 等. 基于实物期权理论的投资项目评估方法研究 [M]. 北京: 数量经济技术经济研究, 2001.

[169] 石泓. 中国公共财政支持现代农业发展问题研究 [M]. 北京: 中国农业出版社, 2003.

[170] 石龙宇, 郑巧雅, 杨萌, 等. 城市韧性概念、影响因素及其评估研究进展 [J]. 生态学报, 2022, 42（14）: 6016–6029.

[171] 石敏俊. 区域经济学 [M]. 北京: 中国人民大学出版社, 2020.

[172] 石忆邵, 刘丹璇. 城市概念的蔓生与规范刍议 [J]. 现代城市研究, 2021（9）: 97–102.

[173] 时筠仑, 雷星晖, 苏涛永. 房价波动与影响因素分析 [J]. 价格理论与实践, 2005, 4: 21–22.

[174] 司颖华. 我国房地产周期的测度及其非线性动态调整 [J]. 统计与决策, 2014, 19: 148–151.

[175] 宋戈, 黄善林, 赵可. 土地经济学研究 [M]. 北京: 中国农业出版社, 2017.

[176] 孙海鸣, 张学良. 区域经济学 [M]. 上海: 上海人民出版社, 2010.

[177] 孙久文, 叶裕民. 区域经济学教程 [M]. 3版. 北京: 中国人民大学出版社, 2020.

[178] 孙仕祺. 日本城市化经验及其对浙江省的启示 [D]. 杭州: 浙江工商大学, 2014.

[179] 孙晓乾, 陈敏扬, 余红霞, 等. 从城市防灾到城市韧性——"新冠肺炎疫情"下对建设韧性城市的思考 [J]. 城乡建设, 2020,（7）: 21–26.

[180] 谭刚. 房地产周期冲击——传导模型及其主要因素分析 [J]. 建筑经济, 2002, 07: 16–20.

[181] 谭日辉, 陈思懿, 王涛. 数字平台优化韧性城市建设研究——以北京城市副中心为例 [J]. 城市问题, 2022, 318（1）: 86–94.

［182］谭向勇，等. 农业经济学教程［M］. 太原：山西经济出版社，1994.

［183］谭政勋，王聪. 房价波动、货币政策立场识别及其反应研究［J］. 经济研究，2015，50（1）：67-83.

［184］谭卓琳，陆明. 预警，响应与恢复——韧性城市视角下应对突发公共卫生事件的规划策略研究［J］. 西部人居环境学刊，2021，（4）：59-65.

［185］唐恢一，陆明. 城市学［M］. 哈尔滨：哈尔滨工业大学出版社，2008.

［186］唐继华. 房地产建筑产业生命周期经济安全管理对策——评《房地产全生命周期安全管理：体系与实施》［J］. 中国安全科学学报，2021，31（10）：198.

［187］唐绍欣，等. 西方投资决策方法的新进展［J］. 福建论坛（经济社会版），2002（2）：8-10.

［188］唐燕，等. 城市更新制度建设：广州、深圳、上海三地比较［J］. 城乡规划，2018（4）：22-32.

［189］万宇艳. 国外城市化的模式、特点和趋势［J］. 城市，2014（3）：15-18.

［190］汪光焘，李芬. 推动新型智慧城市建设——新冠肺炎疫情对城市发展的影响和思考［J］. 中国科学院院刊，2020，35（8）：1024-1031.

［191］汪颂晖，徐成林，刘俊超. 海绵城市理念在住宅小区设计中的应用探讨——以池州市为例［J］. 湖北第二师范学院学报，2021，38（7）：29-33.

［192］汪毅，何淼，王莉. 保障性住房的政策演进与空间演化——以南京市为例［C］. 持续发展 理性规划——2017中国城市规划年会论文集（20住房建设规划），2017：114-123.

［193］王博，贾婧媛，李涛. 基于精准时空信息的城市关键公共基础设施运行预警决策方法综述［J］. 地理信息世界，2020，27（4）：13-21.

［194］王恒伟，刘蕾. 中外住房保障体系比较研究［J］. 中国房地产，2012（6）：40-46.

［195］王宏伟. 提升非常规突发事件的应对能力：应急管理体制改革成败的"试金石"［J］. 公共管理与政策评论，2018，7（6）：37-51.

［196］王江波，柴琳，苟爱萍. 南京城市地下空间综合防灾规划研究［J］. 地下空间与工程学报，2019，15（1）：9-16.

［197］王江波，温佳林，苟爱萍. 全球韧性城市规划的目标特征研究［J］. 防灾科技学院学报，2022，24（3）：1-16.

［198］王竞楠. 城市规划与发展视角下海绵城市多元价值探究——以新加坡ABC水计划为例［C］. 中国城市规划学会. 共享与品质——2018中国城市规划年会论文集（8城市生态规划），2018：12.

［199］王军辉，邓博文. 城市基础设施配套费与土地价格——基于宗地交易数据的实证研究［J］. 世界经济文汇，2015，226（3）：89-103.

［200］王克强，郑旭，张冰松，等. 土地市场供给侧结构性改革研究——基于"如何推进土地市场领域的供给侧结构性改革研讨会"的思考［J］. 中国土地科学，2016，30（12）：3-9+34.

［201］王克忠. 房地产经济及其周期研究：王克忠文选［M］. 上海：上海财经大学出版社，2005.

[202] 王磊. 珠三角城市竞争力与房地产业协调发展研究[D]. 重庆：重庆大学，2018.

[203] 王莉. 日本城市化进程·特点及对中国的经验借鉴[J]. 安徽农业科学，2018，46（15）：212-216.

[204] 王林，杨琴. 重庆市公租房居民职住时空特征研究[J]. 人文地理，2021，36（5）：101-110.

[205] 王敏，黄滢. 限购和房产税对房价的影响：基于长期动态均衡的分析[J]. 世界经济，2015，36（1）：141-159.

[206] 王茜，姜卫兵. 美国西雅图城市绿色雨水基础设施的实践与启示[J]. 中国城市林业，2019，17（3）：18-23.

[207] 王先进. 中国地价[M]. 北京：中国物价出版社，1995.

[208] 王莹，唐晓灵. 房地产经济学[M]. 西安：西安交通大学出版社，2010.

[209] 王悦. 西方经济周期与经济波动理论回顾[J]. 求索，2006，10：19-21+4.

[210] 王召森，林蔚然. 美国费城海绵城市建设借鉴——合流制溢流污染长期控制规划[J]. 建设科技，2016（15）：49-53.

[211] 威明深，地价究竟是什么[M]. 北京：中国地产市场，2002.

[212] 卫超. 海绵城市：从理念到实践[M]. 南京：江苏科学技术出版社，2018.

[213] 魏后凯. 现代区域经济学[M]. 北京：经济管理出版社，2006.

[214] 温战辉. 浅析我国住房保障方式发展历程及其政策选择[J]. 中国城市经济. 2011，（3）：237-328.

[215] 吴次芳，吴丽. 土地社会学[M]. 杭州：浙江人民出版社，2013.

[216] 吴漫，陈东田，郭春君，等. 通过水生态修复弹性应对雨洪的公园设计研究——以新加坡加冷河—碧山宏茂桥公园为例[J]. 华中建筑，2020，38（7）：73-76.

[217] 吴瑞贤. 经济周期与房地产波动的关系研究分析[J]. 知识经济，2010，19：96.

[218] 吴文洁，黄海云. 国家中心城市综合韧性评价及障碍因素分析[J]. 生态经济，2023，39（4）：89-94+102.

[219] 吴瑛楠. 城市土地供应与房地产市场调控关系研究[D]. 南京：东南大学，2018.

[220] 西蒙·库兹涅茨. 各国的经济增长[M]. 北京：商务印书馆，1990.

[221] 夏镜朗，崔浩. 澳大利亚水敏性城市设计经验对我国海绵城市建设的启示[J]. 中国市政工程，2016（4）：36-40+101-102.

[222] 项雪凯. 保障性住房的用地规划选址研究——以厦门市为例[J]. 中外建筑，2020（6）：92-94.

[223] 肖泉，李金生. 土地价格扭曲影响城市绿色全要素生产率研究——基于绿色创新能力视角[J]. 华东经济管理，2023，37（5）：62-72.

[224] 谢经荣，吕萍，乔志敏. 房地产经济学[M]. 3版. 北京：中国人民大学出版社，2013.

[225] 谢经荣，等. 房地产经济学[M]. 3版. 北京：中国人民大学出版社，2013.

[226] 熊先兰，易靖雯，潘宇晟. 突发事件下科技支出对城市韧性的影响——以中国三大城市群为例[J]. 湖南大学学报（社会科学版），2023，37（2）：59-67.

[227] 徐家良, 张煜婕. "让社会运转起来": 社会组织参与应急管理的功能作用、运行机制与构建路径[J]. 广西师范大学学报（哲学社会科学版）, 2022, 58（1）: 1-8.

[228] 徐龙章. 智慧城市建设与实践[M]. 北京: 中国铁道出版社, 2018.

[229] 徐宁, 戴启培. 基于海绵城市的绿地建设方案设计研究——以试点海绵城市池州为例[J]. 居业, 2015（16）: 41-42.

[230] 闫昊生, 孙久文, 苏玺鉴. 土地要素: 一个中国特色的政策工具[J]. 经济学家, 2019, 245（5）: 104-112.

[231] 闫昊生, 孙久文. 土地价格与企业创新——来自微观数据的证据[J]. 经济理论与经济管理, 2020, 352（4）: 26-38.

[232] 颜燕, 贺灿飞, 刘涛, 等. 工业用地价格竞争、集聚经济与企业区位选择——基于中国地级市企业微观数据的经验研究[J]. 城市发展研究, 2014, 21（3）: 9-13.

[233] 杨超, 吴雨, 山立威. 政治关系、反腐败与土地出让价格——基于微观土地交易数据的实证研究[J]. 经济评论, 2019, 216（2）: 140-153.

[234] 杨广亮. 政企关系影响土地出让价格吗?[J]. 经济学（季刊）, 2019, 18（1）: 193-212.

[235] 杨宏山. 城市管理学[M]. 3版. 北京: 中国人民大学出版社, 2019.

[236] 杨立岩, 王新丽. 人力资本、技术进步与内生经济增长[J]. 经济学（季刊）, 2004, 3: 905-918.

[237] 杨鲁云, 于丽英. 城市危机管理系统鲁棒性评价研究——以上海市危机管理系统为例[J]. 中国安全科学学报, 2011, 21（11）: 151-156.

[238] 姚佼, 邵楚薇, 鲍雨婕, 等. 基于双层规划模型的应急救援调度与路径选择集成优化[J]. 公路交通科技, 2021, 38（6）: 149-158.

[239] 姚乐野, 李明, 曹杰. 基于Multi-Agent System的应急管理多元主体信息互动机制初探[J]. 情报资料工作, 2018, 39（3）: 44-50.

[240] 易承志, 黄子琪. 风险情境下城市韧性治理的逻辑与进路——一个系统的分析框架[J]. 理论探讨, 2023, 230（1）: 78-86.

[241] 羿建华, 孙健, 郭峰. 房地产周期、货币扩张与经济增长的关联度分析[J]. 统计与决策, 2014, 24: 141-145.

[242] 尹伯成. 西方经济学简明教程[M]. 上海: 上海人民出版社, 1999.

[243] 于光远. 经济大辞典[M]. 上海: 上海辞书出版社, 1997.

[244] 于开红. 海绵城市建设与水环境治理研究[M]. 成都: 四川大学出版社, 2020.

[245] 余华义, 黄燕芬. 货币政策效果区域异质性、房价溢出效应与房价对通胀的跨区影响[J]. 金融研究, 2015, 02: 95-113.

[246] 袁绪亚. 土地市场运行理论研究[M]. 上海: 复旦大学出版社, 1999.

[247] 詹美旭, 刘倩倩, 黄旭, 等. 城市体检视角下城市治理现代化的新机制与路径[J]. 地理科学, 2021, 41（10）: 1718-1728.

[248] 张迪. 我国住房保障方式的改革方向.[J]. 经营与管理. 2012（2）: 80-82.

[249] 张飞舟, 杨东凯, 张弛. 智慧城市及其解决方案[M]. 北京: 电子工业出版社, 2015.

［250］张合林. 以土地市场制度创新推动城乡融合发展［J］. 中州学刊，2019，267（3）：44-50.

［251］张红. 房地产经济学［M］. 北京：清华大学出版社，2005.

［252］张会恒. 论产业生命周期理论［J］. 财贸研究，2004，06：7-11.

［253］张金鹗. 台湾房地产景气之探讨［M］. 台北：台湾政治大学出版社，1989.

［254］张立钢. 面向房地产企业的智慧社区建设与运营研究［D］. 大连：大连理工大学，2014.

［255］张立新，何保辉，马举. 基于主成分分析法的山东省房地产周期波动研究［J］. 工程经济，2018，28（9）：46-49.

［256］张莉，年永威，刘京军. 土地市场波动与地方债——以城投债为例［J］. 经济学（季刊），2018，17（3）：1103-1126.

［257］张茂林. 国外公共租赁住房政策对我国的启示——以英国、德国、荷兰为例［J］. 生产力研究，2021（8）：26-30.

［258］张敏莉. 城市土地管理［M］. 北京：化学工业出版社，2010.

［259］张明. 房地产周期变化背后的政策逻辑［J］. 金融博览，2021，06：42-43.

［260］张明斗，冯晓青. 中国城市韧性度综合评价［J］. 城市问题，2018，279（10）：27-36.

［261］张明龙，周剑勇，刘娜. 杜能农业区位论研究［J］. 浙江师范大学学报（社会科学版），2014，39（5）：95-100.

［262］张珊珊. 人口流动对房地产价格的影响［D］. 济南：山东财经大学，2022.

［263］张诗琪. 我国城市土地供应与房地产市场关系研究［D］. 昆明：云南财经大学，2011.

［264］张婷婷. 城市竞争力与房地产市场关系实证研究与评价［D］. 上海：华东师范大学，2011.

［265］张屹山，陈健. 房地产投资对经济周期的影响［J］. 社会科学战线，2021，09：61-68.

［266］张毅博，邹浩，周沿汝，等. 韧性城市基层应急第一响应人制度的实践分析与探讨——以雅安市芦山县为例［J］. 西部经济管理论坛，2022，33（6）：79-86.

［267］张永岳，等. 房地产经济学［M］. 北京：高等教育出版社，2016.

［268］张育广，姚欢芸. 风险治理中社区组织韧性：意涵、局限与优化［J］. 社会工作与管理，2023，23（1）：91-100.

［269］张跃庆，谭善勇. 房地产经济学［M］. 北京：机械工业出版社，2014.

［270］张璋，周新旺. 土地出让价格、政府补贴与产业结构升级［J］. 财经科学，2017，357（12）：108-119.

［271］张志强，等. 期权理论与公司理财［M］. 北京：华夏出版社，2000.

［272］张祚，李江风，李治. 国外住房问题和住房政策研究——回顾及启示［J］. 公共管理学报，2009，6（4）：112-122+128.

［273］章林伟. 海绵城市建设典型案例［M］. 北京：中国建筑工业出版社，2017.

［274］赵安顺. 城市概念的界定与城市化度量方式［J］. 城市问题，2005（5）：24-27.

［275］赵艳霞，蔡文柳，张晓凤. 土地经济学［M］. 哈尔滨：哈尔滨工程大学出版社，2015.

［276］郑慧娟. 中国房地产价格周期波动与成因研究［D］. 广州：暨南大学，2012.

[277] 郑琦, 王成坤, 王川涛, 等. 澳大利亚墨尔本水敏性设施评估管理模式及启示 [J]. 中国给水排水, 2021, 37 (6): 43-47.

[278] 郑思齐. 城市经济的空间结构: 居住、就业及其衍生问题 [M]. 北京: 清华大学出版社, 2012.

[279] 中华人民共和国城镇国有土地使用权出让和转让暂行条例 [J]. 中华人民共和国国务院公报, 1990 (10): 355-361.

[280] 钟庭军. 我国住房保障方式研究 [J]. 经济研究参考, 2012 (44): 13-15.

[281] 钟秀惠, 李胜. 新加坡ABC水计划的后期管理与启示 [C]. 中国风景园林学会, 中国风景园林学会2020年会论文集 (下册), 2020: 1.

[282] 周春山, 李振, 赵晓香. 香港房地产业发展现状及趋势 [J]. 地域研究与开发, 2004, 06: 31-34.

[283] 周建军, 代支祥, 龙娟. 金融政策对中国房地产周期波动的影响 [J]. 经济问题探索, 2011, 11: 6-13.

[284] 周少甫, 舒鹏. 城乡二元结构下的土地价格波动与溢出效应 [J]. 城市问题, 2020, 294 (1): 53-64.

[285] 周祥, 王丽娅. 城市交通便利度对房价影响研究——基于14座新一线城市面板数据分析 [J]. 价格理论与实践, 2019, 10: 48-51.

[286] 周小平, 熊志刚, 王军艳. 房地产投资分析 [M]. 北京: 清华大学出版社, 2011.

[287] 周业安, 王一子. 教育资源、教育政策对城市居住用地价格的影响——基于北京市土地市场的数据分析 [J]. 中国人民大学学报, 2015, 29 (5): 79-89.

[288] 周玉龙, 杨继东, 黄阳华, 等. 高铁对城市地价的影响及其机制研究——来自微观土地交易的证据 [J]. 中国工业经济, 2018, 62 (5): 118-136.

[289] 朱道林, 李瑶瑶, 张立新. 论土地价格的本质及其来源 [J]. 中国土地科学, 2021, 35 (7): 1-6.

[290] 朱建江. 城市学概论 [M]. 上海: 上海社会科学院出版社, 2018.

[291] 朱建祥, 朱赫喧. 国外城市化模式探析 [J]. 漯河职业技术学院学报, 2014, 13 (3): 41-43.

[292] 朱金鹤, 孙红雪. 中国三大城市群城市韧性时空演进与影响因素研究 [J]. 软科学, 2020, 34 (2): 72-79.

[293] 朱诗尧. 城市抗涝韧性的度量与提升策略研究 [D]. 南京: 东南大学, 2021.

[294] 朱文涛, 顾乃华. 土地价格与FDI的区位选择——基于空间杜宾模型的实证研究 [J]. 国际贸易问题, 2018, 431 (11): 162-174.

[295] 注辉, 陶然, 中国土地制度改革: 难点、突破与政策组合 [M]. 北京: 商务印书馆, 2013.

[296] 卓菁. 房地产周期波动研究述评 [J]. 商业时代, 2009, 04: 91-92.

[297] 宗香, 王吉威. 武汉市老旧小区海绵化改造策略研究 [J]. 价值工程, 2023, 42 (3): 38-40.

[298] 邹国伟,朱文涛. 经济高质量发展视野下的城市地价与企业研发投入[J]. 广东财经大学学报,2018,33(6):70-79.

[299] 邹延睿. 英国城市化对我国城镇化的启示[J]. 法制与社会,2011(25):219-220.